I0597867

ŒUVRES

DE

LE SAGE.

—

TOME V.

DE L'IMPRIMERIE DE RIGNOUX.

OEUVRES

DE

LE SAGE.

GUZMAN D'ALFARACHE.

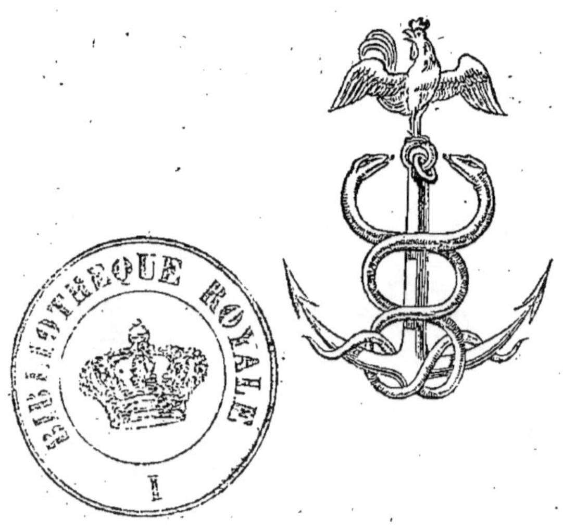

A PARIS,

CHEZ ANTOINE AUGUSTIN RENOUARD.

M. DCCC. XXI.

PRÉFACE

DU TRADUCTEUR.

Les auteurs espagnols mettent presque toujours à la tête des productions d'esprit qu'ils donnent au public des sonnets ou des acrostiches, ou bien des éloges en prose qui leur sont adressés par leurs amis ; ce qui d'ordinaire ne fait pas plus d'effet sur les Castillans que les obligeantes approbations de nos livres en font sur les François.

On a suivi cet usage lorsqu'on a imprimé l'histoire de Guzman d'Alfarache. Nous voyons, au commencement de la première partie, un long discours à la louange de ce roman et du célèbre Mateo Aleman, son auteur. Ce discours est d'un certain Alphonse de Barros, qui s'efforce de faire concevoir une grande opinion de cet ouvrage. Il loue d'abord les peintres qui gardent avec autant de soin dans leurs cabinets les portraits des insignes fripons que ceux des hommes vertueux. Il prétend que les premiers ne sont pas moins propres que ceux-ci à la correction des mœurs, parce que si les uns, par leur vertu, nous excitent à les imiter, les autres, par leurs mauvaises actions, nous inspirent de l'horreur pour le vice. « L'histoire de Guzman d'Alfarache, dit-il ensuite, parlant par enthousiasme, est admirable par la vraisemblance dont elle ne sort jamais, et par la variété des bonheurs et des disgrâces qui arrivent successivement au héros ». Il ajoute que Mateo Aleman mérite les titres « d'excellent historien et de prudent philosophe, par les instructions politiques et morales qu'il cache en habile peintre sous des ombres; et qu'enfin il a mêlé l'utile et l'agréable, selon le conseil d'Horace ».

A la tête de la seconde partie il y a un autre éloge d'Aleman, composé par Louis de Valdès, enseigne de la garde espagnole. Ce nouveau panégyriste nous apprend que ce fameux auteur étoit des environs de Séville; qu'après avoir exercé pendant plus de vingt années la charge de *Contador de resultas*, sous le règne de Philippe II, il quitta la cour, et fit entre autres ouvrages l'histoire fabuleuse de son Guzman.

Si l'on en croit ce Valdès, lorsqu'elle parut pour la première fois en Espagne, elle y fut reçue si favorablement, qu'on appela par excellence son auteur *le divin Espagnol*. Il en a été fait depuis ce temps-là vingt-six éditions. Elle a été traduite en italien, en françois, en allemand; et elle n'a guère moins plu dans toutes ces langues que dans la sienne. Il ne faut pas s'en étonner : tous les romans de cette espèce, pour peu qu'ils aient de sel et de gaieté, ont ordinairement une approbation générale.

D'où vient cela ? c'est que les faits qu'ils contiennent sont des tableaux de la vie civile, des portraits qui corrigent sans qu'on s'en aperçoive, en offrant aux yeux des images qui, passant dans l'âme, y font plus d'impression que n'en pourroient faire tous les préceptes de la morale. En un mot, ils instruisent par l'exemple; et instruire ainsi, comme dit si joliment M. Dacier, c'est la fine fleur de la philosophie. [1]

Véritablement il y a dans l'histoire de Guzman d'Alfarache beaucoup d'instructions de cette nature-là. Tantôt, par la peinture fidèle d'une action humaine, on vous avertit, en vous divertissant, que vous ne sauriez être trop en garde contre les femmes; et tantôt, dans un caractère ridicule, vous vous voyez comme dans un miroir. Mais l'auteur devoit s'en tenir à ces leçons ingénieuses, que Perse appelle parfaitement bien *une règle qui trompe* [2], et ne pas couper à tout moment le fil des aventures de son héros, pour se jeter dans de longues déclamations contre les mœurs. D'où il arrive que la plupart des lecteurs qui veulent suivre l'aventurier, voyant qu'il s'arrête à chaque pas pour leur faire essuyer un sermon, l'abandonnent comme un babillard qui les fatigue et les ennuie, malgré tout son esprit et la vivacité de ses censures.

Il me semble qu'un pareil précepteur de morale, quoi qu'en puisse dire Alphonse de Barros son ami, n'est pas un de ces habiles peintres qui cachent leurs leçons sous des ombres, et que ce n'est point de cette façon qu'Horace veut qu'on mêle l'utile

---

[1] M. Dacier, dans ses Remarques sur la satire IX du livre Ier d'Horace.

[2] *Fallere solers regula.* Pers. Sat. V.

avec l'agréable. *Quidquid præcipies, esto brevis,*
dit ce grand poëte. Que vos discours instructifs
soient courts, autrement on ne les retiendra point.
Omne supervacuum pleno de pectore manat. Tout
ce qu'il y a de trop s'écoule. C'est autant de bien
perdu. Au lieu qu'une instruction laconique, ne
faisant que donner matière à des réflexions, laisse
aux lecteurs le secret plaisir de les faire..

Aleman a donc trop chargé de moralités son
Guzman d'Alfarache. Pour surcroît d'ennui, M. Bremont, qui l'a traduit, les a encore augmentées :
surtout dans les endroits qui regardent les gens de
justice, il ne finit point. Quand il tient par exemple
un juge ou un greffier, il ne les lâche point qu'il
n'en ait dit tout le mal qu'on en peut penser. Mais
il faut le lui pardonner ; on sait qu'il a fait sa traduction dans les prisons de Hollande : un prisonnier
s'égaye volontiers aux dépens de ces messieurs ; cela
le soulage. Il n'est donc pas étonnant que les trois
quarts et demi du monde, perdant patience en lisant
cet ouvrage, demeurent dégoûtés d'un livre qui
deviendroit plus utile et plus amusant, si, sans
lui rien ôter de ce qu'il a de solide, on pouvoit le
dépouiller de son air dogmatique.

C'est ce que j'ai voulu essayer, après avoir été
excité à ce travail par plusieurs personnes d'esprit,
qui m'ont enfin déterminé à l'entreprendre, en
m'assurant que je ferois plaisir au public de lui
donner une traduction de Guzman d'Alfarache
purgée des moralités superflues. Il m'a fallu, pour
cet effet, abréger ou même retrancher les écarts de

morale qui font perdre de vue le héros. M. Bremont
auroit bien dû nous les ôter ; mais il aimoit trop lui-
même le verbiage, pour pouvoir se résoudre à nous
rendre ce service : car ce n'étoit pas un traducteur
assez timide pour respecter ce qui lui auroit déplu
dans son original, comme on le peut voir par sa
préface, où il s'applaudit des changements qu'il a
faits. « J'ai, dit-il, passé le rabot sur plusieurs
choses, et ajouté *de petites façons*, qui, sans vanité,
n'ont pas gâté l'ouvrage. Ce n'est pas une petite
affaire que d'un habit à l'espagnole en faire un à
la françoise, et surtout d'un habit vieux. »

Il est constant que la différence des génies des
deux nations peut justifier une grande partie des
licences qu'il a prises. Sa traduction n'auroit pas été
supportable, si elle eût été littérale. Aussi ne l'est-
elle point du tout ; et au lieu de ce qu'il a dit, il
devoit plutôt dire qu'il a coupé en plein drap. Exa-
minons en quoi consistent *ces petites façons*, qu'il
se sait si bon gré d'avoir ajoutées à son original.
Premièrement, il s'écarte presque à tout moment
du texte, pour y faire des suppléments, qui sont
à la vérité quelquefois si nécessaires, qu'il faut lui
en tenir compte, quoiqu'il les fasse le plus souvent
d'une manière trop diffuse.

Il est vrai que Mateo est quelquefois trop concis.
S'il s'étend presque toujours plus qu'il ne faudroit
lorsqu'il moralise, il rabat cela sur les actions
comiques, qu'il raconte trop succinctement. On
diroit qu'il appréhende que ses lecteurs ne lui
sachent mauvais gré de chercher à les divertir. Il

revient vite à ses réflexions sérieuses. Le copiste, pour éviter ce défaut, tombe dans un autre, en mettant beaucoup du sien dans les aventures comiques; ce qui va souvent si loin, que le *divin Espagnol* n'y a que la moindre part. J'en veux donner un exemple. C'est le tour que Fabia, dame romaine, joue à Guzman, quand il va lui parler la nuit de l'amour que l'ambassadeur d'Espagne a pour elle. M. Bremont en a fait l'épouse du comte Gabrieli des Ursins; et oubliant sa qualité de traducteur, il a composé l'aventure à sa fantaisie. J'ai été plus scrupuleux que lui. J'ai copié Aleman dans cet endroit. Je crois que le public n'y perdra point assez pour m'en faire un reproche.

Je ne pense pas non plus qu'il s'avise de me chicaner sur la suppression de l'histoire de don Louis de Castro, et de don Rodrigue de Montalve. Comme M. Scarron l'a tirée du livre de Guzman d'Alfarache, et qu'il en a fait une de ses meilleures nouvelles, il me siéroit mal d'être plus hardi que M. Bremont, qui, malgré *les petites façons* qu'il sait donner aux ouvrages espagnols, n'a pas osé courir le risque de la comparaison.

A l'égard de l'histoire de Daraxa, quoiqu'il ne l'ait pas fidèlement traduite, on ne laisse pas d'y reconnoître presque partout son modèle, et même il l'a fort embellie, en l'augmentant de quelques incidents agréables que j'ai conservés; mais, pour me servir de ses propres termes, j'ai passé à mon tour le rabot sur ses additions.

Pour l'histoire de Dorido et de Clorinia, qu'il

appelle le comte de Palviano et Éléonore, il l'a
chargée de tant d'événements de son invention, que
ce n'est plus l'ouvrage de l'auteur espagnol, c'est
le sien. Cependant cette histoire, telle que Mateo
l'a écrite, toute simple qu'elle est, ne me paroît
pas avoir besoin d'être plus composée; aussi l'ai-je
traduite presque à la lettre; et l'on jugera peut-être,
après qu'on l'aura lue, que M. Bremont auroit pu
se passer de l'allonger.

Ce n'est pas que je fasse peu de cas des choses
qui y sont ajoutées par ce traducteur; au contraire
j'avoue qu'elles sont ingénieusement imaginées, et
qu'il a répandu partout un goût galant. Je dirai
même encore à sa gloire que sa traduction, en général, est fort égayée et remplie d'expressions si heureuses, que si j'eusse affecté de les éviter toutes,
mes lecteurs n'y auroient pas gagné. Je lui rends
cette justice, et je déclare que je me suis moins
attaché à parler autrement que lui, qu'à faire un
ouvrage où les faits de Guzman fussent détaillés
tout de suite, sans être interrompus par les dogmes
éternels dans lesquels ils sont noyés.

C'est cela que je me suis proposé. Je n'ignore
point qu'en retranchant toute la morale superflue
de mon auteur espagnol je m'expose à révolter les
esprits singuliers, qui ne manqueront pas de me
faire un crime d'avoir hasardé une si grande opération : j'en connois entre autres quelques-uns qui
n'aiment rien dans Guzman d'Alfarache que les
moralités. Au lieu que presque tous les lecteurs les
sautent, pour suivre les aventures du héros; ils

passent eux les aventures, pour en venir aux déclamations. Vous avez beau combattre leur goût, bien
loin de vouloir se laisser persuader, ils ne vous font
pas même l'honneur de se défier de leur sentiment.
Encore ceux-ci sont-ils du moins de bonne foi,
puisqu'ils disent ce qu'ils pensent. Il y en a d'autres
qui vantent les tirades de morale, quoiqu'ils n'aient
jamais eu la patience de les lire.

Mais qu'il me soit permis de représenter à ces
messieurs que je n'ai point fait pour eux ma traduction. Qu'ils s'en tiennent à la première, qui certainement a de quoi les contenter, et qu'ils souffrent
sans murmure que la mienne amuse toutes les
autres personnes qui ne sont pas de leur goût,
c'est-à-dire tout le reste du monde.

HISTOIRE

DE

GUZMAN D'ALFARACHE.

LIVRE PREMIER.

CHAPITRE PREMIER.

AVANT-PROPOS.

Curieux lecteur, j'avois tant d'impatience de te conter mes aventures, qu'il s'en est peu fallu que je n'aie débuté par là, sans faire aucune mention de ma famille. Ce que quelque pointilleux dialecticien n'auroit pas manqué de me reprocher : N'allons pas si vite, ami Guzman, m'auroit-il dit ; commençons, s'il vous plaît, par la définition avant que d'en venir au défini. Apprenez-nous d'abord quelles gens furent vos parents ; ensuite vous nous entretiendrez à loisir de ces beaux faits dont vous avez si grande démangeaison de parler.

Hé bien, pour faire les choses dans l'ordre, je vais donc mettre sur le tapis mes parents. Si je te racontois leur histoire, je suis sûr que tu la trouverois plus réjouissante que la mienne ; mais ne t'imagine pas que j'aille me donner carrière à leurs dépens, révéler tout ce que je sais d'eux : qu'un autre batte s'il veut

les cartes, et se nourrisse de corps morts, comme la
hyène; pour moi je prétends, par respect pour la mémoire de mes parents, passer sous silence les choses
qu'il ne me conviendroit pas de dire. Je veux même
farder si bien celles que je rapporterai, qu'on dise de
moi : *Béni soit l'homme qui couvre ainsi les défauts
de ses proches.*

Véritablement leur conduite n'a pas toujours été
irréprochable, et quelques-unes de leurs actions, entr'autres, ont fait tant de bruit dans le monde, que
j'entreprendrois en vain de les rendre blancs comme
neige. Je démentirai seulement les gloses qui ont été
faites sur le texte, car, Dieu merci, on aime aujour-
d'hui à commenter. Tout homme qui fait un conte,
soit par malice, soit par vanité, y mêle ordinairement
du sien, et toujours plus que moins. Telle est la bonne
nature de notre esprit : il faut qu'il ajoute des choses
de son propre fonds à celles qu'on attend de lui. Je
veux t'en citer un exemple.

J'ai connu à Madrid un gentilhomme étranger qui
aimoit les chevaux d'Espagne. Il en avoit deux fort
beaux; un aubère et un gris-pommelé. Il auroit souhaité de les emmener dans sa patrie; mais il ne lui
étoit pas permis ni même possible, à cause qu'il étoit
d'un pays trop éloigné; il voulut du moins les emporter en peinture, pour sa propre satisfaction et pour les
montrer à ses amis. Il chargea deux peintres fameux
d'en peindre chacun un, leur promettant, outre le prix
qu'ils conviendroient, de faire un présent à celui qui
s'en acquitteroit le mieux.

L'un de ces grands ouvriers peignit l'aubère merveilleusement bien, et remplit le reste de sa toile de clairs et d'ombres. L'autre peintre ne tira pas le gris-pommelé avec tant de perfection; mais, en récompense, il orna le haut de son tableau d'arbres, de nuages, d'admirables lointains, d'édifices ruinés; et il peignit au bas une campagne pleine d'arbrisseaux, de prairies et de précipices. On voyoit encore dans un endroit un tronc d'arbre d'où pendoit un harnois de cheval, et au pied une selle à la genette, si bien représentée, que l'art ne pouvoit aller plus loin.

Quand le gentilhomme vit ces deux tableaux, il fut, avec raison, plus frappé de l'aubère que de l'autre, et commençant par payer celui-là, il donna sans marchander ce que l'ouvrier lui demanda, avec une bague par-dessus le marché. L'autre peintre voyant l'étranger si libéral, et croyant mériter encore mieux d'être récompensé que son confrère, mit son ouvrage à un prix excessif. Le cavalier en fut surpris, et lui dit : Mon ami, vous n'y pensez pas; pourquoi voulez-vous que j'achète plus cher votre tableau, qui, sans contredit, est au-dessous de l'autre? Au dessous! répondit le peintre. A la bonne heure pour le cheval : mon confrère peut m'avoir surpassé en cela; mais les seuls arbrisseaux et les ruines qui sont dans mon tableau valent autant que le sien. Il n'étoit pas besoin, répondit le gentilhomme, que vous fissiez ces arbres et ces bâtiments ruinés ; il n'y a que trop de tout cela dans mon pays. En un mot, je ne vous ai ordonné que de peindre mon cheval.

Là-dessus le peintre lui voulut persuader qu'un cheval tout seul n'auroit pu faire qu'un très mauvais

effet dans un si grand tableau, au lieu que les orne-
ments dont il l'avoit accompagné lui donnoient beaucoup de relief. D'ailleurs, ajouta-t-il, je n'ai pas cru
devoir laisser le cheval sans selle et sans bride, et
celles que j'ai faites sont telles, que je ne les troque-
rois pas contre d'autres toutes d'or. Encore une fois,
dit l'étranger, je ne vous ai demandé qu'un cheval,
et je veux bien vous payer le vôtre comme bon : à
l'égard de la selle et de la bride, vous n'avez qu'à les
vendre à qui vous voudrez. Ainsi l'ouvrier, pour avoir
plus fait qu'on n'avoit exigé de lui, ne fut pas payé de
sa peine.

Qu'il y a de peintres semblables dans le monde! On
ne leur demande simplement qu'un cheval, et ils veulent absolument faire une selle et une bride. Encore
une fois, les commentaires sont à la mode, et l'on
n'épargne personne. Juge, lecteur, si l'on a respecté
mes parents.

CHAPITRE II.

*Quels furent les parens de Guzman, et particulièrement
son père.*

MES aïeux et mon père étoient originaires du Levant, mais je les appellerai Génois, attendu que s'é-
tant venus établir à Gênes ils y furent agrégés à la
noblesse. Ils s'attachèrent au négoce du change et du
rechange, emploi ordinaire des nobles de cette ville. Il

est vrai qu'ils s'en acquittèrent de façon qu'ils furent bientôt décriés. On les accusa d'usure. Ils prêtoient, disoit-on, de l'argent à gros intérêts sur de bonne argenterie pour un temps limité, passé lequel les gages, si l'on n'avoit pas été exact à les retirer, leur restoient : quelquefois même ils payoient de défaites les personnes qui venoient pour les reprendre dans le temps marqué, et l'on étoit presque toujours obligé de les appeler en justice pour les ravoir.

Mes parents s'entendirent plus d'une fois reprocher ces infamies; mais comme ils étoient prudents et pacifiques, ils alloient toujours leur train : ils laissoient parler les médisants. En effet, quand on fait bien, pourquoi s'embarrasser du reste ? Mon père fréquentoit les églises, portoit un rosaire de quinze dixaines, et dont les grains étoient plus gros que des noisettes. Il falloit le voir à la messe ! Humblement prosterné devant l'autel, les mains jointes et les yeux tournés vers le ciel, il poussoit des soupirs avec tant d'ardeur, qu'il inspiroit de la dévotion à tous ceux qui se trouvoient autour de lui. N'est-ce pas lui faire une horrible injustice, que de croire, sur de si beaux dehors, qu'il étoit capable des vilains trafics dont on l'accusoit ? Ce n'est point aux hommes, mais à Dieu seul, qu'il appartient de juger du cœur d'un homme. J'avoue que si pendant la nuit je voyois un religieux armé d'une épée entrer par une fenêtre dans une maison suspecte, je pourrois le soupçonner de n'avoir pas de bonnes intentions; mais que l'on taxe d'hypocrisie un homme en lui voyant faire des actions chrétiennes, c'est une malignité que je ne puis souffrir.

Quoique mon père se fût bien promis de mépriser tous les bruits qu'on faisoit courir de lui dans Gênes, il n'en eut pourtant pas toujours la force. Pour les faire cesser, ou du moins pour ne les plus entendre, il résolut de s'éloigner de cette ville. Il eut encore, à la vérité, un autre sujet de prendre cette résolution : il apprit que son correspondant à Séville venoit de faire banqueroute, et lui emportoit une somme assez considérable. A cette fâcheuse nouvelle, voulant courir après le fripon, il s'embarqua sur le premier vaisseau qui partit pour l'Espagne; mais, pour son malheur, il rencontra des corsaires d'Alger qui le firent esclave, avec toutes les personnes qui étoient avec lui.

Le voilà donc dans les fers, fort affligé d'avoir perdu la liberté et de se voir hors d'espérance de rattraper son argent. Dans son désespoir il prit le turban, et, par des manières insinuantes qui produisent partout un bon effet, ayant eu le bonheur de plaire à une riche dame d'Alger, il l'épousa.

Cependant on apprit à Gênes qu'il avoit été enlevé par des pirates, et cette nouvelle parvint jusqu'aux oreilles de son correspondant à Séville. Ce voleur en eut d'autant plus de joie, qu'il crut le Génois en esclavage pour toute sa vie. Ainsi, se regardant comme débarrassé d'un homme qui étoit son principal créancier, et se voyant de l'argent de reste pour satisfaire les autres tant bien que mal, il ne tarda guère à s'accommoder avec eux. De sorte qu'après avoir payé ses dettes, suivant le tarif des banqueroutiers, il se trouva plus en état que jamais de reprendre son premier train.

D'une autre part, mon père, sans cesse occupé de la

banqueroute de son correspondant, ne manquoit pas
d'écrire en Espagne toutes les fois qu'il en avoit occasion.
Il apprit un jour que son débiteur avoit rajusté ses
affaires, et qu'il étoit dans une plus belle passe qu'auparavant. Cela réjouit un peu notre captif, qui se flatta dès
ce moment d'en tirer pied ou aile. Il est vrai qu'il avoit
endossé l'habit turc et pris pour femme une Algérienne;
mais rien ne lui paroissoit plus aisé que de sortir de
cet embarras. Il commença par persuader à la dame de
faire de l'argent comptant de tous ses effets, parce qu'il
avoit envie, lui dit-il, de se mettre en état de com-
mercer. A l'égard des pierreries qu'elle pouvoit avoir,
il n'étoit nullement en peine de les lui ravir, sans
qu'elle eût le moindre soupçon de son dessein.

Lorsqu'il eut tout disposé pour faire son coup de ce
côté-là, il ne songea plus qu'à s'assurer de quelque
capitaine chrétien qui voulût bien, par compassion et
pour quelque argent, le jeter sur les côtes d'Espagne,
et il fut assez heureux pour en rencontrer un. C'étoit un
Anglois, homme très pitoyable et fort pieux, comme
ceux de sa nation le sont pour la plupart. Ils prirent
ensemble de si justes mesures, que mon père étoit déjà
bien loin avec son trésor, avant que sa femme s'aperçût de sa fuite. Pour surcroît de bonheur, le vaisseau
alloit à Malaga, d'où il n'y a jusqu'à Séville que trois
petites journées. Mon père s'imaginoit tenir déjà son
banqueroutier, et cette imagination lui causoit une
joie qui devint parfaite quand il fut à terre. Il se récon-
cilia d'abord avec l'Église, moins peut-être de peur
d'être puni de sa faute en l'autre monde que d'être
obligé d'en faire pénitence en celui-ci.

Dès qu'il se vit hors d'une affaire si importante, il s'occupa tout entier de celle de Séville, où il ne manqua pas de se rendre en diligence. On avoit eu nouvelle dans cette ville qu'il avoit embrassé le mahométisme, et son correspondant en étoit si persuadé, qu'il jouissoit de son argent sans avoir la moindre crainte d'être un jour contraint à le lui restituer. Aussi c'est une chose plaisante à se représenter que la surprise où il fut de voir le Génois un beau matin entrer chez lui d'un air et sous un habillement qui ne sentoit point l'esclave. Il crut, pendant quelques moments, que c'étoit un fantôme qui lui apparoissoit sous la figure de son principal créancier; mais ayant reconnu, malgré lui, que c'étoit mon père en chair et en os, il demeura bien sot. Il fallut en venir aux éclaircissements. Alors le banqueroutier, payant d'audace, convint qu'il étoit juste de compter; mais ils avoient eu ensemble un si grand commerce, que cela demandoit une longue discussion: j'ajouterai même, et je le puis hardiment, que dans ce commerce ils avoient fait l'un et l'autre mille friponneries dont eux seuls avoient connoissance; et comme les tours de passe-passe ne se marquent pas sur les livres, mon scélérat de correspondant eut la hardiesse d'en nier les trois quarts, contre cette bonne foi que les voleurs se gardent si religieusement les uns aux autres.

Que te dirai-je enfin? Après bien des paperasses lues et relues, après une infinité de demandes et de réponses accompagnées de reproches et d'injures réciproques, l'accommodement fut que le banqueroutier rendroit une partie, et que son créancier ne perdroit pas tout. De l'eau tombée on en ramasse ce qu'on peut, et certainement mon père avoit agi fort prudemment de s'être fait guérir à Malaga de sa gale d'Alger. S'il n'eût pas pris cette précaution, il ne tenoit rien; il n'auroit pas touché une blanque de sa dette. Un homme du caractère de son correspondant auroit bien pu lui jouer quelque mauvais tour à Séville : peut-être eût-il donné la moitié de sa dette aux bons religieux de la Sainte Inquisition pour lui faire faire son procès. On peut juger de la disposition où il étoit à son égard par tous les bruits désavantageux qu'il répandit de lui dans cette capitale de l'Andalousie. Quelles sottises ne dit-il pas à tous les marchands du change, au sujet de deux misérables banqueroutes que le Génois avoit faites, et qui véritablement avoient été un peu frauduleuses ! Mais les négociants en font-ils d'autres ? et faut-il tant crier contre un malheureux commerçant qui, pour raccommoder ses affaires dérangées, a recours à une petite banqueroute ? Ce n'est rien entre marchands; ils ne font que se le prêter et se le rendre les uns aux autres. Dans le fond, si c'étoit un si grand mal, la justice ne prendroit-elle pas soin d'y remédier ? Sans doute. Nous la voyons bien quelquefois, tant elle est sévère, faire fouetter et envoyer des pauvres aux galères pour moins de cinq ou six réaux.

Notre enragé de correspondant ne fut pas satisfait d'avoir diffamé mon père en divulguant les deux banqueroutes ; il poussa la malignité jusqu'à vouloir lui donner un ridicule dans le monde, en disant qu'il avoit plus de soin de sa personne qu'une vieille coquette, et que son visage étoit toujours couvert de rouge et de blanc. Je conviens que mon père se frisoit et se parfu-

moit; il étoit idolâtre de ses dents et de ses mains :
enfin il s'aimoit, et, ne haïssant pas les femmes, il ne
négligeoit rien de tout ce qu'il croyoit devoir leur
rendre sa personne agréable. Il donna par là beau jeu
à notre correspondant, qui lui fit d'abord quelque tort;
mais sitôt que mon père fut un peu plus connu dans
Séville, il sut effacer toutes les mauvaises impressions
que la médisance avoit faites. Il se conduisit d'une manière si honnête, et affecta de montrer dans ses actions
tant de droiture et de bonne foi, qu'il gagna l'estime
et l'amitié des meilleurs marchands de cette ville.

Il pouvoit bien avoir en tout la valeur de quarante
mille livres, tant de ce qu'il avoit arraché des griffes
de son correspondant que de ce qu'il avoit apporté
d'Alger : ce qui n'étoit pas une petite somme pour lui,
qui savoit à merveille trancher du gros négociant. Personne à la bourse ne faisoit autant de bruit que lui;
si bien, qu'après quelques années il fut en état
d'acheter une maison à la ville et une autre à la campagne. Il les meubla toutes deux magnifiquement, et
surtout sa maison de plaisance qui étoit à Saint-Jean
d'Alfarache, dont j'ai pris la seigneurie. Mais comme
il aimoit fort les plaisirs, cette maison le ruina par les
fréquentes occasions qu'elle lui fournit de faire de la
dépense. Insensiblement il négligea ses affaires, s'en
reposa sur des commis, et, pour soutenir la figure qu'il
faisoit, il s'avisa de jouer et de faire jouer chez lui de
riches marchands qu'il engageoit au jeu, après les avoir
régalés, et qui avoient toujours le malheur de perdre
leur argent.

CHAPITRE III.

Guzman raconte comment son père fit connoissance avec une dame, et ce qu'il en arriva.

Telle étoit la vie que menoit mon père, lorsque se trouvant un jour dans la place du Change avec plusieurs de ses confrères, il découvrit de loin un baptême qui alloit à Saint-Sauveur, et qui paroissoit être de personnes de condition. Tout le monde s'empressa d'abord à le voir passer, et cet empressement venoit de ce qu'on disoit tout bas que c'étoit un enfant de qualité qu'on portoit à l'église pour y être baptisé à petit bruit.

Mon père le suivit comme les autres jusque dans Saint-Sauveur. Il s'approcha des fonts de baptême, moins pour être spectateur de la cérémonie qui se préparoit, que pour observer une dame qu'un vieux commandeur conduisoit, et qui, selon toutes les apparences, devoit nommer l'enfant avec ce cavalier suranné. La dame avoit la taille belle et très bon air. Le Génois en fut frappé. Quoiqu'en négligé, elle avoit des grâces qu'il admiroit; et comme elle se découvrit un instant, il vit un visage qui acheva de le charmer. Aussi n'y avoit-il point à Séville de femme plus aimable. Il eut toujours la vue attachée sur la dame, qui s'en aperçut avec plaisir; car les belles ne sont pas fâchées qu'un homme les regarde, quand il seroit de la lie du peuple. Elle examina de son côté le marchand avec beaucoup d'attention; et ne le jugeant pas indigne d'être favorisé

d'un tendre regard, elle lui en lança un qui fit sur lui
tout l'effet qu'elle désiroit. Il en fut si troublé, si hors
de lui-même, qu'il ne savoit plus où il en étoit. Il
n'oublia pas néanmoins, malgré le désordre où il se
trouvoit, de la faire suivre après la cérémonie, pour
être informé de sa demeure et de sa condition. Il apprit qu'elle étoit la maîtresse de ce commandeur, qui
la logeoit chez lui et l'entretenoit à grands frais du
bien des pauvres, je veux dire des biens ecclésiastiques
qu'il retiroit de deux ou trois gros bénéfices qu'il possédoit.

Mon père fut d'autant plus satisfait de cette heureuse découverte, qu'il étoit persuadé qu'une pareille
commère ne pouvoit pas être fort contente de son vieux
compère. Dans cette pensée, il chercha toutes les occasions de la revoir et de lui parler; mais il eut beau
tous les matins courir les églises, dans l'espérance de
la retrouver, il ne put jamais la rencontrer sans son
amoureux vieillard, qui ne pouvoit la perdre de
vue. Toutes ces difficultés ne servirent qu'à irriter les
feux du nouveau galant et qu'à lui aiguiser l'esprit. Il
fit si bien, à force de présents et encore plus de promesses, qu'il gagna une duègne telle qu'il la lui falloit
pour réussir dans son entreprise. C'étoit une bonne
vieille qui entroit librement chez le commandeur, à la
faveur d'un rosaire qu'elle avoit toujours à la main. Tout
vieux routier qu'il étoit, il ne se défioit nullement
d'elle. Cette fausse dévote, vrai suppôt de Satan, mit
le feu aux étoupes en parlant sans cesse à la dame de
l'amour et de la persévérance du Génois, dont elle ne
manquoit pas de lui exagérer le mérite. La dame

n'étoit pas tigresse : elle prêta volontiers l'oreille aux discours de la vieille, et la chargea même de dire au nouvel amant qu'il pouvoit tout espérer. Il est constant qu'elle penchoit plus de ce côté-là que de l'autre. Le commandeur étoit un personnage fort dégoûtant, incommodé de la gravelle et souvent de la goutte; et le marchand paroissoit un jeune gaillard alerte et vigoureux. Il n'y avoit point à balancer entre eux pour une jolie femme. Mais comme la prudente dame aimoit encore plus par intérêt que par tendresse de cœur, elle ne laissa pas de se trouver embarrassée. Elle faisoit trop bien ses affaires avec son vieillard, pour avoir envie de perdre sa pratique; et en même temps, se voyant jour et nuit obsédée de ce jaloux, elle désespéroit de pouvoir impunément entretenir un commerce secret avec le Génois.

Cependant cette dame et celui-ci convinrent de leurs faits par l'entremise de la duègne; après quoi, il ne fut plus question que du moyen dont ils se serviroient pour avoir une entrevue et de l'endroit où ils l'auroient : mais rien n'est impossible à l'amour. Dès que deux amants sont d'accord, les montagnes mêmes se séparent pour leur ouvrir un passage. La dame, qui étoit une maîtresse femme, imagina l'expédient que je vais te rapporter. Elle proposa au bon commandeur de s'aller promener à Gelves, où il avoit une maison de plaisance, et d'y passer la journée. C'étoit dans le beau temps. Le galant suranné accepta la proposition, moins par complaisance que parce qu'elle étoit fort de son goût. Ils avoient déjà fait tous deux cette partie plus d'une fois, et le vieillard se plaisoit infiniment à cette campagne. L'Andalousie, sans contredit, est le plus agréable pays de toute l'Espagne, et l'Andalousie n'a point de quartier si charmant, ni qu'on puisse appeler à plus juste titre le paradis terrestre, que Gelves et Saint-Jean d'Alfarache, qui sont deux villages voisins, que le Guadalquivir arrose de ses eaux. Cette fameuse rivière fait tant de détours autour d'eux, qu'on diroit qu'elle s'en éloigne à regret : aussi trouvez-vous là des jardins, des fleurs, des fruits, des bocages, des fontaines, des grottes, des cascades, en un mot, tout ce qui peut délicieusement flatter la vue, le goût et l'odorat.

La partie faite, on en arrêta le jour; et quand il fut arrivé, on envoya de grand matin des domestiques à Gelves, pour y préparer toutes choses. Quelques heures après, le commandeur et sa mignonne se mirent en chemin avec la duègne, qui étoit de toutes les fêtes et qui ne fut point de trop à celle-là, tous trois montés sur de pacifiques mules et suivis de deux valets. Lorsqu'ils furent à quatre ou cinq cents pas de la maison de plaisance de mon père, devant laquelle il falloit passer, il prit tout à coup à la jeune dame une colique de commande si violente, qu'elle pria le vieillard d'ordonner qu'on fît halte là, s'il ne vouloit la voir mourir; puis, se laissant aller de dessus sa selle tout doucement à terre, comme une personne à demi-morte, elle demanda d'une voix foible qu'on la délaçât, en disant qu'elle n'en pouvoit plus. Le vieux soupirant, qui faisoit assez connoître la vive douleur dont son âme étoit saisie, ne savoit que dire, ni encore moins que faire, pour secourir sa maîtresse; mais la vieille, jouant alors son rôle, représenta d'un air prude à la dame,

que la bienséance ne permettoit pas de la soulager sur
un grand chemin ; outre que le lieu n'étoit pas commode pour cela, qu'il valoit beaucoup mieux qu'elle
se traînât comme elle pourroit, ou se laissât porter jusqu'à la maison qu'ils voyoient assez près de là, et qui,
selon toutes les apparences, appartenoit à d'honnêtes
gens : qu'ils ne refuseroient pas, s'ils étoient chrétiens,
de donner quelque secours à une dame qui en avoit si
grand besoin. Le commandeur approuva l'avis de la
duègne ; et la bonne pièce de malade dit là-dessus
qu'on fît d'elle tout ce qu'on voudroit; mais qu'il ne
lui étoit pas possible, avec les cruelles douleurs qu'elle
sentoit, de marcher jusque-là. Aussitôt les deux valets
la prirent entre leurs bras pour la porter, tandis que le
vieillard affligé alloit devant pour parler aux personnes
de cette maison, et les engager, par ses prières, à y
recevoir sa dame pour quelques heures.

Je t'ai déjà dit, ami lecteur, que cette maison étoit
celle de mon père. Il y avoit dedans une vieille gouvernante à laquelle il en avoit confié le soin, et qui
en savoit pour le moins aussi long que lui. Il n'eut pas
besoin de lui donner d'amples instructions sur ce qu'elle
devoit faire pour le servir. D'abord qu'elle entendit
frapper à la porte, elle y courut; et feignant d'être
étonnée de voir un homme qu'elle ne connoissoit point,
elle lui demanda, comme en tremblant, ce qu'il souhaitoit. Je voudrois, lui répondit le cavalier, qu'une
dame que je conduis à Gelves, et qui vient de se trouver mal à quelques pas d'ici, pût, sans vous incommoder, se reposer un moment chez vous, et que vous
nous permissiez de la soulager par quelque remède.

S'il ne s'agit que de cela, reprit la gouvernante, vous aurez tout lieu d'être content; il n'y a dans cette maison que des gens de bien, et qui se plaisent à exercer la charité. Comme elle achevoit ces paroles, la prétendue malade, que les deux valets apportoient, arriva. Vous la voyez, s'écria douloureusement le commandeur. Il vient de lui prendre tout à l'heure une maudite colique dont elle est prête à mourir. Entrez, seigneur cavalier; entrez, madame, dit la gouvernante. Soyez tous deux les bienvenus; je suis fâchée seulement que mon maître ne soit pas ici pour vous recevoir : il n'épargneroit rien pour vous traiter de la manière dont vous paroissez mériter de l'être; mais, en son absence, je vais remplir le mieux qu'il me sera possible les devoirs de l'hospitalité.

La première chose que fit la gouvernante fut de faire porter la malade dans une fort belle chambre où il y avoit un magnifique lit, qui n'étoit qu'à demi garni, et qu'on avoit exprès mis en cet état, pour ôter au vieux jaloux tout sujet de soupçonner le tour qu'on lui jouoit. Mais tout étant prêt, draps parfumés, oreillers fins et couvertures de satin piquées, on eut bientôt préparé le lit, et couché dedans la dame, qui ne cessoit de se plaindre de l'opiniâtreté de son mal. La gouvernante et la duègne, également disposées à faire de bonnes œuvres, commencèrent, comme à l'envi, à chauffer des linges, que la dame poussoit doucement vers ses pieds, à mesure qu'on les lui mettoit sur le ventre; sans quoi elle auroit été indubitablement incommodée de cette chaleur, puisque, malgré tout le soin qu'elle prenoit de s'en défendre, peu s'en fallut

qu'elle n'eût des vapeurs. On lui fit aussi avaler du
vin chaud, dont elle se seroit fort bien passée; de sorte
que, pour prévenir quelque autre remède qui auroit
pu lui être encore plus désagréable, elle témoigna
qu'elle se sentoit soulagée, et que si on la laissoit en
repos seulement un quart d'heure, elle seroit entièrement guérie. Le bon vieillard fut bien aise qu'elle eût
envie de reposer : cela lui parut une marque certaine
qu'elle se portoit mieux. Ainsi, pour lui donner la satisfaction qu'elle demandoit, il sortit de la chambre,
dont il n'oublia pas de fermer la porte, recommandant
aux domestiques de ne point faire de bruit. La duègne
seule demeura par son ordre auprès de la malade,
comme une garde dont elle pourroit avoir affaire.
Pour lui, il alla se promener dans le jardin, en attendant l'heureux moment de revoir sa chère maîtresse
délivrée de sa colique.

Il est, je crois, inutile de te dire que mon père pendant ce temps-là étoit dans cette maison, où je puis
t'assurer qu'il ne dormoit pas. Il se tenoit caché dans
un cabinet, d'où, après avoir entendu tout, et aperçu
par une fenêtre le commandeur dans le jardin, il se
glissa dans la chambre de la jeune dame par une petite porte que couvroit une tapisserie. La duègne, de
peur de surprise, se mit en sentinelle d'un côté, tandis
que de l'autre la gouvernante, suivant les ordres qu'elle
avoit reçus, observoit le vieux jaloux. Alors les deux
amants, croyant n'avoir rien à craindre, eurent ensemble une tendre et vive conversation, qui dura deux
bonnes heures, et à laquelle, si je ne me trompe, je
dois la naissance.

Déjà le soleil commençoit à se faire sentir dans le jardin, malgré l'ombrage des bosquets et la fraîcheur des eaux. Le vieux galant n'y pouvant plus résister, et avec cela plein d'impatience d'apprendre des nouvelles de sa nymphe, prit le parti de regagner la maison; mais il y retourna d'un pas si grave, que les deux surveillantes eurent tout le loisir d'en avertir le Génois, qui se renferma promptement dans le cabinet. La dame, que je puis désormais appeler ma mère, fit semblant d'être encore tout endormie, quand le vieillard entra dans sa chambre; et comme si le bruit qu'il avoit fait en entrant l'eût réveillée, elle se plaignit de ce qu'il n'avoit pas la complaisance de la laisser reposer un quart d'heure. Comment un quart d'heure! s'écriat-il. Par vos beaux yeux, ma mie, il y a plus de deux mortelles heures que vous dormez. Non, non, répliqua-t-elle, il n'y en a pas seulement une demie; il me semble que je ne fais que de m'endormir : mais quelque temps qu'il y ait, ajouta-t-elle, je sens que je n'ai jamais eu plus besoin de repos. Peut-être disoit-elle la vérité, quoiqu'elle ne parlât ainsi que pour mentir. Elle prit pourtant un air gai, en assurant le commandeur qu'elle se portoit beaucoup mieux, grâces aux remèdes qu'on lui avoit donnés : ce qui causoit une joie infinie au bon-homme. Il proposa lui-même à sa fidèle maîtresse de passer la journée en cet endroit, attendu que la chaleur étoit devenue trop grande pour qu'ils osassent se remettre en chemin, et que d'ailleurs ils se trouvoient dans une maison plus jolie que celle où ils avoient compté d'aller. La dame fut assez complaisante pour y consentir, à condition toutefois que

les personnes du logis l'auroient pour agréable. Là-
dessus le vieux galant en demanda la permission à la
gouvernante, qui lui répondit qu'il pouvoit faire dans
cette maison tout ce qu'il jugeroit à propos ; que son
maître, bien loin de le trouver mauvais, en seroit ravi.
Les voilà donc résolus de s'arrêter là. Aussitôt ils envoyèrent un de leurs valets à leur maison de Gelves,
avec ordre de dire aux autres domestiques, qui y
étoient déjà, de se rendre auprès d'eux avec leurs provisions.

Tandis que le commandeur s'occupoit de ces soins,
mon père sortit de la maison à la dérobée, monta vite
à cheval et piqua vers Séville, pour se montrer seulement à la bourse, et s'en revenir ensuite souper et coucher à Saint-Jean d'Alfarache : ce qu'il avoit coutume
de faire presque tous les soirs. Le temps lui parut un
peu long ; mais outre qu'il devoit être assez content de
sa journée, il hâta son retour et arriva sur les six heures
à sa maison de plaisance. Son rival suranné s'empressa
d'aller au-devant de lui pour le prier d'excuser la liberté qu'il avoit prise. Grands compliments de part et
d'autre, surtout de celle de mon père, à qui les belles
paroles ne coûtoient rien, et qui, par ses manières
honnêtes et polies, enleva tout à coup le cœur du
vieillard. Ce bon homme le conduisit lui-même à la
dame, qui venoit d'entrer dans le jardin, où, si l'on
ne pouvoit pas encore se promener, on n'étoit pas du
moins fort incommodé du soleil. Le rusé marchand la
salua comme une personne qui lui auroit été inconnue ;
elle le reçut avec tant de dissimulation, qu'on eût dit
qu'elle ne l'avoit vu de sa vie.

En attendant l'heure de la promenade, ils entrèrent
tous trois dans un cabinet de verdure, où il faisoit d'autant plus frais, qu'il étoit sur le bord de la rivière. Ils
se mirent à jouer à la prime, et la dame gagna ; le
Génois étant trop galant pour ne pas se laisser perdre.
Après le jeu, ils firent plusieurs tours d'allées, et le
plaisir de la promenade fut suivi d'un bon souper, qui
dura si long-temps, qu'ils ne se levèrent de table que
pour s'en retourner par eau à Séville, dans une petite
barque ornée de feuillages et de fleurs. Cette barque
appartenoit à mon père, qui l'avoit fait ajuster ainsi
pour se rendre plus agréablement de sa maison de
campagne à la ville : ce qui lui arrivoit quelquefois.
Pour comble de satisfaction, ils entendirent des concerts de musique agréables, formés par des chanteurs
et des joueurs d'instruments qui descendoient comme
eux le Guadalquivir dans un bateau qui suivoit le leur.
Enfin la dame et son vieux galant, après s'être fort
réjouis, remercièrent le marchand de la généreuse réception qu'il leur avoit faite. Le commandeur particulièrement en étoit si pénétré de reconnoissance, qu'il
s'imaginoit ne pouvoir assez le lui témoigner ; et je
crois qu'il n'auroit jamais pu se résoudre à le quitter,
sans l'espérance qu'il avoit de le revoir le lendemain, tant il avoit conçu d'amitié pour lui dès ce
jour-là.

Cette amitié fut si bien ménagée par la dame et par
le Génois, qu'elle ne finit qu'avec la vie du commandeur, lequel, à la vérité, n'alla pas loin depuis ce
temps-là. C'étoit un corps usé, un vieux pécheur qui
avoit fait un usage immodéré des plaisirs, sans s'em-

barrasser si l'on trouveroit cela bon dans ce monde, et
sans craindre qu'on le trouvât mauvais dans l'autre.
J'avois déjà quatre ans quand il mourut ; mais je n'étois
pas son seul héritier au logis. Le bon homme avoit
eu d'autres enfants de quelques maîtresses qu'il avoit
entretenues avant ma mère, et nous étions tous chez
lui comme des pains de dîmes, chacun de sa fournée.
Dans le fond, peut-être n'étoit-il pas plus leur père que
le mien. Quoi qu'il en soit, comme j'étois le plus jeune
de mes frères, et que la foiblesse de mon âge ne me
permettoit pas de me servir de mes mains aussi-bien
qu'eux, j'aurois eu peu de part à l'héritage du défunt,
si je n'avois pas eu dans ma mère une personne fort
propre à suppléer à ce défaut. Mais c'étoit une femme
d'Andalousie, c'est tout dire. Elle n'avoit point attendu, pour faire son paquet, que le vieillard fût mort.
Dès qu'elle l'avoit vu abandonné des médecins, elle
s'étoit saisie du plus beau et du meilleur, ne laissant à
mes cohéritiers que des guenilles. Étant maîtresse dans
la maison, et ayant les clefs de tout, il lui avoit été facile de divertir les effets les plus précieux. Le jour
qu'il mourut, on fit un ravage effroyable dans sa maison. Dans le temps qu'il rendoit l'âme, on lui prit jusqu'aux draps de son lit. Dans ses derniers moments
tout fut pillé et enlevé. Il ne restoit que les quatre
murailles, lorsque les parents arrivèrent la gueule,
comme on dit, enfarinée. Ils eurent beau regarder partout, ils virent bien qu'on les avoit prévenus, et il leur
fallut encore, par honneur, faire les frais des funérailles. Elles furent, je l'avoue, très modestes, et l'on
n'y répandit point de larmes. On ne pleure pas les

morts qui ne laissent rien : c'est aux héritiers seuls à paroître affligés; ils sont payés pour cela.

Les parents du commandeur avoient pourtant compté sur une riche succession. Ils ne pouvoient comprendre comment un homme qui avoit plus de quinze mille livres de rente en bénéfices mouroit dans un état si misérable. Ils avoient vu sa maison meublée d'une manière convenable à sa qualité. Ils ne doutèrent point qu'on n'eût volé ses effets. Ils firent faire sur cela de grandes informations. Peine inutile ! Ils eurent recours ensuite aux monitoires, qui furent affichés aux portes des églises, où ils sont encore. Les voleurs ont l'estomac bon ; ils ne rendent jamais ce qu'ils ont pris : les excommunications ne les épouvantent point. Après tout, ma mère avoit une très bonne raison pour posséder sans inquiétude les nippes du commandeur; car, peu de temps avant qu'il mourût, il lui disoit quelquefois, quand il visitoit son coffre-fort ou ses bijoux, ou qu'il faisoit emplette de quelque beau meuble : *Tenez, mon cher cœur, tout ceci vous appartient.* Quand ces donations, qu'elle regardoit comme faites en bonne forme, n'auroient pas été capables de lui mettre la conscience en repos, elle croyoit qu'une jolie femme, qui avoit pu se résoudre à passer quelques années avec un vieillard dégoûtant, méritoit bien d'en être l'héritière. Aussi d'habiles docteurs, qu'elle consulta sur ce point, levèrent tous ses scrupules, en l'assurant que c'étoit une chose qui lui étoit due.

CHAPITRE IV.

Le père de Guzman se marie, et meurt peu de temps après son mariage. Suite de cette mort.

APRÈS la mort du commandeur, à qui Dieu fasse miséricorde, sa chaste veuve eut un galant, et moi, un père tout retrouvé dans la personne du Génois, qui devint à son tour le patron de la case. Cette habile femme avoit eu l'adresse de leur persuader à tous deux en particulier que j'étois leur fils, tantôt en disant à l'un que j'étois sa vivante image, et tantôt en disant à l'autre que lui et moi nous nous ressemblions comme deux œufs. Heureusement je ne pouvois manquer d'être d'un sang noble, soit que je dusse mon existence au commandeur, soit que je fusse de la façon du Génois. Pour du côté maternel, je suis d'une noblesse incontestable. J'ai cent fois ouï dire à ma mère que mon aïeule, qui toute sa vie s'étoit piquée de chasteté comme elle, comptoit parmi ses alliés tant d'illustres seigneurs, qu'on auroit pu faire de sa famille un arbre généalogique aussi grand que celui de la maison de Tolède.

Malgré tout cela, je ne voudrois pas jurer que ma discrète mère n'eût point un troisième galant de race roturière : une femme qui ne se fait pas une affaire de tromper un homme est bien capable d'en tromper deux. Mais par instinct, ou sur la bonne foi de ma mère, j'ai toujours regardé le noble Génois comme le véritable auteur de ma naissance. Je puis t'assurer que de son côté, mon père ou non, il nous aimoit, ma mère et moi, avec une extrême tendresse. Il le fit assez connoître par la résolution hardie qu'il s'avisa de prendre : il résolut d'épouser cette dame, que l'on appeloit dans Séville, *la commandeuse.* Il n'ignoroit pas la réputation qu'elle avoit, ni qu'il alloit se faire montrer au doigt dans la ville. Qu'importe ? c'étoit un homme qui savoit bien ce qu'il faisoit. Dès le temps qu'il lia connoissance avec elle, ses affaires commençoient à se gâter, et cette galanterie ne servit pas à les améliorer. La dame, qui étoit fort ménagère, et encore plus friponne, avoit si bien su mettre à profit les faveurs qu'elle avoit accordées, qu'elle possédoit au moins dix mille bons ducats. Avec une somme si considérable, mon père se sauva d'une nouvelle banqueroute qu'il étoit sur le point de faire, et se trouva plus en état que jamais de figurer parmi les gros négociants. Il aimoit le faste, l'éclat et le bruit; c'étoit là sa passion dominante : mais comme il ne pouvoit la satisfaire long-temps sans retomber dans le même embarras d'où l'argent de ma mère l'avoit tiré, il arriva, quelques années après son mariage, qu'il se vit obligé de faire sa dernière banqueroute. Je dis sa dernière, car, se voyant alors sans ressource, et dans l'impuissance d'entretenir sa famille sur un bon pied, il aima mieux se laisser mourir de chagrin que de survivre à sa prospérité.

La vie eut plus de charmes pour ma mère, qui soutint avec assez de fermeté le changement de notre fortune. Cependant la mort de mon père l'affligea vivement. Nos maisons n'étoient plus à nous : il avoit fallu les abandonner aux créanciers. Il ne nous restoit de tous

nos biens que quelques bijoux avec une grande quantité de meubles assez beaux ; ma mère en fit de
l'argent, et prit le triste parti de se retirer dans une
petite maison pour y vivre tranquillement. Ce n'est pas
qu'elle n'eût pu soutenir encore notre ménage par de
nouvelles galanteries : quoiqu'elle eût déjà quarante
ans, elle s'étoit toujours si bien conservée, que ce n'é-
toit pas une conquête à dédaigner ; mais elle auroit été
obligée de faire les avances, et c'est à quoi elle ne
pouvoit se résoudre, après avoir vu toute sa vie les
hommes rechercher ses bonnes grâces avec empressement. Cette noble fierté s'accordoit si mal avec nos affaires domestiques, qu'elles empiroient à vue d'œil.

Je ne doute pas que ma mère n'ait mille et mille fois
souhaité d'avoir une fille au lieu de moi, et véritablement cela eût été plus avantageux pour elle ; une
fille lui auroit servi de support, comme elle avoit été
elle-même celui de ma grand'mère, dont il faut que
je te fasse un éloge détaillé. Mon aïeule maternelle
étoit dans ses beaux jours une des plus belles personnes
du royaume ; elle avoit beaucoup d'esprit et entendoit
son monde parfaitement bien. Elle ne recevoit ordinairement dans sa maison que de jeunes seigneurs qui
avoient envie de se polir ; et l'on pouvoit dire qu'ils
savoient vivre quand ils avoient pris de ses leçons pendant quelques années. Mais ce qu'on doit le plus admirer, c'est qu'elle avoit le rare talent de faire régner
entre ses écoliers une parfaite union ; ils n'avoient jamais ensemble le moindre démêlé. Pendant qu'elle s'attachoit à façonner ces jeunes gens, il arriva qu'elle eut
ma mère par un coup de hasard ; elle ne manqua pas

de leur en faire honneur à chacun en particulier, et
de trouver que sa fille leur ressembloit à tous par quelque endroit. Voilà votre bouche, disoit-elle à celui-ci;
voilà vos yeux, disoit-elle à celui-là; vous ne sauriez
désavouer cette enfant. Pour mieux le leur persuader
encore, lorsqu'elle tenoit ma mère entre ses bras, elle
affectoit toujours de l'appeler du nom du cavalier qui
étoit présent; et, supposé qu'il y en eût deux, ce qui
n'étoit pas extraordinaire, elle l'appeloit tout court
Dona Marcella, qui étoit le nom propre de ma mère :
il y auroit aussi de l'injustice à lui contester le *Dona*,
puisqu'on ne peut la soupçonner de n'être pas une fille
de qualité. Mais pour t'apprendre quelque chose de
plus positif touchant sa naissance, tu sauras que ma
grand'mère, parmi ses galants, en avoit un qu'elle aimoit plus que tous les autres; et, comme ce seigneur
étoit un Guzman, elle jugea qu'elle pouvoit en conscience faire descendre sa fille d'une aussi grande maison.
C'est du moins ce que mon aïeule a dit confidemment
à ma mère, en l'assurant même qu'elle la croyoit fille
d'un seigneur parent fort proche des ducs de Médina
Sidonia.

Tu vois donc bien que ma grand'mère étoit une
femme admirable pour les intrigues d'amour; néanmoins, aimant autant la dépense qu'elle l'aimoit, bien
loin d'amasser des richesses immenses dans le trafic des
plaisirs, elle auroit couru risque dans sa vieillesse de
sentir l'indigence, si la fleur de la beauté de sa fille n'eût
commencé d'éclore à mesure que celle de la sienne se
flétrissoit. La bonne dame avoit beaucoup d'impatience
de voir sa petite Marcelle assez formée pour être éta-

blie; et la trouvant à douze ans fort avancée pour son
âge, elle ne différa point à la pourvoir. Un marchand
nouvellement arrivé du Pérou, et plus riche qu'un
juif, en devint le premier possesseur, moyennant
quatre mille ducats dont il fit présent à mon aïeule,
qui, donnant chaque jour au marchand quelque suc-
cesseur libéral, vécut par ce moyen toute sa vie dans
l'abondance.

Il eût donc fallu à ma mère une fille à ma place, ou
du moins avec moi; ma sœur nous auroit servi de port
dans notre naufrage, et nous aurions bientôt fait fortune avec une pareille marchandise à Séville, où il y a
des marchands pour tout. C'est la retraite des honnêtes
gens qui n'ont pour tout bien que de l'esprit; c'est la
mère des orphelins et le manteau des pécheurs. En tout
cas, si cette ville eût trompé notre attente, nous aurions
été tout droit à Madrid, où l'on peut dire qu'on est en
fonds quand on possède un semblable joyau. Si d'abord
nous n'eussions pas trouvé à le vendre, nous aurions
pu du moins le mettre en gage, et faire toujours à bon
compte une chère de prince. Je ne suis pas plus maladroit qu'un autre, et je crois qu'avec une jolie sœur
je n'aurois pas manqué de parvenir à quelque bon emploi; mais enfin le ciel en voulut ordonner autrement
et me rendre fils unique pour mes péchés.

J'entrois alors dans ma quatorzième année, et comme
j'avois déjà du sentiment, la misère dont nous étions
menacés me fit prendre la résolution d'abandonner ma
mère et ma patrie pour aller chercher fortune ailleurs.
Je me proposai de voyager pour apprendre à connoître
le monde, et j'avois raison de vouloir commencer de

bonne heure. Ma plus grande envie toutefois étoit de
passer à Gênes pour y voir mes parents paternels. Si
bien qu'un beau jour, ne pouvant résister plus long-
temps au désir qui me pressoit d'exécuter mon dessein,
je sortis de Séville la tête pleine de chimères et la
bourse presque vide d'argent.

CHAPITRE V.

*Guzman quitte sa mère et sort de Séville. Sa première
aventure dans une hôtellerie.*

COMME je me souvenois d'avoir ouï dire qu'il importoit aux aventuriers de se parer de noms de conséquence, sans quoi ils passoient pour des misérables
dans les pays étrangers, je me donnai le nom de Guzman
que portoit ma mère, et qui sans doute étoit le plus
honorable de notre maison : j'y ajoutai la seigneurie
d'Alfarache. Cela me sembla fort bien imaginé; et me
voilà déjà dans mon esprit l'illustre seigneur Guzman
d'Alfarache.

Ce seigneur de fraîche date, ne s'étant mis en chemin
que l'après-dînée, n'alla pas fort loin le premier jour,
quoiqu'il marchât aussi vite que si on l'eût poursuivi,
ou qu'il eût cru ne pouvoir assez tôt s'éloigner de
Séville. Effectivement je bornai ma journée à la chapelle de Saint-Lazare, à une demi-lieue de cette ville.
J'étois déjà las; je m'assis sur les degrés de l'église, où
remarquant que la nuit approchoit, je commençai à

m'attrister et à sentir quelque inquiétude sur ce que
je deviendrois. Là-dessus il me vint une idée pieuse
que je contentai : j'entrai dans la chapelle, où je me
mis à prier Dieu de m'inspirer. Ma prière fut fervente,
mais courte, car on ne me donna pas le temps de la
faire longue. L'heure de fermer l'église arriva; l'on
m'obligea de sortir, et on me laissa sur le perron où je
demeurai fort en peine de ma personne.

Représente-toi en effet, pour un moment, à la porte
de cette chapelle, un enfant de famille, aussi chéri
qu'un fils de marchand de Tolède, et nourri dans l'abondance; considère que je ne savois où aller ni à quoi me
déterminer. Il n'y avoit là, ni près de là aucune hôtellerie; je ne voyois que de l'eau claire qui couloit à
quelques pas de moi : le mauvais commencement de
voyage! Pour comble de misère, mon ventre m'aver-
tissoit qu'il étoit temps de souper. Je connus alors la
différence qu'il y a entre un homme qui a faim et un
homme rassasié; entre celui qui se voit à une bonne
table et celui qui n'a pas un morceau de pain à manger.
Ne sachant donc que faire, ni à quelle porte aller frapper, je me résolus à passer la nuit sur le perron, puisque la nécessité le vouloit ainsi. Je m'y couche tout de
mon long, le nez et les yeux couverts de mon manteau, mais non sans appréhension d'être dévoré par
les loups, que je m'imaginois quelquefois entendre
autour de moi.

Le sommeil pourtant vint suspendre mes inquié-
tudes, et se rendit si bien maître de mes sens, que je
ne me réveillai que deux heures après le lever du soleil;
encore ne fut-ce qu'au bruit que firent avec des tam-

bours plusieurs paysannes qui alloient en chantant et en dansant apparemment à quelque fête. Je me levai promptement, n'ayant aucune peine à quitter mon gîte; et trouvant en cet endroit divers chemins qui m'étoient également inconnus, je choisis le plus beau, en disant: Puisse cette route, que je prends au hasard, me conduire tout droit au temple de la fortune! Je faisois comme cet ignorant médecin de la Manche, qui portoit ordinairement un sac rempli d'ordonnances, et qui, quand il étoit auprès d'un malade, en tiroit la première qui se rencontroit sous sa main, et disoit : *Dieu te la donne bonne.* Mes pieds faisoient l'office de ma tête, et je les suivois sans savoir où ils me conduisoient.

Je fis deux petites lieues cette matinée : ce n'étoit pas peu pour un garçon qui n'en avoit jamais tant fait; je croyois déjà être arrivé aux Antipodes, et avoir découvert un nouveau monde, comme le fameux Christophe Colomb. Ce nouveau monde pourtant n'étoit rien autre chose qu'une misérable taverne, où j'entrai tout en sueur, couvert de poussière, fatigué et mourant de faim. Je demandai d'abord à dîner; on me dit qu'il n'y avoit que des œufs frais : Des œufs frais, m'écriai-je! Soit, je m'en contenterai; hâtez-vous de m'en accommoder une demi-douzaine; faites-m'en une omelette. L'hôtesse, qui étoit une effroyable vieille, se mit à me considérer avec attention. Elle vit bien que j'étois un cadet de haut appétit; et je lui parus si neuf, qu'elle jugea qu'on pouvoit impunément me servir pour œufs frais des demi-poussins. Dans cette confiance, elle s'approcha de moi, et me riant au nez : D'où êtes-vous, mon fils? me dit-elle d'un air gai. Je lui répondis que j'étois de Séville, et je la pressai de nouveau de m'apprêter les œufs; mais avant que de faire ce que je lui disois, elle me passa sa vilaine main sous le menton, en disant : Et où va le petit badin de Séville? En même temps elle voulut me baiser; mais je détournai la tête brusquement pour esquiver l'accolade. Je ne fus pourtant pas assez adroit pour l'éviter entièrement : la vieille me fit sentir son haleine, et il me sembla qu'elle venoit de me communiquer sa vieillesse et ses infirmités; heureusement je n'avois que du vent dans l'estomac; sans cela je lui aurois rendu des poires pour des prunes.

Je lui dis que j'allois à la cour, et je la priai de me donner promptement à manger. Alors elle me fit asseoir sur une escabelle boiteuse, devant une table de pierre, qu'elle couvrit d'une nappe qui avoit tout l'air d'un écouvillon de four; ensuite elle me présenta quelques grains de sel dans le cul d'un pot de terre cassé, et de l'eau dans un vaisseau de la même matière, où ses poules buvoient ordinairement, avec un morceau de gâteau aussi noir que la nappe. Après m'avoir fait attendre un bon quart d'heure, elle me servit, sur une assiette plus noire que de l'encre, une omelette, ou, pour mieux dire, un cataplasme d'œufs. L'omelette, l'assiette, le pain, le pot, la salière, le sel, la nappe et l'hôtesse paroissoient de la même couleur. Mon cœur auroit dû se soulever contre des choses si dégoûtantes; mais outre que j'étois un voyageur tout neuf, il falloit entendre le bruit que mes boyaux faisoient dans mon ventre creux; on eût dit qu'ils s'entre-mangeoient. Cependant, malgré la malpropreté du couvert et le mauvais assaisonnement des œufs, je me jetai sur l'omelette

comme un cochon sur le gland; j'eus beau la sentir
deux ou trois fois croquer sous mes dents, quoique cela
dût me devenir suspect, je ne laissai pas de passer
outre; néanmoins, lorsque j'en fus aux derniers morceaux, il me sembla que cette omelette n'avoit pas
tout-à-fait le même goût que celles qu'on mangeoit
chez ma mère; ce que j'attribuai bonnement à la différence des climats, m'imaginant que les œufs pouvoient
n'avoir pas la même qualité dans tous les pays : comme
si j'eusse été à cinq cents lieues du mien. Enfin, quand
j'eus expédié cet excellent mets, je me sentis tout autre
que je n'étois auparavant, et je m'estimois trop heureux
d'avoir fait ce repas : tant il est vrai qu'à bon appétit
il ne faut point de sauce!

Le pain m'amusa plus long-temps que les œufs, attendu qu'il étoit très mauvais, et que pour l'avaler il
falloit, en dépit de moi, y aller lentement, ou bien
j'aurois joué à m'étrangler; il n'y avoit pas de milieu,
surtout lorsque après avoir mangé la croûte, ce que je
fis d'abord, je voulus en venir à la mie, qui étoit encore tout en pâte; j'en sortis pourtant à mon honneur,
mais ce fut à l'aide du vin, qui, dans ce quartier-là,
est délicieux. Je me levai de table d'abord que j'eus
achevé de dîner; je payai mon hôtesse et me remis
gaiement en chemin. Mes pieds, qui avoient commencé
à refuser le service en arrivant à l'hôtellerie, reprirent
une nouvelle vigueur.

J'étois déjà pour le moins à une bonne lieue de la
taverne, et tout alloit bien jusque-là, quand la diges-
tion, qui se faisoit, excita peu à peu dans mon estomac
un tumulte qui fut suivi de rapports dont je tirai un

très mauvais augure; je repassai dans mon esprit la ré-
-sistance que mes dents avoient trouvée en broyant les
œufs, et je fis là-dessus des réflexions qui me mirent
au fait : je ne doutai plus que je n'eusse mangé une
omelette amphibie. Aussi, ne pouvant la porter plus
loin, je fus obligé de m'arrêter pour me soulager.

CHAPITRE VI.

Il rencontre un ânier et deux ecclésiastiques. De la con-
versation qu'ils eurent ensemble, et de quelle façon
l'ânier et lui furent régalés dans une hôtellerie à Can-
tillana.

Je demeurai quelque temps appuyé contre une muraille qui servoit d'enclos à une vigne; j'étois pâle et
abattu des efforts que j'avois faits. Il passa par cet endroit un ânier avec plusieurs ânes qui n'étoient point
chargés; il s'arrêta pour me regarder; et, touché de
compassion en me voyant dans l'état où j'étois, il me
demanda ce que j'avois. Je lui contai l'accident qui
venoit de m'arriver; mais je ne lui eus pas sitôt dit que
je l'imputois à certaine omelette que j'avois mangée
dans la dernière hôtellerie, qu'il se mit à rire, mais à
rire d'une si grande force, que, s'il ne se fût pas tenu
à deux mains au bât de son âne, mon homme en seroit
infailliblement descendu la tête la première.

Quand nous sommes affligés, nous n'aimons pas
qu'on se moque de notre affliction. Mon visage, qui
étoit plus pâle que la mort, devint plus rouge que le

feu : je regardai de travers ce maraud, et lui fis connoître, par un petit air mécontent, que son procédé
ne me plaisoit point du tout; je ne fis par là que l'exciter à continuer ses ris : alors, jugeant que plus je me
fâcherois, plus il auroit envie de rire, je le laissai s'en
donner tout son saoûl; aussi-bien je n'avois ni épée ni
bâton pour en venir avec lui aux voies de fait, et je
crois qu'à coups de poing je n'aurois pas été le plus fort;
cette considération fut cause que je filai doux, en quoi
je marquai bien de la prudence. Il est d'un homme
d'esprit, quelque offensé qu'il soit, de ne pas faire le
brave pour s'en repentir; d'ailleurs je voulois ménager
l'ânier à cause de ses ânes, dont je comptois bien que
quelqu'un me porteroit jusqu'à la couchée, qui étoit
encore assez loin de là. Néanmoins je ne pus m'empêcher de lui dire : Hé bien, mon ami, pourquoi tous
ces éclats de rire? Est-ce que j'ai le nez de travers?
Pour toute réponse à ces paroles, le voilà qui renou-
velle ses ris immodérés.

Il plut pourtant à Dieu que cela finît. L'ânier, n'en
pouvant plus, reprit peu à peu son sérieux, et me dit
tout essoufflé : Mon petit seigneur, je ne me moque
point de votre aventure : elle est assurément bien
triste pour vous; mais c'est qu'en me la racontant,
vous m'avez fait ressouvenir d'une autre qui vient
d'arriver, dans la même hôtellerie, à cette vieille sor-
cière qui vous a si mal traité. Deux soldats qu'elle a
régalés comme vous, lui ont fait payer le tout ensemble. Puisque nous allons le même chemin, ajouta-t-il,
vous n'avez qu'à monter sur un de mes ânes, et je
vais à loisir vous conter cette histoire. Je ne me le fis

pas dire deux fois; je montai sur un de ces animaux, et me préparai à entendre ce que l'ânier avoit à me dire de ces deux soldats, que j'avois effectivement vus entrer dans l'hôtellerie dans le temps que j'en sortois.

Ces deux grivois, me dit-il, ont demandé à l'hôtesse ce qu'elle avoit à leur donner. Elle leur a répondu ainsi qu'à vous qu'elle n'avoit que des œufs; là-dessus ils ont ordonné qu'on leur fît une omelette, et la vieille leur en a, peu de temps après, apporté une. Ils ont voulu la couper, et trouvant quelque chose qui résistoit au couteau, ils l'ont examinée attentivement; ils ont aperçu trois petits paquets qui ressembloient fort à trois têtes mal formées de poussins, et dont les becs déjà un peu fermes ne permettoient nullement de douter de ce que c'étoit. Les soldats, après avoir fait une si belle découverte, sans en rien témoigner, ont couvert l'omelette d'une assiette, et demandé à l'hôtesse si elle n'avoit pas quelque autre chose qu'ils pussent manger : elle leur a proposé deux ruelles d'une alose qu'elle venoit de faire griller; ils les ont acceptées et expédiées à la sauce blanche; après cela, l'un des deux grivois s'étant approché d'un air doucereux de la vieille, comme pour compter avec elle, lui a appliqué sur le visage l'omelette qu'il tenoit dans sa main, et lui en a si bien frotté les yeux et le nez, qu'elle s'est mise à pousser de grands cris : alors l'autre soldat, feignant de blâmer son camarade et d'avoir pitié de cette malheureuse femme, a couru à elle, sous prétexte de la consoler, et lui a passé sur la face ses mains barbouillées de suie; ensuite ils sont sortis tous deux de la taverne en chargeant encore d'injures la vieille, qui n'a point reçu d'eux d'autre payement. Je vous assure, poursuivit l'ânier, que c'étoit une chose à voir que l'hôtesse en cet état, et les mines agréables qu'elle faisoit en pleurant et en criant!

Le récit de cette ridicule aventure me consola un peu de la mienne, et me fit oublier les ris de l'ânier, qui ne manqua pas de se remettre à rire aussitôt qu'il eut achevé de parler; sans cela, il n'auroit pas été content de sa narration. Pendant ce temps-là nous avancions toujours; nous rencontrâmes deux ecclésiastiques qui, nous ayant aperçus de loin, nous attendoient pour profiter de la commodité des ânes. Ces bons prêtres, qui étoient fatigués, en avoient un très grand besoin pour se rendre à Caçalla, où ils alloient aussi-bien que l'ânier. Ils eurent bientôt fait leur marché avec lui. Ils montèrent chacun sur un âne, et nous continuâmes tous quatre notre chemin.

Le maître des montures étoit encore trop occupé du plaisir qu'il avoit eu dans l'hôtellerie de la vieille pour n'en plus parler. Il ne put s'empêcher de dire qu'il y avoit dans cette histoire à rire pour lui pendant le reste de ses jours : et moi, m'écriai-je en l'interrompant brusquement, je me repentirai toute ma vie de n'avoir pas fait pis que ces soldats à cette vieille empoisonneuse; mais patience, elle n'est pas encore morte, et tout se paye à la fin. Les ecclésiastiques prirent garde à la vivacité avec laquelle je prononçai ces paroles, et furent curieux de savoir pourquoi je les avois dites : l'ânier, qui ne demandoit pas mieux que de recommencer cette histoire, pour avoir une nouvelle occasion de rire, en fit part à ces messieurs : et comme il étoit en train, il leur conta aussi la mienne; ce qui ne fut pas un petit sujet de mortification pour moi.

Les ecclésiastiques désapprouvèrent fort la conduite de la vieille hôtesse, et ne blâmèrent pas moins mon ressentiment : Mon fils, me dit le plus âgé des deux, vous êtes jeune, un sang bouillant vous emporte et vous ôte l'usage de la raison; sachez que c'est un aussi grand crime d'être fâché d'avoir manqué l'occasion d'en commettre un, que de l'avoir commis en effet. Le prêtre ne borna point là sa remontrance; il me fit un long discours sur la colère et sur le désir de se venger : il sembloit que ce fût un sermon; je suis persuadé même que c'en étoit un qu'il avoit prêché plus d'une fois, et qu'il étoit bien aise de répéter pour s'en rafraîchir la mémoire. Il est certain que la plupart des choses qu'il me débita étoient au-dessus de ma portée et de celle de notre ânier, qui, toujours plein de sa vieille, rioit sous cape pendant que le prédicateur perdoit son temps à me prêcher. Enfin nous arrivâmes à Cantillana; les deux ecclésiastiques mirent pied à terre, prirent congé de nous jusqu'au lendemain matin, et allèrent loger chez un de leurs amis.

Pour moi, je n'abandonnai point l'ânier, qui me dit : Je vais vous mener dans une des meilleures hôtelleries de cette ville; l'hôte est un excellent cuisinier, et l'on ne nous donnera point là des œufs couvés. Cette assurance me fit d'autant plus de plaisir, que mon estomac avoit besoin d'un bon repas pour se rétablir. Nous allâmes descendre à la porte d'une maison d'assez belle apparence, et dont le maître vint nous accabler

de civilités : c'étoit bien le plus grand fripon qu'il y
eût peut-être dans ces quartiers-là, et je ne fis que
sauter, comme on dit, de la poêle à frire dans le feu.
L'ânier conduisit ses bêtes à l'écurie, où il demeura
quelque temps à pourvoir à leurs besoins; et moi je
me couchai par terre comme un homme qui avoit les
cuisses rompues et la plante des pieds enflée, pour
avoir été trois ou quatre heures sur un âne sans étriers.
Je me reposai dans cette situation jusqu'à ce que l'â-
nier, m'étant revenu joindre, me dit : Voulez-vous
bien que nous soupions? J'ai résolu de partir demain
dès la pointe du jour, pour arriver avant la nuit à Caçalla; je serois bien aise de me coucher de bonne heure.
Je lui répondis que je ne demandois pas mieux que de
me mettre à table, pourvu qu'il voulût bien m'aider à
me relever, et même à marcher, attendu que je ne
pouvois me soutenir; il me rendit ce service avec une
complaisance dont je lui sus très bon gré.

Nous appelâmes l'hôte, à qui nous dîmes que nous
avions envie de bien souper : Messeigneurs, nous répondit le matois, il ne tiendra qu'à vous de faire bonne
chère, vous n'avez qu'à parler; j'ai chez moi d'excellentes provisions. Sa réponse fut fort de mon goût;
mais il avoit l'air fourbe, et paroissoit hâbleur en diable : il n'importe, dis-je en moi-même, qu'il soit tout
ce qu'il lui plaira, et qu'il nous serve bien. Il faisoit
aussi le plaisant et l'homme de belle humeur. Souhaitez-vous, poursuivit-il, que je vous présente une
partie de la fressure d'un veau que j'ai tué hier? Je
vous en ferai un ragoût des dieux; c'étoit un veau,
ajouta-t-il en me prenant les mains d'une manière ca-

ressante, le meilleur petit veau que vous ayez jamais
vu. J'ai été fort mortifié d'être obligé de lui ôter la
vie ; mais je n'ai pu faire autrement ; il me coûtoit
trop à nourrir dans ce temps de sécheresse. Pour im-
poser silence à ce maudit babillard, nous le priâmes,
si la fressure étoit apprêtée, de nous en apporter
promptement un morceau. Elle est prête, nous dit-il,
et tout assaisonnée. A ces mots, il courut à la cuisine
en faisant des gambades, et revint quelques moments
après avec deux plats, dans l'un desquels il y avoit
de la salade, et dans l'autre une partie de la fressure
de ce bon petit veau si regretté.

Je laissai mon compagnon se jeter sur la salade dont
je ne me souciois guère, et je commençai à manger
de la fressure : elle n'avoit pas mauvaise mine ; et ce
qui m'en déplaisoit, c'est que je trouvois qu'il y en
avoit bien peu pour deux ventres affamés : j'avois plus
tôt avalé un morceau que je ne l'avois dans la bouche,
et la faim ne me permettoit pas de juger de ce que je
mangeois. L'ânier remarquant, à la façon dont je m'y
prenois, que bientôt il n'y auroit plus rien dans le plat
de viande, quitta la salade pour venir du moins me
disputer les derniers morceaux, qui disparurent dans
le moment. Nous demandâmes encore de la fressure ;
le bourreau d'hôte nous en apporta moins que la première fois, pour irriter notre appétit et nous en faire
souhaiter davantage. En effet, le second plat ne nous
amusa pas long-temps, et fut suivi d'un troisième.

Il n'en fut pas tout-à-fait de celui-ci comme des deux
autres. Étant alors à demi rassasié, j'y allai un peu plus
doucement, et je pouvois rendre plus de justice à la

fressure ; je ne la trouvai plus si bonne , et je dis à l'hôte que s'il avoit quelque autre mets à nous servir ,. je le priois de nous l'apporter : il répondit que si nous voulions de la cervelle du même veau, il nous en feroit dans un instant un ragoût exquis , et qu'en attendant il nous donneroit une andouille faite des tripes et de la fraise de la même bête ; ce qui, disoit-il, étoit un morceau très friand. Je n'en portai pas un jugement si favorable lorsque j'en eus goûté ; elle sentoit si fort la paille pourie , que j'en fis d'abord la grimace : je ne m'en plaignis pourtant point ; je me contentai de lâcher prise et de laisser faire mon camarade, qui, mangeant toujours de la même force, dévora l'andouille en moins de rien.

Enfin la cervelle arriva ; j'espérois qu'elle réveilleroit mon appétit : elle étoit accommodée avec des œufs, de manière que c'étoit une espèce d'omelette ; ce que l'indiscret ânier n'eut pas sitôt remarqué, qu'il fit un éclat de rire : cela me chagrina ; je m'imaginai que c'étoit pour me dégoûter de cette omelette, en me faisant souvenir de celle de la dînée : je lui reprochai sa malice ; mais il n'en rabattit pas un ris, ce qui produisit une assez plaisante scène : car l'hôte qui ne savoit pourquoi l'un rioit tant , ni pourquoi l'autre se fâchoit, nous écoutoit en homme qui se croyoit intéressé dans cette affaire ; ne se sentant pas la conscience nette sur la cervelle, non plus que sur l'andouille et la fressure, il se troubla comme un criminel à qui tout fait peur, et son trouble redoubla quand il m'entendit dire en colère à l'ânier que s'il continuoit à se moquer de moi, je jetterois la cervelle contre le mur. L'hôte pâlit à ces paroles; il lui sembla qu'on lui reprochoit son crime; mais voulant paroître ferme et résolu, il affecta de nous envisager tous deux, et de nous dire d'un air de fureur, en enfonçant son bonnet : Vive Dieu! il ne faut point tant rire; je vous soutiens, et vous soutiendrai toujours, que c'est une bonne cervelle de veau : si vous ne voulez pas m'en croire, je m'offre à vous le prouver par témoins; il y a plus de cent personnes qui m'ont vu tuer le veau.

Nous ne fûmes pas peu surpris, mon compagnon et moi, de cet emportement d'un homme à qui nous ne pensions point du tout; ce fut pour l'ânier un sujet de rire sur nouveaux frais; et pour le coup je ne pus m'empêcher de suivre son exemple, quoique d'ailleurs je n'en eusse aucune envie : nous achevâmes par là de déconcerter notre hôte, qui, ne doutant plus que nous n'eussions découvert la mèche, en devint plus furieux. Il ôta brusquement le plat de dessus la table, en nous disant : Allez rire et manger ailleurs; je ne loge point de gens qui se moquent de moi à ma barbe : vous n'avez qu'à me payer et sortir de ma maison, après quoi je vous permets de rire tant qu'il vous plaira.

Mon camarade, qui se sentoit de l'appétit, ne vit pas sans peine emporter le plat. Il prit son sérieux, et dit à l'hôte d'un ton aigre-doux : A qui en avez-vous, cousin? Qui vous demande votre âge? et qui vous appelle grosse tête? Grosse tête ou non, répliqua l'hôte; je dis que c'est une tête de veau bien fraîche et des meilleures. Il prononça ces mots avec toutes les démonstrations d'un homme qui se préparoit à nous battre; mais l'ânier, qui le connoissoit mieux que moi,

et qui étoit bon pour lui, se levant de table, et faisant
à son tour le rodomont : Par saint Jacques! s'écria-t-il,
est-ce qu'il y a quelque ordonnance qui règle de quoi
l'on doit rire dans cette hôtellerie? ou si l'on a mis une
taxe là-dessus? Je ne vous dis pas cela, répondit l'hôte
d'un air radouci; je dis seulement que je ne souffrirai
pas qu'on me tourne en ridicule chez moi, ni qu'on
me fasse passer pour un homme qui traite mal ses hôtes.
Qui vous parle de mauvais traitement? reprit l'ânier?
Qui songe à se moquer de vous? Remettez promicte-
ment sur la table cette cervelle, vous verrez que ce
n'est point de cela que nous rions. Croyez-moi, laissez
rire et pleurer les gens chez vous sans y trouver à redire.

Ce discours de l'ânier fit son effet; le délicieux ragoût, qui nous avoit été comme arraché des mains,
nous fut rendu, et nous voilà tous d'accord. Mon compagnon reprit sa place, et continuant de parler à l'hôte:
Apprenez, lui dit-il, que si je me moquois de vous, je
ne vous en cacherois pas la cause, tant je suis franc;
c'est mon caractère : ce n'est donc pas de vous que nous
rions; c'est de cette façon d'omelette que vous nous
donnez là; elle m'a fait souvenir de certaine aventure
que mon petit camarade que vous voyez a eue aujour-
d'hui dans une taverne où nous avons dîné. Si l'ânier
en fût demeuré là, j'en aurois été quitte à bon marché;
mais il me fallut avoir la patience d'essuyer pour la
troisième fois l'histoire des deux soldats et la mienne,
dont il fit impitoyablement le récit à notre hôte dans
des termes et avec de si grandes démonstrations de
joie, qu'il sembloit se baigner en eau rose en faisan
cette narration.

L'hôte eut tout le loisir de reprendre ses esprits pendant un si long détail, et jugeant qu'il avoit pris l'alarme mal à propos, il s'avisa de jouer un autre personnage. Il interrompoit à tout moment l'ânier par des *Sainte Vierge! Grand Dieu du ciel!* et autres semblables exclamations dont toute la maison retentissoit, et qu'il accompagnoit de grimaces hypocrites : *Que Dieu punisse*, dit-il, quand l'autre eut cessé de parler : *Que Dieu punisse toute personne qui fait mal son devoir!* Comme le sien étoit de voler, et qu'il s'en acquittoit fort bien, il ne se croyoit pas apparemment intéressé dans cette imprécation. Après avoir achevé ces mots, il se tut et se promena quelques moments dans la salle; puis tout à coup reprenant la parole d'une voix tonnante : « Comment est-il possible, s'écria-t-il, que la terre n'ait pas encore englouti cette méchante vieille, et que sa maison ne soit pas abîmée? Il n'y a pas un voyageur qui ne se plaigne de cette créature-là et de ce qu'elle donne à manger. Il ne sort pas de chez elle un passager qui ne la maudisse et ne fasse serment de ne plus s'arrêter dans sa taverne. Si les officiers de justice, qui, par le devoir de leurs charges, sont obligés de mettre ordre à ses friponneries, les souffrent sans sans rien dire, ils savent bien pourquoi. O ciel! dans quel temps vivons-nous! »

Cet honnête homme, en cet endroit, poussa un profond soupir et garda le silence, mais d'un air à nous persuader qu'il en pensoit encore plus qu'il n'en avoit dit. Je comptois qu'il ne nous étourdiroit plus de pareils discours; je comptois sans mon hôte. Il se remit de plus belle sur la friperie de la vieille, et, sans exagération, nous en eûmes pour une grosse demi-heure. Après quoi il finit en disant : « Je rends un million de grâces au ciel de ne pas ressembler à cette maudite hôtesse, et d'être un homme de bien et d'honneur. Je vais tête levée par tout le monde, sans craindre que quelqu'un m'ose faire le moindre reproche. Tout pauvre que je suis, il ne se fait point de semblables trafics dans ma maison. Toute chose, Dieu merci, s'y vend pour ce qu'elle est : un chat n'y passe pas pour un lièvre, ni une vieille brebis pour un agneau. Que personne ne songe à tromper les autres; c'est s'abuser soi-même. Qui mal fait, mal trouvera ».

Heureusement pour l'ânier et pour moi, l'hôte manquant d'haleine fut obligé de s'arrêter là; je saisis ce moment pour lui demander s'il n'avoit point de fruits. Il répondit qu'il lui étoit arrivé depuis peu de très bonnes olives : tandis qu'il nous en alla chercher, mon camarade acheva de dévorer la cervelle. J'avois fait peu d'honneur à ce ragoût, ne l'ayant pas trouvé meilleur que l'andouille; cela n'empêcha pas qu'il ne fût expédié comme tout le reste. Jamais loup affamé n'a mangé avec tant de fureur que l'ânier; il ne pouvoit se rassasier : il y avoit pour le moins une heure que nous étions à table, et l'on eût dit, à le voir, qu'il ne faisoit que de s'y mettre. Pour moi je m'accommodai fort bien des olives, qui étoient excellentes, de même que le vin. A l'égard du pain, quoique assez méchant, il pouvoit passer pour bon en comparaison de celui de la dînée.

Tel fut notre souper. Comme nous devions partir de grand matin le jour suivant, nous recommandâmes à

notre hôte de nous préparer de bonne heure à déjeuner;
ensuite nous allâmes nous coucher sur de la vieille
paille, après avoir étendu dessus quelques couvertures
pour nous servir de matelas. La fatigue de la journée
et la quantité de vin que j'avois bu me procurèrent un
sommeil si profond, que les puces, dont je fus la proie
toute la nuit, n'eurent pas le pouvoir de le troubler;
je crois que j'aurois dormi jusqu'au lendemain au soir,
si l'ânier ne m'eût réveillé au lever de l'aurore, pour
m'avertir qu'il étoit temps de songer à notre départ.
Je fus bientôt prêt, je n'eus qu'à me secouer, et qu'à
ôter de mes cheveux les brins de paille dont ils étoient
mêlés; j'avois tout l'air d'un petit monstre, dans l'état
où les puces m'avoient réduit. Elles m'avoient tellement défiguré le visage, qu'on m'auroit pu prendre
pour un garçon qui avoit la rougeole; si dans ce moment-là j'eusse été transporté dans la place de Séville,
je doute que quelqu'un m'eût reconnu.

Ce jour-là étoit un dimanche : nous commençâmes
par aller entendre la messe, puis nous revînmes à l'hôtellerie, où mon gourmand de camarade n'oublia point
le déjeuner; ce fut le premier soin dont il s'embarrassa.
Messeigneurs, nous dit l'hôte, j'ai mis en ragoût un
morceau de ce même veau dont vous avez soupé hier
au soir, et je puis dire que j'ai employé tout mon art
pour en composer un plat digne de vous être présenté.
L'ânier, à qui ce discours faisoit venir l'eau à la bouche,
courut se mettre à table, et se jeta sur le ragoût, qui
lui parut aussi bon que s'il eût été de chair de paon :
je demeurai quelques moments à le regarder, sans me
sentir la moindre envie de l'imiter, soit que mon ap-

pétit ne fût pas ouvert de si bon matin, soit que j'eusse encore mon souper sur l'estomac; mais il y alloit d'une manière à persuader qu'il mangeoit la meilleure chose du monde. Outre cela, craignant de me repentir à la dînée de n'avoir pas profité d'un si bon déjeuner, je fis un effort pour avaler quelques morceaux : bien loin de trouver le veau aussi ragoûtant que mon camarade le disoit, le goût m'en parut désagréable; quant à la sauce, comme l'hôte avoit eu ses raisons pour y prodiguer le poivre et le sel, elle prenoit si fort à la gorge, qu'il m'y fallut renoncer aussitôt que j'en eus tâté; de plus, la viande étoit si dure, que je ne pus m'empêcher de dire : voilà un veau bien coriace; j'ajoutai même qu'il n'avoit pas le goût de son espèce. Notre hôte qui m'entendoit prit la parole, en rougissant un peu malgré son impudence : Ne voyez-vous pas, dit-il, qu'il n'est pas assez mortifié. L'ânier croyant ce qu'avançoit l'hôte, ou du moins que j'avois tort d'être si délicat, s'écria d'un ton railleur : Ce n'est pas cela, c'est que notre jeune cadet de Séville a toujours été nourri d'œufs frais et de craquelins; tout autre chose est mauvaise pour lui.

Je haussai les épaules à ce trait de mon camarade, et ne dis pas un mot; ne sachant si je n'étois pas effectivement trop difficile, ou plutôt m'imaginant être déjà dans un autre monde : cependant je ne pus me résoudre à mettre la main au plat, et je commençai à faire des réflexions qui n'étoient pas d'un homme de mon âge. Je me rappelai l'emportement de l'hôte lorsqu'il nous avoit vu rire le soir au souper; le serment qu'il nous avoit fait sans nécessité; et comme toute

personne qui veut se justifier avant qu'on l'accuse se
rend suspecte, je jugeai qu'il y avoit de la friponnerie
là-dedans. Dès que mon imagination fut une fois prévenue contre lui, la vue et l'odeur de son vilain veau
commencèrent à me faire mal au cœur; je ne pus demeurer plus long-temps à table, et je me levai en attendant qu'il plût à l'ânier d'en faire autant; ce qui
arriva bientôt. Quoique le morceau de veau fût une
pièce de résistance, mon compagnon n'en fit qu'un fort
léger repas: après quoi je lui dis de compter avec l'hôte,
pour savoir ce que nous devions; mais il me répondit
d'un air honnête que c'étoit si peu de chose qu'il se
chargeoit de le satisfaire, que je ne devois point m'embarrasser de cela.

Ce procédé noble d'un ânier me surprit extrêmement, ou pour mieux dire me charma; si j'eusse été
bien en espèces, je me serois sans doute piqué d'honneur : je n'aurois pas souffert qu'il eût payé pour
moi; mais ma bourse étoit si plate, qu'il ne me convenoit point de disputer de générosité : je le laissai
donc sans façon faire tous les frais; par reconnoissance
je l'aidai à étriller, à frotter, à mener boire ses ânes,
à leur faire manger leur orge, et à les accommoder.
Il n'y avoit rien que je ne fusse prêt à faire pour lui
marquer jusqu'à quel point j'étois pénétré de ses belles
manières à mon égard.

CHAPITRE VII.

L'hôte vole le manteau de Guzman. Grande rumeur
dans l'hôtellerie.

POUR être plus propre à rendre service à mon ami
l'ânier, et mieux l'aider à mettre ses ânes en état de
partir, je fis un paquet de mon manteau que je posai
sur un banc; mais, peut-être un quart d'heure après ,
ayant jeté la vue de ce côté-là, je m'aperçus que mon
manteau n'y étoit plus : cela m'alarma d'abord ; néanmoins je ne m'en mis pas fort en peine, croyant que
l'hôte ou l'ânier l'avoit caché exprès pour me le faire
chercher et se divertir un peu de l'inquiétude que cela
me causeroit.

Je ne pouvois soupçonner que ces deux hommes de
m'avoir fait ce tour, attendu qu'il n'y avoit qu'eux qui
fussent entrés dans l'écurie où mon manteau avoit été ,
pris. Je le demandai premièrement à mon camarade,
qui me dit qu'il ne s'amusoit point à ces sortes de
jeux. Je m'adressai ensuite à l'hôte, qui d'abord eut
recours aux serments pour me persuader qu'il n'avoit
aucune part au vol dont je lui parlois : là-dessus je me
mis à chercher mon manteau dans la maison ; je la
parcourus depuis le bas jusqu'en haut, sans oublier
le moindre endroit qui pouvoit le recéler : j'accusois
de ce larcin, dans le fond de mon âme, notre hôte,
dont la seule physionomie justifioit mon accusation.

J'entrai par hasard dans une arrière-cour, dont je n'ouvris pas sans peine la porte, et là j'aperçus des objets qui détournèrent pour quelques instants ma pensée de mon manteau : je vis sur le pavé une grande mare de sang fraîchement répandu, et à côté la peau d'un jeune mulet étendue avec les quatre pieds qui y tenoient encore, aussi-bien que les oreilles et la tête, qu'on avoit ouverte pour en tirer la cervelle et couper la langue. Je considérai ce spectacle, non sans horreur, et je dis en moi-même : Voilà donc la dépouille de notre excellent veau ; il est juste que mon compagnon la voie de ses propres yeux ; il y a pour le moins autant d'intérêt que moi. J'allai vite à l'écurie retrouver l'ânier, à qui je dis tout bas que je voulois lui faire voir quelque chose qui en valoit bien la peine. Il me suivit. Je le menai à l'arrière-cour, où lui montrant les restes des deux bons repas que nous avions faits : Hé bien, mon ami, lui dis-je, que pensez-vous de tout ceci ? est-ce que je ne me nourris que de craquelins et d'œufs frais ? Contemplez avec volupté ce veau délicat dont l'hôte vous a fait ces ragoûts que vous avez trouvés si friands. Voyez de quoi cet habile cuisinier nous a régalés.

Le bon ânier demeura si honteux qu'il ne put me répondre : C'est donc là, poursuivis-je, cet homme de bien qui ne vend pas des chats pour des lièvres, ni des brebis pour des agneaux, mais qui ne se fait pas un scrupule de nous donner du mulet pour du veau. Mon compagnon, triste et rêveur, regagna l'écurie, et moi je cherchai l'hôte pour lui parler vigoureusement. Je m'imaginois que pour l'obliger à me restituer

mon manteau, je n'avois qu'à lui faire connoître que
j'avois tout découvert, et le menacer d'en avertir la
justice : comme en effet il est défendu, par une loi
expresse et sous de grosses peines, en Andalousie,
d'avoir chez soi de pareilles bêtes, et de faire couvrir
les juments par des ânes. Il se soucioit peu d'observer
cette loi, ayant eu depuis huit jours un mulet d'un
âne et d'une petite jument galicienne, qu'il mettoit
sur leur bonne foi dans la même écurie : il s'étoit imaginé qu'il pouvoit impunément le présenter pour du
veau à des passagers, qui d'ordinaire ne manquent pas
d'appétit.

Je le rencontrai dans la cour auprès du puits, où il
s'occupoit à laver une pièce du veau supposé ; il la
cacha sitôt qu'il m'aperçut. Je l'abordai d'un air d'assurance, et lui dis d'un ton ferme de me rendre mon
manteau, ou bien que j'irois me plaindre à la justice.
A ces mots, qui ne l'épouvantèrent point, il me regarda
d'un œil méprisant, m'appela petit fat, et me dit qu'il
me donneroit le fouet.

Je fus moins sensible à la perte de mon manteau
qu'à la manière dont il me traitoit : je m'abandonnai à
mon ressentiment ; et, sans avoir égard à l'inégalité de
nos forces, je lui répondis qu'il n'étoit qu'un voleur
et qu'un fripon ; que je le défiois d'oser mettre la main
sur moi. Il parut piqué de ma réponse, et s'avança
comme pour me maltraiter ; mais sans attendre ce
géant, car c'en étoit un par rapport à moi, je lui jetai
à la tête une pierre que j'avois ramassée : par bonheur
pour lui elle ne fit que friser ses oreilles. Alors, au
lieu de me venir joindre pour m'accabler du poids de

son corps, il courut à sa chambre, d'où il revint un instant après avec une longue épée nue à la main. Loin de fuir devant ce matamore, je me mis à l'apostropher dans des termes injurieux, jusqu'à le traiter de lâche et de poltron, qui n'avoit pas honte de se servir d'une rapière contre un enfant qui n'avoit point d'autres armes que des pierres pour se défendre.

Au bruit de mon apostrophe, les valets et les servantes accoururent, et furent tout effrayés de voir leur maître armé d'une épée; d'un autre côté, mon camarade, irrité contre le fripon auquel il en vouloit pour les ragoûts détestables qu'il lui avoit fait manger, vint à mon secours avec une fourche; de sorte que l'ânier et moi d'une part, l'hôte, sa femme, ses enfants et ses domestiques de l'autre, nous faisions un vacarme de tous les diables; on eût dit de dehors qu'indubitablement il se passoit une sanglante scène dans l'hôtellerie : tous les voisins en sont en peine, tout le monde accourt; on frappe à la porte, qui étoit encore fermée; on l'enfonce pour être plus tôt au fait de cet effroyable bruit qu'on entend : une troupe de gens de justice paroît, des archers, des greffiers et des alcades; car, pour les péchés des habitants, il y avoit deux juges dans la ville de Cantillana.

Ces alcades ne furent pas plus tôt dans la maison avec toute leur séquelle, que chacun d'eux prétendit que la connoissance de cette affaire lui appartenoit; ce qui forma deux partis. Les greffiers et les archers se divisèrent aussi selon leurs divers intérêts, et leur partage sur la compétence excita une furieuse dispute entre eux. Nouvelle guerre, nouveau bruit; on ne s'entend plus : voilà les juges et les greffiers qui s'échauffent les uns contre les autres ; ils se font des reproches, se disent d'horribles vérités ; ils en viennent aux injures, et des injures ils en seroient peut-être venus aux mains, si quelques honnêtes bourgeois de la ville, qui étoient entrés avec eux dans l'hôtellerie pour savoir de quoi il s'agissoit, ne se fussent entremis pour les accorder ; ce qui ayant été fait, Dieu sait comment, il ne fut plus question que de notre querelle : on débuta, comme de raison, par me saisir ; c'est toujours par l'endroit le plus foible que la corde se rompt. J'étois un étranger sans appui et sans connoissance ; la justice ne pouvoit manquer de commencer par moi.

Il faut pourtant que je rende justice à ces alcades ; ils voulurent bien m'entendre avant que de me faire emprisonner : je leur contai tout naturellement le sujet de mon démêlé avec l'hôte pour mon manteau ; ensuite, les ayant tirés à part, j'ajoutai à cette histoire celle du mulet ; je leur dis qu'ils trouveroient encore la peau de cet animal dans l'arrière-cour, et quelques morceaux en étuvée dans la cuisine. Sur ce dernier article de ma déposition, les juges laissèrent là mon manteau pour courir à l'arrière-cour, après avoir, par provision, fait arrêter l'hôte, qui n'en fit que rire, s'imaginant que c'étoit au sujet du manteau, que personne ne lui avoit vu prendre ; mais lorsqu'on lui produisit la peau du mulet avec toutes les autres pièces justificatives, il devint pâle comme un criminel confondu ; et dans l'interrogatoire qu'on lui fit subir, il en dit plus qu'on ne lui en demandoit ; il ne marqua de la fermeté que sur mon manteau : le scélérat, par un esprit de vengeance, ne voulut jamais convenir qu'il l'eût volé.

Les alcades envoyèrent ce misérable en prison; ce qui me causa quelque joie au milieu de mes peines : je dis au milieu, car je n'étois pas encore au bout. Les greffiers, gens aussi humains que désintéressés, jugeant que j'étois un garçon de famille, et que je pouvois avoir un père riche, conseillèrent chrétiennement aux juges de me faire arrêter aussi à tout hasard : ce conseil, qui se trouva fort du goût des alcades, alloit être suivi, si les bourgeois qui étoient présents ne se fussent opposés à une si grande injustice, en disant tout haut que si cela s'exécutoit, le battu payeroit l'amende. Les murmures de ces honnêtes gens l'emportèrent pour le coup sur la bonne volonté des officiers de justice, qui me firent grâce par politique.

D'une autre part, l'ânier, triste témoin de tout ce qui se passoit, et mourant de peur qu'on ne se saisît de ses ânes et de lui, me dit à l'oreille de nous éloigner promptement de ce pays de bénédiction, où le moindre malheur qui pouvoit arriver à un homme de bien étoit de perdre son manteau. J'approuvai fort son avis : nous montâmes à la hâte sur nos bêtes, et nous sortîmes de l'hôtellerie.

CHAPITRE VIII.

Il arrive un nouveau malheur à Guzman et à l'ânier.

Nous avions tant d'envie d'être hors de la ville, que nous commençâmes à donner du talon à nos ânes, qui servirent bien notre impatience : il sembloit qu'à notre exemple ils eussent pris en aversion cette hôtellerie, et qu'ils craignissent d'y laisser leur peau; mais quand nous fûmes dans la campagne, nous n'allâmes plus qu'au petit pas, tous deux gardant un profond silence, et chacun occupé de ses pensées. Il faisoit beau voir alors la contenance de mon ami l'ânier : il n'avoit plus envie de rire depuis qu'il avoit vu la dépouille du mulet; il n'étoit nullement tenté de me railler sur nos admirables repas, il craignoit trop les reparties que j'aurois pu lui faire; il avoit mangé six fois plus que moi de l'andouille et de la cervelle; et pour le ragoût du matin, il l'avoit encore tout entier dans le ventre : enfin j'aurois eu de quoi triompher, s'il se fût avisé de vouloir plaisanter; mais il étoit bien éloigné d'y penser.

S'il avoit sujet de rêver désagréablement, je n'étois pas plus satisfait des images qui venoient s'offrir à mon esprit. O ciel! disois-je, quelle étoile malheureuse m'a tiré de la maison de ma mère? A peine ai-je mis le pied dehors, que tout m'est devenu contraire; un malheur n'a fait que m'en présager un autre. Pour premier gîte, il m'a fallu coucher à la porte d'une chapelle, et cela sans souper; le lendemain j'ai dîné d'une omelette aux poussins, et l'on m'a régalé le soir de divers ragoûts de mulet travesti en veau; la nuit j'ai été dévoré des puces, heureusement je n'en ai rien senti; aujourd'hui il n'a tenu qu'à moi de faire aussi bonne chère, et qui pis est, on m'a volé mon manteau : il ne me manquoit plus que d'aller en prison tenir compagnie au voleur, et il n'a pas tenu aux greffiers que cela ne me soit arrivé.

Toutes les fois que je pensois à ce vol, je soupirois amèrement; son souvenir m'affligeoit plus que tout le reste : en effet j'avois bien raison d'en être touché; l'estomac peut se remettre d'un mauvais repas; une désagréable nuit est réparée par une bonne : mais le moyen de réparer la perte d'un manteau , quand on a aussi peu d'argent que j'en avois? Néanmoins le mal étant sans remède, je me résolus à prendre patience; j'avois ouï dire que la vie de l'homme étoit un mélange de bonheur et de malheur, de plaisir et de peine : si cela est, disois-je, console-toi, Guzman; tu es sur le point de trouver quelque bonne fortune, puisque tu n'as éprouvé que des disgrâces depuis ton départ de Séville.

Plein d'une si douce espérance , je commençois à reprendre courage, lorsque deux hommes, qui avoient l'air de ce qu'ils étoient, et qui venoient derrière nous au grand trot sur des mules, nous ayant atteints, me considérèrent avec attention, comme des gens qui cherchoient quelqu'un qui me ressembloit; leur figure toute seule n'étoit que trop capable de me troubler : jamais la Sainte-Hermandad, dont ils avoient l'honneur d'être membres, n'a peut-être eu de confrères d'une mine plus effroyable. Je leur parus surpris, et même un peu effrayé de ce qu'ils me regardoient entre deux yeux : il ne leur en fallut pas davantage pour sauter à terre ; en même temps ils vinrent fondre sur moi l'un et l'autre ; ils me jetèrent à coups de poing de mon âne en bas ; puis, me saisissant par un bras, l'un des deux me dit d'un ton d'archer : Ah ! te voilà, fripon de voleur ! nous te tenons enfin : allons, petit misérable, rends cet argent, rends ces pierreries, ou bien nous te pendrons tout à l'heure à cet arbre que tu vois à deux pas d'ici. A ces mots, quelque chose que je pusse dire pour ma défense, ils se mirent à me houspiller et à me souffleter de manière qu'un soufflet n'attendoit pas l'autre.

Le trop charitable ânier, touché de compassion de me voir traiter si cruellement, voulut représenter à ces furieux que sans doute ils se méprenoient : il fut fort mal payé de sa remontrance ; ils lui tombèrent sur le corps, et quand ils furent las de le battre, ils lui dirent qu'il étoit mon recéleur, et l'arrêtèrent avec tous ses ânes, en lui demandant où il avoit mis cet argent et ces pierreries. Comme il ne pouvoit leur répondre autre chose, sinon qu'il ignoroit de quel argent et de quelles pierreries ils nous parloient, ce fut un nouvel orage de coups de bâton qui creva sur lui. Je confesse ici ma mauvaise inclination, je ressentis une maligne joie en voyant maltraiter ainsi ce pauvre diable, à qui je portois guignon ; je m'imaginois que c'étoit à lui que je devois imputer la perte de mon manteau et notre horrible souper. Après qu'ils nous eurent bien

étrillés, ils nous fouillèrent exactement ; et, ne trouvant
pas ce qu'ils cherchoient, ils nous lièrent les mains
avec des cordes, dans le dessein de nous mener en
laisse à Séville. Nous étions déjà tous deux attachés
comme des lévriers, lorsque celui des archers qui m'a-
voit lié les mains dit avec surprise à son compagnon :
Holà, ho ! camarade, nous faisons les choses avec
bien de la précipitation ; je crois, Dieu me pardonne,
que nous nous sommes trompés : le drôle que nous
poursuivons n'a point de pouce à la main gauche, et il
ne manque pas un doigt à celui-ci. L'autre archer sur
cela s'avisa de tirer de sa poche leurs instructions, et
de les lire à haute voix : le voleur après lequel ils cou-
roient y étoit peint d'une façon qui ne s'accordoit
point avec ma figure ; outre qu'il y étoit marqué qu'il
lui manquoit un pouce, il étoit dit qu'il avoit dix-neuf
à vingt ans, et des cheveux noirs et longs qui lui tomboient sur le dos en queue de cheval ; au lieu qu'on ne
pouvoit me donner tout au plus que quatorze ans, et
que j'avois des cheveux très courts, roux et crêpés. Ils
virent bien qu'ils avoient fait un quiproquo ; ils nous
délièrent, prirent pour leurs vacations quelques réaux
que l'ânier avoit dans sa poche, nous firent des excuses
en nous riant au nez, et remontèrent sur leurs mules,
laissant les battus tout roués de coups, principalement
mon ami l'ânier, dont les épaules épaisses et robustes
avoient été moins ménagées que les miennes : en récompense, j'avois la bouche pleine de sang, et les
dents ébranlées des coups de poing que j'avois reçus.

Cela ne nous empêcha pourtant pas de nous remettre
sur nos ânes et de continuer notre route, mais aussi

tristement que tu le pourrois faire dans une semblable
conjoncture : quand nous fûmes à un quart de lieue
du village del Pedoso, nous aperçûmes et joignîmes
nos deux ecclésiastiques, qui marchoient pas à pas en
nous attendant.

Je leur appris le sujet de notre retardement; car
dans l'état où étoit l'ânier, il n'avoit pas le courage de
desserrer les dents. Les bons prêtres nous plaignirent
fort; la dernière de nos aventures surtout leur parut la
plus fâcheuse, et donna occasion à un de ces messieurs
de dire : Dieu garde tout honnête homme de trois
saintes qui sont en Espagne; savoir, la sainte Inquisition, la sainte Hermandad et la sainte Cruzada! Dieu
préserve un innocent particulièrement de la sainte
Hermandad! Il y a encore quelque espérance de justice avec les deux autres; mais tout ce que je puis dire
de celle-là : Bienheureux sont ceux qui ne tombent
point entre ses mains!

L'ecclésiastique, qui m'avoit régalé d'un sermon le
jour précédent, et qui se sentoit une grande démangeaison de prêcher encore, fit adroitement rouler la
conversation sur les plaisirs du monde, pour avoir occasion de nous dire qu'il n'y en a que de faux sur la
terre, et que si l'on en vouloit trouver de véritables,
il falloit les aller chercher au ciel; que toutes les fêtes
même où l'on se promettoit les plus grands plaisirs,
étoient toujours accompagnées ou suivies de quelques
chagrins. Monsieur le bachelier, ajouta-t-il en s'adress-
sant à son camarade, souhaitez-vous que je vous raconte à ce propos une fable qui me semble digne d'être
écoutée? Vous ne serez pas fâché de la savoir; la voici.

En même temps il la débita dans ces termes, sans attendre la réponse de son compagnon.

« Jupiter n'étant pas content d'avoir créé pour les hommes tout ce qui se voit sur la terre, par un excès d'amour pour eux, envoya dès les premiers temps le dieu du plaisir résider dans ce bas monde, uniquement pour les réjouir. Mais les hommes, et encore plus les femmes, s'attachant à ce nouveau dieu qui les charmoit par ses attraits, résolurent de ne reconnoître que lui pour leur divinité; ils se flattèrent qu'il avoit de quoi combler tous leurs vœux : ainsi, croyant pouvoir se passer de tous les autres dieux du ciel, ils commencèrent à les oublier : les prières, les sacrifices, les victimes, tout ne fut plus que pour le dieu du plaisir. Jupiter, comme le plus offensé, fut si sensible à l'ingratitude de ses créatures, qu'il crut devoir se venger d'elles : il assembla les immortels pour les consulter, de peur qu'on ne l'accusât de n'avoir écouté que sa colère.

« Tous les dieux en général blâmèrent le procédé des hommes plus ou moins, selon les sentiments que chacun avoit pour eux. Les plus débonnaires représentèrent à Jupiter que des mortels n'étoient que des mortels, c'est-à-dire des créatures foibles, pleines de défauts, et desquelles on ne devoit attendre que de l'imprudence et de l'indiscrétion; que le maître des dieux, bien loin de voir leur foiblesse d'un œil irrité, il lui convenoit plutôt d'en avoir pitié, et de leur pardonner, au lieu de songer à les punir. Si nous étions hommes comme eux, ajoutèrent-ils, nous ne nous conduirions pas autrement, peut-être même ferions-nous pis; d'ailleurs, considérez quel dieu vous leur avez donné; voyez de quelle sorte il en use avec eux : ils ne les abandonne point, il flatte leurs désirs, et a des manières ravissantes dont ils sont enchantés. Vous, au contraire, vous ne vous montrez que de temps en temps, et presque toujours la foudre en main ; en un mot, vous les effrayéz, et vous ne devez pas être étonné s'ils vous aiment moins qu'ils ne vous craignent : au reste, ils peuvent se corriger et rentrer en eux-mêmes, quand on les aura sérieusement avertis du tort que fait aux immortels, et principalement à vous, l'aveugle attachement qu'ils ont pour cette divinité.

« Lorsque les dieux pacifiques eurent fait cette remontrance à Jupiter, Momus, qui haïssoit les hommes, lui en voulut faire une autre toute contraire; mais il la commença dans des termes si libres, que le souverain des cieux lui ferma la bouche en lui disant qu'il parleroit à son tour. D'autres divinités, qui n'étoient pas mieux intentionnées pour le genre humain que Momus, voulurent persuader au fils de Saturne qu'il devoit détruire les hommes; que c'étoient des êtres inutiles, et dont les dieux n'avoient pas besoin. D'autres immortels moins emportés, croyant lui donner un avis admirable, lui conseillèrent de réduire en poudre ces coupables humains, et d'en créer d'autres plus parfaits, puisque c'étoit une chose qu'il pouvoit faire d'un souffle : alors Apollon demanda permission de parler, et dit, avec cet air de douceur qu'on lui attribue, ces paroles au père des dieux :

« Jupiter, divinité remplie d'amour et de bonté, tu es si justement irrité contre les hommes, que quelque vengeance cruelle qu'il te prît envie d'en tirer, aucun

habitant de l'Olympe n'oseroit s'opposer à ta volonté :
il n'est pas moins de l'intérêt de tous les dieux en général que du tien, que les mortels ne payent pas d'ingratitude les grâces et les bienfaits qu'ils reçoivent de
nous tous les jours. Mais, après tout, je ne puis m'empêcher de te remontrer que si tu fais périr les humains, c'est ton propre ouvrage que tu détruis. Ce
monde, que tu as créé et embelli de mille choses admirables que tu y as fait naître, ne sera plus d'aucune utilité; nous ne quitterons pas le ciel pour aller
l'habiter. De détruire les hommes pour en faire de
nouveaux, cela ne te fera point d'honneur; on dira
que tu ne peux qu'en deux fois rendre tes œuvres
parfaites : laisse le genre humain tel qu'il est; il y va
de ta gloire de le maintenir comme tu l'as créé : je ne
sais pas même s'il seroit de l'intérêt des dieux que les
hommes n'eussent aucune imperfection : s'ils n'étoient
pas foibles et pleins de misères, auroient-ils besoin de
nous ?

« Cependant, poursuivit-il, ce sont des ingrats qu'il
faut punir; tu leur as fait présent du dieu du plaisir, et
ils s'y sont trop attachés : hé bien! il n'y a qu'à le
leur arracher, et leur envoyer à sa place le dieu du
déplaisir son frère; ce sera les châtier par le même
endroit qu'ils t'ont offensé : ils reconnoîtront bientôt
leur faute, et tu les verras recourir à ta bonté, pour
la supplier de leur pardonner leur aveuglement; tu
seras alors pleinement vengé, et tu pourras leur faire
grâce, ou les abandonner à la tyrannie de leur nouvelle divinité. Voilà, grand Jupiter, ce qui me semble
convenir à ta gloire en cette occasion; mais le maître

du ciel et de la terre sait mieux que moi quelle résolution il doit prendre.

« Apollon cessa de parler, et Momus, qui avoit préparé un discours que sa haine pour les hommes lui
avoit suggéré, voulut aggraver leur faute; il ne laissa
pas toutefois d'être la dupe de sa mauvaise volonté :
tous les autres immortels, qui connoissoient son aversion pour les humains, rejetèrent son avis, et furent
de celui d'Apollon. Mercure, suivant le résultat de
l'assemblée céleste, fendit l'air aussitôt, et descendit
sur la terre, où il trouva les hommes occupés, charmés, possédés du dieu du plaisir; mais quand il se mit
en devoir d'exécuter l'ordre qu'il avoit de le leur enlever, ce fut un soulèvement général, tant du côté des
femmes que de celui des hommes; on ne vit jamais
une telle fureur : ils se rangèrent tous autour de leur
divinité chérie, en protestant qu'ils mourroient tous
plutôt que de souffrir qu'on la leur ôtât.

« Mercure remonta au ciel en diligence, pour informer de ce désordre Jupiter, dont la mauvaise humeur
contre les hommes fut augmentée par cette nouvelle;
néanmoins Apollon, qui les aimoit toujours, intercéda
pour eux encore auprès de lui, et fit si bien, qu'il
l'empêcha de lancer la foudre sur ces malheureux :
Maître de l'Olympe, lui dit-il, ayez pitié de ces foibles
créatures. Au lieu de laisser tomber votre tonnerre
sur ces insensés, permettez que je vous propose un
moyen de les rendre plus raisonnables; trompons-les
par un tour d'adresse : arrachons-leur le dieu du plaisir
sans qu'ils s'en aperçoivent, en mettant à sa place et
sous sa figure le dieu du déplaisir.

« Le stratagème fut approuvé, et Apollon voulut lui-
même s'employer à le faire réussir : il descendit sur la
terre avec le déplaisir déguisé; il trouva les femmes et
les hommes en armes auprès du plaisir, pour le défendre
envers et contre tous : il leur fascina les yeux, et fit
aisément l'échange qu'il avoit dessein de faire; après
quoi il retourna vers les immortels pour rire avec eux
de l'erreur où il venoit de jeter les humains, qui depuis ce temps-là, croyant avoir encore le dieu du plaisir, sacrifient à son frère sans le connoître. »

Cette fable fut applaudie du bachelier, qui convint,
avec l'ecclésiastique qui venoit de la conter, qu'effectivement les plaisirs de la vie nous séduisent par de
belles apparences sans avoir aucune réalité. Hélas!
disois-je en moi-même pendant qu'ils raisonnoient là-
dessus, cela n'est que trop véritable. Quand je me suis
mis en tête de voyager, je me formois une idée charmante de mon voyage, je me repaissois l'esprit de
mille agréables images dont je ne connois déjà que
trop la fausseté. Après que les ecclésiastiques eurent
assez long-temps moralisé sur cette matière, le bachelier dit à son compagnon : Pour égayer un peu l'entretien, et nous désennuyer sur la route, je vais, si
vous voulez bien me le permettre, vous raconter une
histoire du temps de nos guerres avec les Maures.
L'autre ecclésiastique parut curieux de l'entendre, et,
autant qu'il m'en peut souvenir, le bachelier en fit le
récit à peu près de cette manière.

CHAPITRE IX.

Histoire d'Ozmin et de la belle Daraxa.

Pendant que leurs majestés catholiques Ferdinand et Isabelle assiégeoient Baëça, l'on peut dire que les Maures donnèrent bien de l'occupation aux chrétiens, et qu'il se fit de part et d'autre des actions de la dernière valeur. La place, avantageusement située et en bon état, étoit défendue par une garnison composée des meilleures troupes du roi de Grenade, Mahomet, surnommé *El Chiquito*, c'est-à-dire le très petit, et avoit pour gouverneur un homme fort expérimenté dans la guerre. Isabelle, à Jaën, s'occupoit à faire pourvoir de munitions l'armée des chrétiens, que Ferdinand commandoit en personne, et qui étoit partagée en deux corps, dont l'un faisoit le siége, tandis que l'autre le soutenoit.

Comme les Maures n'épargnoient rien pour rendre difficile la communication des deux camps, il ne se passoit point de jour qu'il n'y eût quelque escarmouche, qui devenoit toujours sanglante. Il arriva dans une de ces occasions que les assiégés combattirent avec tant de fureur, qu'ils auroient entièrement défait les assiégeants, si la chose eût été possible; mais ceux-ci, animés par la présence et par l'exemple de leur roi, qui s'étoit mis de la partie, et renforcés à tout moment par de nouveaux secours, firent prendre enfin la fuite aux infidèles, et les poursuivirent si vivement, qu'ils entrèrent pêle-mêle dans le faubourg de Baëça.

Le gouverneur n'auroit pas manqué de profiter de
l'ardeur indiscrète des chrétiens, s'il eût eu assez de
monde pour faire alors une vigoureuse sortie; mais
voyant alors sa garnison trop affoiblie pour oser l'entreprendre, il se contenta prudemment de faire feu
sur eux, pour les empêcher de se loger dans le faubourg; ensuite il fit fermer les portes de la ville, de
peur qu'elle ne fût emportée d'assaut. On eut beau
lui venir dire que sa fille unique étoit malheureusement allée prendre l'air dans un jardin qu'il avoit au
faubourg, et qu'il étoit à craindre qu'elle ne tombât
entre les mains des ennemis, il répondit, en consul
romain, qu'il aimoit mieux perdre sa fille qu'une
place dont son roi lui avoit confié la défense.

Parmi les seigneurs de l'armée chrétienne qui entrèrent dans le faubourg avec les Maures, don Alonse
de Zuniga fut un de ceux qui se signalèrent le plus.
Ce cavalier, qui pouvoit avoir dix-huit ans, faisoit sa
première campagne; il aimoit la gloire, et il n'étoit
venu au siége de Baëça que pour mériter l'estime de
Ferdinand par quelque action d'éclat. La fortune favorisa son dessein : comme il poursuivoit les ennemis,
passant au fil de l'épée ceux qui vouloient lui résister,
il arriva près d'une maison de fort belle apparence,
qu'il jugea devoir appartenir à une personne de qualité; curieux de savoir ce qu'il y avoit dedans, il fit
enfoncer les portes à coups de hache : il se présenta
d'abord une douzaine d'hommes armés seulement de
sabres pour en défendre l'entrée; mais quatre ou cinq

d'entre eux, ayant été jetés par terre, abattirent le courage des autres, qui se sauvèrent par-dessus les murs du jardin.

Les cavaliers de don Alonse, ravis de trouver une maison richement meublée, ne songèrent qu'à la piller; pour lui, qui ne cherchoit que l'occasion de la gloire, il parcourut cette maison l'épée à la main avec cinq ou six de ses gens, brisant et enfonçant toutes les portes fermées, pour voir s'il ne rencontreroit pas quelque Maure qu'il fallût combattre. Comme il alloit ainsi d'appartement en appartement, il entendit des cris et des gémissements à l'entrée du dernier : en même temps il aperçut cinq femmes, dont quatre tout en pleurs et fort effrayées vinrent tomber à ses pieds, en le conjurant de leur sauver l'honneur et la vie; mais la cinquième, qui faisoit assez connoître par son air et par ses habits qu'elle étoit la maîtresse des autres, au lieu de s'humilier devant son ennemi, tenoit un poignard, et gardoit une contenance assurée : Arrête, lui dit-elle fièrement, en langue castillane, lorsqu'il voulut s'approcher d'elle, ce fer punira l'insolent qui osera mettre la main sur moi.

Don Alonse n'eut pas sitôt envisagé la dame qui venoit de lui adresser ces paroles courageuses, qu'il fut ébloui de sa beauté; il sentit les premiers mouvements que l'amour excite dans les cœurs qu'il soumet à son empire; et déjà tout enflammé de son ardeur naissante, il leva la visière de son casque, remit son épée, et dit à la dame, avec autant de douceur que de respect, qu'une personne comme elle n'avoit rien à craindre d'un cavalier tel que lui; qu'il étoit bien mortifié de l'alarme qu'il lui causoit, mais qu'en même temps il s'estimoit trop heureux que le sort l'eût conduit auprès d'elle pour la sauver des malheurs qui la menaçoient ; qu'il la supplioit seulement de prendre une entière confiance en lui, et de souffrir qu'il l'emmenât promptement pour prévenir la fureur du soldat, qui, dans ces occasions ne reconnoissant aucune autorité, pourroit le mettre hors d'état de la préserver de toutes sortes d'outrages.

A ces mots, dont elle ne sentit que trop la force, elle accepta le secours qu'il lui offroit ; aussitôt il ordonna aux gens de sa suite d'avoir soin des autres femmes, et de leur laisser emporter tout ce qu'elles jugeroient pouvoir leur être utile : après quoi il présenta la main à sa captive, qui, malgré le trouble où étoient ses esprits, ne laissoit pas d'être un peu rassurée par la politesse et par la vue de ce jeune cavalier ; il est vrai que tout armé qu'il étoit, à voir son beau visage et ses longs cheveux qui flottoient par boucles sur sa cuirasse, on l'auroit plutôt pris pour une fille que pour un homme de guerre.

La charmante Maure, qui, sans contredit, étoit la plus piquante beauté du royaume de Grenade, se nommoit Daraxa ; c'étoit la fille du gouverneur de la place : dès qu'elle avoit appris que l'on repoussoit les Maures jusque dans le faubourg, elle avoit voulu regagner la ville ; mais en ayant trouvé les portes fermées, elle avoit été obligée de revenir au jardin.

Quoique ce fût une grande consolation pour elle d'être tombée entre les mains de don Alonse, néanmoins elle ne pouvoit penser qu'elle devenoit esclave des chrétiens, sans en être pénétrée de douleur. Malgré toute sa fermeté, cette réflexion lui arrachoit des larmes; elle n'eut pas la force de répondre au discours obligeant de son généreux ennemi; elle lui donna seulement la main pour lui marquer sa confiance. Le jeune guerrier, attendri par les pleurs de sa prisonnière, n'oublioit rien de tout ce qu'il croyoit propre à la consoler; et comme il parloit de l'abondance du cœur, ce qu'il disoit avoit un caractère de tendresse qui auroit fait plus d'impression sur sa belle captive, si elle eût été moins accablée de son malheur; mais quoiqu'elle fût sensible aux efforts qu'il faisoit pour adoucir son infortune, les marques de reconnoissance qu'elle en donnoit ne répondoient guère à la vivacité du consolateur.

D'abord qu'il fut averti qu'on battoit la retraite par ordre du roi, et que déjà les chrétiens commençoient à défiler pour regagner leur camp, il céda son cheval à la dame, qui monta dessus légèrement, sans le secours de personne, et fit bien voir qu'elle savoit manier un cheval: il rassembla ensuite à la hâte la meilleure partie de ses cavaliers, au milieu desquels il plaça la belle Maure avec ses femmes; puis s'étant mis à la tête de ce petit corps, qui avoit plutôt l'air d'un cortége que d'une escorte, il suivit les autres troupes qui défiloient.

Il n'étoit pas encore arrivé au camp, que le roi savoit déjà son aventure; il l'avoit apprise avec d'autant plus de joie, qu'il affectionnoit particulièrement ce cavalier, qui lui paroissoit un jeune homme d'une grande espérance. Ce monarque, impatient de voir une prisonnière de la race des rois de Grenade, et pour lui

faire plus d'honneur, alla au-devant d'elle aussitôt qu'il
sut qu'elle s'approchoit de sa tente avec don Alonse, qui
l'amenoit pour la lui présenter. Elle aborda le roi d'un
air si majestueux et avec tant de grâce, qu'elle charma
tous ceux qui en furent témoins : elle voulut se pros-
terner devant lui; mais il s'y opposa si poliment, et la
reçut d'une manière dont elle fut tellement satisfaite,
qu'elle lui dit avec une espèce de transport : Ah! seigneur, que l'honneur de saluer le grand Ferdinand
auroit de charmes pour moi, si le ciel ne l'eût point
attaché au plus cruel de tous les malheurs qui me pouvoient arriver. Madame, lui répondit le roi d'un air
gracieux, vous ne devez point regarder comme un
malheur d'être devenue prisonnière de don Alonse de
Zuniga : c'est un aimable cavalier qui aura pour vous
tous les égards qu'on vous doit; il n'épargnera rien
pour vous consoler de votre disgrâce; et de mon côté,
je vous prépare de si bons traitements, que vous ces-
serez peut-être bientôt de vous plaindre de la fortune.

Le monarque, après lui avoir parlé dans ces termes,
ajouta qu'il lui permettoit d'écrire au gouverneur son
père, pour l'assurer qu'elle seroit toujours traitée avec
toute la considération que méritoit une fille de sa naissance. Ensuite il dit à don Alonse en souriant : Continuez d'avoir soin de Daraxa, menez-la sous ma propre
tente, qu'elle s'y repose cette nuit avec ses femmes,
et demain vous la conduirez-vous-même à Jaën; elle
sera plus agréablement auprès de la reine que dans un
camp.

Tous les officiers de l'armée qui avoient vu la belle
Maure en parlèrent aux autres si avantageusement,

qu'ils leur donnèrent envie de la voir; pour cet effet,
ils s'adressoient tous à Zuñiga, de qui cela dépendoit,
le roi lui en ayant confié la garde : mais don Alonse,
jaloux de son bonheur, refusoit de satisfaire leur curiosité, et les écartoit de la tente royale par des défaites.
Ils le persécutèrent vivement pour obtenir de lui cette
satisfaction, et il n'avoit pas peu de peine à se défendre
de la leur accorder ; heureusement la persécution ne
dura que ce jour-là. Dès le lendemain, suivant l'ordre
de Ferdinand, il partit pour Jaën, où il arriva le soir
avec sa charmante captive, qu'il alla présenter à la
reine. Cette princesse, à qui le roi avoit envoyé un
courrier la nuit précédente, étoit déjà informée de tout :
elle fit un accueil très gracieux à Daraxa, et prit un
extrême plaisir à la voir; elle lui trouvoit dans les yeux
un feu brillant qu'on avoit de la peine à soutenir ;
et elle n'admira pas moins son esprit que sa beauté
lorsqu'elle l'eut entretenue quelque temps, de sorte
qu'elle ne pouvoit se lasser de la regarder ni de l'entendre.

Cependant don Alonse, s'étant acquitté de sa commission, se vit obligé de s'en retourner à l'armée : il
sentit alors, pour la première fois, que si l'amour a
des douceurs, il est aussi accompagné de chagrins, et
que ce dieu fait payer bien cher ses moindres plaisirs :
il ne pouvoit penser sans une extrême douleur qu'il
alloit se séparer de sa belle Maure; mais ce qui faisoit
sa plus grande peine, c'étoit de ne lui avoir pas encore
découvert ses sentiments, quoiqu'il en eût eu plus
d'une occasion favorable, soit par une timidité qu'ont
quelquefois les amants les plus hardis, soit que, faute

d'expérience, il eût pris le parti de ne faire paroître son amour que par ses actions : néanmoins, comme il savoit que c'étoit aux hommes à parler les premiers, il résolut enfin de se déclarer; il n'étoit plus embarrassé que de la manière dont il feroit cet aveu; il y rêva long-temps; et n'étant pas satisfait de ce qui lui venoit sur cela dans l'esprit, il se proposa de faire ce que sa passion lui inspireroit.

Dans ce dessein il se rendit chez la reine pour recevoir ses ordres, et lui demander la permission de dire adieu à Daraxa. La reine, qui se doutoit bien que ce jeune seigneur n'avoit pu voir impunément pendant deux jours une personne aussi aimable que la belle Maure, voulut avoir le plaisir d'être témoin de leur séparation. Ce que vous souhaitez est juste, dit-elle à don Alonse, puisque Daraxa est votre prisonnière; mais elle est sous ma garde: je dois veiller sur toutes ses actions, et vous ne pouvez l'entretenir qu'en ma présence. Ces paroles le troublèrent, et lui ôtèrent presque toute espérance de faire connoître à sa captive qu'en s'éloignant d'elle il alloit s'éloigner de ce qu'il avoit de plus cher au monde.

Il arriva toutefois que ce qu'il envisageoit comme un obstacle à l'accomplissement de ses désirs servit plutôt à les satisfaire. La reine, ayant fait venir la belle Maure, lui dit : Ma fille, car c'est ainsi qu'elle l'appeloit déjà par amitié, vous voyez un jeune guerrier que je crois plus à plaindre et plus prisonnier que vous; il se fait un devoir de prendre congé de sa captive avant que de retourner au camp : je suis de ses amies, et je lui permets de découvrir devant moi les tendres sentiments qu'il peut et doit avoir conçus pour elle. Daraxa rougit à ce discours ; elle avoit été jusqu'alors tellement occupée de son malheur, qu'elle ne s'étoit point encore attachée à démêler les mouvements de don Alonse, ou si elle y avoit fait quelque attention, elle s'étoit imaginée que la pitié, qui n'est jamais sans tendresse, la faisoit agir toute seule : outre cela, elle avoit le cœur prévenu pour un autre ; elle ne pouvoit voir Zuniga que d'un œil indifférent.

Elle ne laissa pas de répondre à la reine qu'elle n'oublieroit jamais les obligations qu'elle avoit à ce cavalier, et que n'étant pas en état de les reconnoître autrement que par des vœux, elle souhaitoit qu'il n'eût pas le malheur d'être fait prisonnier, ou que si cette infortune lui arrivoit, il fût du moins aussi bien traité qu'elle l'étoit. La reine, curieuse d'entendre la réponse que don Alonse feroit à ce compliment, ne voulut point répliquer, pour lui donner lieu de parler ; mais ce jeune seigneur, dont on admiroit tous les jours à la cour les reparties brillantes, demeura comme embarrassé, soit que l'amour dans ce moment l'agitât avec trop de violence, soit qu'il fût gêné par la présence de la reine. Il répondit seulement à Daraxa que quelque disgrâce qu'il pût éprouver, il se croiroit trop heureux s'il pouvoit avoir l'honneur de se dire son chevalier, et qu'il venoit avant son départ la prier de lui accorder cette grâce. Cela ne se refuse point dans ce pays-ci, dit alors la reine, tant pour échauffer la conversation que pour faire plaisir à Zuniga ; et Daraxa pourroit trouver en elle-même plus d'une raison pour y donner son consentement. Madame, répondit la belle Maure, j'en trou-

verois de reste à prendre pour mon chevalier un homme
du mérite et de la qualité de don Alonse ; mais si les
lois de la chevalerie sont les mêmes chez les chrétiens
et chez les Maures, comment voulez-vous que je m'in-
téresse pour un guerrier qui va porter les armes contre
ma patrie?

Quoique cette réponse parût judicieuse à la reine,
cette princesse ne laissa pas de retourner à la charge,
en représentant à la belle Maure que c'étoit par un cas
particulier; qu'elle pouvoit sans scrupule prendre part
à la gloire et à la fortune d'un cavalier à qui elle croyoit
avoir de grandes obligations ; que cela lui serviroit
d'excuse : de plus, qu'elle engageroit par là don Alonse
à traiter avec plus de douceur les Maures qui pourroient tomber entre ses mains. Zuniga étoit charmé de
voir la reine entrer avec tant de bonté dans ses intérêts ; et Daraxa, craignant de se trop découvrir si elle
s'opiniâtroit à combattre les raisons de cette princesse,
aima mieux garder le silence, comme si par respect
elle eût consenti à ce qu'on attendoit d'elle.

Ce n'est pas tout, reprit la reine pour achever son
ouvrage ; quand une dame, chez les chrétiens, choisit
un chevalier, elle a coutume de lui donner une marque
de son choix, comme une écharpe, son portrait, un
mouchoir, un ruban, ou quelque autre semblable galanterie. C'étoit bien aussi la coutume des Maures ;
mais Daraxa ne vouloit point s'engager si avant : néanmoins, comme les désirs de la reine étoient pour elle
des lois, elle fit présent à don Alonse d'un nœud de rubans qu'elle avoit sur la tête, d'un beau tissu à la mau-
resque. Ce cavalier le reçut un genou à terre et en

baisant la main qui le lui présentoit; après quoi, suivant
l'usage des amants de ce temps-là, il jura de ne jamais
rien faire qui fût indigne de l'honneur de servir sa
dame. Ensuite de cette cérémonie, qui fit un extrême
plaisir à la reine, cette princesse dit à Zuniga qu'elle
ne doutoit nullement qu'il ne se signalât bientôt par
de glorieux faits d'armes, pour prouver qu'il méritoit
bien la faveur dont il venoit d'être gratifié. Il répondit
que c'étoit à la fortune à lui en fournir les occasions,
et que s'il les manquoit, ou qu'elles fussent malheu-
reuses pour lui, ce ne seroit pas du moins par la faute
de son cœur.

Après qu'il eut parlé de cette sorte, il remercia la
reine de toutes ses bontés ; puis s'adressant à la belle
Maure, il la supplia de vouloir bien se souvenir quelquefois d'un chevalier qui mettoit toute sa gloire à servir le roi catholique son maître, et à se rendre digne
d'être estimé d'elle. A ces mots il se retira, et partit
pour l'armée.

Il apprit en arrivant que les rois Ferdinand et Mahomet avoient eu ensemble une entrevue ; que Baëça
venoit de capituler, et qu'il étoit dit par un article de
la capitulation que tous les prisonniers faits pendant le
siége seroient relâchés de part et d'autre. Cette nouvelle affligea l'amoureux don Alonse, qui dès ce moment-là se crut privé pour toujours de la vue de la
belle Maure; mais, comme si la reine eût entrepris de
faire le bonheur de ce cavalier, elle ne voulut point se
défaire de Daraxa, pour qui elle avoit conçu une amitié
si forte, qu'elle ne pouvoit plus vivre sans cette aimable personne. Le gouverneur maure, son père, eut

beau la demander avec de grandes instances, cette princesse lui fit écrire dans des termes si obligeants, pour le prier de la lui laisser, que, malgré la tendresse qu'il avoit pour sa fille, il ne put se défendre de la lui abandonner, bien persuadé qu'il n'auroit pas sujet de se repentir de cette complaisance.

Le roi, voyant la campagne finie, prit la résolution d'aller passer l'hiver à Séville. Il manda son dessein à la reine, qui s'y rendit deux ou trois jours avant lui. Jamais la cour de ce monarque n'avoit été plus magni-fique ; tous les seigneurs à l'envi se mirent en dépense pour y faire une brillante figure : don Alonse surtout, qui en étoit un des plus riches, et dont l'absence avoit irrité l'amour, n'épargna rien pour avoir un train et un équipage dignes du *Chevalier de la belle Maure*, nom qu'il s'étoit donné et dont il se faisoit honneur à la cour, de même que du nœud de rubans qu'il avoit reçu de cette dame, et qu'il portoit à son jupon, avec un cordon d'or, en forme d'ordre.

Ce qu'il y avoit de malheureux pour lui, c'est que tout cela étoit compté pour rien par Daraxa, qui le traitoit avec autant d'indifférence que les autres sei-gneurs, qui étoient aussi devenus ses amants; comme don Rodrigue de Padilla, don Juan de Urena, et don Diègue de Castro. Ce que don Alonse avoit par-dessus ses rivaux, c'étoit la liberté de voir sa maîtresse, et de lui parler plus souvent qu'eux; avantage dont il étoit redevable aux seules bontés de la reine, qui, dé-sirant avec ardeur que la belle Maure se fît chrétienne, pour la marier ensuite dans sa cour et l'y retenir, avoit jeté les yeux sur lui, comme sur le parti le plus avan-tageux pour elle.

La reine, ayant donc dessein d'engager cette dame
à changer de religion, en cherchoit tous les moyens.
Elle lui dit un jour : Ma chère Daraxa, j'ai une curiosité : je serois bien aise de vous voir vêtue à l'espagnole; je m'imagine que cet habit vous siéroit encore
mieux que le vôtre; je vous en donnerai un que j'ai
porté moi-même; je crois que pour me faire plaisir
vous voudrez bien l'essayer. Cette princesse espéroit
par là lui inspirer insensiblement l'envie d'aller plus
avant. Daraxa, qui trouvoit l'habillement des femmes
espagnoles fort à son gré, et qui ne cherchoit qu'à
plaire à la reine, consentit de bonne grace à lui donner
cette satisfaction : elle enchanta Ferdinand et toute
sa cour, lorsqu'elle y parut sous ces nouveaux habits;
elle effaça un assez grand nombre de belles personnes
qui en faisoient tout l'ornement. Qu'elle causa de jalousies et d'infidélités! Mais plus les yeux des hommes lui
furent favorables, plus elle déplut aux femmes, qui
lui trouvèrent autant de défauts qu'elle avoit de charmes.

Quoiqu'elle n'ignorât pas l'envie qu'elle leur causoit, elle n'en devenoit pas plus vaine; au contraire,
on eût dit qu'elle en étoit mortifiée; elle négligeoit
jusqu'à sa parure. La reine quelquefois lui en faisoit
la guerre, et lui envoyoit tous les jours de nouveaux
ajustements, pour l'obliger à prendre plus de soin de
sa personne; elle s'en paroit une fois seulement par
complaisance, après quoi elle n'y pensoit plus : ce qui
étonnoit tout le monde, c'est qu'elle étoit presque toujours plongée dans une profonde mélancolie que rien
ne pouvoit dissiper. Elle se plaisoit à être seule, et le
plus souvent on la surprenoit tout en pleurs; ce qu'on
ne manquoit pas d'aller rapporter à la reine, qui

en étoit vivement affligée; cependant cette princesse, croyant qu'elle n'étoit triste qu'à cause qu'elle se voyoit éloignée de ses parents, se flattoit que cette tristesse ne dureroit pas long-temps. D'un autre côté, le roi, pour contribuer au divertissement de son illustre prisonnière et à celui de tant d'officiers qui l'avoient si bien servi dans cette dernière campagne, fit une partie de course de taureaux et de jeux de *Cânas*, ailleurs appelés des Carrousels. Il les publia, pour avertir les cavaliers qui souhaiteroient d'en être, de s'y préparer.

Il est temps que je vous dise la cause de la mélancolie de la belle Maure. Cette dame aimoit un jeune seigneur de Grenade, qui descendoit aussi-bien qu'elle des rois maures, et dont la valeur avoit éclaté dans plusieurs occasions : pour les qualités personnelles, il les rassembloit toutes; en un mot c'étoit le premier cavalier de la cour de Grenade. On l'appeloit Ozmin. Daraxa et lui s'aimoient dès leur plus tendre enfance, et leurs pères, qui étoient intimes amis, avoient résolu de les unir ensemble pour resserrer encore davantage les nœuds de leur amitié. A la veille de ses noces, dans le temps qu'on n'attendoit plus, pour les célébrer à Baëça, qu'Ozmin qui étoit à Grenade, il arriva que Ferdinand fit tout à coup investir cette première place; ce qui fut exécuté avec tant de secret et de diligence, qu'on n'en eut pas le moindre soupçon à la cour du roi Mahomet.

A cette nouvelle si importante pour les Maures, Ozmin, poussé par l'amour et par la gloire, entreprit de se jeter dans Baëça, où il étoit attendu; il se mit à la tête de deux cents cavaliers, la plupart de ses amis

ou de ses créatures, qui voulurent suivre sa fortune
et servir leur roi. Ils rencontrèrent en moins de trois
heures deux partis qu'ils battirent; mais un troisième,
composé de six cents hommes, vint à une demi-lieue
de la ville leur tomber sur le corps et les envelopper,
en leur criant de se rendre, s'ils vouloient qu'on leur
fît quartier. Ozmin, sans s'effrayer de l'inégalité du
nombre, forma de sa troupe un escadron, au milieu
duquel il mit ses blessés; puis, fondant sur les ennemis avec autant de vigueur que s'il n'eût pas eu déjà
deux affaires assez vives, il tint pendant plus d'une
heure la victoire incertaine; déjà même plus de la moitié du parti chrétien étoit hors de combat, et le reste
ébranlé alloit prendre la fuite, sans un nouveau secours de deux cents hommes qui leur arriva fort à propos. Les choses alors changèrent de face, et Ozmin,
blessé en trois endroits, ne songea plus qu'à sauver le
reste de ses cavaliers en se retirant; ce qu'il fit en si
bon ordre et avec des volte-faces si heureuses, que les
chrétiens perdirent bientôt l'envie de le poursuivre.
Il entra dans la ville de Grenade avec cent dix hommes, dont douze seulement n'étoient pas blessés.

Ce combat passa pour une des plus rudes rencon-
tres qu'on eût jamais vues, et le nom d'Ozmin devint
fameux parmi les troupes chrétiennes. Ce cavalier, en
arrivant chez lui, fut obligé de se mettre au lit. Le roi
Mahomet, son parent, charmé de la gloire qu'il s'é-
toit acquise par une si belle action, lui donna mille
louanges, et l'honora d'une visite pour récompenser sa valeur; mais ce qui combla de joie ce jeune
Maure fut une lettre qu'il reçut de sa chère Daraxa:

elle lui mandoit qu'elle prenoit plus de part à ses blessures qu'à l'honneur qu'elles lui faisoient; qu'elle aimoit moins en lui le héros que l'amant, et qu'enfin elle
le conjuroit de se ménager davantage à l'avenir : elle
accompagnoit cette lettre d'un grand mouchoir en bro-
derie à la façon des Maures, auquel elle avoit travaillé
elle-même, et qui devoit être d'autant plus agréable à
son amant, que c'étoit la première faveur qu'elle lui
eût faite.

Le brave Ozmin avoit une impatience mortelle
d'être guéri de ses blessures et de faire une seconde
tentative pour s'introduire dans Baëça, il ne pouvoit
plus vivre sans sa future épouse; il falloit qu'il fût
auprès d'elle, ou qu'il mourût de langueur et de désespoir. Le gouverneur de cette place, ayant été informé de son dessein, trouva moyen de lui faire savoir
qu'il ne lui conseilloit pas de s'y prendre par la force
des armes, les passages étant trop bien gardés pour
qu'il pût passer; que son avis étoit plutôt qu'il s'habil-
lât à l'espagnole, et qu'une nuit, dont ils conviendroient
entre eux, il partît pour arriver le lendemain à la pointe
du jour auprès de Baëça, où il pourroit entrer à la
faveur d'une sortie qui seroit faite exprès pour cela.
Le gouverneur se servoit d'un fidèle domestique d'Ozmin pour faire tenir des lettres à Grenade et pour en
recevoir. Ce domestique, nommé *Orviedo*, avoit été
quatorze ans prisonnier chez les chrétiens; il en avoit
pris les manières, et il en parloit si bien la langue,
qu'il pouvoit facilement passer pour Espagnol; ajoutez
à cela que c'étoit un homme adroit et qui savoit parfaitement les chemins.

Sitôt qu'Ozmin fut en état d'exécuter son projet, il sortit de Grenade la nuit qui lui fut marquée, suivi seulement d'Orviedo, tous deux habillés à l'espagnole. Quoiqu'ils eussent de très bons chevaux, ils furent obligés de prendre tant de détours pour éviter les partis chrétiens et les passages gardés, qu'ils ne purent arriver avant le jour auprès de Baëça; ils en étoient encore à une lieue quand l'aurore parut. A mesure qu'ils s'avançoient, ils voyoient s'élever de la poussière, et bientôt ils aperçurent les troupes chrétiennes qui faisoient de tous côtés de si grands mouvements, qu'ils jugèrent qu'il y auroit ce jour-là quelque action considérable; comme en effet ce fut dans cette journée que don Alonse enleva la belle Maure. Nos deux Grenadins entrèrent dans un bois, où ils s'arrêtèrent de peur de s'aller jeter dans quelque fâcheux embarras. Orviedo, en homme de guerre accoutumé à trouver des expédients convenables aux conjonctures, dit à son maître : Seigneur, si vous m'en voulez croire, vous demeurerez ici caché, pendant que seul et à pied j'irai reconnoître la disposition des chrétiens, et me couler si je puis dans la place, pour avertir le gouverneur du lieu où vous êtes; si je ne viens pas vous rejoindre dans deux heures, ce sera une marque certaine que je serai entré dans la ville, et que tout sera préparé pour vous y recevoir.

Ozmin approuva ce conseil. Orviedo attacha son cheval à un arbre, et marcha vers Baëça; son maître, malgré toute l'impatience qui l'agitoit, l'attendit plus de deux heures; après quoi, s'imaginant qu'il étoit temps de s'approcher de la place, et que, suivant ce qu'Orviedo lui avoit dit, il trouveroit des gens qui seconderoient ses intentions, il poussa son cheval jusqu'à un quart de lieue de la ville, par le chemin le plus court.

Il découvrit une troupe de cavaliers maures qui venoient de son côté à bride abattue; il crut que c'étoit la sortie qu'on devoit faire pour l'amour de lui; mais ces cavaliers le désabusèrent assez désagréablement: comme ils le prirent pour un chrétien à son habit à l'andalouse, ils tirèrent sur lui, et ils l'auroient tué sans doute, si par bonheur un officier, qui étoit à la tête de la troupe, et qu'il appela, ne l'eût reconnu à la voix. S'ils furent étonnés de le voir, il ne le fut pas moins quand ils lui dirent que toute l'armée des chrétiens, commandée par Ferdinand en personne, étoit venue fondre sur deux ou trois mille hommes sortis de la place; qu'après un rude combat, où la plupart des Maures avoient péri, les ennemis, en poursuivant le reste jusqu'au faubourg, y étoient entrés pêle-mêle, et s'en étoient emparés : enfin qu'il ne falloit plus se flatter d'entrer dans la ville; que c'étoit vouloir de gaieté de cœur être prisonnier ou se faire tuer. Ozmin, vivement touché de ce rapport, et plus encore de la nécessité où il se voyoit de se sauver avec les autres, fit un corps de ces fuyards, qui étoient au nombre d'environ trois cents, et s'en retourna avec eux à Grenade, plus mortifié que la première fois de n'avoir pu réussir dans son entreprise.

Ces tristes nouvelles jetèrent la terreur dans l'âme du roi Mahomet, qui, jugeant bien que la garnison de Baëça devoit être fort affoiblie après une pareille ac-

tion, désespéra de secourir cette place dont la prise lui
parut prochaine. Ce qui lui causoit d'autant plus d'inquiétude, qu'après cette ville il ne lui en restoit plus
qui fussent capables de soutenir un siége, que Grenade, la capitale de son royaume et sa dernière ressource. Toute la cour maure, à l'exemple de son souverain, étoit dans la consternation.

Pour Ozmin, il en pensa mourir de douleur; mais
un jour après son retour à Grenade, ayant appris que
les chrétiens qui étoient entrés avec les Maures dans
le faubourg de Baëça avoient été obligés de l'abandonner, il ne lui en fallut pas davantage pour ranimer
son espérance, et le déterminer à se remettre en campagne pour la troisième fois. Comme il se disposoit à
partir, Orviedo, son écuyer zélé, revint de cette ville
chargé d'un paquet du gouverneur pour le roi, et d'une
lettre pour Ozmin, dans laquelle étoit tracé le malheur arrivé à Daraxa.

La lecture de cet événement fut un coup de foudre
pour cet amoureux Grenadin : il demeura d'abord im-
mobile; et s'il reprit ensuite ses esprits, ce ne fut que
pour se livrer à des fureurs qu'on ne peut exprimer;
c'étoient des sanglots, des transports, des convulsions!
Après des mouvements si violents, il tombe dans un
état où il ne peut plus se plaindre ni s'affliger : la fièvre
le prend, les forces lui manquent, on croit à tout moment qu'il va mourir; mais l'amour, ce grand médecin
si habile, surtout pour les maux qu'il a causés lui-
même, vient tout à coup le rappeler à la vie, en lui
inspirant un dessein consolant et facile à exécuter : dès
cet instant le malade, changeant à vue d'œil, commença

de se mieux porter; il reprit ses forces, et se rétablit en peu de temps.

Baëça s'étoit rendue : on savoit que le roi catholique tenoit déjà sa cour à Séville, et qu'il y devoit passer l'hiver avec la reine. Ozmin, ne doutant point que Daraxa ne fût auprès de cette princesse, résolut d'aller à cette ville avec Orviedo, tous deux déguisés en cavaliers andalous : outre qu'ils parloient l'un et l'autre si bien la langue castillane, qu'il étoit malaisé de les reconnoître pour Maures, il étoit persuadé que dans une ville où la confusion ne pouvoit manquer de régner on ne prendroit seulement pas garde à eux; il communiqua son nouveau projet à son cher Orviedo, qui ne trouvoit jamais rien de difficile, et dont la belle passion étoit de tenter des aventures. Le maître et l'écuyer sortirent donc secrètement une nuit de Grenade, montés sur des chevaux comparables, pour l'allure et pour la vitesse, aux plus fameux coursiers des paladins, et munis d'une assez grande quantité de pierreries, sans parler de quelques bourses d'or dont ils n'avoient pas oublié de se charger.

Ils s'attendoient à faire quelque mauvaise rencontre en traversant tous les quartiers-de chrétiens par où ils devoient passer, et ils ne furent pas trompés dans leur attente. Le lendemain, à une lieue de Loja, ils trouvèrent en leur chemin le grand-prévôt de l'armée avec ses archers qui poursuivoient des déserteurs; il examina nos deux cavaliers, qui ne lui sembloient pas à la vérité avoir l'air de ce qu'il cherchoit; mais ils lui parurent trop bien montés pour des gens qui n'étoient pas richement vêtus, et il les arrêta pour leur demander d'où ils venoient et où ils alloient. Orviedo répondit qu'ils étoient du quartier du marquis d'Astorgas, et que quelques affaires les appeloient à Séville. Là-dessus le prévôt voulut voir leur congé; et comme ils n'en avoient point, il étoit dans la résolution de les conduire au quartier dont ils se disoient. Au défaut du congé, Ozmin tira d'un de ses doigts un fort beau diamant qu'il présenta à M. le prévôt, qui, charmé du présent, leur fit mille excuses de les avoir arrêtés, et voulut absolument les accompagner jusqu'à Loja, pour leur montrer qu'il savoit vivre, et qu'il avoit un cœur très reconnoissant.

Ils arrivèrent à Séville, sans avoir eu d'autre aventure que celle-là; ils allèrent loger au faubourg qui est au delà du Guadalquivir : mais quoique ce quartier soit le plus écarté de la ville et le plus obscur, il étoit alors si plein de monde et d'équipages, qu'à peine y purent-ils trouver un logement; et il ne faut pas s'en étonner, puisque c'étoit huit jours avant la course des taureaux, dans le temps que chacun s'occupoit des préparatifs superbes qui se faisoient pour cette fête. Nos Maures, pour être bien instruits de tout ce qui se passoit à la cour, n'eurent qu'à écouter les domes-tiques de divers seigneurs dont leur hôtellerie étoit pleine, ainsi que celles de la ville.

Ces domestiques en apprirent à Ozmin plus qu'il n'en auroit voulu savoir : ils lui dirent entre autres choses que don Alonse s'appeloit le chevalier de la belle Maure; qu'elle avoit plusieurs autres amants, mais que celui-ci l'emportoit sur tous ses rivaux; et que si cette dame, comme il y avoit toute apparence, embrassoit

le christianisme, le bruit couroit que Zuniga l'épou-
seroit. Pour comble de tourments, ils prirent la peine
de lui peindre ce cavalier avec des couleurs capables
de désoler un galant délicat et aussi passionné que ce
malheureux Maure; il eut besoin d'un confident tel
qu'Orviedo, pour l'empêcher de retomber dans les
fureurs qui avoient pensé lui causer la mort. Cet adroit
écuyer le rassura peu à peu, en lui représentant que
ses alarmes offensoient Daraxa, qui l'aimoit trop pour
cesser de lui être fidèle; qu'au reste il n'étoit pas surprenant qu'une personne si charmante eût inspiré de
l'amour dans une cour où régnoit la galanterie. Orviedo acheva de calmer les agitations de son maître,
en lui faisant faire réflexion que la fête qui se préparoit lui fourniroit une belle occasion de juger par
lui-même du mérite de ses rivaux, comme de l'attention que sa maîtresse pouvoit avoir pour eux, et qu'ensuite il se régleroit sur ses observations. Ozmin se
rendit à ses raisons, et principalement à la dernière;
il se promit de bien observer Daraxa : en même temps,
pour montrer à cette dame la différence qu'il y avoit
de lui à ses rivaux, et faire éclater sa force et son
adresse aux yeux de la cour catholique, il résolut de
se mettre de la course des taureaux. Il chargea son
écuyer du soin de faire préparer tout ce qui leur étoit
nécessaire pour cet exercice inventé par les Maures,
et pour lequel, sans contredit, Ozmin étoit le premier
cavalier de cette nation.

Le jour de la fête enfin arriva : jamais on n'a vu
tant de magnificence; tout étoit en ordre dès le matin;
on ne voyoit que de riches meubles et de belles tapis-

series dans les rues par où Ferdinand et Isabelle devoient passer avec leur cour pour aller à la grande place destinée aux jeux de cannes et aux courses de taureaux. Il y avoit dans cette place un nombre prodigieux de toutes sortes de personnes assises sur des amphithéâtres qui régnoient tout autour; et l'on apercevoit de tous côtés, aux fenêtres et aux balcons, une infinité de dames et de cavaliers habillés si superbement, que les spectateurs formoient un premier spectacle qui charmoit les yeux.

Sur les trois heures après midi, le roi et la reine se rendirent à leur balcon, qui étoit orné magnifiquement; et, dans un autre à côté, se plaça la belle Maure avec plusieurs dames et quelques vieux seigneurs qui, n'étant plus propres à ces courses, en laissoient à regret aux jeunes tout l'honneur. On commença, suivant la coutume, par le combat des taureaux ; on en lâcha d'abord un qui n'étoit pas des plus terribles : aussi fut-il bientôt terrassé.

Nos deux Maures étoient déjà sur la place; ils se tenoient hors de la carrière parmi plusieurs autres personnes à cheval, pour voir comment les chrétiens s'y prenoient. Il ne faut pas demander si Ozmin chercha des yeux sa maîtresse : il la démêla facilement; et sa surprise fut extrême, quand il s'aperçut qu'elle étoit vêtue à l'espagnole; il en conçut un malheureux présage : cependant, quoiqu'il ne la considérât que de loin, il ne laissa pas de remarquer qu'elle avoit un air triste. En effet elle s'intéressoit si peu à cette fête, qu'il lui avoit fallu un ordre exprès de la reine pour l'obliger à se parer; encore ne s'en étoit-elle acquittée qu'avec beaucoup de négligence : le coude appuyé sur le balcon, et la tête sur sa main, elle promenoit indifféremment sa vue de toutes parts, ou, pour mieux dire, elle ne voyoit rien, tant elle étoit occupée d'autres choses.

Quoique sa mélancolie fût susceptible de différentes interprétations, Ozmin, par un reste d'espérance, l'expliqua en sa faveur, et en sentit un secret plaisir que les amants délicats sont seuls capables de sentir. Tandis qu'il observoit avec tant d'attention Daraxa, le grand bruit que fit le peuple, en voyant lâcher un second taureau plus fort et plus méchant que le premier, détacha ses yeux et son esprit du balcon qui les occupoit. Il regarda dans la carrière; il vit que la bête donnoit bien de l'exercice aux cavaliers qui combattoient contre elle : comme il ne vouloit montrer ce qu'il savoit faire qu'après la mort de ce second taureau, il sembloit, quoique Orviedo et lui fussent magnifiquement équipés, qu'ils n'eussent pas dessein de se mettre de la partie; ce qui ne manqua pas d'étonner les spectateurs qui étoient autour d'eux : Pourquoi, se disoient-ils hautement les uns aux autres, ces deux champions demeurent-ils ainsi hors de la barrière? Ne sont-ils donc venus ici que pour voir les courses? N'oseroient-ils entrer? Ont-ils peur de recevoir des coups de cornes? Ne portent-ils une lance que pour la prêter à quelque cavalier plus digne qu'eux de s'en faire honneur?

Ces railleries si ordinaires au peuple, qui n'épargne personne en pareille occasion, étoient entendues du maître et de l'écuyer, qui les méprisoient; ils n'étoient attentifs qu'à l'issue de la course du taureau qu'on

voyoit dans la carrière. Ce fier animal avoit déjà mis
hors de combat deux cavaliers; et, devenu plus furieux
par deux légères blessures que don Alonse lui avoit
faites, il s'en vengea sur son cheval qu'il jeta roide
mort sur la place; mais alors don Rodrigue de Padilla,
l'un des plus forts cavaliers de la troupe, frappa si rudement le taureau, qu'il n'eut pas besoin d'un second
coup pour l'achever.

On alloit en lancer un troisième, quand le seigneur
maure, qui s'en aperçut, fit signe à Orviedo de marcher et de faire ouvrir la barrière : ils avoient tous
deux trop bonne mine pour qu'on leur refusât l'entrée.
Ils ne furent pas sitôt dans la carrière, que tout le
monde eut les yeux sur eux. Il régna d'abord dans la
place un silence applaudissant : chacun prenoit plaisir
à considérer la richesse de leurs armes, le goût galant
de leur équipage, et plus encore le grand air qu'ils
avoient à cheval. Ozmin surtout s'attiroit les regards
de l'assemblée par la grâce et la noblesse de son maintien. Ils avoient l'un et l'autre le visage couvert d'un
crépon bleu, pour marquer qu'ils ne vouloient pas être
connus. L'écuyer portoit la lance de son maître d'une
autre manière que les Espagnols, et Ozmin avoit à son
bras gauche le mouchoir brodé dont sa maîtresse lui
avoit fait présent, et qui n'étoit pas non plus une galanterie à l'usage du pays : ce qui faisoit juger que s'ils
n'étoient pas étrangers, ils vouloient du moins le paroître; mais on ne les soupçonnoit nullement d'être
Maures. Ferdinand ne fut pas des derniers à jeter la
vue sur eux, et il les fit remarquer à la reine, qui ne
prit pas moins de plaisir que lui à les regarder. Tous

les cavaliers qui étoient dans la carrière se rangèrent pour les laisser passer, et conçurent du maître la plus avantageuse opinion.

Daraxa seule ne prenoit point garde à ces deux nouveaux champions; peut-être même n'auroit-elle pas arrêté ses regards sur eux, si le vieux don Louis marquis de Padilla, père de don Rodrigue, après lui avoir fait la guerre sur son humeur sombre et rêveuse, ne l'eût pas obligée à tourner enfin la tête de leur côté: elle eut d'abord un peu d'émotion, sans savoir pourquoi, en apercevant les deux Grenadins; elle trouvoit en eux un air étranger qui lui donna la curiosité de demander à don Louis qui ils étoient. C'est ce que j'ignore, madame, lui répondit-il; le roi même n'a pu l'apprendre. Cependant Ozmin s'étoit approché du balcon de cette dame : elle attacha sa vue sur le mouchoir qu'il portoit au bras, et dans le moment elle sentit une palpitation de cœur qui lui dit bien des choses. Néanmoins elle ne pouvoit croire encore que ce fût le même mouchoir qu'elle avoit envoyé à son amant lorsqu'il étoit blessé, ni que ce fût ce cher amant lui-même qui se présentât à ses yeux; mais comme il s'arrêta devant le balcon, et qu'elle eut tout le loisir de l'examiner, son cœur lui dit que ce ne pouvoit être un autre.

Elle alloit s'abandonner à la joie, quand le troisième taureau, qui dès sa sortie avoit causé de grands désordres dans la carrière, vint troubler des moments si doux, en s'avançant du côté d'Ozmin. Ce redoutable animal étoit de Tarita; on ne se souvenoit point d'en avoir vu un si monstrueux. Il poussoit des mugissements qui répandoient la terreur dans la place. Quoiqu'il n'eût pas besoin d'être animé, on ne laissoit pas, suivant l'usage, de lui jeter des pieux ; ce qui irritoit tellement sa fureur, que don Rodrigue, don Alonse et les autres cavaliers n'osoient se présenter devant lui avec cette intrépidité qu'ils avoient montrée devant les deux autres.

Cette terrible bête couroit donc vers Ozmin, qui ne songeoit alors à rien moins qu'à se mettre en défense ; mais averti du péril par Orviedo, qui lui donna promptement sa lance, et animé de la vue de ce qu'il aimoit, il fit fièrement face au taureau, lui passa sa lance entre le cou et l'épaule avec tant de vigueur, qu'il le cloua à terre, où il demeura comme s'il eût été frappé de la foudre, avec plus de la moitié de la lance dans le corps ; après quoi ce brave champion jeta dans la carrière le tronçon qui lui étoit resté dans la main, et se retira.

Une action si hardie et si vigoureuse excita l'admiration de la cour et du peuple ; la place retentit de cris de joie et d'acclamation ; on n'entendit partout, pendant un quart d'heure que, *Vive le chevalier à l'écharpe bleue, le plus fort et le plus courageux de son siècle.* Tandis qu'on célébroit ainsi dans la place la valeur d'Ozmin, la timide Daraxa, que la vue du taureau avoit épouvantée pour son amant, étoit encore si hors d'elle-même, qu'elle croyoit voir l'animal en fureur ; elle reprit pourtant peu à peu ses esprits au bruit des applaudissements des spectateurs. Elle chercha des yeux, dans la carrière, son cher Maure, et ne l'y découvrant point, ses sens furent saisis d'un nouveau trouble : elle demanda ce qu'il étoit devenu ; on le lui montra déjà bien loin hors de la barrière, et suivi d'une foule de peuple, qui ne pouvoit se lasser de voir un homme qui venoit de faire un si beau coup de lance.

La nuit étant arrivée pendant ce temps-là, toute la place en un instant parut éclairée d'une infinité de flambeaux qui faisoient une fort belle illumination; bientôt les jeux de cannes commencèrent : on vit approcher douze quadrilles, avec leurs trompettes, leurs fifres et leurs timbales; elles avoient à leur suite leurs gens de livrée et douze valets chargés de faisceaux de cannes. Les chevaux de main des cavaliers avoient des caparaçons de velours, chacun de la couleur de sa quadrille, brodés d'or et d'argent, et les armes de chaque chef étoient par-dessus; non-seulement ces deux métaux brilloient dans leurs équipages, mais les pierreries même n'y étoient point épargnées. Avant que d'entrer dans la place, ils se mirent en marche de la manière suivante.

Les écuyers de chaque chef de quadrille alloient les premiers et conduisoient les équipages; douze chevaux, qui portoient à l'arçon de devant les armes de ces chevaliers, dont les devises pendoient à l'arçon de derrière, étoient à la tête des autres, qui n'avoient que leurs caparaçons avec des sonnettes d'argent qui faisoient grand bruit. Les gens de livrée marchoient après les chevaux; ils firent le tour de la place, et sortirent par une autre porte que celle par où ils étoient entrés, pour éviter la confusion. Les quadrilles, conduites par leurs chefs, commencèrent ensuite leur entrée en deux files avec tant de grâce et d'adresse, que tous les spectateurs en furent charmés; ce qui n'est pas surprenant, puisque les cavaliers les plus habiles pour ces sortes de jeux sont, sans contredit, ceux de Séville, de Cordoue et de Xerès de la Frontera. On voit dans ces villes jusqu'à des enfants de huit à dix ans manier des chevaux et les pousser d'une façon admirable.

Lorsque les quadrilles eurent couru quatre fois par les quatre faces de la place, elles en sortirent par la même porte que leurs équipages, et y revinrent bientôt avec leurs écus au bras et les cannes ou roseaux à la main. Elles commencèrent leurs combats de douze contre douze, c'est-à-dire quadrille contre quadrille. Quand elles avoient combattu un quart d'heure, il en venoit deux autres de deux côtés différents, lesquelles, sous prétexte de les séparer, faisoient entre elles un nouveau combat.

Tandis que cela se passoit, Ozmin et Orviedo, s'étant démêlés de la foule du peuple qui les suivoit, regagnèrent promptement leur hôtellerie, et après s'y être désarmés, ils revinrent dans la place, où l'amoureux Ozmin, traversant la presse, perça jusque sous le balcon de la belle Maure. Comme il étoit fort simplement vêtu, on ne pouvoit, malgré sa bonne mine, le prendre pour un homme de grande importance. Daraxa, qui se doutoit bien qu'il ne manqueroit pas de paroître encore devant elle, le cherchoit partout des yeux; mais quoiqu'il fût fort proche d'elle, et qu'il la regardât, elle ne les arrêtoit point sur lui. Elle tenoit un très beau bouquet garni de rubans que don Alonse lui avoit envoyé ce jour-là; ce bouquet lui échappa des mains par hasard et tomba justement aux

pieds d'Ozmin, qui s'empressa de le ramasser. Cet incident fut cause que la dame baissa la vue et qu'elle
reconnut son cher Maure; dès ce moment elle ne détourna pas les yeux de dessus lui. Comme quelques
personnes du peuple dont il étoit environné vouloient
de gaieté de cœur l'obliger à rendre le bouquet par
force, Daraxa leur cria de le lui laisser, et ajouta même
qu'il étoit en bonnes mains : à ces mots qui termi-
nèrent le différend, l'heureux Ozmin, devenu possesseur paisible d'une faveur qu'il croyoit plutôt devoir
à l'amour qu'au hasard, l'attacha par galanterie à son
chapeau.

Après cela, nos deux amants commencèrent à se
faire des signes qui formoient un langage muet et très
commun entre les Maures; ce que les Espagnols ont
depuis appris d'eux, aussi-bien qu'une infinité d'autres
choses qui font passer aujourd'hui notre nation pour
la plus galante de l'Europe. Ozmin et sa maîtresse
s'entretenoient donc de cette sorte, sans que personne
y prît garde, tous les spectateurs étant trop attentifs
aux combats des quadrilles pour faire une pareille remarque. D'ailleurs, qui pouvoit s'imaginer que la
belle Maure, qui se montroit si peu sensible aux soins
des plus aimables seigneurs de la cour, eût trouvé
dans la foule du peuple un objet digne de l'occuper.

Mais des moments si doux ne durèrent que jusqu'à
la fin des jeux de cannes; car dès qu'ils furent achevés,
on lâcha, comme on fait ordinairement pour couronner
la fête, le dernier taureau, qui n'étoit pas moins redoutable que celui qui avoit été tué par Ozmin.
L'animal, en entrant dans la carrière, fit assez con-

noître par ses mouvements qu'il vendroit bien cher sa vie. Don Rodrigue de Padilla, don Juan de Castro, don Alonse et plusieurs autres chevaliers descendirent de cheval à l'envi, pour combattre à pied la bête, qui fit bientôt sentir la dureté de ses cornes à deux ou trois d'entre eux. Il y en eut même un qu'il fallut emporter, et qui étoit à demi-mort; cela ralentit un peu l'ardeur des autres.

En effet on ne pouvoit, sans être un véritable chevalier errant, prendre un fort grand plaisir à se battre contre un taureau dont la vue inspiroit de l'effroi; il écumoit de rage, grattoit de son pied la terre, et regardoit en face chaque champion, comme s'il eût voulu en choisir un pour se jeter sur lui. Don Alonse, poussé par son amour, souhaitoit néanmoins, au péril de sa vie, de faire quelque action d'éclat aux yeux de sa belle Maure. Dans ce dessein, pour être mieux remarqué d'elle, il s'avança vers son balcon, et là, pendant qu'il attendoit que l'animal vînt de son côté, il aperçut Ozmin qui étoit tout seul en cet endroit, la peur en ayant écarté le peuple qui étoit autour de lui auparavant. Il n'avoit pas tenu à Daraxa que ce jeune Maure n'eût aussi pris la fuite; mais elle lui avoit vainement fait signe de se retirer, ou du moins de monter sur un échafaud : il ne s'étoit pas laissé vaincre aux alarmes de cette dame; le vainqueur du taureau de Tarita auroit cru se déshonorer s'il eût paru en appréhender un autre.

Zuniga considéra fort attentivement ce cavalier, ou plutôt le bouquet qu'il avoit sur son chapeau, et qu'il reconnut facilement à la clarté des flambeaux dont toute la place étoit éclairée. Il ne fut pas peu surpris de ce qu'il voyoit; et pour être encore plus assuré qu'il ne se méprenoit point, il aborda Ozmin, qui ne lui sembla qu'un homme du commun : Mon ami, lui dit-il d'un air fier mêlé de chagrin, qui peut vous avoir donné ce bouquet? Quoique le Maure jugeât bien de l'intérêt que ce cavalier qui lui parloit y pouvoit prendre, il lui répondit sans s'émouvoir : Il me vient de fort bonne part, mais je ne le dois qu'à la fortune. Je ne sais que trop d'où il vous est venu, répliqua don Alonse d'un ton de voix plus élevé; rendez-le moi tout à l'heure, il n'a point été fait pour vous. Je n'accorde rien par force, lui repartit Ozmin sans s'échauffer. Encore une fois, dit Zuniga, donnez-moi ce bouquet, ou je vous apprendrai, mon petit compagnon, à qui vous avez affaire. Je suis fâché , lui dit Ozmin avec quelque agitation, que nous soyons ici devant le roi ; si nous étions ailleurs, je ne me contenterois pas de vous refuser le bouquet, je vous arracherois ce nœud de rubans que je vois à votre jupon. C'étoit ce même nœud dont la belle Maure avoit fait présent à don Alonse, en le recevant pour son chevalier, et qu'Ozmin qui l'avoit envoyé à cette dame ne reconnoissoit que trop : et ce seigneur Maure voyant par là que le cavalier qui lui parloit devoit être le plus redoutable de ses rivaux, cette découverte le mettoit dans une fureur qu'il n'avoit pas peu de peine à retenir. Don Alonse, encore plus emporté que lui , perdit patience en s'entendant menacer par un homme qu'il croyoit d'une condition fort au-dessous de la sienne ; il le traita d'insolent ; et poussant entre les nœuds des rubans du bouquet un bâton pointu qu'il avoit, et dont les champions se servent pour irriter les taureaux, il alloit enlever le bouquet et le chapeau, si l'adroit et vigoureux Ozmin ne lui eût pas en même temps ôté le bâton comme à un enfant.

Qui pourroit exprimer la rage dont le fier Zuniga fut saisi après avoir reçu un pareil affront aux yeux de sa maîtresse et devant le roi même. Il ne se posséda plus; et sans avoir égard à ce qu'il devoit à la présence de leurs majestés, il tira son épée; mais dans le moment qu'il se préparoit à fondre comme un lion sur son ennemi, qui de son côté l'attendoit sans le craindre, le taureau arriva sur eux et les obligea bien à se séparer. Cet animal attaqua don Alonse, et le jeta d'un coup de corne à quatre ou cinq pas de lui, blessé cruellement à la cuisse; ce qui excita dans la place un cri général de terreur. Pour comble d'infortune, la bête, plus en furie que jamais, ne s'attachant qu'à ce cavalier, se disposoit à retourner à la charge; mais Ozmin, par une générosité digne des guerriers de ce temps-là, ne balança point à voler au secours de son rival, malgré ce qui venoit de se passer entre eux. Avec le même bâton qu'il lui avoit arraché, il piqua rudement le taureau, qui, tournant toute sa fureur contre lui, baissa la tête pour lui enfoncer ses cornes dans le corps. Le Maure saisit cet instant pour lui décharger sur le cou un revers de son épée dont il connoissoit la trempe; et telle fut la force du coup, que l'animal en tomba roide mort sur la place, au grand étonnement de tous les spectateurs.

Ce que le cavalier à l'écharpe bleue avoit fait ne

passa plus que pour un petit exploit en comparaison de
celui-ci, que le désavantage de combattre à pied rendoit plus glorieux ; aussi les acclamations en durèrent
plus long-temps. Ozmin se déroba par une prompte
retraite à la curiosité des personnes qui cherchèrent à
le connoître. Le roi même eut beau demander à le
voir, on fut obligé de lui dire qu'il venoit de disparoître, et qu'on ne savoit qui il étoit.

Parlons à présent de Daraxa. Cette dame, attentive à
la querelle des deux rivaux, avoit été sur le point d'en
avertir leurs majestés, pour en prévenir les suites, au
hasard de faire perdre la liberté à son cher Maure ;
mais la frayeur dont elle avoit été tout à coup saisie,
en voyant le taureau prêt à se jeter sur eux, lui avoit
ôté la parole et le sentiment. Cependant les nouvelles
acclamations qui se faisoient entendre dans la place la
tirèrent peu à peu de cet état ; c'est ainsi que cette tendre amante passoit successivement de la joie à la douleur, et de la douleur à la joie. L'amour n'en fait pas
d'autres ; il se plaît à faire sentir ses peines aux cœurs
qu'il comble de plaisirs.

Comme l'aventure du bouquet étoit arrivée presque
sous les yeux de la reine, cette princesse y avoit pris
garde ; et, curieuse d'en savoir toutes les circonstances,
elle en demanda dès le soir même le détail à la belle
Maure et à dona Elvire de Padilla , qui avoient été
toutes deux l'une auprès de l'autre pendant la fête. Daraxa, jugeant à propos de laisser parler Elvire, quoiqu'elle eût pu mieux qu'une autre rendre raison de ce
différend, dit qu'elle y avoit fait peu d'attention. Dona
Elvire fut donc obligée de raconter ce qu'elle avoit vu

et entendu ; mais comme elle laissoit plus à la reine à souhaiter d'apprendre qu'elle ne lui en apprenoit, cette princesse, espérant que don Alonse pourroit entièrement satisfaire sa curiosité, envoya chez lui le vieux marquis d'Astorgas, aussitôt que la blessure de ce jeune seigneur lui permit de voir du monde. Voici de quelle manière le marquis, homme de bonne humeur, s'acquitta de sa commission.

Hé bien ! seigneur chevalier sans peur, dit-il à Zuniga en entrant dans sa chambre, que pensez-vous de ces vilains animaux cornus qui ont si peu de respect pour les beaux garçons? Vous m'avouerez qu'il ne fait pas bon d'avoir affaire à eux? Il y a long-temps, lui répondit en souriant don Alonse, que vous le savez aussi bien que moi ; mais, reprit le marquis d'un air sérieux, ne me direz-vous point qui est le vaillant homme qui vous a secouru si à propos? Il est étonnant que de tant de braves qu'on voit à la cour, aucun ne se soit montré assez de vos amis pour vouloir lui disputer cet honneur; cependant on assure que vous étiez prêt à vous battre contre un cavalier si généreux. Je sais mieux que personne ce que je lui dois, répondit Zuniga, et le peu de sujet que je lui avois donné de me tirer d'un si grand péril. Tout ce qui me fâche, ajouta-t-il, c'est que je ne le connois point ; je suis si charmé de sa valeur et du procédé qu'il a eu avec moi, que je ne puis être content que je n'aie trouvé l'occasion de découvrir qui il est, et de m'acquitter envers lui.

Si vous n'avez pas d'autre chose à m'apprendre, dit alors le marquis, la reine auroit bien pu se passer de

m'envoyer ici ; elle n'en sera pas plus avancée. Elle
n'ignore pas le sujet du démêlé que vous avez eu avec
l'inconnu ; la belle Maure et dona Elvire l'en ont instruite : elle croyoit que vous en saviez davantage, et
toute la cour avec elle est justement étonnée que deux
cavaliers, après avoir fait deux actions si glorieuses,
prennent autant de soin de se cacher, que les autres
en ont ordinairement de se faire connoître. Ferdinand
même, qui leur destine des récompenses, voudroit bien
qu'ils se montrassent, et surtout le dernier, qu'on s'imagine n'être pas un homme d'une condition distinguée.
Non, si l'on en juge par l'habit, s'écria don Alonse ; j'en
ai porté d'abord le même jugement, et je suis persuadé
que je ne lui ai pas rendu justice ; quoi qu'il en soit,
c'est un grand homme, et c'est tout ce que j'en puis
dire. Le marquis d'Astorgas, ne pouvant tirer de Zuniga d'autres lumières là-dessus, s'en retourna auprès
de la reine.

On crut à la cour que tout cela n'étoit pas sans mystère, et que don Alonse, par un retour de générosité,
ne vouloit pas déceler un cavalier qui souhaitoit d'être
inconnu. Pour Daraxa, elle ne fut soupçonnée d'aucune
intelligence, et l'on n'attribua le trouble qu'elle avoit
fait paroître pendant les courses qu'au seul malheur
de don Alonse. On crut, et l'on trouva cela fort juste,
qu'elle avoit la bonté de s'intéresser pour un jeune
seigneur qui étoit son chevalier, et qui l'aimoit éperdument. Elle jouissoit toute seule du secret plaisir de
savoir ce qui se passoit ; mais ce plaisir étoit accompagné
d'une inquiétude qui en corrompoit la douceur. Elle
avoit entendu ce qu'Ozmin avoit dit à son rival au sujet

du nœud de rubans : elle connoissoit la délicatesse des
Maures sur cette matière, si bien qu'elle se reprochoit
l'imprudence qu'elle avoit eue de donner à Zuniga une
chose qui lui venoit d'une main si chère ; elle ne pouvoit se consoler d'avoir fait cette faute, quoique son
cœur n'y eût eu aucune part. Elle ne pouvoit non plus
écrire à Ozmin, ne sachant où il étoit logé ; il falloit
bien qu'elle attendît que cet amant trouvât moyen de
lui donner de ses nouvelles. Elle passa quelques jours
dans cette attente si douce et si cruelle tout ensemble ;
tantôt pensant avec plaisir que son futur époux étoit
dans la même ville qu'elle, et tantôt dévorée par des
impatiences mortelles de le revoir : mais enfin le temps
amène tout.

Vous avez été apparemment dans les jardins du palais de Séville, et vous savez ce qu'on appelle le haut
et le bas jardin ; ce sont deux jardins l'un sur l'autre :
celui d'en haut, soutenu par des arcades, est au niveau
du premier étage, et ne peut passer que pour un parterre ; celui d'en bas, qui est le plus grand, n'étoit
alors ouvert qu'aux hommes de la cour, qui avoient
la liberté d'y entrer à certaines heures. Le haut jardin
n'étoit que pour les dames, qui s'y promenoient pour
se faire voir aux seigneurs, avec qui elles s'entretenoient quelquefois de dessus la balustrade qui règne à
hauteur d'appui tout autour de ce jardin ; mais ces conversations n'étoient permises que dans l'absence de leurs
majestés ; il falloit dans un autre temps se contenter du
langage des signes. Il n'étoit pas défendu aux hommes
de chanter, même en présence du roi et de la reine,
pourvu que le cavalier qui chantoit eût la voix belle.

On y faisoit aussi de petits concerts d'instruments dont l'exécution étoit ordinairement ravissante.

Un soir la belle Maure se promenoit avec dona Elvire son amie ; elles n'eurent pas fait deux tours d'allée, qu'elles entendirent la voix d'un homme, lequel, à ce qu'il leur parut, chantoit assez agréablement pour mériter qu'on l'écoutât. Elles se cachèrent derrière des orangers qui bordoient la balustrade, et de là, se trouvant vis à vis du personnage, elles eurent tout le loisir de le considérer. Elvire remarqua qu'il avoit fort bonne mine, et Daraxa reconnut que c'étoit Ozmin. Ce cavalier, assis sur un lit de gazon, et la tête appuyée négligemment contre un arbre, chantoit ces paroles en castillan :

> Voulez-vous me donner la mort,
> Impitoyable jalousie,
> En troublant nuit et jour le repos de ma vie ?
> Je saurai bien sans vous finir mon triste sort.
> L'absence n'est que trop cruelle
> Pour un amant bien enflammé :
> Je mourai de langueur si j'aime une infidèle ,
> Ou je mourrai d'ennui, quand je serois aimé.

Cet illustre Maure, avec toutes ses autres belles qualités, avoit celle de bien chanter ; mais au lieu de s'en faire honneur, il prenoit soin de la cacher. On ne se piquoit pas seulement à la cour de Grenade de parler bon espagnol, on y chantoit aussi en cette langue ; il y avoit même des Maures qui composoient des vers castillans que les poëtes espagnols admiroient. Ceux qu'Ozmin venoit de chanter étoient de la composition d'un auteur grenadin, et un musicien de la même nation en avoit fait l'air. Daráxa ne manqua pas de s'appliquer cette chanson; et voulant profiter de l'occasion pour y répondre, elle tira de sa poche des tablettes dont elle déchira une feuille, après avoir écrit dessus les mots suivants :

« Plus d'inquiétude pour le nœud de rubans; le don en a été fait sans la participation du cœur. Quand on aime comme Daraxa, on ne peut aimer qu'une fois en sa vie. N'en doutez nullement; et si vous souhaitez d'en apprendre davantage, Laïda se trouvera demain à neuf heures du matin à la porte du palais. »

Elle roula doucement la feuille et la jeta dans le jardin d'en bas au travers des branches de l'oranger, qui ne la cachoit pas si bien que le seigneur maure ne pût la voir. Il remarqua qu'elle venoit de laisser tomber quelque chose, ce qu'elle avoit fait si adroitement que son amie ne s'en étoit point aperçue. Il est vrai qu'Elvire étoit si attachée à regarder le cavalier et à l'entendre, qu'elle ne songeoit qu'à cela. Il n'eut pas sitôt achevé de chanter son air, qu'elle lui cria de recommencer pour l'amour des dames. Il auroit eu volontiers cette complaisance, si le roi ne fût alors revenu de la chasse; mais le retour de ce monarque obligea la belle Maure et son amie à rentrer promptement dans le palais, au grand regret de celle-ci, qui auroit bien voulu ne pas sitôt abandonner le terrain.

D'abord que les dames se furent retirées, Ozmin, curieux de savoir ce que sa chère amante avoit jeté dans le jardin bas, alla au-dessous de l'endroit où il avoit remarqué qu'elle s'étoit mise pour l'écouter, et ayant trouvé le billet roulé, il ne s'arrêta pas plus long-temps dans le jardin; il en sortit avec la joie de n'y

être pas venu pour rien, et avec l'envie d'y revenir
plus d'une fois.

Le billet de Daraxa rendit la vie à ce tendre Maure,
qui ne manqua pas le lendemain d'envoyer Orviedo à
la porte du palais. Cet écuyer y trouva Laïda, qui,
pour n'être pas connue, s'étoit couverte d'une mante
noire des plus épaisses. Dès qu'elle l'aperçut, elle l'a-
borda et lui remit une lettre de la part de sa maîtresse.
Orviedo lui en donna une autre de la part d'Ozmin ;
et avant qu'ils se séparassent, ils eurent ensemble une
assez longue conversation pour avoir de quoi faire
chacun de son côté un rapport très satisfaisant. La
lettre du seigneur maure ne contenoit que des plaintes,
et celle de Daraxa, que des protestations d'innocence
et de fidélité. Ils furent tous deux bientôt d'accord. Il
y a de la volupté dans les querelles amoureuses ; mais
il ne faut pas qu'elles durent long-temps : il est bon
encore qu'elles ne soient pas fréquentes, autrement
elles peuvent produire de mauvais effets.

Quelle consolation pour nos amants d'avoir trouvé
moyen d'établir entre eux un commerce de lettres, et de
se voir même quelquefois ! La belle Maure auroit bien
voulu se promener toute seule dans les jardins du palais, pour épier l'occasion de parler en liberté à Ozmin ;
mais c'étoit trop risquer. Ils se seroient perdus l'un et
l'autre, si quelque personne de la cour les eût vus s'entretenir ensemble. D'ailleurs Elvire, à qui le seigneur
maure avoit donné dans la vue, ne quittoit point son
amie, et ne cessoit de lui parler du cavalier à la belle
voix. Elle lui proposa même dès le jour suivant d'aller
dans les jardins, en lui disant qu'elles pourroient le

rencontrer là. Notre complaisante Maure, qui ne demandoit pas mieux, accepta la proposition.

Les voilà toutes deux dans le jardin haut, d'où elles
n'eurent qu'à regarder dans le jardin bas, pour y démêler l'homme qu'elles cherchoient. Il venoit d'arriver,
et il étoit assis au même endroit que le jour précédent.
Dona Elvire, qui pouvoit passer pour une des plus
charmantes de la cour, ne se contenta pas de se montrer au cavalier, elle obligea son amie à suivre son
exemple. Ozmin affecta de paroître surpris de leur vue,
et fit semblant de vouloir se retirer par respect ; mais
Elvire, pour l'arrêter, lui adressa la parole : il répondit, et insensiblement ils s'engagèrent tous trois dans
un entretien qui fut vif, et cela sur le pied d'un inconnu avec deux dames inconnues.

Le seigneur maure fit remarquer dans cette occasion qu'il avoit beaucoup d'esprit, et dona Elvire n'y
brilla pas moins. Animé des mouvements d'une passion
naissante, elle disoit mille jolies choses qu'elle n'auroit
pas dites de sang-froid, quoiqu'elle fût naturellement
très spirituelle. Pour Daraxa, elle se divertissoit à les
écouter, comme une fille qui avoit son compte. Enfin
chacun étoit fort content, et les moments s'écouloient
avec la rapidité dont ils passent ordinairement quand
ils sont agréables. S'il parut que le cavalier ne les trouvoit pas longs, les dames, de leur côté, firent assez
connoître qu'elles ne s'ennuyoient point avec lui, puisque le roi venoit de rentrer dans le palais, et qu'elles
ne songeoient nullement à se retirer. Il fallut que le
jardinier vînt avertir Ozmin qu'il étoit temps de sortir :
encore Elvire, avant la separation, voulut-elle s'assurer

d'une nouvelle entrevue, qui fut fixée au premier jour
que Ferdinand iroit à la chasse.

Cette dame, après cette conversation, demeura si
charmée d'Ozmin, qu'en le quittant elle ne put s'empêcher de dire à Daraxa qu'elle n'avoit jamais vu de
cavalier si parfait. Toute autre que la belle Maure eût
été alarmée d'un aveu si franc; mais elle n'en fit que
rire, tant elle comptoit sur la fidélité de cet amant.
Cependant son amie, qui la croyoit la plus insensible
personne de son sexe, loin de lui faire un mystère du
goût qu'elle se sentoit pour l'inconnu, lui en parloit à
tout moment dans les termes les plus vifs. Oui, lui disoit-elle, je suis touchée du mérite de ce cavalier; mais
je voudrois bien savoir qui il est, et pourquoi un homme
fait comme lui ne se montre point à la cour : je vous
conjure, ma chère Daraxa, de le lui demander vous-
même quand nous le reverrons. Ozmin fut bientôt
informé de tout cela par sa maîtresse, qui lui manda
que la situation ne laissoit pas d'être délicate; qu'il
ne devoit point abuser du penchant d'Elvire, et encore
moins trahir sa fidèle Daraxa, qu'en amour tout faisoit de la peine, jusqu'aux plus légères apparences; et
qu'enfin, lorsqu'on possédoit un cœur, on étoit bien
aise d'être l'objet de tous ses désirs.

Il crut de bonne foi que sa dame ne lui écrivoit
ainsi que pour se réjouir ; et, dans cette opinion, il
lui fit une réponse badine. Il poussa même la chose
plus loin : à la première entrevue, il prodigua les douceurs à dona Elvire, qui les reçut fort bien à bon
compte, ou plutôt qui les lui rendit avec usure. La
belle Maure, comme son amie l'en avoit priée, inter-

rogea l'inconnu sur son pays, sur sa naissance et sur l'état présent de sa fortune. Il répondit, sans hésiter, qu'il étoit Aragonois, et qu'il se nommoit don Jaymé Vivès; qu'après avoir été pris par les Maures, et remis en liberté par la capitulation de Baëça, il attendoit que sa famille lui envoyât l'argent dont il avoit besoin pour se mettre en état de se produire à la cour. L'histoire étoit simple et vraisemblable. Elvire n'en demanda pas davantage; et s'étant toutefois informée s'il y avoit une maison de Vivès en Aragon, elle apprit avec un extrême plaisir que c'en étoit une des plus nobles.

Ce commerce galant devint peu à peu très incommode aux deux amants maures. Dona Elvire s'enflamma tout de bon, et son amour les embarrassoit à mesure qu'il prenoit de nouvelles forces. Dès qu'Ozmin s'aperçut que ce n'étoit plus un jeu, il changea de ton : il n'eut plus pour la dame que des manières honnêtes et polies; mais il avoit affaire à une fille qui s'échauffoit d'elle-même. Daraxa, très satisfaite de la conduite de son amant, avoit pitié de sa rivale, et l'auroit volontiers désabusée, si elle n'eût pas craint de lui donner de la jalousie en faisant cette démarche : ce qu'elle croyoit devoir plus appréhender dans la disposition où étoient les choses, que de hasarder une partie de son bonheur.

Le printemps arriva pendant que tout cela se passoit, et la cour changea de face. Ferdinand résolut d'ouvrir la campagne par le siége de Grenade; et les Maures, qui s'y attendoient se préparoient à bien défendre une place si importante. Il y avoit dedans une garnison de quinze mille hommes des meilleures troupes

du roi Mahomet; c'est ce que n'ignoroit pas le monarque catholique : aussi avoit-il prudemment fait solliciter, tant par ses ministres que par l'entremise du
pape, les autres princes chrétiens, pour qu'ils l'ai-
dassent à exécuter une entreprise où il s'agissoit de
chasser d'Espagne tous les infidèles. Plusieurs princes
lui avoient promis du secours; et quand il fut assuré
que leurs troupes s'avançoient, il se mit lui-même en
marche avec le plus de diligence qu'il pût, pour surprendre les Maures et ne leur pas donner le loisir de
se fortifier davantage.

Comme la reine jugea bien qu'un siége si considérable demandoit beaucoup de temps, elle prit la résolution d'y accompagner le roi, et de faire la campagne
avec lui. Le bruit s'en étant répandu, nos deux amants
en eurent d'autant plus de joie, qu'ils espéroient que,
dans la confusion où seroit l'armée, ils pourroient,
avec l'industrie d'Orviedo, trouver jour à se jeter dans
Grenade; mais ils comptoient sans la fortune : la reine,
la surveille de son départ, dit à Daraxa qu'elle ne seroit pas du voyage. Pour avoir moins d'embarras,
ajouta cette princesse, je ne menerai avec moi que les
femmes dont je ne puis absolument me passer. Je prétends laisser mes filles d'honneur à Séville, entre les
mains de leurs parents ou de personnes de distinction
à qui je les recommanderai. Pour vous, ma chère fille,
vous tomberez en partage à don Louis de Padilla. J'ai
fait choix de ce seigneur, à cause qu'il est père d'Elvire votre amie; outre cela, je crois que vous serez
chez lui plus agréablement qu'ailleurs.

Ozmin fut au désespoir quand sa maîtresse lui manda

cet ordre de la reine. Il voyoit par là toutes ses mesures rompues; et son esprit, flottant entre une infinité de pensées et de résolutions différentes que l'amour et la gloire lui inspiroient tour à tour, étoit dans une étrange perplexité. Néanmoins la belle Maure écrivit à cet amant des lettres si tendres et si passionnées, qu'enfin elle fixa ses irrésolutions. Je ne vous rapporterai qu'une de ses lettres, de peur de vous ennuyer. La voici :

« Votre écuyer m'a fait dire que vous vouliez vous laisser mourir de regret de n'être point à Grenade. Partez, Ozmin, partez : votre cœur sacrifie plus à la gloire qu'à l'amour. Je ne vous retiens plus : je sais bien que votre départ me coûtera la vie; mais ma plus grande peine sera de mourir pour un ingrat qui m'abandonne dans le temps que j'ai le plus besoin de lui. Je croyois vous être plus chère que toute chose au monde. Quelle étoit mon erreur! A qui dois-je m'en prendre? Est-ce à moi pour vous avoir cru, ou bien à vous pour me l'avoir persuadé? Si l'amour que j'ai pour vous ne m'aveugle pas, votre vie est à moi : vous me l'avez dit cent fois, vous me l'avez juré. Pourquoi donc, sans mon aveu, voulez-vous disposer de mon bien? Pourquoi songez-vous à l'employer à ce qui ne regarde pas mon service? Ah! Ozmin, que vous savez peu aimer! Que vous êtes encore loin du terme où l'amour a su m'amener ! On peut acquérir de la gloire partout, et l'on trouveroit, si l'on vouloit, des gens qui mettroient la leur à partager les peines d'une infortunée plutôt qu'à servir tous les monarques de la terre. »

Il ne fut pas possible à l'amoureux Grenadin de ré-

sister à la passion de Daraxa, quelque envie qu'il eût
de rendre sa valeur utile à sa patrie; et l'amant, dans
cette conjoncture, l'emporta sur le héros. La cour partit
donc pour l'armée, et la belle Maure se retira chez le
marquis de Padilla, qui la reçut avec tous les honneurs
qu'il auroit pu faire à la reine même. Dona Elvire, qui
aimoit tendrement son amie, et qu'un intérêt encore
plus vif que son amitié obligeoit à se réjouir d'avoir
cette dame pour sa compagne inséparable, étoit ravie
de ce changement. Daraxa auroit été assez contente de
son sort, si elle eût eu dans cette maison un peu plus
de liberté; mais on lui en donna beaucoup moins
qu'elle n'en avoit eu à la cour. Véritablement elle étoit
chez don Louis comme une esclave. Premièrement, il
ne falloit point qu'elle se flattât, non plus qu'Elvire,
de sortir jamais, pour quelque raison que ce pût être.
Tous leurs passe-temps se bornoient à se promener le
soir dans un jardin à certaine heure réglée; et comme
si cette promenade n'eût pas été un divertissement
assez ennuyeux pour elles, le vieux marquis prenoit
la peine de les accompagner toujours; ou si quelquefois il n'avoit pas le temps de les fatiguer de sa fâcheuse
compagnie, don Rodrigue son fils se chargeoit de ce
soin-là: elles ne gagnoient rien au change. Ce n'est pas
tout: les appartements de ces dames n'avoient vue que
sur le jardin, aucune fenêtre sur la rue. Ajoutez à cela
qu'elles ne voyoient personne du dehors, ni hommes ni
femmes; et, des gens même de la maison, il y en avoit
très peu qui eussent le privilége de leur parler.

Tous ces désagréments gâtoient fort les honnêtetés
que don Louis faisoit à la belle Maure : cependant, à

entendre ce vieux courtisan, il n'en usoit avec elle
ainsi que par respect, et que pour lui marquer l'extrême
considération qu'il avoit pour elle. Cette dame n'en
étoit pas la dupe; et perdant toute espérance d'avoir
des nouvelles de son amant, elle alloit s'abandonner à
ses chagrins, si dona Elvire ne s'en fût mêlée. Celle-ci,
ne pouvant plus vivre sans son cher don Jaymé, dit à
Daraxa qu'elle vouloit écrire à ce cavalier. Eh! comment, répondit la belle Maure, lui ferez-vous tenir
votre lettre? Une de mes femmes, répliqua Elvire, a
trouvé par hasard un homme du dehors qu'elle a gagné.
Il assure qu'il connoît parfaitement Vivès, et promet
de lui remettre le billet en main propre. La tendre
amante d'Ozmin ne manqua pas d'applaudir à cette
résolution. Elles composèrent toutes deux une lettre
de concert. La fille de don Louis l'écrivit, et la dame
maure y ajouta ces mots en sa langue :

« Tout le bonheur des amants consiste à se voir :
tout leur malheur est d'être séparés. Je languis dans
l'attente de vos nouvelles; je suis morte si je n'en reçois au plus tôt. »

Elvire demanda ce que signifioient ces paroles, et
Daraxa lui répondit : Je mande à don Jaymé que sa
maîtresse ne peut soutenir plus long-temps son absence,
et va succomber à ses ennuis, s'il ne trouve moyen de
les soulager. C'est ainsi que deux bonnes amies en
usent ordinairement ensemble lorsqu'elles sont rivales.

La lettre fut fidèlement rendue au seigneur maure,
qui la lut avec d'autant plus de joie, qu'il avoit inutilement jusque-là employé l'adresse de son écuyer
pour découvrir ce qui se passoit chez don Louis :

comme un bonheur, dit le proverbe, ne vient jamais
sans l'autre, il arriva deux jours après qu'Orviedo se
présenta devant lui sous un habit d'ouvrier. Ozmin
eut d'abord de la peine à le reconnoître, et lui demanda la cause de ce déguisement. C'est ce que je
vais vous apprendre, répondit l'écuyer. Je me suis
ainsi travesti pour aller rôder aux environs de la maison du marquis de Padilla, dans l'espérance de rencontrer une des femmes maures de Daraxa, ou de faire
connoissance avec quelque domestique de don Louis.
Je me suis arrêté par hasard devant un endroit du jardin où des ouvriers s'occupent à réparer le mur. Le
maître maçon, me voyant attentif à leur travail, s'est
mis à me considérer. Il m'a pris pour un homme de son
métier : Mon ami, m'a-t-il dit, j'ai besoin de manœuvres pour finir promptement cet ouvrage, voulez-
vous me servir ? Je lui ai répondu que j'étois employé
ailleurs, mais que j'avois un camarade qui ne cherchoit qu'à vivre, et qui ne demanderoit pas mieux que
de lui rendre service. Amenez-le-moi, a répliqué le
maître maçon ; quand il ne seroit propre qu'à mener
la brouette, il ne me sera pas inutile, et je le payerai
bien. Là-dessus je l'ai quitté, ajouta Orviedo en souriant, pour venir vous proposer ce bel emploi, que
l'amour, sans doute, vous offre lui-même pour vous
faire passer le temps moins désagréablement que vous
ne faites.

Toute ridicule que parût une pareille idée au seigneur maure, il étoit trop amoureux pour la rejeter.
Il accepta le parti, s'habilla comme un manœuvre, et
se laissa conduire par son écuyer, qui dit au maître

maçon : *Señor maestro de obra*, voici mon camarade
Ambroise, soldat malheureux, qui, après avoir été
quatre ans prisonnier chez les Maures, se voit réduit
à travailler pour subsister. Le marché fut bientôt fait,
et Ambroise arrêté pour commencer dès le lendemain.
Notre nouveau manœuvre, pour montrer qu'il avoit le
cœur à la besogne, se rendit de grand matin auprès de
son maître, qui le mena dans le jardin, et, lui mettant
la brouette entre les mains, l'instruisit de ce qu'il
avoit à faire. De la manière que s'y prit Ambroise, il
sembloit qu'il eût fait ce métier toute sa vie; aussi son
maître en fut si content, qu'il lui donna des louanges,
et l'assura qu'il seroit un jour un fort bon ouvrier.

Personne ne paroissoit encore dans la maison ; mais
sur les dix heures notre manœuvre remarqua quelques
femmes maures aux fenêtres de l'appartement de Daraxa, et peu de temps après cette dame elle-même,
ainsi que dona Elvire. Dès ce moment il trouva cette
aventure toute réjouissante ; il se fit par avance un
plaisir de la surprise où seroient les dames, lorsqu'en
se promenant dans le jardin, elles viendroient à le
reconnoître et à faire attention à son déguisement; il
espéroit même que sous cette forme il pourroit quelquefois leur parler sans péril : il ne savoit pas quel
homme c'étoit que le seigneur don Louis.

Outre que Daraxa lui avoit été recommandée par la
reine d'une manière qu'il auroit cru trahir la confiance
que cette princesse avoit en lui, s'il n'eût pas veillé jour
et nuit sur les actions de cette dame, il n'ignoroit pas
qu'elle avoit des amants; il la croyoit aussi sensible
qu'une autre : les femmes maures, en ce temps-là,

n'ayant pas la réputation d'être ennemies de l'amour.
Mais il craignoit plus les entreprises du dehors que la
sensibilité du dedans, les cavaliers amoureux, que l'objet aimé. Il appréhendoit principalement don Alonse,
qu'il regardoit comme le galant favorisé. Quoique informé que ce jeune seigneur n'étoit point encore en
état de sortir, ni par conséquent de songer aux moyens
d'entretenir la belle Maure, cela ne le rassuroit point.
Un commerce de billets-doux ne lui sembloit guère
moins dangereux qu'une conversation. Pour se mettre
l'esprit en repos là-dessus, il pressoit sans cesse le
maître maçon d'achever son ouvrage, de peur que
quelqu'un de ses manœuvres n'eût la hardiesse de se
charger de quelque commission amoureuse : ce qui
l'inquiétoit terriblement, et l'obligeoit à observer tous
les ouvriers.

Sur la fin d'une journée, en les voyant travailler, il
s'avisa de considérer attentivement Ambroise, auquel
il n'avoit pas encore pris garde, et qui lui parut un
garçon fort délibéré. Cet examen ne plut guère au
jeune Maure, et le fit pâlir de crainte d'être découvert : néanmoins il en fut quitte pour la peur. Tout
susceptible que le vieillard étoit de soupçons et de dé-
fiances, il ne vit dans Ambroise qu'un manœuvre; et
ce faux maçon, lorsqu'il en fut temps, se retira avec
les véritables, n'ayant eu d'autre bonheur dans toute
sa journée que de voir passer sa maîtresse avec don
Rodrigue qui étoit son rival. Quelle patience il faut
avoir quand on aime, quoique l'amour soit la plus
violente des passions! Ozmin ne l'avoit déjà que trop
éprouvé. Aussi, loin de se rebuter, il se trouvoit assez

bien payé de sa peine, puisqu'il avoit vu sa chère amante : cela suffisoit à un Maure, comme à un Castillan, pour s'estimer heureux.

La fortune lui fut bien plus favorable le jour suivant; il revint au travail avec une nouvelle ardeur. Il faisoit rouler sa brouette d'une grande force; et comme en charriant de la pierre il étoit obligé quelquefois de passer sous les fenêtres de l'appartement de Daraxa, il se mit à chanter un air champêtre en langue maure. Les maçons, qui le regardoient comme un gaillard qui avoit été long-temps prisonnier chez les infidèles, ne furent pas surpris qu'il eût retenu quelques-unes de leurs chansons; mais Laïda l'entendit de sa chambre; et, curieuse de savoir qui pouvoit être l'homme qui chantoit si bien une chanson de son pays, elle descendit au jardin, où elle reconnut d'abord le personnage.

Elle fit semblant de cueillir des fleurs pour sa maîtresse; ce qu'elle faisoit presque tous les jours; et le Grenadin s'étant aperçu qu'elle l'observoit du coin de l'œil, la première fois qu'il passa près d'elle en poussant sa brouette, il laissa tomber à sa vue une lettre qu'il tenoit toute prête dans son sein, sans s'arrêter ni regarder Laïda, qui courut la ramasser aussitôt et la porter à Daraxa.

Vous vous imaginez bien quelles furent la joie et la surprise de cette dame. Elle étoit encore au lit. Elle se leva et s'habilla promptement pour jouir de sa fenêtre du plaisir de revoir un amant si cher. Elle fut touchée de l'état misérable auquel il n'avoit pas honte de se réduire pour lui marquer l'excès de son amour : et

toutefois il y avoit dans cette bizarre mascarade un je
ne sais quoi qui la ravissoit. Elle fit à sa lettre une
réponse qu'elle remit à l'adroite Laïda, qui sut si bien
prendre son temps, qu'elle la rendit sans que personne s'en aperçût. Un commencement si heureux
donna du goût au seigneur Ambroise pour le métier
de maçon. Effectivement, Daraxa se tint presque tout
le jour à sa fenêtre pour le voir passer et repasser; de
sorte qu'en allant et en revenant, c'étoit toujours quelques petits signes qui avoient mille charmes pour deux
amants si délicats.

Les choses demeurèrent quelques jours dans cette
situation; don Louis ne manquoit pas tous les soirs
d'aller exciter par sa présence les ouvriers à travailler,
et il remarquoit qu'Ambroise étoit celui de tous qui
s'épargnoit le moins. Il conçut de l'affection pour lui
à cause de cela; et croyant qu'il en feroit un bon valet,
il s'approcha du maître maçon pour lui demander qui
lui avoit donné ce manœuvre. Un artisan de la ville
me l'a amené, répondit le maître, et j'en suis très-
content. Sur ce témoignage, le marquis tirant à part
Ambroise, auquel il n'avoit point encore parlé, l'in-
terrogea pour savoir d'où il étoit. Notre manœuvre
lui répondit de l'air le plus grossier qu'il put affecter,
qu'il étoit Aragonois d'origine, et lui fit une histoire
qui ne démentoit point celle qu'Orviedo avoit déjà
faite au maître maçon. Don Louis y trouva beaucoup
de vraisemblance, et il lui sembla même que ce garçon
avoit pris l'accent de ce pays-là. Qui étoit votre patron
à Grenade, lui demanda-t-il encore? et à quoi vous
employoit-il? Seigneur, repartit Ambroise, j'y servois

un gros marchand qui avoit un fort beau jardin, et j'avois soin de ses fleurs. Vous savez donc cultiver les fleurs, s'écria le marquis? j'en suis ravi. J'ai besoin d'un homme pour les miennes, et il y a plus de trois mois que j'en fais chercher un, attendu que mon jardinier ne s'entend point à cela : ainsi, mon ami, je vous donnerai de bons gages si vous voulez me servir, et j'aurai soin de votre fortune, pourvu que vous soyez fidèle, et que vous remplissiez votre devoir avec exactitude.

A ces mots, notre feint Aragonois témoigna par des démonstrations, plutôt que par des paroles, qu'il étoit très sensible aux bontés de ce seigneur, et qu'il s'attacheroit à les mériter par sa bonne volonté. Cette affaire fut bientôt conclue, et don Louis dit à son nouveau domestique : Vous n'avez qu'à quitter votre tablier et prendre congé de votre maître; venez ici demain, et l'on vous fournira tout ce qui sera nécessaire pour la culture de mes fleurs.

Ambroise n'est donc plus maçon; il est jardinier du marquis de Padilla, qui ne le vit pas plus tôt arriver le jour suivant, qu'il se mit à lui prescrire la conduite qu'il avoit à tenir pour demeurer long-temps dans sa maison. Il s'étendit particulièrement sur le respect infini qu'il lui recommandoit d'avoir pour les dames, et sur le soin qu'il devoit prendre d'éviter tout commerce avec les femmes de service. Il appuya d'autant plus sur cet article, qu'il trouvoit ce garçon bien fait de sa personne, malgré les mauvais airs qu'il affectoit de se donner.

Le patron, après toutes ces leçons qui ne faisoient

que trop connoître qu'il étoit terriblement Espagnol
sur le chapitre du beau sexe, fit travailler devant lui
son nouveau jardinier, pour juger de sa capacité, étant
lui-même assez habile pour cela. Heureusement Ozmin
avoit aimé les fleurs, et il savoit aussi bien les cultiver
qu'un fleuriste de profession. Don Louis n'eut pas besoin d'un long examen pour être persuadé qu'il avoit
fait une bonne acquisition. Il s'en applaudit, et il en
demeura si occupé, qu'il ne put s'empêcher d'en parler pendant le dîner. Il dit qu'il étoit charmé d'avoir
enfin rencontré un jardinier pour ses fleurs, et que,
Dieu merci, son parterre seroit désormais bien entretenu. Rien n'est plus plaisant, ajouta-t-il : je remarque
parmi mes ouvriers un jeune gaillard qui mène la
brouette, je le questionne, et je découvre que ce manœuvre est un garçon consommé dans l'art de cultiver
les fleurs.

Daraxa ne laissa pas tomber ce discours; et ne doutant point que le nouveau jardinier ne fût Ozmin, elle
s'en réjouit, dans l'espérance qu'elle auroit occasion
de le voir plus souvent et la liberté entière de lui écrire.
Après le dîner, cette dame mena dans son appartement
Elvire, et se mettant toutes deux à une fenêtre, elles
commencèrent à promener leurs regards sur le jardin.
Ambroise étoit alors au milieu du grand parterre, vis-
à-vis d'elles. La belle Maure l'ayant reconnu, et voulant se divertir, le montra du doigt à son amie : Voilà,
lui dit-elle, le jardinier dont votre père a tant vanté
l'habileté pendant que nous dînions. Considérez-le
bien : votre cœur ne vous dit-il rien pour lui? ne sen-
tez-vous point quelque émotion?

Dona Elvire fit un éclat de rire à ces paroles, qui lui parurent échappées par plaisanterie. Mais regardant cet homme à bon compte avec attention, elle soupçonna la vérité. Cependant la crainte de se méprendre, et d'apprêter à rire à ses dépens, l'empêcha de dire ce qu'elle pensoit, jusqu'à ce que Daraxa la pressant de lui répondre, et l'appelant insensible, confirmât ses soupçons. Ce fut alors du côté d'Elvire un emportement de joie, une évaporation qui marqua bien l'excès de son amour pour don Jaymé. La prudente Maure se sut bon gré de ne lui avoir pas fait plus long-temps un mystère de la métamorphose de ce cavalier. Ma chère Elvire, lui dit-elle, j'ai bien fait, comme vous voyez, de vous prévenir. Hélas! si par malheur don Jaymé se fût présenté devant vous en présence de don Louis ou de don Rodrigue, votre surprise nous auroit tous perdus : mais maintenant que vous êtes préparée à sa vue, j'espère que vous vous ménagerez de façon que vous ne gâterez point nos affaires. Dona Elvire le lui promit; après quoi ces deux dames s'entretinrent du faux Ambroise.

La fille de don Louis ne pouvoit assez admirer comment il étoit parvenu à tromper son père, le plus défiant de tous les hommes; et elle lui tenoit un grand compte de s'abaisser pour l'amour d'elle à un si vil emploi. Si elle eût su tout ce que son amie savoit là-dessus, elle auroit bien rabattu de sa reconnoissance.

Dès ce moment les plaisirs et les intrigues commencèrent à règner depuis le matin jusqu'au soir entre ces deux dames et ce galant jardinier. Clarice et Laïda, leurs confidentes, étoient des filles d'esprit, qui les

servoient avec autant d'adresse que de zèle. Ambroise,
de son côté, ménageoit si adroitement les maîtresses,
qu'elles étoient l'une et l'autre très contentes de lui. Jamais affaire n'a été mieux conduite. Elvire découvroit
son cœur à son amie, et son amie lui cachoit le sien
avec toute la dissimulation que la conjoncture exigeoit
d'elle. Ces rivales avoient chacune leur cache dans le
jardin. Les billets alloient et venoient ; c'étoit une poste
galante et parfaitement bien réglée. Quand ils en seroient demeurés-là , n'auroient-ils pas eu lieu d'être
contents d'une vie si agréable ? Mais si l'amour s'arrêtoit lorsqu'il est en si beau chemin, il cesseroit d'être
l'amour. Les mêmes plaisirs l'ennuient ; il en veut toujours de nouveaux. L'Espagnole trop passionnée voulut des entretiens, et somma par un billet don Jaymé
de se rendre à minuit aux fenêtres de la galerie d'en
bas, dont Clarice s'étoit chargée d'avoir une clef.
Quoique la belle Maure n'approuvât guère ce rendez-
vous nocturne, elle n'eut pas la force de s'y opposer.

Ambroise logeoit chez le jardinier, au fond du jardin, dans une maison dont la porte, par ordre de don
Louis, se fermoit à l'entrée de la nuit, et ne s'ouvroit
que le matin à l'heure qu'il falloit aller au travail. Cette
difficulté n'embarrassa point le cavalier, qui eut bientôt fait une échelle de cordes pour descendre de sa
chambre dans le jardin, et pour y monter. Il fit réponse aux dames, et les assura que dès la nuit prochaine il se trouveroit au lieu marqué. Avec quelle
impatience n'attendirent-elles pas ce moment! et quand
il fut arrivé, quelle satisfaction pour elles de pouvoir
entretenir en liberté leur cher Ambroise! Elvire sur-

tout laissoit éclater la sienne sans modération, et celle
de son amie, pour être secrète, n'en étoit pas moins
vive. Les fenêtres de la galerie étoient basses, et l'on
pouvoit aisément passer le bras entre les gros barreaux
de fer qui les grilloient : l'amoureuse Espagnole, que
l'obscurité de la nuit rendoit encore plus hardie, avançoit par là ses mains pour se les faire baiser; ce qui faisoit grand mal au cœur à Daraxa. Ozmin, qui connoissoit la délicatesse des femmes de son pays sur cette
matière, pour consoler cette dame de la nécessité où
elle étoit de souffrir ces petites libertés, lui donnoit
à la dérobée toutes les marques de tendresse qu'il pouvoit; de sorte que c'étoit pour la tendre Maure un peu
de bien et beaucoup de mal : malgré la possession du
cœur de son amant, elle se croyoit fort à plaindre. Elle
n'avoit que des plaisirs mêlés; au lieu que son amie,
sans être aimée, goûtoit des plaisirs purs. La première,
ne connoissant pas son bonheur, étoit malheureuse; et
l'autre, ignorant son malheur, étoit parfaitement heureuse.

Ils se séparèrent enfin, après deux heures de conversation. Ambroise regagna sa chambre, et les dames
se retirèrent différemment affectées de cette entrevue:
si la fille de don Louis en désiroit avec ardeur une seconde, il n'en était pas de même de Daraxa. Elle avoit
vu sa rivale montrer si peu de retenue dans ce premier
entretien, qu'elle avoit raison de craindre que dans la
suite cette amante emportée ne poussât les choses encore plus loin; de manière qu'elle ne put se défendre
d'écrire là-dessus à Ozmin. Elle lui manda qu'elle ne
souhaitoit plus de lui parler la nuit; que ce plaisir lui

coûtoit trop. Le fidèle Maure, qui auroit mieux aimé mourir que de justifier les alarmes de sa maîtresse, éluda, sous divers prétextes, les nouveaux rendez-vous qui lui furent proposés de la part d'Elvire, qui dans le fond étoit trop aimable pour qu'elle l'agaçât toujours infructueusement.

Cependant les maçons achevèrent leur ouvrage, et don Louis, ayant l'esprit en repos de ce côté-là, permit aux dames de se promener librement dans le jardin. Un jour que don Rodrigue étoit avec elles dans un cabinet de verdure, sa sœur, qui ne gardoit pas de grandes mesures avec lui, et qui vouloit l'accoutumer à la voir parler à Ambroise, appela ce jardinier qui passoit, et lui ordonna de leur aller cueillir des fleurs. Il obéit, et leur en apporta plein une corbeille. Dona Elvire, pour l'arrêter, lui fit des questions sur les ennuis qu'il avoit soufferts dans sa prison de Grenade : ce qui donna envie à don Rodrigue de prier Daraxa de s'entretenir un peu en maure avec lui, pour voir s'il entendoit bien cette langue. La belle Maure accorda volontiers cette satisfaction au fils de don Louis, et lui dit que pour un Espagnol, ce garçon ne la parloit point mal.

Don Rodrigue, qui s'étoit déjà plus d'une fois amusé à discourir avec Ambroise, lui avoit trouvé beaucoup d'esprit, quoiqu'Ozmin eût affecté de ne lui en laisser guère paroître ; et le jugeant fort propre à le servir auprès de la belle étrangère, résolut de le choisir pour son confident. Dans ce dessein, il étoit le premier à l'appeler sans en demander permission aux dames. Il le faisoit entrer dans leurs entretiens, et

l'engageoit souvent à parler maure avec Daraxa. Par
ce moyen, l'heureux Ambroise, devenu bientôt familier avec son jeune maître, ne le voyoit pas sitôt dans
le jardin avec les dames, qu'il couroit les joindre sans
façon; et quand il y manquoit, Elvire se donnoit la
peine de l'aller chercher elle-même, et ne revenoit
point sans lui. Don Rodrigue, qui n'avoit que ses propres affaires en tête, ne prenoit pas seulement garde
à ces petits écarts, étant d'ailleurs bien éloigné de
penser que sa sœur fût capable d'aimer un domestique.
Mais si Elvire ne regardoit que don Jaymé dans Ambroise, Daraxa ne voyoit qu'Ozmin dans don Jaymé;
et cette jalouse Maure souffroit impatiemment tous
les témoignages de l'amoureuse fureur qui dominoit
son amie.

Tandis que ces choses se passoient chez don Louis,
le jeune don Alonse de Zuniga, plus amoureux que
jamais, et guéri de sa blessure, commençoit à sortir. Il
avoit appris avec douleur que sa maîtresse étoit, par
ordre de la reine, entre les mains du marquis de Padilla, tant par rapport à l'aversion qu'il avoit naturellement pour don Rodrigue, qu'à cause de la jalousie
qui régnoit depuis long-temps entre leurs maisons. Il
sentoit pourtant qu'il falloit pour son repos qu'il reçût
des nouvelles de sa dame, et qu'il la vît même, s'il
étoit possible. Pour y parvenir, il mit en campagne de
très habiles gens, qui trouvèrent moyen de gagner une
femme de dona Elvire, pour certaine somme qui lui
fut payée d'avance. Cette soubrette obligeante étoit
cette même Clarice dont j'ai fait mention, fille née pour
les intrigues d'amour, et fort propre à faire prospérer

les affaires des amants. Don Alonse, pour son argent,
ne lui demandoit qu'un service; c'étoit de lui procurer
par quelque stratagème le plaisir de parler à Daraxa.
Clarice lui promit des merveilles; et, sans que cela fût
nécessaire, elle lui fit confidence des amours d'Elvire
avec don Jaymé Vivès, qui de seigneur aragonois s'é-
toit fait jardinier par un excès de passion pour elle.

Cette histoire, que don Alonse écouta de toutes ses
oreilles, l'étonna : il en voulut savoir toutes les circonstances. Clarice les lui apprit, à la réserve de celles
qu'elle ignoroit. Ainsi elle ne put lui dire la part que
la belle Maure avoit à cette aventure. Zuniga cherchoit
en vain dans son esprit quel homme c'étoit que ce don
Jaymé Vivès, dont il n'avoit jamais entendu parler à
la cour non plus qu'à l'armée. Il souhaitoit de le connoître, pour agir de concert avec lui et faire la partie
carrée, puisqu'ils avoient tous deux leurs maîtresses
dans la même maison. Cette pensée fut la cause d'une
infinité d'autres. Il se reprochoit de n'avoir pas autant
d'adresse que don Jaymé, pour s'introduire aussi chez
don Louis sous quelque forme qui pût lui donner occasion d'entretenir quelquefois Daraxa. Il s'échauffoit
sur cela l'imagination, et rouloit dans sa tête mille
desseins qui le divertissoient.

Revenons à nos dames. La fille du marquis de Padilla, persuadée qu'on ne s'aimoit pas pour nourrir son
amour d'éternels soupirs, et qu'il y avoit un terme à
toutes les choses du monde, prit la résolution de s'unir
avec son cher don Jaymé, qui lui paroissoit si digne de
la posséder; mais elle sentoit quelque peine à faire elle-
même cette proposition : c'étoit une démarche qui bles-

soit trop la bienséance pour la hasarder. Elle fit réflexion qu'il valoit mieux se servir pour cela de l'entremise de son amie, dont elle se croyoit assez aimée pour attendre d'elle un pareil service. Elle s'adressa donc à la belle Maure, et la pria, dans les termes les plus forts, de vouloir bien se charger de la commission.

Daraxa ne put apprendre qu'Elvire avoit dessein de se faire enlever, et méditoit un mariage clandestin, sans être violemment émue : néanmoins, s'étant remise de son trouble, elle dit à son amie : Je suis disposée à faire ce que vous souhaitez ; mais avant que je parle à don Jaymé, je ne puis, sans trahir notre amitié, me dispenser de vous demander si vous avez fait toutes vos réflexions sur ce que vous osez entreprendre? Non, non, ajouta-t-elle, vous n'avez pas songé sans doute à tous les malheurs où vous allez vous jeter : souffrez que je vous représente ce que vous devez à votre famille et à vous-même. Vous voulez vous livrer à un homme dont vous ne connoissez ni le bien ni la naissance. Pouvez-vous prudemment vous y fier jusqu'à lui faire des avances qui ne conviennent point du tout à une fille de qualité? et si par malheur, ce qui n'est pas impossible, elles n'étoient pas reçues de la façon que vous le désirez, quelle honte et quels regrets ne suivroient point cette démarche indiscrète?

Quoique ces remontrances fussent très judicieuses, la fille de don Louis ne les écouta qu'avec chagrin; et ne pouvant les combattre par de bonnes raisons, elle répondit en fille qui avoit pris son parti, que l'excès de son amour ne lui permettoit pas de suivre d'autres conseils que ceux de son cœur. Quand Daraxa eut perdu touté espérance de la détourner de son dessein, elle cessa de la contredire, et lui promit que dès cette nuit-là même elle feroit à don Jaymé la proposition dont il s'agissoit. Mais ce qui embarrassa un peu la belle Maure, c'est qu'Elvire, soit par défiance, soit pour juger par elle-même des sentiments de l'objet aimé, dit qu'elle vouloit, à l'insçu de ce cavalier, se tenir cachée derrière un rideau pour entendre cet entretien. Il ne fut donc plus question que d'avertir Ambroise de se trouver à minuit aux fenêtres de la galerie d'en bas ; ce que les dames firent par une lettre qu'elles lui écrivirent en commun, et par laquelle on lui manda qu'on avoit des choses de la dernière conséquence à lui communiquer.

Il ne manqua pas de s'y rendre à l'heure marquée, et il fut assez surpris de ne point voir là Elvire. Seigneur don Jaymé, lui dit Daraxa, j'ai d'abord une mauvaise nouvelle à vous annoncer, c'est que je suis seule ici : votre maîtresse veut que j'aie avec vous une conversation particulière d'où dépendent votre bonheur et le sien. En parlant de cette sorte, la fine Maure glissa une de ses mains entre les barreaux, et serra fortement une de celles du cavalier, qui comprit aussitôt que ce rendez-vous n'étoit pas sans mystère : peu s'en fallut même, tant il avoit la pénétration vive, qu'il ne devinât ce que c'étoit ; et dès que Daraxa eut entamé la proposition délicate qu'elle avoit à lui faire, il ne vit que trop de quoi il s'agissoit : mais, loin d'en être embarrassé, il ne fit que tourner en plaisanterie tout ce qui lui fut proposé. La belle Maure eut beau lui protester qu'elle parloit sérieusement, et le presser de répondre de même, il ne quitta point le ton railleur.

Ainsi se termina cette entrevue à la satisfaction de
Daraxa, qui auroit été fâchée qu'elle eût fini d'une
autre manière, et qui, croyant avoir fait son devoir,
s'attendoit à des remercîments de la part de son amie;
mais Elvire auroit été plutôt capable de lui faire des
reproches. Dans sa mauvaise humeur, elle imputoit à
cette Maure toutes les railleries de don Jaymé; d'où
concluant qu'en amour il y avoit de l'imprudence à se
servir de procureur quand on pouvoit faire ses affaires
soi-même, elle résolut de ne se fier désormais à personne, et de tout mettre en usage pour engager Vivès
à l'enlever.

Elle n'en fit pourtant pas plus mauvaise mine à Daraxa le lendemain. Elles se revirent comme à l'ordinaire, sans toutefois entrer dans aucun éclaircissement,
sans se dire un seul mot sur ce qui s'étoit passé. Le
soir elles se promenèrent ensemble, dissimulant toutes
deux, et chacune occupée de ses intérêts. Il arriva dans
cette promenade une aventure qui eut de grandes suites,
comme vous allez l'entendre.

J'ai déjà dit que don Rodrigue avoit jeté les yeux
sur Ambroise pour en faire son confident auprès de
Daraxa, qui, jusqu'à ce jour, n'avoit payé que d'indifférence l'amour que ce seigneur espagnol avoit pour
elle. Cela ne le rebutoit point, grâce à la froideur de
son tempérament : incapable d'aimer avec violence, il
voyoit presque sans chagrin le peu de progrès qu'il
faisoit dans le cœur de la belle Maure, ou bien il s'en
consoloit par le plaisir de voir et d'entretenir cette
dame quand il vouloit; avantage qu'il avoit sur ses rivaux, et qui lui tenoit lieu du bonheur d'être le galant

chéri. Comme il ne lui avoit encore fait connoître ses sentiments que par des soins peu empressés, et s'étant aperçu qu'elle se plaisoit à parler maure avec Ambroise, il s'avisa de charger ce jardinier de lui faire, de sa part, une déclaration d'amour en cette langue. Ambroise accepta la commission, en promettant à son jeune maître de s'en acquitter avec tout le zèle imaginable, la première fois que l'occasion s'en présenteroit. Elle s'offrit dès ce jour-là même.

Les dames, après quelques tours d'allées, entrèrent dans le cabinet de verdure où elles avoient coutume de s'arrêter pour se reposer. Ambroise arriva portant une corbeille de fleurs. Don Rodrigue lui ordonna d'en faire des bouquets, et fit signe en même temps à dona Elvire de le suivre, comme s'il eût eu quelque chose de particulier à lui dire. Le frère et la sœur sortirent du cabinet, où Ozmin, se voyant seul avec sa maîtresse, se préparoit à lui parler d'un ton plaisant de la passion de don Rodrigue; mais il la trouva si triste, qu'il en fut étonné. Qu'avez-vous donc, madame? lui dit-il d'un air attendri. Quoi! lorsque je m'apprête à vous divertir en jouant avec vous un personnage peu différent de celui que vous avez fait cette nuit au rendez-vous, je vous vois dans un accablement mortel! Daraxa ne lui répondit que par un soupir, ce qui redoubla l'étonnement du cavalier et lui causa de l'inquiétude. Parlez, ajouta-t-il, parlez, Daraxa, si vous ne voulez me désespérer. Que me présagent votre silence et ce soupir qui vient de vous échapper? Ils semblent m'annoncer plus de malheurs que je n'en ai à craindre. La belle Maure enfin lui répondit que la bizarrerie de leur fortune, et les traverses qu'ils avoient l'un et l'autre à essuyer tous les jours, étoient la cause de cette tristesse où il la voyoit plongée.

Il essaya de la consoler, en lui représentant qu'elle ne devoit point manquer de courage après avoir jusque-là soutenu leurs disgrâces avec fermeté; que véritablement il étoit bien mortifié d'être réduit à payer de quelque complaisance la tendresse aveugle qu'Elvire avoit pour lui. Il n'eut pas achevé ces derniers mots que la belle Maure fondit en pleurs, et lui dit d'une voix entrecoupée de sanglots : Eh! c'est cela seul qui ébranle ma constance qui est à l'épreuve des autres persécutions. Quel supplice pour un cœur tendre et délicat d'être incessamment en butte à tout ce qui peut le déchirer! Hélas! je suis peut-être même à la veille de me reprocher d'avoir eu trop de confiance dans votre fidélité.

L'ai-je bien entendu, reprit Ozmin avec un vif sentiment de douleur? Vous me croyez capable d'aimer une autre que vous! Ah! Daraxa, pouvez-vous me faire cette injustice, vous qui connoissez mon cœur! vous qui savez que je me pique de quelque vertu, et surtout d'être ennemi de la trahison! Je veux croire, repartit la dame en essuyant ses larmes, que j'ai tort de m'alarmer; mais je vous aime, Ozmin, et je ne puis me souvenir tranquillement des complaisances que vous avez eues pour la fille de don Louis; vous ne les auriez pas poussées si loin si elles vous eussent autant coûté qu'à moi. Quand je pense à l'effet qu'elles ont produit, je fais mille réflexions qui me donnent la mort. Elvire espère plus que jamais qu'elle vaincra par son opiniâtreté votre résistance. Qui me répondra que vous ne vous laisserez pas à la fin toucher de l'excès de sa passion ? Moi! s'écria le seigneur maure avec transport; fiez-vous à l'assurance que je vous...... Il fut interrompu en cet endroit par Elvire, qui rentra tout à coup dans le cabinet avec précipitation, et son frère y revint un moment après elle.

Ozmin ne les attendoit pas sitôt; il avoit compté que don Rodrigue amuseroit plus long-temps sa sœur, sous prétexte d'avoir à lui parler de quelque affaire sérieuse. Le fils de don Louis avoit effectivement eu ce dessein, mais il n'avoit pu retenir dona Elvire, qui s'étoit brusquement échappée de ses mains pour aller troubler la conversation de Daraxa et de don Jaymé. Il se passa entre ces quatre personnes une scène muette qui leur fit penser bien des choses. Don Rodrigue et sa sœur s'aperçurent que la dame maure étoit fort émue : il leur parut même qu'elle avoit répandu des pleurs, et chacun fit sur cela ses réflexions. Pour Ozmin, comme il n'avoit plus rien à faire dans ce cabinet, et qu'il n'y représentoit qu'Ambroise, il lui fut facile en se retirant de sortir d'embarras.

Don Rodrigue le suivit aussitôt; et plein d'impatience d'apprendre ce qui s'étoit passé entre ce jardinier et Daraxa, qu'il commença de soupçonner d'être d'intelligence ensemble, il lui demanda s'il s'étoit acquitté de sa commission, et s'il avoit de bonnes nouvelles à lui annoncer. Seigneur, lui répondit Ambroise, vous m'avez laissé si peu de temps pour entretenir la dame maure, qu'il ne m'a pas été possible de vous rendre de grands services. Je conviens, reprit le fils de don Louis, que vous n'avez pas eu avec elle une longue conversation;

mais il faut que vous en ayez bien mis à profit tous les moments, puisque j'ai trouvé Daraxa fort agitée de vos discours : je suis même persuadé que vous lui avez fait verser des pleurs. Ces pleurs, repartit le faux jardinier, pourroient être le fruit amer de la liberté que j'ai prise de lui parler de votre passion, qui peut-être n'est pas de son goût.

N'avez-vous pas de meilleures raisons à me dire que celles-là? s'écria don Rodrigue. Non, seigneur, dit Ambroise; j'ajouterai seulement que cette dame peut avoir déjà le cœur engagé. Une fille qui a été élevée dans une cour aussi galante que celle de Grenade, pourroit fort bien être devenue sensible aux soupirs de quelques seigneurs de ce pays-là. Je le pense comme vous, répliqua brusquement le jaloux don Rodrigue ; et de plus, je crois que vous êtes ici moins pour me servir que pour faire plaisir à cet heureux rival. Vous ne me rendez pas justice, repartit le jardinier ; vous m'outragez en me soupçonnant d'être capable de vous trahir pour un infidèle. Infidèle ou chrétien, interrompit le fils de don Louis avec précipitation, vous m'êtes suspect; vous en savez un peu trop pour un jardinier; et quand je me rappelle tous vos petits entretiens maures, cela ne bannit point ma défiance : mais prenez-y garde, poursuivit-il d'un ton menaçant; vous êtes dans une maison où les friponneries ne demeurent pas long-temps cachées. En achevant ces mots, il retourna au cabinet, où les dames gardoient encore un profond silence. Dès qu'elles le virent arriver, elles se levèrent et se retirèrent dans leurs appartements, pour y rêver en liberté à leurs affaires, chacune en son particulier.

Don Rodrigue, qui n'avoit alors guère d'envie d'entrer

en conversation avec elles, les laissa s'éloigner, et se mit à se promener tout seul. Il rencontra son père qui s'amusoit à considérer des fleurs, et il s'arrêta pour lui tenir compagnie. Don Louis, en regardant ces fleurs, s'avisa de parler d'Ambroise, et de témoigner qu'il étoit très content des soins et de l'habileté de ce valet. Il est peut-être plus habile qu'on ne voudroit, dit don Rodrigue avec un souris forcé; ce garçon-là, si je ne me trompe, sait plus d'un métier. Le vieux marquis, dont l'esprit et les yeux étoient appliqués à contempler son parterre, ne saisit pas d'abord ce que son fils venoit de lui dire, et répondant avec distraction : Il est vrai, dit-il, qu'Ambroise a de l'esprit, et je suis sûr que j'en serai bien servi. Je doute fort qu'il soit ici pour cela, répliqua don Rodrigue ; du moins suis-je convaincu que d'autres auront plus de raison que vous d'être satisfaits de ses services. Vous le dirai-je? Je le crois plus attaché aux intérêts de Daraxa qu'aux vôtres, ou bien c'est un agent de quelque amant auprès de cette dame.

Ah! mon fils, interrompit le père en riant de toute sa force, c'est à présent que je vous connois pour un homme véritablement amoureux. Si je le suis, dit don Rodrigue, je puis vous assurer que mon amour m'éclaire au lieu de m'aveugler : je sais bien ce que j'ai vu. Eh! qu'avez-vous donc vu, interrompit le vieillard pour la seconde fois? Parlez-moi plus clairement, car enfin je suis don Louis de Padilla, le fils de don Gaspard, qui passoit pour l'homme de son siècle le moins facile à tromper. On m'a cent fois fait la grâce de me dire que je l'emportois même sur lui pour la prudence et la cir-conspection. Si le choix que la reine a fait de moi pour la garde de la belle Maure ne suffit pas pour vous rendre tranquille là-dessus, demandez aux personnages de la cour les plus avisés si je suis homme à me laisser surprendre. En un mot, mon fils, j'ai cinquante ans passés; et si, lorsque je n'en avois que la moitié, on m'eût amené, non pas un Aragonois, mais l'homme de la Grèce le plus fin, je n'aurois eu besoin que de le regarder un moment entre les deux yeux pour deviner ce qu'il auroit eu dans l'âme.

Seigneur, dit don Rodrigue, personne au monde n'est plus persuadé que moi de cette vérité; mais je ne puis m'empêcher d'en revenir là; je m'imagine que cet Ambroise ne vous sert que pour avoir moyen d'être utile à quelqu'autre; il se familiarise un peu trop avec Daraxa : dès qu'il est avec elle il lui parle maure; la dame lui répond, et elle a pour lui des complaisances qui me font juger qu'ils se connoissent depuis long-temps; enfin pour achever de dire tout ce que je pense, je ne voudrois pas jurer qu'Ambroise ne fût toute autre chose qu'un jardinier. Don Louis, au lieu de demeurer d'accord qu'il pouvoit avoir été surpris dans cette occasion, s'échauffa de dépit de se voir soupçonné d'être la dupe de quelqu'un. Vous êtes un homme étrange, dit-il à son fils ; pourquoi avez-vous permis vous-même à ce jardinier ces familiarités dont vous vous plaignez ? Ne savez-vous pas que parmi nous c'est un crime à un domestique de lever les yeux sur sa maîtresse? Croyez-moi, traitez ce valet comme on traite les autres, et je vous réponds de sa fidélité. A l'égard de Daraxa, reposez-vous sur ma vigilance du soin de la garder. Dormez en repos, je veille sans cesse, et suis informé de tout ce qui se passe chez moi, tant la nuit que le jour. Le respect ferma la bouche à don Rodrigue, qui fut obligé de quitter son père un moment après, parce qu'on vint l'avertir qu'une personne demandoit à lui parler.

Après son départ, le vieux marquis, malgré tout ce qu'il avoit dit, tomba dans une profonde rêverie, et fit mille réflexions chagrinantes qui remplirent son esprit de soupçons. Pour achever de troubler son repos, son maître jardinier vint l'aborder en lui disant : Seigneur, j'ai un avis d'importance à vous donner; j'ai entendu cette nuit dans le jardin certain bruit qui me fait croire qu'il y a des gens qui rôdent autour de cette maison : si j'eusse osé sortir de chez moi contre vos ordres, je serois en état de vous en rendre un meilleur compte. Des gens la nuit dans mon jardin! s'écria don Louis fort étonné : ils venoient donc de chez vous ? Non, seigneur, dit le maître jardinier, Ambroise et mon valet ne sauroient sortir de ma maison; j'en ferme la porte moi-même exactement tous les soirs, et j'en garde avec soin la clef que je ne confie à personne.

Ce rapport donna beaucoup à penser au vieux marquis. Qui peut être venu dans mon jardin, disoit-il en lui-même ? Et dans quelle intention peut-on s'y être introduit ? Je ne crains pas les voleurs, la hauteur des murailles est capable de les effrayer. Seroit-ce quelque amant de Daraxa ? C'est ce que je ne puis m'imaginer; il n'en est pas d'assez fou pour vouloir s'exposer à un si grand péril, dans la seule espérance de la voir paroître à une fenêtre. Il faut que mon jardinier se soit mis cela dans la tête, ou bien ce bruit, s'il est réel, a été fait par des domestiques; et si j'en dois soupçonner quelqu'un, c'est ce fripon d'Ambroise, dont mon fils, après tout, peut avoir justement pris ombrage.

Don Louis, furieusement agité de ces pensées, ordonna au jardinier que, sans rien dire ni à son valet ni à Ambroise, il fît bonne garde cette nuit-là ; et que si par hasard il entendoit encore du bruit, il ne manquât pas de tirer un coup de fusil et de sortir en même temps bien armé. De mon côté, ajouta le marquis, j'en ferai autant avec tous mes autres domestiques, et les audacieux qui cherchent ou à me voler ou à me déshonorer seront bien fins s'ils nous échappent. Ce vieux seigneur, après avoir donné ses ordres à son jardinier, se retira pour s'aller préparer à faire le grand coup qu'il méditoit.

Si les deux dames, don Louis et don Rodrigue avoient de l'inquiétude, Ozmin de son côté n'étoit pas plus tranquille qu'eux. Ce brave Maure ne s'alarmoit pas aisément ; mais les derniers mots que son rival lui avoit dits lui sembloient mériter quelque attention. Il crut prudemment devoir songer à prévenir les malheurs qui pouvoient lui arriver. Il n'avoit pour toute arme qu'un poignard, avec quoi il n'étoit pas possible, supposé qu'on voulût le maltraiter, qu'il se défendît contre trente domestiques qu'il y avoit dans cette maison. Tout lui présageoit quelque disgrâce prochaine : il avoit vu les deux Padilla se parler avec vivacité, et don Louis ensuite en conversation sérieuse avec le maître jardinier ; il ne doutoit point qu'il n'eût été question de lui dans ces deux entretiens ; de manière qu'ayant tout lieu d'appréhender quelque lâche attentat, il résolut de disparoître aussitôt qu'il auroit communiqué son dessein à Daraxa, et pris des mesures avec elle pour se revoir au retour de la reine.

A peine eut-il formé cette résolution, qu'il alla visiter les endroits où les dames faisoient porter leurs lettres. Il en trouva une dans la cache d'Elvire. Cette vive Espagnole lui mandoit qu'on l'attendoit cette nuit pour lui apprendre des choses de la dernière importance. Il ne devina point qu'Elvire lui donnoit ce rendez-vous à l'insçu de la belle Maure, et pour avoir une conversation particulière avec lui ; il crut que Daraxa y seroit comme à l'ordinaire, et qu'il pourroit, en présence de son amie, lui dire en maure ce qu'il vouloit qu'elle sût avant leur séparation. Mais laissons Ozmin jusqu'à cette entrevue, et venons aux terribles préparatifs que don Louis faisoit pour la troubler.

Ce vieux seigneur s'étoit fait apporter dans son appartement, par deux fidèles domestiques, toutes les armes offensives et défensives qu'il y avoit dans sa maison, comme mousquets, mousquetons, pistolets, hallebardes, piques, pertuisanes, cuirasses, casques et targues; le tout mangé de la rouille : cependant il ne jugea point à propos de les faire nétoyer, le danger étoit trop pressant pour cela. L'on eût dit, à voir les mouvements qu'il se donnoit, que l'ennemi s'appro-choit de sa maison pour la prendre d'assaut. Quoiqu'il n'eût jamais été à la guerre, il ne vouloit pas, étant fils et petit-fils d'officiers généraux, qu'on dît de lui qu'il en ignoroit le métier. Il envoya un de ses plus zélés serviteurs acheter de la poudre et des balles, pour charger dix-sept à dix-huit armes à feu qu'il avoit, et qu'il destinoit aux plus vaillants de ses domestiques. Il faisoit tous ces apprêts sans bruit, n'ignorant pas que les plus grandes entreprises demandent du secret. Il en déroba surtout si bien la connoissance à son fils et à sa fille, à cause de leur affection pour Daraxa, qu'ils n'en eurent pas le moindre soupçon.

Quand il eut disposé les choses de la façon qu'il les vouloit, et qu'il eut entendu sonner onze heures, ses deux valets affidés lui amenèrent tous ses autres domestiques qu'il posta dans différents endroits, après leur avoir donné des armes, selon qu'il les jugeoit capables de s'en servir. Il en envoya la plus grande partie dans les chambres hautes de sa maison, pour mieux découvrir et pour être moins en vue, et il leur défendit à tous de tirer sans l'avoir auparavant averti de ce qu'ils auroient remarqué. Pour lui, il se mit dans un cabinet vis-à-vis de l'appartement de Daraxa ; il se réserva cette place, comme celle qui avoit particulièrement besoin d'un homme aussi vigilant que lui. Il étoit accompagné de son écuyer, vieux domestique dont le courage égaloit le sien, et qui, dans le fond de son âme, donnoit au diable tous les perturbateurs de son repos. Mais enfin le sort en étoit jeté, et puisqu'ils étoient au bivouac, ils ne pouvoient avec honneur se retirer avant que d'être assurés qu'il n'y avoit rien à craindre du côté de l'ennemi.

Le marquis, en robe de chambre, en pantoufles et en bonnet de nuit, avec une lanterne sourde à la main, regardoit de tous ses yeux par la fenêtre. Il faisoit une de ces nuits que dans les pays chauds le brillant des étoiles rend si claires, qu'on peut distinguer de deux cents pas l'ombre d'un homme. D'abord que don Louis entendit sonner minuit, se souvenant que son jardinier lui avoit dit que c'étoit à peu près à cette heure-là qu'il avoit ouï du bruit la nuit précédente, il sentit un battement de cœur, et fut saisi d'un frisson violent. Cette émotion, qui répondoit si mal de la fermeté de son âme dans le péril, ne diminua point lorsqu'il lui sembla voir quelqu'un marcher le long du mur du côté de la galerie. Pour être plus sûr qu'il ne se trompoit pas, il le fit remarquer à son écuyer, en lui demandant s'il ne l'apercevoit point ; mais celui-ci, soit qu'il n'eût pas la vue aussi bonne que celle de son maître, soit que la peur la lui troublât, lui dit qu'il ne voyoit rien.

Ils furent bientôt tous deux tirés de leur doute par deux de leurs sentinelles qui vinrent les avertir qu'il y avoit un homme qui s'entretenoit à une fenêtre de la galerie avec quelque personne du logis. Le seigneur de Padilla fut d'autant plus étonné de cet avis, qu'il avoit toutes les clefs de sa maison. Tous les soirs, à neuf heures, on ne manquoit pas de les lui apporter : de sorte qu'il n'étoit pas peu en peine de savoir qui pouvoit être l'interlocuteur du dedans ainsi que celui du dehors. Il jugea qu'il falloit que ce fût Daraxa, que quelqu'un de ses amants venoit voir la nuit par l'entremise de quelque valet infidèle qui lui donnoit moyen de s'introduire dans le jardin, et que cette dame eût fait faire une clef de la galerie par le ministère de ce même domestique. Il s'arrête à cette conjecture : il fait dire à tous ses gens de se tenir prêts, et forme le hardi dessein de commencer l'expédition par aller lui-même sur-

Guzman.   10

prendre la belle Maure, afin qu'elle ne pût désavouer son crime. Il est vrai que, n'osant exécuter tout seul un projet si audacieux, il prit avec lui les deux plus déterminés de ses mousquetaires et son intrépide écuyer.

Pour faire moins de bruit en marchant, le chef ôta ses pantoufles, et les autres leurs souliers. Ils arrivèrent en cet état à la galerie, dont ils trouvèrent la porte ouverte. Don Louis s'avança pas à pas jusqu'à ce qu'il entendît parler. Il fit halte aussitôt pour écouter ce qu'on disoit; en même temps ses oreilles furent frappées des paroles suivantes : Je vous estime trop pour pouvoir me résoudre à vous rendre malheureuse. Je dois respecter votre naissance, et vous devez considérer l'état de ma fortune. Je suis un cavalier réduit à chercher les moyens de me pousser à la cour; j'y ai besoin de protecteurs. Eh! qui voudroit être le mien si j'avois eu le malheur de m'attirer la haine d'un seigneur aussi puissant que votre père? Croyez-moi, ne nous exposons point à nous repentir l'un et l'autre le reste de nos jours.

Le marquis reconnut la voix du faux Ambroise, et, malgré le dépit qu'il sentoit d'avoir été la dupe de ce prétendu Aragonois, il ne laissa pas d'admirer sa prudence et sa vertu. Comme il s'imaginoit que ce discours s'adressoit à la belle Maure, il n'étoit pas peu curieux de savoir ce que cette dame y répondroit. Mais que devint-il lorsqu'il entendit sa fille, qu'il ne put méconnoître au son de sa voix, repartir ainsi au cavalier : L'amour fait-il tant de réflexions? N'avez-vous employé pour tromper mon père un stratagème qui vous assujettit à tant de peines? n'êtes-vous donc venu mettre en danger ici votre vie, que pour perdre un temps si cher à me faire connoître mes devoirs? Au lieu de vous abandonner à la joie que mes bontés devroient vous inspirer, vous voulez vous-même leur donner des bornes : je n'attendois pas de si froides marques de votre reconnoissance. Quoi! la considération de votre fortune vous retient quand je fais tout mon bonheur d'être à vous ! Pouvez-vous craindre mon père ? La cour de Ferdinand est-elle votre seule retraite ? En est-il quelqu'une où un homme tel que vous puisse manquer de s'avancer ? Mais je veux que vous soyez assez malheureux pour chercher en vain partout à vous établir avantageusement; Elvire aimera toujours mieux être avec vous dans l'état le plus obscur, que de vivre avec un autre dans les grandeurs.

La dame alloit continuer lorsqu'un coup de mousquet se fit entendre, et fut suivi dans le moment de dix à douze autres dont toute la galerie retentit. Ce bruit terrible épouvanta si fort la fille de don Louis, que, n'écoutant plus d'autre passion que la crainte, elle prit aussitôt la fuite. Pour comble d'infortune, son père, qui l'attendoit au passage, la saisissant tout à coup par le bras, lui dit : Ah! misérable, c'est donc ainsi que vous déshonorez l'illustre sang de Padilla! A la voix et à l'action du marquis, doná Elvire, dont les esprits n'étoient déjà que trop troublés de sa première frayeur, poussa un cri et tomba évanouie entre ses bras. Ce vieillard jugea bien qu'elle venoit de perdre le sentiment. Il fit ouvrir la lanterne sourde pour regarder sa fille, qui lui parut dans une situation si déplorable, qu'il en eut pitié. Il l'aimoit; et ne pouvant la

considérer sans en être attendri, il la laissa entre les
mains de son écuyer.

Mais plus ce père se sentoit touché de la voir en
cet état, plus il avoit envie de se venger du téméraire
auteur de ce désordre. Il ne respiroit plus que la mort
d'Ambroise, dont un moment auparavant il avoit admiré la sagesse. Il assembla tous ses gens armés, re-
troussa sa robe de chambre, se fit mettre une cuirasse
par-dessus, un casque sur son bonnet de nuit, prit
une targue à la main gauche et une longue pique à la
droite, et ce brave capitaine, en gantelets et en pantoufles, fit ouvrir la porte du jardin et défiler sa troupe
trois à trois. Les mousquetaires marchoient les premiers, et les hallebardiers faisoient l'arrière-garde. Il
se mit à la queue de ceux-ci; et cette petite armée,
composée de soldats dignes de leur général, alla chercher l'ennemi. Elle fut renforcée dans sa marche par
le jardinier, qui vint la joindre avec une rapière au
côté, une escopette sur l'épaule, et deux pistolets à
la ceinture. Ce domestique assura qu'il avoit vu les
ennemis qui étoient au nombre de deux, et que s'il
eût osé tirer sans l'ordre de son maître, il auroit déchargé sur eux ses armes à feu. Don Louis, après
avoir écouté ce rapport qui l'étonna, s'informa de quel
côté ces deux hommes avoient tourné leurs pas, et fit
marcher sa troupe sur leurs traces.

Que faisoit Ozmin pendant ce temps-là? Dès qu'il
s'étoit aperçu qu'Elvire avoit pris la fuite au bruit des
coups de mousquets qui avoient interrompu leur conversation, et qui pourtant n'avoient point été tirés sur
lui, il s'étoit promptement éloigné de la galerie pour

gagner un cabinet, où il espéroit vendre chèrement sa vie si l'on venoit l'y attaquer. Mais un homme qui le suivoit de près l'obligea de s'arrêter avant qu'il y arrivât, en lui disant : Seigneur don Jaymé, vous avez besoin de secours, recevez le mien. C'est vous qu'on cherche. Acceptez sans retardement mes services, si vous ne voulez être assassiné par une troupe de valets qui viendront bientôt fondre sur vous.

Le seigneur maure, aussi surpris de s'entendre nommer don Jaymé, que de rencontrer là un inconnu si obligeant, lui répondit : Je ne sais qui vous êtes, ni pourquoi vous vous intéressez à ce qui me regarde; mais qui que vous soyez, vous ne pouvez être qu'un cavalier très généreux. Je ne refuserai pas quelqu'une de vos armes, n'ayant qu'un poignard pour me défendre : c'est toute l'assistance que je puis recevoir de vous, sans abuser de votre bonne volonté. Je serois au désespoir qu'un si brave homme exposât sa vie pour moi. Non, non, répliqua l'inconnu; ne prétendez pas que je vous laisse périr sans vous prêter mon secours. J'ai deux bons pistolets, prenez-en un, et souffrez que je combatte à vos côtés; ou si vous souhaitez que je me retire, il faut que vous veniez avec moi. Je crois, dit Ozmin, que ce dernier parti seroit le plus sage : c'est faire un mauvais usage de la valeur que de l'employer contre la canaille. Mais comment sortir de ce jardin? J'en sais le moyen, répondit l'inconnu; vous n'avez qu'à me suivre.

En même temps ces deux cavaliers commencèrent à courir justement vers l'endroit où l'on avoit réparé le mur, contre lequel étoit dressée une bonne et longue

échelle. Il y eut alors entre eux une petite contestation, chacun ne voulant monter que le dernier. Après
quelques compliments que deux hommes si courageux
ne pouvoient manquer de se faire sur cela, il fallut
qu'Ozmin passât le premier, pour couronner le procédé noble de son compagnon. Ils eurent tout le loisir de
monter impunément, attendu que la gendarmerie de
don Louis avoit pris un chemin opposé à l'endroit où
ils étoient; et ils retirèrent l'échelle pour empêcher ce
seigneur de reconnoître par où le faux Ambroise lui
étoit échappé. Il y avoit encore une échelle de l'autre
côté de la muraille pour descendre dans la rue, où
cinq à six grands laquais bien armés faisoient la garde,
et se tenoient prêts à se jeter dans le jardin au premier
signal. Ozmin, jugeant par là qu'il n'avoit pas obligation à un homme du commun, et souhaitant de savoir
qui c'étoit, le pria de le lui apprendre. Mais l'inconnu
lui répondit : C'est ce que je vous dirai chez moi;
comme vous êtes étranger, vous ne connoissez pas bien
don Louis; vous ne sauriez trop vous précautionner
contre lui. Je vous offre ma maison, où vous serez
à couvert de son ressentiment, et vous y demeurerez,
s'il vous plaît, jusqu'à ce que nous ayons vu le parti
que les Padilla prendront dans cette affaire.

Des manières si nobles et si généreuses charmèrent
le seigneur maure, qui, ne pouvant résister aux pres-
santes instances que ce cavalier lui fit d'accepter un
logement dans sa maison, l'y accompagna. Lorsqu'ils
se virent l'un et l'autre aux flambeaux, ils se regardèrent avec une attention mêlée de surprise, comme
deux personnes qui croyoient se connoître. Le maître

du logis fut le premier qui débrouilla l'idée confuse qu'il avoit des traits d'Ozmin; et quand il fut assuré qu'il ne se méprenoit pas, il l'embrassa avec transport, en lui disant : Quel bonheur pour moi de rencontrer un homme à qui je dois la vie! Je ne me trompe point, c'est vous qui m'avez sauvé de la fureur d'un taureau le jour des dernières courses. Seigneur, lui répondit le Maure en souriant d'un air modeste, vous venez de bien payer ce service en me retirant d'un danger où j'aurois infailliblement péri sans votre secours. Non, non, reprit don Alonse de Zuniga; je suis en reste de générosité avec vous. Dans le temps que vous vîntes me dérober à une mort certaine, je ne vous avois pas donné sujet d'exposer vos jours pour conserver les miens.

Ils passèrent le reste de la nuit à s'entretenir. Don Alonse, qui s'imaginoit qu'Ozmin s'appeloit effectivement don Jaymé Vivès, et qu'il étoit amoureux de dona Elvire, lui conta de quelle façon il avoit appris toutes ses affaires. Cela m'a donné envie, ajouta-t-il, de faire connoissance avec vous; et pour la commencer, je suis entré cette nuit dans le jardin de don Louis. De plus, comme j'aime Daraxa, l'intime amie de votre maîtresse, j'ai pensé que notre liaison deviendroit utile à nos amours.

Quoique le seigneur maure eût de la répugnance à cacher ses sentiments, il ne voulut point détromper Zuniga : il crut qu'il étoit de la prudence de passer pour don Jaymé. Après un long entretien, don Alonse conduisit son hôte à l'appartement qu'il lui avoit fait préparer et l'y laissa reposer; ensuite il se retira dans le sien pour en faire autant. Mais Ozmin, ne pouvant dormir, envoya chercher Orviedo quand il fut grand jour, pour faire part à ce fidèle écuyer de l'aventure de la dernière nuit, comme aussi pour lui ordonner de lui apporter des habits plus propres que ceux d'Ambroise à faire le personnage de don Jaymé.

C'est un malheur attaché aux grandes maisons où il y a un peuple de valets, que tout ce qu'on y fait ne demeure pas long-temps secret. On sut dès le lendemain dans la ville l'histoire du faux Ambroise : on la contoit de diverses façons, mais toutes aux dépens de dona Elvire; ce qui mortifioit extrêmement Ozmin.

Don Alonse et ce cavalier devinrent en peu de jours les meilleurs amis du monde, tant il se trouva de sympathie entre eux, ou, pour mieux dire, tant ils découvrirent l'un dans l'autre d'aimables qualités. Ils souhaitoient tous deux ardemment d'être informés de ce qui se passoit chez le marquis de Padilla : c'est ce qu'ils ne pouvoient apprendre que de Clarice, dont ils ne recevoient aucune nouvelle. Cette suivante, étant connue de don Louis pour celle qui avoit toute la confiance de dona Elvire, étoit plus observée que les autres. Cependant elle eut l'adresse de tromper ses argus, et de faire tenir à don Jaymé, chez don Alonse, une lettre qui contenoit un détail tel que ces deux seigneurs pouvoient désirer. Clarice mandoit à Vivès que son vieux patron, au désespoir que le faux Ambroise lui fût échappé, le faisoit chercher soigneusement dans Séville par dix ou douze hommes, qui jusque-là n'en avoient fait qu'une recherche inutile; qu'Elvire étoit fort malade, et que Daraxa avoit été aussi très indis-

posée, tant elle avoit pris de part aux peines de son
amie; enfin que don Louis étoit si honteux et si chagrin de toute cette affaire, qu'il ne vouloit voir personne, et qu'il devoit incessamment aller demeurer à
la campagne, jusqu'à ce que tous les bruits qui cou-
roient à sa honte fussent dissipés.

La lettre de Clarice fut un nouveau sujet d'entretien pour les deux cavaliers, et divertit particulièrement don Alonse, qui, n'aimant pas la maison des Padilla, ne trouvoit dans cette aventure qu'un ridicule
qui le réjouissoit. Ozmin, ayant une si belle occasion
de donner de ses nouvelles à Daraxa, lui écrivit en
langue maure une longue lettre qu'il lui fit tenir par
Clarice. La dame maure, qui ne savoit ce qu'étoit devenu son amant, et qui craignoit qu'il n'eût été blessé
la nuit qu'on avoit tiré tant de coups de mousquets, fut
ravie d'apprendre le sort d'une personne qui lui étoit
si chère, et de pouvoir lui faire réponse par la même
voie.

Quelques jours après, le vieux marquis partit avec
sa famille et ses domestiques pour se rendre à une
maison de campagne qu'il avoit à une lieue de Séville :
ce départ auroit fort affligé le seigneur maure, à cause
de l'éloignement de Clarice, dont l'entremise lui étoit
d'un si grand secours, si don Alonse, pour l'en consoler, ne lui eût dit : Nous devons être bien aises que
don Louis soit à la campagne. A un quart de lieue de
sa maison, j'en ai une assez belle où je vais quelquefois. Il faut que nous y allions le plus secrètement
qu'il nous sera possible : nous aurons là plus facilement que dans cette ville des nouvelles de nos dames;

nous pourrons même trouver l'occasion de les voir et de leur parler.

Vivès ne manqua pas d'applaudir à ce projet, dont ils commencèrent l'exécution, son ami et lui, dès le lendemain avant le jour. Ils sortirent de Séville avec Orviedo et deux laquais seulement. Sitôt qu'ils furent arrivés à la maison de campagne de don Alonse, ce jeune seigneur chargea un paysan rusé de remettre en main propre à Clarice un billet, par lequel cette fille étoit avertie que le jour suivant elle rencontreroit dans le bois, qui n'étoit qu'à deux cents pas de la maison dudit marquis, deux jeunes bergers qui mouroient d'envie d'avoir avec elle une petite conversation.

Clarice, qu'on observoit moins à la campagne qu'à la ville, sut bientôt se dérober du logis pour courir au rendez-vous. Elle y trouva don Alonse et don Jaymé habillés en villageois. Elle leur apprit que les dames étoient toutes deux en bonne santé, mais si gênées, qu'elles avoient à peine la liberté de se promener dans le jardin : cependant, ajouta-t-elle, si le seigneur don Louis alloit demain, comme je n'en doute pas, à une ferme qu'il a à trois lieues d'ici, et où l'appelle une affaire de conséquence, je pourrois bien vous ménager une entrevue avec elles; aussi-bien don Rodrigue vient tout à l'heure de partir pour Séville, d'où il ne doit revenir que dans deux jours. Si les cavaliers furent charmés de la douce espérance dont Clarice les flatta, cette soubrette ne fut pas moins contente des présents qu'ils lui firent pour reconnoître sa bonne volonté. Cette fille, après avoir pris congé d'eux, regagna promptement la maison de son maître, et alla rendre compte aux dames de l'entretien qu'elle venoit d'avoir avec ces seigneurs.

Le lendemain matin, tout parut seconder les désirs des amants : le marquis partit pour sa ferme, et les dames se disposèrent à profiter d'une conjoncture si favorable. Elles s'habillèrent en paysannes, pour se conformer au déguisement des galants ; puis elles sortirent de la maison, suivies de Clarice et de Laïda seulement. Elles furent bientôt dans le bois où leurs bergers les attendoient, pour s'entretenir et se promener avec elles Ils commencèrent de part et d'autre par laisser éclater une grande joie de se revoir ; ensuite, se regardant les uns les autres, travestis comme ils étoient, ils se mirent à rire et à plaisanter. Ces sortes de parties font ordinairement beaucoup de plaisir ; mais elles finissent mal quelquefois.

Ces quatre personnes eurent d'abord une conversation générale, et d'autant plus agréable qu'elles étoient avec ce qu'elles aimoient. Elles s'enfonçoient déjà dans les allées de ce bois en se promenant, lorsqu'elles virent entre les arbres deux véritables paysans qui venoient de leur côté. On jugea que c'étoient des habitants d'un bourg voisin dont le marquis étoit seigneur, et l'on ne se trompoit pas. Comme ces villageois passoient auprès des dames, elles leur tournèrent le dos, afin qu'ils ne vissent point leurs visages ; ce que Vivès et Zuniga s'avisèrent aussi de faire pour la même raison : mais les paysans, au lieu de continuer leur chemin, s'arrêtèrent tout court, et l'un d'entre eux appliqua sur les bras et sur la tête de don Alonse un si furieux coup de bâton, que ce cavalier en fut tout étourdi. Ozmin au bruit de ce coup se retourna aussitôt, et reçut en même temps de l'autre villageois un pareil traitement; avec cette différence, que le Maure par son agilité détourna le coup qu'on lui vouloit porter sur la tête et le fit glisser sur ses reins. Alors ce vigoureux Maure levant un gros bâton qu'il avoit à la main, le laissa tomber d'une si grande roideur sur le visage de son ennemi, qu'il lui abattit la moitié des mâchoires et le coucha par terre sans sentiment. Après quoi il vola au secours de son ami, qui avoit bon besoin de son assistance, tant il étoit mal mené par son adversaire. Mais ce paysan se garda bien d'attendre un homme qui venoit de faire mordre la poussière à son camarade, et s'enfuit vers le bourg, qu'il ne manqua pas d'alarmer en y semant la nouvelle de la mort de ce villageois, qui pourtant n'étoit que blessé.

Pendant ce combat, les dames prirent très prudemment la fuite et retournèrent à la maison de don Louis, tout effrayées et fort en peine de savoir qu'elle en seroit la fin. Leur inquiétude n'étoit pas mal fondée, car les cavaliers, qui auroient bien fait de se retirer chez eux au plus vite, demeurèrent si long-temps sur le champ de bataille à se consulter sur ce qu'ils dévoient faire, qu'ils donnèrent le loisir à trois braves du bourg de venir fondre sur eux l'épée à la main. Un de ces vaillants marchoit le premier; il paroissoit le plus considérable des trois, comme le plus animé. Il s'avança d'un air furieux vers Ozmin pour lui passer sa rapière au travers du corps; mais le Maure esquiva le coup adroitement, et frappa de son bâton le spadassin si rudement sur la tête, qu'il l'étendit sans vie sur la place : puis s'étant brusquement saisi de l'épée dont son ennemi avoit fait un si mauvais usage, il se disposa de bonne grâce à recevoir les deux autres braves, qui eurent assez de courage pour se présenter devant lui. Ce nouveau combat fut un peu plus long que les précédents, attendu qu'Ozmin, étant assailli par deux hommes à la fois, avoit assez d'occupation à parer les bottes qu'ils lui portoient. Ils le blessèrent même légèrement à la main : il est vrai que de leur côté ils étoient tous deux, en se battant, fort incommodés par don Alonse, qui faisoit tomber son bâton tantôt sur l'un et tantôt sur l'autre; il en donna un coup si terrible sur le bras droit d'un de ces spadassins, qu'il lui fit voler son épée à terre; ce qui rendit nos cavaliers victorieux. Leurs ennemis abandonnèrent la partie dans le moment, et s'enfuirent vers le bourg d'une grande vitesse, tout blessés qu'ils étoient.

Les vainqueurs ne furent pas contents de les avoir si maltraités; ils eurent l'imprudence de les poursuivre jusqu'à l'entrée du bourg, où ils trouvèrent à qui parler. Tous les habitants, ayant su qu'on avoit tué un paysan dans le bois, s'étoient armés de longs bâtons ferrés et non ferrés, et de vieilles épées, pour venger sa mort. Leur fureur augmenta lorsqu'ils virent arriver les deux spadassins fuyants, et qu'ils apprirent d'eux que le fils du bailli venoit d'avoir le même sort que le villageois. Les voilà qui vont en foule au-devant des meurtriers, qu'ils environnent et chargent de toutes parts. Ozmin, sans s'effrayer, soutient leur furie; plus il se voit d'ennemis sur les bras, moins sa valeur en est abattue. Il frappe à droite et à gauche;

il renverse tout ce qui lui résiste, et modère l'ardeur des plus échauffés. Don Alonse, quoique blessé, faisoit à son exemple de vigoureux exploits avec l'épée d'un des deux braves, de laquelle il s'étoit saisi : néanmoins cela ne l'empêcha pas d'être pris, et bientôt après, son ami, à qui l'on jetoit sans cesse de longs bâtons entre les jambes pour le faire tomber, ayant eu le malheur de faire la culbute, fut accablé de la multitude.

Je vous laisse à penser si, dans la rage où étoit cette canaille, elle auroit épargné ces deux cavaliers infortunés, les voyant à sa merci. Mais il passa par hasard alors deux gentilshommes à cheval qui alloient à Séville avec trois ou quatre laquais, et qui, voulant savoir la cause de cette émotion populaire, fendirent la presse l'épée à la main, et pénétrèrent jusqu'aux deux prisonniers. Ils reconnurent don Alonse, malgré le sang dont il avoit le visage couvert, et malgré son déguisement. Ils l'arrachèrent, non sans beaucoup de peine, des mains des paysans ; ce qui obligea ces derniers à mettre au plus tôt en sûreté son compagnon, à qui ils en vouloient particulièrement.

Cependant Zuniga refusoit d'accompagner ses libérateurs, disant qu'il aimoit mieux demeurer avec son ami que de l'abandonner. Mais les deux gentilshommes lui représentèrent qu'il étoit impossible alors d'enlever ce cavalier, que le bailli tenoit enfermé chez lui, et faisoit garder par tous les habitants du bourg, qu'il excitoit à servir sa vengeance ; qu'il étoit plus à propos d'aller assembler tout ce qu'il pourroit trouver de gens de bonne volonté, et de revenir avec eux la nuit le tirer de prison. Don Alonse goûta cet avis, et s'assura en fort peu de temps de quarante personnes, tant maîtres que valets. Un si hardi dessein auroit été sans doute exécuté, si le bailli ne l'eût pas prévenu ; mais ce juge, qui étoit un vieux routier, se doutant bien de cette violence, eut promptement recours à la jus-tice de Séville, qui lui envoya un si grand nombre d'archers et d'autres hommes armés, qu'il n'eut plus rien à craindre pour sa proie.

Les dames n'étoient pas assez éloignées du lieu du combat pour en pouvoir ignorer long-temps les cir-constances et l'événement. Elles en furent informées par quelques domestiques du marquis, dont la plupart avoient été par curiosité au bourg, où ils avoient ap-pris tout ce qui s'y étoit passé. Dona Elvire en chargea un d'aller dire au bailli de prendre garde, s'il ne vou-loit s'en repentir, au traitement qu'il feroit au cavalier qu'il retenoit chez lui. Cette recommandation ne fut pas inutile ; on eut plus d'égard qu'on n'auroit eu sans cela pour don Jaymé, à qui l'on donna, de la part des dames, tout ce qui lui étoit nécessaire pour panser deux ou trois légères blessures qu'il avoit reçues.

Si le bailli voyoit à regret traverser par Elvire le dessein qu'il avoit de venger la mort de son fils, en récompense, dès le soir même, il eut la consolation d'apprendre que le marquis entroit dans son ressenti-ment. En effet, don Louis, en revenant de sa ferme sur la fin du jour, passa par le bourg, où la plupart des habitants étoient encore sous les armes. Il demanda pourquoi ils s'étoient ainsi assemblés. On lui fit un détail de l'aventure qui étoit arrivée ; et comme il sou-haita d'en savoir toutes les particularités, un des plus notables du bourg prit la parole, et lui dit : Tout ce malheur ne vient que d'une méprise du fils de notre bailli. Ce jeune garçon étoit amoureux de la fille de votre concierge, et avoit pour rival le fils d'un gros fermier des environs de ce bourg. Le fils du bailli étoit fort débauché de son naturel, et de plus très violent : s'étant aperçu qu'on lui préféroit son concurrent, jeune homme plus sage et plus riche que lui, il l'envoya menacer de sa part qu'il le feroit mourir sous le bâton, s'il s'avisoit de paroître auprès de chez vous, et de chercher l'occasion de parler à sa maîtresse. Il le faisoit observer, et sur l'avis qu'on lui a donné ce matin que deux hommes, qui n'avoient point l'air villageois, bien qu'ils fussent habillés en paysans, s'étoient coulés dans le bois comme à la dérobée, il ne douta pas que ce ne fût le fils du fermier avec un garçon de sa connoissance dont il a coutume de se faire accompagner quand il vient voir la fille de votre concierge, et que ces deux hommes ne se fussent travestis de cette sorte pour éviter les coups de bâton : dans cette erreur, il a chargé deux drôles des plus vigoureux de ce bourg d'aller dans le bois exécuter son dessein; et, pour les soutenir, il les a suivis de près avec deux braves de ses amis.

Ce récit fit connoître au marquis de Padilla que le fils du bailli avoit tout le tort, et que ses meurtriers ne l'avoient tué qu'à leur corps défendant; mais lorsque le même notable qui venoit de parler lui apprit que ces deux cavaliers étoient don Alonse de Zuniga et le faux Ambroise, et que le bailli tenoit celui-ci en sa puissance, il regarda cette aventure comme un moyen que le ciel lui offroit de se venger du séducteur de sa fille. Il fit appeler le bailli pour l'exciter à poursuivre chaudement cette affaire. Il l'assura de sa protection, de son crédit et de sa bourse. Il lui conseilla d'aller dès le lendemain à Séville se jeter aux pieds de messieurs de la justice avec tous les parents des morts et des blessés : ce que le bailli résolut de faire. Effectivement, il conduisit à la ville, le jour suivant, son prisonnier escorté des archers et des paysans les plus résolus du bourg. Quand le peuple de Séville le vit arriver, et qu'il sut de quoi il s'agissoit, il s'échauffa, et l'on n'eut pas peu de peine à sauver de sa fureur le malheureux Maure, dont il demandoit à haute voix la mort. Outre cela, don Louis retourna dès le même jour à la ville, où il croyoit sa présence nécessaire pour engager les juges à condamner un homme dont il avoit juré la perte.

D'un autre côté, don Alonse se trouvoit si mal de ses blessures, qu'à peine pouvoit-il se tenir à cheval, outre qu'il n'avoit pas encore assez de gens pour entreprendre par la force de délivrer son ami. Ainsi, réduit à solliciter pour lui, il alloit supplier chaque juge de considérer qu'on ne pouvoit, sans injustice, ôter la vie à un homme qui n'avoit fait que se défendre contre des assassins. Mais tous les juges lui disoient qu'il devoit se contenter qu'ils fissent à son égard les aveugles et les sourds; que le sang qui avoit été répandu demandoit justice; et que s'il étoit lui-même à la place du prisonnier, ils ne pourroient le tirer d'affaire. La mort d'Ozmin paroissoit donc inévitable et prochaine; cependant, malgré toutes les mesures que don Louis pouvoit prendre pour la hâter, elle fut suspendue par un incident auquel ce seigneur ne s'étoit nullement attendu. Il reçut un courrier que la reine lui dépêcha. Cette princesse lui mandoit la prise de la ville de Grenade, et lui ordonnoit de partir incessamment lui-même avec Daraxa; que le père de cette dame souhaitoit passionnément de la revoir; que ce seigneur maure étoit dans la résolution de se faire chrétien, et qu'on espéroit que sa fille se détermineroit à suivre son exemple.

Il y avoit aussi un paquet pour Daraxa; mais le marquis se garda bien de le lui remettre. Il ne jugea pas à propos non plus de lui parler des nouvelles que le sien contenoit, de peur qu'impatiente de retourner auprès de ses parents, elle ne l'obligeât à partir dès le lendemain avec elle pour Grenade; il vouloit auparavant voir finir le procès de don Jaymé par une sentence de mort, et assister même à l'exécution avant son départ. Pour cet effet, il redoubla ses efforts et ses sollicitations, ou plutôt il obséda si bien les juges, qu'ils condamnèrent Ozmin, deux jours après, à avoir la tête tranchée, sous le nom de don Jaymé, gentilhomme aragonois.

Zuniga fut averti des premiers de ce sévère jugement; il trouva moyen de le faire savoir aux dames par un billet, et de les assurer qu'il périroit, lui et trois cents hommes qu'il avoit assemblés, plutôt que de souffrir une pareille injustice. Qui pourroit dire dans quelle affliction ce billet plongea la belle Maure? L'idée du traitement ignominieux qu'on préparoit à son cher Ozmin, lui troubla peu à peu l'esprit. Elle entra dans un vif désespoir, alla chercher don Louis; et, le rencontrant à son retour du palais, où il avoit passé toute la matinée, elle lança sur lui un regard furieux, et lui dit avec un transport qui marquoit bien le désordre de son âme : Barbare, êtes-vous satisfait de votre ouvrage ? D'injustes et lâches juges n'ont pas eu honte de servir votre ressentiment aux dépens de l'innocence ; mais ne croyez pas verser impunément le sang du cavalier que votre crédit opprime : c'est mon amant, c'est mon époux, c'est un parent du roi de Grenade, et non un galant de votre fille : un homme tel que lui n'est pas fait pour elle. Votre tête me répondra de la sienne. Il trouvera des vengeurs parmi ses parents ou parmi les miens ; ou si vous échappez à leurs coups, moi-même je vous percerai le cœur.

A ces emportements, qui ne faisoient que trop connoître l'intérêt que Daraxa prenoit à la vie du prisonnier, don Louis demeura tout interdit. Il ne savoit quelle réponse faire à la dame, tant il étoit plein de trouble et de confusion. Il lui dit pourtant qu'elle avoit tort de ne l'avoir pas plus tôt averti de la qualité du faux Ambroise, contre lequel il ne désavouoit point qu'il eût sollicité, s'imaginant qu'il avoit déshonoré sa maison. La belle Maure alloit lui déclarer que ce n'étoit pas la faute d'Ozmin si Elvire avoit conçu pour lui un fol amour ; mais, dans ce moment, un domestique vint dire tout bas au marquis qu'il y avoit à la porte des équipages et un grand nombre de Maures qui demandoient à parler à Daraxa. Don Louis, à cette nouvelle, parut un peu embarrassé. Il pria la dame de lui permettre de la quitter pour un instant. Comme elle n'avoit point entendu ce que le domestique avoit dit

tout bas, et qu'elle vouloit tout savoir, dans l'inquiétude qui l'agitoit, elle suivit le marquis, et entra dans
une salle où, par une jalousie, elle aperçut dans la
rue des Maures de sa connoissance, pour la plupart
serviteurs de son père. Leur vue enchanta d'abord ses
ennuis; la joie s'empara de son cœur, surtout quand
un officier de son père se présenta devant elle, conduit
par don Louis.

L'officier, après avoir rendu ses devoirs à cette dame,
lui annonça la prise de la ville de Grenade, et la fin de la
guerre. Il lui apprit en même temps que son père ayant
obtenu de leurs majestés catholiques la permission de
la rappeler, il lui envoyoit un équipage et une suite de
gens convenable à une personne de sa naissance; qu'il
ne doutoit pas qu'elle ne fût déjà informée de tout cela
par le courrier que la reine avoit dépêché au marquis
de Padilla, et par les lettres qu'elle devoit avoir reçues.
Ce fut un nouveau sujet de confusion pour ce seigneur
de se voir obligé de faire des excuses à Daraxa, de ne
les lui avoir pas encore remises.

La joie de la belle Maure ne dura qu'autant de temps
que l'on en mit à lui dire des nouvelles de son père.
Le souvenir d'Ozmin et du danger où il se trouvoit
vint bientôt renouveler sa douleur. Cette amante affligée chargea l'officier et Orviedo, dont il étoit accompagné, d'aller demander de sa part une audience
publique aux juges qui s'étoient assemblés de nouveau
pour délibérer sur un avis qu'ils avoient eu. On leur
étoit venu dire que la maison de don Alonse se remplissoit de cavaliers, qui arrivoient de la campagne pour
le seconder dans le dessein qu'il avoit de sauver son

ami; de sorte que les juges, pour prévenir cette entreprise, s'étoient déjà comme résolus à faire mourir le
coupable cette nuit-là dans la prison.

Ils furent assez surpris de la demande de Daraxa.
Il n'y avoit pas d'exemple qu'une femme se fût encore
avisée de venir en cérémonie parler publiquement à
des juges, et ils ne savoient à quoi se déterminer : les
plus vieux ne jugeoient point à propos qu'on écoutât
la belle Maure; mais les jeunes étoient d'un avis contraire. La curiosité de savoir ce qu'elle avoit à leur
dire, la considération qu'ils avoient pour une dame
que la reine aimoit, et, plus que tout le reste, le plaisir
de la voir; ces trois choses prévalurent; et l'on décida
que sur les six heures du soir on lui donneroit audience. Daraxa, qui avoit craint qu'on ne la lui refusât, augura bien de ce qu'on la lui accordoit. Elle envoya aussitôt Orviedo avertir don Alonse de la démarche
qu'elle vouloit faire, et le prier de l'accompagner au
palais, s'il étoit en état de lui faire ce plaisir. Zuniga,
charmé de l'honneur que lui faisoit sa chère Maure de
le choisir pour son écuyer, n'eut garde de le céder à
un autre; et, tout incommodé qu'il étoit, il ne songea
qu'à se préparer à cette cavalcade. Il n'eut pas à chercher bien loin les cavaliers qu'il y vouloit employer,
puisqu'ils étoient chez lui, pour la plupart tout disposés à le suivre partout où il auroit envie de les
conduire. Il les mena, sur les cinq heures, à la maison de don Louis, lequel voyant à sa porte plus de
deux cents cavaliers qui venoient chercher Daraxa,
dont il n'ignoroit pas le dessein, alla trouver cette
dame, et s'offrit à l'accompagner; mais elle le remer-

cia en lui disant qu'elle étoit bien aise de lui épargner
la mortification de la voir solliciter pour un homme
contre lequel il s'étoit déclaré si ouvertement, ou ,
pour mieux dire, dont il étoit la partie.

Le marquis, piqué jusqu'au vif de ce refus, se seroit volontiers opposé à la résolution de la dame, ou
du moins l'auroit rendue inutile, s'il en eût eu le temps
et le pouvoir; mais il étoit trop tard pour y mettre obstacle. Il fut donc obligé de dévorer ses chagrins, qui
ne laissoient pas d'être peints sur son visage, quelques
efforts qu'il fît pour les cacher. Enfin Daraxa sortit
de chez ce seigneur sans s'embarrasser des déplaisirs
dont il étoit la proie. Elle trouva don Alonse qui l'attendoit à pied à la porte, avec les plus considérables cavaliers de sa troupe, pour lui faire compliment; elle
s'efforça de leur montrer quelque joie, malgré la profonde tristesse où son âme étoit ensevelie. Elle assura
don Alonse qu'elle n'oublieroit jamais l'obligation
qu'elle lui avoit; à quoi Zuniga répondit, en homme
amoureux et poli, qu'il ne pouvoit assez la remercier
de ce qu'elle vouloit bien se servir de lui et de ses
amis pour la conduire au palais, où elle alloit s'immor-
taliser par une action héroïque. Ce cavalier, de même
que les autres, croyoit pieusement que la belle Maure
ne s'intéressoit pour le prisonnier que par amitié pour
dona Elvire; de manière qu'il admiroit la générosité
de cette démarche.

Après ces compliments, on vit Daraxa monter à
cheval avec sa grâce ordinaire. Don Alonse et ceux qui
avoient mis pied à terre en firent autant, et la cavalcade commença aussitôt à défiler. Quatre cents Maures

bien montés et bien équipés marchoient les premiers, ayant à leur tête Orviedo et l'officier dont j'ai parlé ; la dame les suivoit immédiatement entre don Alonse et don Diego de Castro ; et toute la noblesse venoit ensuite six à six en fort bon ordre. Quoiqu'on eût employé fort peu de temps à préparer cette cavalcade, cela n'empêcha pas que le bruit n'en courût par toute la ville. Le peuple, aussi curieux de voir passer la belle Maure que d'apprendre ce qu'elle alloit faire au palais, se répandit à grands flots dans les rues pour se trouver sur son passage. Elle avoit un habit magnifique à la maure, et elle n'avoit rien négligé de tout ce qui pouvoit relever sa beauté dans une occasion si importante. Tous les spectateurs en furent éblouis ; mais ce qui les surprenoit davantage, c'étoit la grâce et la facilité qu'elle montroit à manier son cheval ; ce qui n'étoit pas ordinaire aux dames d'Espagne.

La cavalcade étant arrivée à la place qui est devant le palais, don Alonse rangea ses cavaliers tout autour, et les juges envoyèrent recevoir la belle Maure par deux huissiers, qui la conduisirent jusqu'à la porte de la première salle, où deux magistrats qui l'attendoient lui firent tous les honneurs qu'ils auroient pu faire à une princesse, et la menèrent à l'audience. Don Alonse et tous les principaux cavaliers qui avoient mis pied à terre en même temps que Daraxa, la suivirent, et entrèrent aussi dans la salle où les juges étoient assemblés ; ce qui surprit un peu ceux-ci, et leur causa quelque inquiétude. Néanmoins, faisant bonne contenance, ils parurent donner toute leur attention à la dame maure, qui charma tout le monde par l'air libre et majestueux dont elle se présenta devant le tribunal de la justice. On lui avoit préparé un fauteuil avec un carreau et un tapis de pied. Elle s'assit; et après avoir attaché sa vue pendant quelques moments sur les juges, elle éleva la voix, et fit entendre ces paroles :

« Messieurs, il n'y a qu'une raison aussi forte que celle qui m'amène ici qui puisse justifier la démarche que je fais. Je sais les règles que la bienséance prescrit aux personnes de mon sexe; mais il y a des occasions où l'on doit passer par-dessus ces règles : telle est la conjoncture où je me trouve. Je viens, messieurs, implorer votre justice contre vous-mêmes. On prétend exécuter demain une sentence de mort que vous avez rendue aujourd'hui contre un homme qui a repoussé la force par la force. Des assassins vouloient lui ôter la vie, il s'est défendu; voilà tout son crime. C'est un fait constant. J'en ai moi-même été témoin, ainsi que dona Elvire, et deux femmes qui étoient avec nous dans le bois. Quoi! deux paysans viendront traîtreusement attaquer par-derrière, et assommer de coups de bâton deux cavaliers qui ne songent point à eux, et il ne sera pas permis à ces cavaliers de chercher à se garantir par leur courage du sort funeste qu'on leur prépare? Quand le fils du bailli, avec deux autres armés comme lui de longues épées, est venu fondre sur deux hommes qui n'avoient que de simples bâtons, quels crimes ont commis ces derniers en se mettant en défense contre ces scélérats? Qui d'entre vous, messieurs, se trouvant dans le même danger, ne feroit pas tous ses efforts pour tuer son ennemi, s'il ne voyoit pas d'autre moyen de conserver sa vie? Mais pourquoi m'étendre là-dessus?

vous savez mieux que moi que c'est une loi naturelle.
On dit que le fils du bailli s'est mépris : Eh! qu'importe?
Sa méprise ne justifie point son action, et ne sauroit
rendre coupables les personnes qu'il a voulu assassiner.

Je ne vous en dirai pas davantage, messieurs, de
peur de vous ennuyer. Je vous apprendrai seulement
ce qui m'oblige à m'intéresser pour votre prisonnier.
Ce n'est pas un gentilhomme d'Aragon, ce n'est pas
don Jaymé Vivès; c'est le brave Ozmin, dont le nom
est si connu parmi vos troupes, et qui s'est rendu si
recommandable par un grand nombre d'exploits écla-
tants; c'est lui qui le jour des courses tua les deux derniers taureaux, et sauva la vie à don Alonse de Zuniga:
mais ce qui m'engage plus que toutes ses grandes qualités à vous venir faire une remontrance en sa faveur,
c'est qu'il est mon époux, si j'ose appeler de ce nom un
homme qui, de l'aveu de nos parents, m'a donné sa
foi et a reçu la mienne. Délibérez présentement, messieurs, avant que vous fassiez exécuter la sentence que
vous avez prononcée contre un cavalier du sang du
roi Mahomet, et que vous ne deviez pas condamner si
légèrement. »

La belle Maure n'eut pas achevé de parler, qu'il
s'éleva dans la salle un bruit dont les juges furent effrayés, tout le monde disant à haute voix que le prisonnier étoit innocent, et qu'il falloit le relâcher. Alors
le chef de la justice fit faire silence; puis, adressant la
parole à la dame, il lui dit au nom de sa compagnie :
« Qu'ils pouvoient avoir été mal informés de cette affaire; qu'ils l'examineroient de nouveau, et lui rendroient réponse dès ce jour-là même.» Mais les assistants

se récrièrent sur cela, et demandèrent qu'on remît
sur-le-champ le cavalier en liberté, menaçant d'aller
enfoncer les portes de la prison, si l'on refusoit de le
faire. Le même juge qui avoit parlé répondit aux assistants, « qu'après un jugement rendu il ne dépendoit pas
de sa compagnie d'élargir ainsi un prisonnier, et que
tout ce qu'elle pouvoit, c'étoit de surseoir l'exécution
de la sentence, jusqu'à ce qu'on eût reçu les ordres
de leurs majestés, à qui seules appartenoit le droit de
détruire son ouvrage. Là-dessus Daraxa pria les juges
de lui permettre de voir Ozmin ; ce qu'elle obtint d'eux
sans peine, à condition qu'il n'entreroit avec elle que
quatre personnes dans la prison, et qu'elle promettroit
qu'il n'y seroit fait aucune violence. »

La cavalcade prit le chemin de la prison, dans le
même ordre qu'elle étoit venue au palais; et la belle
Maure choisit pour y entrer avec elle don Alonse, don
Diego de Castro, Orviedo et l'officier maure. Concevez,
s'il est possible, l'agréable surprise d'Ozmin, lorsqu'il
vit paroître dans sa chambre don Alonse et Daraxa, et
qu'il sut ce que cette dame venoit de faire pour lui.
On ne pouvoit mesurer sa joie qu'à celle de son amante,
dont le cœur nageoit, pour ainsi dire, dans un ravissement qu'elle faisoit briller dans ses yeux. Zuniga,
de son côté, partageoit avec ces amants le plaisir qu'ils
avoient de se revoir; il embrassoit son ami avec des
transports de tendresse, comme s'il n'eût plus été son
rival : son amour se confondoit avec son amitié. Il ne
laissa pas pourtant, en lui donnant des marques de son
affection, de lui reprocher le peu de confiance qu'il
avoit eu en lui, et de le menacer en souriant d'être

toute sa vie amoureux de la belle Maure, pour se venger
de la dissimulation dont il avoit payé sa franchise. Ce
reproche lui attira des douceurs : Daraxa lui dit qu'après
Ozmin il seroit toujours l'homme du monde qui auroit
le plus de part à son estime ; et Ozmin l'assura qu'après
Daraxa il n'aimeroit jamais personne tant que lui. Zuniga ne manqua pas de répliquer à ces discours obligeants ; ensuite il présenta son ami don Diègue au seigneur maure, comme un cavalier dont le mérite égaloit
la naissance ; et là-dessus il se fit des compliments sur
nouveaux frais : d'où passant à la chose la plus importante, c'est-à-dire, à l'affaire du prisonnier, il fut résolu
qu'on enverroit sur-le-champ demander sa grâce à leurs
majestés. On dépêcha Orviedo, qui partit pour Grenade
avec des lettres pour les parents d'Ozmin et pour ceux
de Daraxa.

Orviedo fit une si grande diligence, qu'au bout de
trois jours il fut de retour à Séville avec la grâce de
son maître, et un ordre aux magistrats de faire à ce
seigneur tous les honneurs dus à la noblesse de son
sang, et dignes de l'époux de la belle Maure. Aussitôt
que cette dame apprit qu'Ozmin étoit libre, elle se
rendit à la prison avec un cortège encore plus nombreux
que la première fois et bien plus magnifique, attendu
que les cavaliers avoient eu un peu plus de temps pour
s'y préparer. Tout ce qu'il y avoit d'hommes de distinction dans la ville étoit de la cavalcade. Don Rodrigue
de Padilla s'y faisoit remarquer par sa magnificence ;
il voulut en être. Il s'empressa même de témoigner à
Daraxa qu'il étoit ravi de cet événement, malgré le
chagrin qu'en pouvoit avoir le vieux marquis, dont il

n'approuvoit point la conduite ; et quand il vit Ozmin,
il lui fit toutes sortes d'honnêtetés.

Ainsi donc le seigneur maure sortit de prison avec
autant d'honneur et de joie qu'il avoit eu de honte et de
tristesse en y entrant. Le même peuple, qui avoit demandé sa mort quelques jours auparavant, suivoit la
cavalcade en remplissant l'air d'acclamations, pour
marquer jusqu'à quel point il étoit ravi de voir en liberté le fameux vainqueur des taureaux. Le seul don
Louis, gardant son ressentiment et sa fierté, n'alla pas
visiter Ozmin, qu'il regardoit toujours comme un
homme qui avoit déshonoré sa maison par l'éclat
qu'avoit fait l'amour de sa fille pour don Jaymé. Mais
ce qui tenoit encore plus au cœur du vieillard, et ce
qu'il ne pouvoit pardonner au faux Ambroise, c'étoit
de l'avoir dupé, lui qui se croyoit incapable d'être surpris. Il s'attendoit bien qu'à la cour on feroit des railleries sur son compte ; ce qui fut cause qu'il feignit
d'être malade, pour ne point accompagner la belle
Maure à Grenade, et qu'il n'osa paroître à Séville
qu'après son départ.

Pour Elvire, outre qu'elle eut à essuyer toute la
mauvaise humeur de son père, elle ne put se consoler
d'avoir été trompée par les deux personnes qu'elle avoit
le plus aimées, quoique dans le fond elle dût moins
leur imputer son malheur qu'à elle-même. Le regret
qu'elle en eut lui causa une langueur qui termina bientôt
ses tristes jours. Les chagrins de don Louis et ceux de
sa fille n'empêchèrent pas qu'on ne fît de grandes réjouissances dans la maison de don Alonse, où Ozmin
et Daraxa allèrent loger jusqu'au lendemain qu'ils prirent

le chemin de Grenade avec Zuniga et Castro, qui voulurent absolument les accompagner pour assister à leurs noces. Elles furent d'une magnificence extraordinaire; leurs majestés catholiques les honorèrent de leur présence. Il y eut des tournois et des courses, où les Maures et les chrétiens montrèrent à l'envi leur courage et leur adresse. Enfin les deux époux, pour mieux mériter que le ciel répandît ses grâces sur leur hyménée, embrassèrent notre religion, et devinrent la noble origine d'une des plus illustres maisons qu'il y ait aujourd'hui en Espagne.

L'ecclésiastique qui nous racontoit cette histoire, la finit en cet endroit; après quoi son compagnon et lui commencèrent à s'entretenir des guerres de Grenade. Pendant ce temps-là, mon ânier, voyant que nous étions sur le point d'arriver à Caçalla, voulut avoir une conversation particulière avec moi. Depuis nos dernières aventures il n'avoit pas dit un mot; mais comme nous approchions des portes de la ville, et que nous allions nous séparer pour ne plus nous rejoindre, il rompit le silence, et me demanda trois écus, tant pour m'avoir voituré que pour ma part de la dépense que nous avions faite à l'hôtellerie où nous avions si bien soupé le soir précédent, et déjeuné le matin. Ce fut une autre histoire pour moi que ces trois écus, que je le défiai de me faire payer, n'en ayant pas seulement la moitié dans ma bourse. Nous nous échauffâmes sur cela tous deux de façon que je m'armai de deux cailloux, que je lui aurois fait voler à la tête, si les ecclésiastiques, par pitié, ne m'eussent empêché de me faire battre. Ils prirent connoissance de notre différend, s'érigèrent

d'eux-mêmes en juges, et, parties ouïes, me condamnèrent à donner à l'ânier le quart de ce qu'il demandoit.
J'obéis à cet arrêt, qui, tout favorable qu'il m'étoit,
me mit si bien à sec, qu'à peine me resta-t-il de quoi
faire les frais de mon souper et de mon gîte dans une
hôtellerie où j'allai loger après avoir pris congé des
ecclésiastiques et du malheureux ânier, qui ne sut pas,
je crois, trop bon gré de ma rencontre à son étoile.

FIN DU PREMIER LIVRE.

LIVRE SECOND.

———

CHAPITRE PREMIER.

Guzman se fait garçon d'un maître d'hôtellerie.

ME voici donc, ami lecteur, à douze lieues de Séville, dans la meilleure hôtellerie de Caçalla. L'on m'y donna bien à souper pour le reste de mon argent, et l'on me fit coucher dans un bon lit. Cependant, au lieu de dormir d'un sommeil profond, que les vapeurs des viandes et du vin me devoient procurer, j'eus une insomnie cruelle, et qui fut aussi longue que la nuit. L'état de mes affaires vint s'offrir à mon esprit, et lui présenter mille affligeantes images. Jusqu'ici, disois-je, j'ai bu et mangé; mais présentement ce n'est plus cela : on peut avec du pain supporter toutes les afflictions de la vie. Il est bon d'avoir un père, il est bon d'avoir une mère; mais il vaut encore mieux avoir de quoi manger.

Je voyois déjà la Nécessité avec son visage d'excommunié, et elle me faisoit peur. J'aurois volontiers pris le parti de n'aller pas plus avant et de retourner à Séville, si je n'eusse considéré que l'argent ne me manquoit pas moins pour réparer ma sottise que pour la pousser plus loin. Je ressemblois à un pauvre chien étranger, qui, se trouvant au milieu d'une rue, voit devant et derrière lui plusieurs dogues qui aboient après lui. De plus, quelle honte ne m'imaginois-je point que ce seroit pour moi de reparoître comme un misérable chez ma mère, après en être sorti avec tant de résolution. La perte de mon manteau entroit aussi dans mes réflexions; il me sembloit qu'elle donneroit un nouveau ridicule à mon retour. Cette dernière considération acheva de m'ôter l'envie de reprendre la route de Séville.

D'un autre côté encore, il me fâchoit fort de m'arrêter en si beau chemin; et le point d'honneur enfin l'emporta. Je me déterminai à poursuivre mon voyage, en m'abandonnant à la Providence. Je me mis en fantaisie d'aller droit à Madrid, séjour ordinaire de nos monarques, pour y voir un peu la cour, que j'avois ouï dire être très brillante par le grand nombre de seigneurs qui la composoient, et surtout par la présence d'un jeune roi nouvellement marié. Cela me paroissoit mériter ma curiosité; il me vint même là-dessus de belles idées. Je bâtis des châteaux sur le sable. Je me flattai qu'un garçon de mon air et de ma figure seroit bientôt remarqué dans ce pays-là; qu'il s'y feroit des amis, et ne manqueroit pas de bonnes fortunes. La tête échauffée de ces visions flatteuses, j'avois peu d'envie de dormir, et j'attendis le jour avec impatience pour partir; mais à peine eus-je pris le chemin de Madrid, que toutes mes agréables chimères s'évanouirent. Il ne me resta plus devant les yeux qu'une longue et pénible traite à faire.

Je ne laissai pas de me dire pour m'encourager : Allons, seigneur Guzman, songez que vous êtes embarqué : contre fortune bon cœur, mon ami. Au lieu d'avoir sur vos épaules un manteau qui ne feroit que vous embarrasser dans cette saison, vous avez à la main un bâton qui vous aide à marcher. Je passai la journée entière sans manger, et la nuit je m'étendis sur l'herbe au pied d'un gros arbre qui me couvroit de ses feuilles. J'étois si las, que je m'endormis dans cet endroit, et ne me réveillai qu'au lever du soleil. Je sentis alors que j'aurois fort bien déjeuné si j'eusse eu quelques provisions; mais n'ayant pas seulement un morceau de pain bis, il fallut me remettre en marche à jeun, avec un appétit qui croissoit de moment en moment. Vers le midi, ma faim devint telle, que je ne pouvois plus avancer, tant j'étois foible. Mon ventre avoit beau crier famine, mes jambes ne le portoient qu'à regret.

Heureusement il passa près de moi deux hommes qui avoient l'air d'être de riches marchands. Ils étoient montés sur des mules qui alloient le grand pas. A cette vue le courage me revint : Dieu soit loué! dis-je en moi-même, voici des cavaliers qui ont bien la mine de me défrayer aujourd'hui. Suivons-les : l'espérance de faire un bon repas à leurs dépens m'inspire une nouvelle vigueur.

Effectivement, un dîner étoit alors pour moi une affaire très importante : aussi je les suivis de si près, que j'arrivai en même temps qu'eux à l'hôtellerie où ils s'arrêtèrent. J'avois un visage de défunt. Je me mis en devoir de leur rendre service. Je m'empressai à tenir la bride de leurs mules pendant qu'ils en descendoient, et m'offris à porter dans leur chambre leurs valises avec un grand sac où étoient leurs vivres; mais, soit que mon empressement leur devînt suspect, soit qu'ils fussent naturellement brusques ou défiants, dès que je mis la main sur le sac, l'un des deux me cria d'une voix à me faire trembler : A quartier, l'ami, à quartier. A ces paroles terribles je demeurai tout interdit. J'en conçus pour mon estomac un présage funeste. Cela toutefois ne me rebuta point : je marchai derrière eux jusqu'à leur chambre, et d'un air humble et le chapeau à la main. Ils avoient, suivant l'usage d'Espagne, apporté avec eux de bonnes provisions. Je vis tirer du sac un épaule de mouton rôtie, un morceau de jambon, avec du pain et du vin; ce qui ne faisoit qu'irriter l'envie que j'avois de les servir pour capter leur bienveillance. Je m'avançai, et pris un verre dans le dessein de le rincer; mais l'autre marchand qui n'avoit point parlé me l'arracha des mains, en me disant encore plus brusquement que son camarade : Non, non, laisse là ce verre; nous n'avons pas besoin d'un serviteur comme toi.

O traîtres, dis-je alors! ennemis de Dieu et du genre humain! cœurs impitoyables! Je m'aperçois que je me suis vainement mis hors d'haleine pour vous suivre jusqu'ici. Je m'obstinai pourtant à ne me pas éloigner d'eux. J'espérai qu'ils pourroient devenir plus charitables quand ils seroient bien saouls, et qu'ils me jeteroient par compassion un os à ronger, un morceau de pain, enfin quelque chose à mettre sous la dent. Je me trompai : rien ne vint. Ils mangèrent sans daigner me regarder seulement. J'avois beau les dévorer des yeux, cela ne me rassasioit point. Pour comble d'affliction, je remarquai que ces inhumains renfermèrent dans leur sac tous les restes de leur dîner, jusqu'à un morceau de pain, avec quoi ils s'en allèrent. Quelle barbarie! Quelle spectacle pour un homme que la faim réduisoit aux abois! J'allois expirer de douleur et d'inanition, lorsqu'il entra dans la même chambre un religieux de Saint-François.

A cette vue, je ne conçus pas une fort grande espérance d'être soulagé. Quel secours pouvois-je attendre d'un pauvre moine qui voyageoit à pied? d'un mendiant qui paroissoit lui-même avoir besoin qu'on l'assistât? Il suoit à grosses gouttes, et avoit l'air d'être fort fatigué. Cependant il portoit une besace qu'il posa sur la table, et que je considérois avec beaucoup d'attention. J'en aurois pris sur l'autel. Elle me fit venir l'eau à la bouche avant même que je susse ce qu'il y avoit dedans. Quand sa révérence en tira sa provision, qui consistoit en un assez grand pain blanc, avec un morceau de salé qui m'auroit fait envie, même chez ma mère, j'attachai mes regards dessus, et demeurai la bouche ouverte de ravissement. J'aurois bien voulu être son petit frère. Je croyois avoir dans la gorge chaque morceau qu'il avaloit.

Il jeta les yeux sur moi par hasard pendant qu'il mangeoit; et remarquant que j'avois un visage parlant: Vive Dieu! s'écria-t-il animé d'une sainte ardeur, approche, mon enfant, je ne te laisserai pas languir dans la nécessité où je te vois; quand je n'aurois qu'un morceau de pain, il seroit à toi. Tiens, mon fils, ajouta-t-il en me donnant la moitié de son pain et de sa viande, prends un peu de nourriture; je serois indigne de vivre, si je ne te secourois pas.

O Providence! qui fais subsister des bêtes dans la

pierre même, ta bonté divine a soin de tout! A ce beau
trait de charité, je prodiguai les bénédictions à ce bon
père, et commençai à lui montrer qu'il n'avoit pas mal
jugé de mon air affamé. M'étant un peu remis l'estomac, je rendis grâces au ciel d'une si heureuse rencontre. Qu'il m'eût été doux d'avoir une trentaine de
lieues à faire avec ce religieux! Mon sort eût été digne
d'envie; mais pour mes péchés il alloit à Séville, et
nous nous quittâmes après le dîner. Il est vrai qu'a-
vant notre séparation il remit la main dans sa besace,
et me donna encore la moitié d'un petit pain qui s'y
trouva, pour partager avec moi, disoit-il, tout ce qu'il
avoit. J'eus grand soin de serrer dans ma poche cette
dernière pièce de pain, après avoir mangé la première
avec le morceau de salé; puis ayant bu de belle eau
fraîche, comme j'en avois vu boire au charitable cor-
delier, je repris gaiement le chemin de Madrid.

Je fis encore trois lieues ce jour-là, et j'arrivai avec
la nuit à Campanario, gros village de la Castille nouvelle. J'entrai dans une hôtellerie, où, faute de mieux,
je soupai du pain que j'avois dans ma poche. C'étoit la
couchée des muletiers de Truxillo; il en vint plusieurs
ce soir-là : tous les lits furent pour ces honnêtes gens.
L'hôte m'envoya gîter au grenier où je montai très
docilement, n'étant pas en état de faire le difficile. Je
m'étendis sur la paille et dormis tranquillement jusqu'au jour; je me levai légèrement en homme qui n'a-
voit pas l'estomac trop chargé, et j'étois hors de l'hôtellerie, quand le maudit hôte me vint incivilement
arrêter pour me demander le payement de mon gîte. Il
s'agissoit de quatre maravédis; je ne les avois pas, et je

me débattois pour m'échapper de ses mains; mais il me
tenoit bien; et s'apercevant que mon habit étoit de bon
drap, il se disposoit à me l'ôter pour finir la dispute :
il regardoit déjà cela comme une affaire faite, et il en
seroit aisément venu à bout, si, par bonheur pour moi,
un muletier qui étoit présent n'eût été touché de ma
peine : Laissez là ce petit garçon, dit-il à l'hôte, je
payerai pour lui; on voit bien que c'est un jeune homme
qui a quitté la maison de son père ou celle de son maître.
A ces mots, l'hôte me regarda et me proposa de le servir, en disant qu'il avoit besoin d'un valet dans son hôtellerie.

Dans un autre temps, une pareille proposition m'eût
paru ridicule, je m'en serois même offensé; mais la misère aplanit les difficultés et lève les scrupules. Après
y avoir rêvé quelques moments, l'idée de la faim me
détermina; je répondis que je le voulois bien. Cela
étant, me dit-il, tu peux entrer dans cette maison, et
je n'exige de toi que deux choses; la première, que tu
donnes de la paille et de l'orge aux personnes qui t'en
demanderont, et la seconde, que tu m'en tiennes un
bon et fidèle compte. Je promis de m'acquitter de ce
digne emploi le mieux qu'il me seroit possible. Après
cette promesse, me voilà engagé d'une manière à ne
pouvoir plus m'en dédire.

Quelque dure que fût la servitude pour moi, qui
étois accoutumé à me faire servir, je ne laissai pas d'a-
bord d'être assez content de ma condition : il passoit
par là peu de cavaliers dans la journée, de sorte que le
plus souvent je ne faisois que boire et manger jusqu'à
la nuit, qui étoit le temps où les muletiers arrivoient.

J'appris bientôt toutes les manœuvres qui se font dans les hôtelleries; comment avec de l'eau bouillante on fait enfler l'orge d'un tiers, et de quelle façon il faut qu'on la mesure pour que l'hôtelier y trouve son compte. Il ne fallut pas me montrer deux fois la revue des mangeoires, j'en savois ôter un bon tiers de l'orge des passagers et des muletiers même qui nous confioient le soin de leurs montures; mais lorsqu'il nous venoit de ces jeunes cavaliers distingués par leurs moustaches et par leurs jarretières, et qu'ils n'avoient point de valets, c'étoit ceux-là à qui nous en donnions à garder. Nous courions d'abord à eux pour les aider à descendre. Ces messieurs, pour la plupart faisant les gens d'importance, ne daignoient pas seulement entrer dans l'écurie; ils se contentoient de nous recommander leurs chevaux ou leurs mules : aussi cette recommandation étoit si puissante, que nous menions ces pauvres bêtes dans un endroit où il n'y avoit pas un brin de paille ni un grain d'orge. Nous les attachions au ratelier, où nous les laissions fort bien mâcher à vide; quelquefois pourtant par pitié nous leur donnions, un moment avant leur départ, une poignée d'orge pour leur faire la bonne bouche; encore les poules et les cochons du logis en mangeoient-ils la moitié; la bourrique même quelquefois en attrapoit sa part.

Voilà de quelle manière ces beaux cavaliers qui s'en reposoient sur notre bonne foi étoient servis; et si nous leur faisions bien payer ce que leurs bêtes n'avoient point mangé, juge s'il leur en coûtoit bon pour leur propre dépense. Je triomphois quand c'étoit moi qui allois compter avec eux; je leur disois : Il y a tant de réaux et tant de maravédis ; et j'ajoutois à cela d'un air gracieux : *I haga les buen provecho*, compliment ordinaire qu'on fait à la fin des comptes, et qui me valoit toujours quelque chose. Tu t'imagines bien que nous demandions à ces passagers une fois plus qu'ils ne devoient, malgré les règlements de police qu'il y avoit là-dessus : c'étoit de quoi notre maître ne se soucioit guère; quoiqu'ils fussent affichés en divers endroits de la maison, il suffisoit de les avoir et d'en payer exactement les droits à l'alcâde et au greffier, pour être dispensé de les observer.

Les habiles voyageurs, qui n'ignoroient pas cette pratique, donnoient sans dire mot ce qu'on leur demandoit ; mais ceux qui n'en étoient pas instruits s'avisoient souvent de faire du bruit et de vouloir compter avec l'hôte. Alors ils tomboient de fièvre en chaud mal ; notre maître, en faisant un nouveau compte, augmentoit, de peur de se méprendre, le prix de chaque chose; et quand une fois il avoit taxé l'écot à une certaine somme, c'étoit une sentence sans appel, il falloit délier la bourse. Malheur à un passager qui, croyant tirer meilleur parti des hôteliers d'Espagne, les menace et fait le méchant avec eux! Comme ils sont presque tous officiers de la sainte Hermandad, ils le font arrêter au premier bourg ou village par où il doit passer; ils l'accusent d'avoir eu dessein de brûler leur maison, de les avoir frappés, ou d'avoir violé leurs femmes ou leurs filles, et il est trop heureux quand il peut sortir d'affaire en payant doublement son écot et en demandant pardon à son hôte.

Nous avions aussi dans notre hôtellerie de jolies ser-

vantes ; mais il étoit dangereux de s'y amuser. Il étoit
bon encore d'avoir l'esprit présent quand on sortoit de
cette maison ; car tout ce qu'on y pouvoit oublier étoit
autant de perdu. Que de friponneries ! que d'infamies !
que de méchancetés se commettent dans ces lieux-là !
L'on n'y craint nullement Dieu, et l'on s'y accommode
avec les gens de justice. Dès qu'on est hôtelier, il
semble qu'on ait permission de tout faire, et un pouvoir absolu sur le bien ainsi que sur la personne de
ceux qui sont obligés de s'y arrêter.

CHAPITRE II.

*Il se dégoûte de sa condition, abandonne l'hôte et l'hô-
tellerie, et se rend à Madrid, où il s'associe avec des
gueux.*

OUTRE que j'avois l'esprit trop volage pour aimer
long-temps la même vie, je ne trouvois pas celle que
je menois convenable à un homme qui n'étoit sorti de
la maison maternelle que pour voir le monde. De plus,
un valet d'hôtellerie me paroissoit au-dessous même
d'un valet d'aveugle. D'ailleurs, il passoit tous les jours
devant notre porte des garçons de ma taille et de mon
âge ; ils demandoient la passade, puis ils continuoient
leur chemin d'un air gai. Cela me fit honte un jour.
Comment, disois-je, faudra-t-il donc que la crainte de
manquer de pain me retienne ici toujours, pendant
que ces jeunes gens, qui n'ont pas plus de force que
moi, s'exposent courageusement à souffrir la faim et

la soif? J'ai peut-être autant d'esprit qu'eux, et je ne
dois pas avoir moins de cœur. Ces réflexions m'inspi-
rèrent du courage; et montrant les dents à la mauvaise
fortune, je repris la route de Madrid, après avoir demandé mon congé à mon maître, qui me donna trois
réaux pour les services que je lui avois rendus.

Avec cet argent et le peu que j'avois reçu de la libéralité des passagers, je ne laissai pas d'avancer chemin
jusqu'au fameux pont d'Arcolis sur le Tage, d'où je
poursuivis ma route en faisant comme les autres, je
veux dire en tendant la main dans les villages, et aux
cavaliers que je rencontrois; mais la récolte avoit été
si mauvaise cette année-là, que le monde faisoit peu
de charités. Je vendis mon habit, de sorte que j'étois
dans un fort bel équipage quand j'arrivai à cette célè-
lèbre capitale de l'Espagne. Je n'avois plus que le haut
de chausses avec une chemise noire et déchirée, une
paire de bas pleins de trous, et des souliers qui avoient
pour semelles la plante de mes pieds. J'avois plus l'air
d'un échappé des galères que d'un enfant de famille.
Aussi ce fut inutilement que je cherchai à me mettre
au service de quelque personne de qualité, ce qui étoit
alors la plus haute fortune à laquelle je pusse aspirer.
Avec un misérable habillement qui ne prévenoit point
en ma faveur, j'avois la mine si friponne, qu'il falloit
être bien hardi pour se résoudre à me prendre. On ne
pouvoit me regarder attentivement sans dire en soi-
même : Voilà un drôle qui fera quelque bon coup dès
qu'il en trouvera l'occasion; enfin voyant que ma figure
étoit telle, qu'on ne vouloit de moi dans aucune maison, ni pour page, ni pour laquais, pas même pour

marmiton, je tournai les yeux vers une troupe de gueux que j'aperçus à la porte d'une église. Je me mis à les considérer; ils me parurent si frais et si gaillards que je crus ne pouvoir mieux faire que de m'enrôler dans leur compagnie. Je me joignis donc à eux, et ils me reçurent comme un sujet dont l'air et l'équipage n'étoient pas indignes de leur société.

Avant que d'arriver à Madrid, j'avois eu la précaution de laisser en chemin la honte, comme une charge trop pesante pour un homme à pied. Si je n'eusse pas encore été défait de cette cruelle ennemie de la faim, je n'aurois pas manqué de la perdre bientôt avec de si honnêtes gens, qui étoient tous des oiseaux de proie fort adroits. Je les suivois partout et leur servois d'assistant, en attendant que j'eusse assez d'expérience pour contribuer à faire bouillir leur marmite, qui ne se renversoit jamais. Ils avoient deux fois le jour une copieuse soupe dont j'étois sûr de manger ma part, pourvu que je me rendisse ponctuellement aux heures du dîner et du souper; autrement, serviteur au festin, je n'aurois plus trouvé que la terrine.

Après le repas nous nous divertissions à jouer; j'appris le quinze, le trente et un, le quinola et la prime, avec mille tours de cartes. J'avois des dispositions si heureuses, que je profitois à vue d'œil sous ces excellents maîtres : je sentois que mon esprit devenoit plus subtil et plus rusé de jour en jour. Tout petit que j'étois, je voulus imiter ceux de mes confrères qui, de peur d'être châtiés comme vagabonds, alloient dans les marchés avec des cabas pour s'offrir à porter les provisions que les bourgeois y achetoient. Cette occupation me parut un peu rude dans les commencements; mais je m'y accoutumai si bien dans la suite, que je ne trouvois point de sort plus doux que le mien. L'agréable chose, disois-je, que d'avoir office et bénéfice, sans être obligé d'employer le fil et l'aiguille, le marteau et le villebrequin; de n'avoir besoin pour subsister que d'un cabas et d'un peu d'industrie! La vie d'un gueux est un morceau sans os, un enchaînement de plaisirs, un emploi exempt de chagrins. Que mes parents étoient insensés de se donner tant de peines pour vivre misérablement! Dans combien d'embarras se sont-ils jetés pour soutenir leur commerce et leur réputation! O sot honneur du monde, tu n'es qu'un pessant fardeau pour les fous qui veulent se charger de toi!

Je portois un jour dans mon cabas un quartier de mouton que venoit d'acheter un honnête cordonnier qui marchoit devant moi; j'aperçus à mes pieds dans la rue un papier que je ramassai; c'étoient de vieux couplets de chansons : je me mis à les lire et à les chanter tout bas. Le cordonnier surpris de m'entendre, me dit en souriant : Comment donc, petit mal peigné, tu sais lire? Et encore mieux écrire, lui répondis-je. Est-il possible, répliqua-t-il d'un air sérieux! Vive Dieu, mon ami, si tu voulois m'apprendre à signer seulement mon nom, je te payerois bien. Je lui demandai à quoi lui pourroit servir sa signature toute seule; et il me dit qu'ayant obtenu un emploi par le crédit d'un certain personnage qu'il me nomma, et dont il chaussoit pour rien toute la maison, il étoit bien aise, quand l'occasion se présenteroit de mettre son nom, de n'avoir pas la honte d'être obligé de déclarer qu'il ne savoit pas signer.

Aussitôt que nous fûmes arrivés chez lui, on nous apporta, par son ordre, du papier et de l'encre. Je commençai à trancher du maître écrivain ; je montrai à mon écolier à tenir la plume, et lui conduisant la main, je lui fis tant de fois former les lettres qui composoient son nom, qu'il crut déjà posséder les éléments de l'art d'écrire. Après qu'il eut barbouillé cinq ou six feuilles de papier, il fut si content de moi, qu'il me fit essayer une paire de souliers neufs qui sembloient avoir été faits pour moi, et qu'il me laissa. Je pris ensuite congé de lui, en l'assurant que toutes les fois qu'il me faudroit des souliers, je viendrois lui donner de nouvelles leçons pour perfectionner son écriture.

CHAPITRE III.

Il s'engage au service d'un cuisinier.

J'étois fort satisfait de ce nouveau genre de vie ; je jouissois de la liberté si désirée de tant de monde , si vantée par les philosophes et tant de fois chantée par les poëtes ; je possédois ce précieux trésor qui est préférable à l'or et à l'argent ; mais, par malheur, je ne le conservai pas long-temps ; un traître de cuisinier me l'enleva bientôt. Ce cuisinier étoit de mes chalands ; il m'avoit souvent employé. Mon ami, me dit-il un jour, tu m'as plu, je veux faire ta fortune ; quitte la fainéantise, et viens remplir une place de marmiton chez le seigneur que je sers ; je t'apprendrai par amitié la cuisine, et te mettrai en état de devenir cuisinier du roi même : en tout cas, le moindre fruit que tu puisses recueillir de ce bel art, c'est de t'en retourner riche dans ton pays. En un mot', il m'enjola si bien par ses beaux discours, que j'acceptai la proposition.

Il me mena donc à l'hôtel du seigneur qu'il servoit, et là je pris mes grades et le bonnet de marmiton, c'est-à-dire, un bonnet de nuit avec un tablier blanc, et l'on me donna d'abord du persil à hacher, ce qui est comme l'alphabet de ceux qui visent au doctorat de la cuisine. Le cuisinier mon maître étoit marié. Il avoit dans le voisinage une maison où sa femme demeuroit, et où nous allions coucher toutes les nuits; mais je passois presque toute la journée à l'hôtel, où je m'attachois à rendre service à tout le monde. Je me montrois si officieux et si rempli de bonne volonté, que tous les domestiques, tant mâles que femelles, conçurent de l'amitié pour moi : chacun me chargeoit de quelque commission; et je m'en acquittois avec tant d'exactitude, de secret et de fidélité, que je m'attirois de petits présents des uns et des autres. Quant à la cuisine, je faisois mon devoir à ravir; et mon maître étoit si content de moi, qu'il disoit souvent que j'étois né pour marcher sur ses traces.

Je conviens que je n'avois pas peu de peine à servir si bien; mais si cela me coûtoit, j'en étois assez récompensé par les douceurs dont mes travaux étoient mêlés. Après la gueuserie, qui, sans contredit, est la première condition de la société civile, je ne pouvois être mieux que dans cette maison pour faire grand'chère; moi principalement qui avois été nourri dans l'abondance, je me sentois là dans mon élément. Il n'y avoit point de plat où je ne misse la main, point de sauce dont je ne goû-

tasse, et je puis dire que mon maître faisoit des ragoûts exquis. Que les traiteurs de Saint-Gilles, de
Saint-Dominique, de la porte du Soleil, de la Grande-
Place et de la rue de Tolède me pardonnent si je l'élève
au - dessus d'eux, malgré la réputation qu'ils se sont
faite par leurs fricassées de foies gras et par leurs
tranches de jambon frit.

Mon bonheur auroit été parfait si je ne me fusse
point abandonné au jeu; mais en voyant les pages et
les laquais battre la carte toute la journée, je me sentis
tenter violemment de me mettre quelquefois de la partie,
et je cédai enfin à la tentation. Je ne m'amusois d'abord
qu'un quart d'heure ou tout au plus une demi-heure
à jouer avec eux; puis m'abandonnant à cette maudite
inclination, et ne pouvant la satisfaire pendant le jour
autant que je l'aurois désiré, je me dérobois la nuit
de la maison de mon maître, sitôt que je le croyois
endormi, pour aller joindre à l'hôtel quelques domestiques de mon humeur, avec lesquels je m'en donnois
jusqu'au lever du soleil. Si le cuisinier eût été informé
de ma conduite, il m'auroit sans doute étrillé de la
bonne façon; mais personne ne vouloit l'en avertir,
de peur de me faire de la peine. Cependant je perdis
tout l'argent que j'avois amassé en faisant des commissions, sans perdre le goût du jeu; au contraire, je n'en
eus que plus d'envie de jouer, et cela me jeta dans la
nécessité de voler pour avoir des fonds; ce que je
n'avois point fait encore, quoique je susse bien qu'à
commencer par mon maître, tout le monde à l'hôtel
pilloit et saisissoit tout ce qu'il pouvoit attraper : chacun y faisoit ses affaires de son mieux. Ce qu'il y a de

plus étonnant, c'est que les uns n'ignoróient pas ce que les autres faisoient, et que tous, par un intérêt commun, se gardoient le secret.

Quand je n'aurois pas été joueur, et que je n'eusse pas eu un penchant naturel à m'approprier le bien d'autrui, je me serois laissé corrompre par les mauvais exemples qu'ils me donnoient. Je commençai donc à hurler avec ces loups; je regardois, je furetois dans la maison, et tout ce que je pouvois prendre sans qu'on s'en aperçût, étoit autant de raflé; mais, par malheur pour moi, je n'en avois pas plus tôt fait de l'argent, que j'allois le perdre au jeu.

Outre l'hôtel où j'exerçois la subtilité de mes mains, et qui étoit comme une mer ouverte à tous les pêcheurs, j'avois encore la maison particulière du cuisinier mon maître, laquelle, à la vérité, n'étoit qu'une petite rivière où l'on ne pouvoit pêcher de gros poisson : je ne laissai pas toutefois d'y faire un jour un bon coup de filet. Le cuisinier donna la collation à quelques-uns de ses amis, tous gens gaillards et nés pour la table. Ils mangèrent des andouilles et des tranches de jambon qui les firent boire à triple mesure. Pendant ce temps-là j'étois à l'hôtel, d'où, après avoir achevé ce que j'avois à faire dans la cuisine, je revins au logis, pour voir si l'on n'y auroit pas besoin de moi. Les convives étoient déjà partis. Je trouvai la salle du festin encore échauffée et pleine de poussière, le couvert sur la table, et la terre jonchée de bouteilles vides et cassées pour la plupart. Le patron, qu'on ne voyoit point, mais qui se faisoit entendre, ronfloit sur son lit d'une si grande force, que toute la maison en trembloit; et la patronne, qui

se portoit aussi bien que son mari, dormoit auprès de
de lui comme un sabot.

Je considérai quelques moments les débris de cette
débauche; ensuite ayant jeté les yeux sur un gobelet
d'argent qui étoit sur la table, il me prit envie de le
voler. Je fis réflexion que personne ne m'avoit vu entrer, et que je pouvois sortir de même. Il ne m'en
fallut pas davantage pour céder au désir qui me pressoit : Allons, monsieur le gobelet, dis-je tout bas en le
fourrant dans ma poche, vous payerez, s'il vous plaît,
les pots cassés. J'enfilai aussitôt la porte; et après avoir
mis en lieu de sûreté mon larcin, je retournai froidement à l'hôtel. Vers le soir, le cuisinier, après avoir
cuvé son vin, arriva dans la cuisine avec une migraine
qui le rendoit de si mauvaise humeur, qu'il me fit
d'abord une querelle d'Allemand. Il me gronda pour
avoir fait un feu où il y avoit peut-être une bûche de
trop. Je le laissai dire tout ce qu'il voulut, sans lui ré-
répondre; et je l'accompagnai après le souper, lorsqu'il se retira chez lui. Il se coucha dès que nous fûmes
au logis. Pour sa femme, elle s'étoit si bien reposée,
qu'il ne sembloit pas qu'elle eût tenu tête à cinq ou six
ivrognes; elle avoit seulement l'air un peu triste et
mortifié. Je lui en demandai la cause aussi effrontément
que si je l'eusse ignorée : elle m'apprit la perte du gobelet, et me dit qu'elle s'affligeoit moins pour la conséquence de l'argent, que pour le vacarme que son
époux feroit lorsqu'il viendroit à s'en apercevoir; qu'elle
n'en seroit pas quitte pour des reproches, ayant affaire,
comme il étoit vrai, à un brutal qui ne manqueroit pas
de la rouer de coups.

Je la consolai, non du mieux qu'il me fut possible, car personne ne le pouvoit si bien que moi, mais en lui représentant que le gobelet perdu n'étoit pas une pièce si singulière qu'il ne s'en pût trouver une pareille à Madrid ; que la ville étoit bonne, et qu'il n'y avoit, dès le lendemain matin, qu'à faire emplette d'un autre gobelet à peu près de la même façon, et dire à son mari que c'étoit le même qu'elle avoit fait reblanchir, ou bien un neuf qu'elle avoit acheté en donnant avec le vieux quelques réaux de retour. La dame approuva l'invention, et je me chargeai du soin de la faire réussir. En effet, dès le jour suivant, je portai le gobelet volé dans un quartier éloigné du nôtre, et le donnai à blanchir à un orfévre, qui m'assura qu'il feroit en peu de temps ce que je demandois, et de manière que le gobelet paroîtroit tout neuf.

J'allai porter cette bonne nouvelle à ma maîtresse : Madame, lui dis-je, j'ai eu le bonheur de trouver chez un orfévre un gobelet qui ressemble parfaitement à celui qu'on vous a pris ; mais le marchand le veut vendre au dernier mot cinquante-six réaux, tant pour la matière que pour la façon. La patronne, impatiente d'avoir de quoi prévenir les coups qui la menaçoient, me compta cette somme sans balancer, et me donna même un demi-réal, pour ma peine. Je lui portai sur la fin du jour ledit gobelet, qui lui parut si semblable à l'autre, qu'elle ne doutoit point, disoit-elle, que son époux n'y fût trompé.

L'argent qui me revint de cette aventure me remit en état de jouer sur nouveaux frais. C'étoit effectivement une assez belle ressource pour un marmiton, mais, hélas! tous ces réaux allèrent bientôt tomber dans le gouffre qui avoit englouti le produit de mes larcins précédents. Les gens avec qui je m'embarquois au jeu en savoient plus long que moi, quoique j'eusse appris parmi les gueux à filer la carte, à faire de fausses coupes, et plusieurs autres tours de filous.

Il arriva dans ce temps-là qu'il y eut un festin à préparer pour un prince étranger qui étoit depuis peu à Madrid : c'étoit un dîner. La veille du jour de ce repas, le cuisinier me mena de grand matin avec lui dans la cuisine, où le pourvoyeur venoit de faire apporter les viandes destinées pour le festin. Mon maître et moi, pendant que nous étions seuls, nous commençâmes à mettre à part ce que nous jugions devoir nous appartenir pour nos menus droits. Nous remplîmes un grand sac de longes de veaux, de jambons, de langues de bœuf, et de toute sorte de volailles, et nous le cachâmes dans un endroit où il demeura toute la journée. Quand la nuit fut venue, il me le mit sur les épaules, et m'ordonna de le porter secrètement chez lui; ce que je ne fis pas sans suer à grosses gouttes, tant la charge étoit pesante. Je revins ensuite à la cuisine, où il m'occupa jusqu'à minuit à plumer et à larder : alors, me chargeant d'un second sac dans lequel il y avoit quelques lévrauts, des faisans et des perdrix, il me dit : Tiens, Guzman, emporte encore cela au logis, et va te reposer, mon ami. Tu diras à ma femme que je ne sais quand je pourrai l'aller trouver. Le menteur! il savoit bien qu'il devoit passer la nuit à l'hôtel, où sa présence étoit nécessaire, ayant des ordres à donner à tant d'autres cuisiniers qui travailloient sous sa direction;

mais il étoit un peu jaloux, quoique sa femme fût assez laide, et il ne parloit ainsi que pour la tenir en respect. Il craignoit apparemment qu'elle ne laissât remplir sa place par quelque bon voisin; office que l'on rend quelquefois aux cuisiniers, comme aux autres maris absents.

Étant revenu dans notre maison, j'étalai dans une galerie toutes nos viandes, que je pendis à des clous le long du mur, ce qui formoit une tapisserie très agréable à la vue; après cela, je songeai à prendre le repos dont j'avois besoin. Ma maîtresse, qui couchoit dans une salle basse, étoit déjà au lit. Je montai dans mon appartement, qui étoit un grenier où il ne faisoit pas moins chaud la nuit que le jour, à cause que le soleil y donnoit depuis le matin jusqu'au soir. J'ôtai ma chemise pour être plus fraîchement, et je m'étendis tout nu sur mon grabat, où je m'endormis; mais mon sommeil, quoique des plus profonds, fut dissipé une heure après par un bruit épouvantable de chats qui se battoient à outrance, et il me sembla que la galerie leur servoit de champ de bataille. Cela m'inquiéta. Ce seroit bien le diable, dis-je en moi-même, si ces animaux hargneux en vouloient à notre tapisserie! Il faut que j'aille voir de quoi il s'agit, et quel peut être le sujet de leur différend. Là-dessus me voilà debout; et, sans perdre un temps si cher à remettre ma chemise, je m'empressai à descendre dans la galerie; mais à peine eus-je posé le pied sur mon échelle, car je n'avois pas d'autre escalier, que mes yeux furent frappés d'une grande lumière qui me surprit et m'arrêta tout court. Je tournai la tête pour découvrir la cause de cette

clarté; je vis une figure toute nue comme la mienne,
et si noire que je m'imaginai que c'étoit le diable : j'en
tressaillis de peur. Ce fantôme étoit ma maîtresse, qui,
s'étant éveillée au bruit du combat des matous, venoit,
avec une lampe à la main, au secours de nos faisans
et de nos perdrix. Comme elle s'étoit aussi couchée *in
puris naturalibus*, elle avoit, dans son empressement,
négligé aussi-bien que moi de reprendre sa chemise.
Nous croyant l'un et l'autre endormis, cette précaution nous avoit paru superflue. Nous nous aperçûmes
tous deux en même temps. Si je la pris pour un démon,
elle me prit de son côté pour un lutin. Je poussai un
cri horrible; elle y répondit par un autre de la même
force, et s'enfuit dans sa chambre avec effroi. Je voulus,
à son exemple, regagner mon galetas; mais je glissai
par malheur le long de l'échelle, et tombai dans la galerie si rudement, que je me fis quelques meurtrissures.

Je me relevai avec assez de peine, et cherchant à
tâtons un endroit où je savois bien qu'il y avoit un
petit fusil, de la mèche d'Allemagne, des allumettes
et plusieurs bouts de chandelles, j'en allumai un, avec
quoi je parcourus la galerie, pour voir si les combat-
tants n'y étoient point encore; mais nos cris les avoient
épouvantés et mis en fuite. Nous voyant délivrés de
nos ennemis, j'examinai toutes les pièces de notre tapisserie l'une après l'autre, et en ayant fait un exact
examen, je trouvai que la bataille sanglante dont le
bruit nous avoit réveillés la patronne et moi, venoit
de se donner pour un lévraut tout lardé, que les chats
s'étoient disputé avec tant de rage, qu'il n'en restoit
plus que les os.

Cela fut cause que je plaçai nos longes, nos faisans et nos perdrix de manière que, les croyant hors d'insulte, j'allai me recoucher; mais je ne pus fermer l'œil. Outre que je me sentois incommodé de ma chute, l'image de ma maîtresse s'offroit à mon esprit à chaque instant; je m'imaginois avoir encore devant les yeux sa peau basanée. L'effroyable créature qu'une pareille femme toute nue! Enfin, le jour étant venu chasser les ombres d'une si désagréable nuit, et devant être, par ordre de mon maître, de grand matin à la cuisine, je me levai et m'habillai pour m'y rendre. D'abord que j'y fus arrivé, le cuisinier me demanda des nouvelles de sa femme et de sa maison. Je lui dis que la señora se portoit à merveille, et que tout étoit chez lui en bon ordre. Je ne jugeai point à propos de lui parler du démêlé des matous, de peur qu'il ne s'avisât de m'imputer la triste destinée du lévraut, et de punir ma négligence.

C'étoit un beau tableau à voir que les préparatifs qui se faisoient à l'hôtel pour régaler le prince qu'on y attendoit, et les divers mouvements, tant des gens occupés dans la cuisine, que de ceux qui alloient et venoient. Il n'y avoit qu'à demander tout ce qu'on souhaitoit pour l'avoir; et c'est ce que tout le monde faisoit fort librement. C'étoit une dissipation de biens qu'on ne peut exprimer; les provisions fondoient, pour ainsi dire, à vue d'œil. L'un disoit : Donnez-moi du sucre pour les tourtes, et l'autre crioit : A moi pour les tourtes, du sucre; et ainsi du reste. Il ne falloit seulement que changer un peu la façon de demander quelque chose pour l'obtenir deux ou trois fois. Nous appelions ces grands repas des jubilés, comme si nous

eussions cru gagner des indulgences en volant le seigneur dont nous mangions le pain. Il est constant que
la rivière débordoit alors de tous côtés, et que les pois-
sons nageoient en grande eau. Pour moi, petit éper-
vier, j'attendois pour jouer de la griffe que les gros
milans eussent leurs serres pleines. Je sentis pourtant
une si forte démangeaison dans les mains, que je ne
pus me défendre de les mettre dans un panier d'œufs,
et d'en glisser doucement dans ma poche une demi-
douzaine.

Le malheur me suivoit encore ce jour-là. Mon maître
remarqua cette action, et s'avisant à mes dépens de
vouloir faire l'honnête homme et le serviteur zélé, pour
jeter de la poudre aux yeux de plusieurs domestiques
qui étoient présents, il vint à moi d'un air furieux, et
me renversa par terre d'un coup de pied. Je tombai
justement du côté de la poche où étoient mes œufs,
qui se cassèrent tous, et firent une omelette qu'on vit
bientôt couler le long de ma jambe, et qui fournit à la
compagnie une occasion de rire. Le cuisinier seul garda
son sérieux, et joignant à l'affront qu'il m'avoit fait les
injures et les reproches, il me dit qu'il m'apprendroit
à voler dans l'hôtel d'un seigneur tel que celui qu'il
servoit. Dans la fureur où j'étois contre ce traître de
cuisinier, je fus tenté de lui répondre que personne en
effet ne pouvoit mieux m'enseigner cela que lui, et que
ces œufs pour lesquels il me châtioit, venoient des poules
qu'il m'avoit fait porter dans sa maison le soir précédent. Mais je retins ma langue, et par là j'évitai de
nouveaux coups de pied, qui n'auroient pas manqué
d'être le prix d'une réponse si caustique. Belle leçon

pour toi, lecteur, si tu as le bonheur de t'en souvenir, quand tu auras envie de lâcher quelque bon mot qui pourroit avoir de mauvaises suites.

Malgré la confusion que me causa ce triste événement, je ne laissai pas de fourrer dans mes chausses deux perdrix, quatre cailles, et la moitié d'un faisan rôti, avec quelques riz de veau; ce que je fis moins par intérêt que par gaillardise : je ne voulois pas qu'on dît que j'avois été à la cour sans avoir vu le roi, ou bien à la noce sans avoir baisé la mariée. Le banquet fini, comme nous nous en retournions le soir au logis, mon maître et moi, il me dit : Guzman, mon ami, ne sois plus fâché de ce qui s'est passé ce matin dans la cuisine; oublie le coup que je t'ai donné. Il m'importoit plus que tu ne penses de te maltraiter; je l'ai dû faire par politique. J'en étois mortifié dans le fond ; mais écoute, mon enfant, pour te consoler de cet accident, je t'acheterai demain une paire de souliers tout neufs. C'étoit une chose dont j'avois un très grand besoin ; aussi devins-je si sensible à cette promesse, que je ne gardai plus aucun ressentiment contre lui. Cependant il ne tint pas sa parole. Un incident désagréable pour moi, et que je vais te dire, me priva de ce présent.

Ma maîtresse, ce soir-là, me fit très mauvaise mine. Je jugeai que depuis l'aventure de la nuit dernière elle m'avoit pris en aversion, et je ne me trompois point dans mes soupçons; elle n'osoit soutenir mes regards, et il me sembloit qu'elle avoit un air honteux; mais je suis sûr qu'elle étoit moins piquée de ce que j'avois vu ses secrets appas, que du bel éloge que j'en pouvois faire. Quoi qu'il en soit, je m'allai coucher sans me

mettre fort en peine de ses sentiments, et dans la résolution de vendre le jour suivant le gibier et les riz de
veau que j'avois escamotés. Je me levai de si bon matin,
que mon maître étoit encore au lit quand je sortis. Je
courus au marché, comptant que j'aurois tout le loisir
de me défaire de ma marchandise, et de me trouver à
l'hôtel avant lui. Effectivement, aussitôt que je fus arrivé dans la grande place, un vieil écuyer, que je maudis
toutes les fois que j'y pense, se présenta pour acheter
tout ce que j'avois à vendre. J'étois si pressé que nous
fûmes bientôt d'accord. Je convins de lui donner pour
six réaux ce qu'il marchandoit, et je n'attendois que
l'argent pour partir de là comme un daim; mais autant
j'avois d'impatience et de vivacité, autant le vieil écuyer
montroit de flegme et de lenteur. Il fallut d'abord qu'il
mît sous son bras un petit registre qu'il avoit à la main,
avec un grand chapelet dont il étoit entortillé; puis il
ôta ses gants crasseux pour les attacher à sa ceinture;
ensuite, ayant tiré ses lunettes, il passa plus d'une demi-
heure à les nettoyer, pour mieux voir la monnoie qu'il
me donneroit.

J'avois beau le prier de se dépêcher, et lui dire qu'une
affaire importante m'appeloit ailleurs, il étoit sourd à
ma prière. Combien employa-t-il de temps à delier sa
bourse, et quelles pièces en tira-t-il l'une après l'autre!
Des quarts, des demi-quarts de réal et même des maravédis; encore les miroit-il deux ou trois fois chacun
en me les comptant dans la main Tout cela me faisoit
mourir : Ah! vieux roquentin, disois-je entre mes dents,
chien de lambin, veux-tu donc me faire enrager ou
m'amuser ici jusqu'à ce que mon maître, qui déjà se

défie de moi, et qui peut-être me cherche partout,
vienne me surprendre?

C'est ce que je n'avois pas tort d'appréhender. Le
cuisinier m'avoit entendu le matin sortir de chez lui;
ma diligence lui avoit paru assez extraordinaire; et me
soupçonnant d'avoir en tête quelque nouvelle espièglerie, il s'étoit levé et habillé à la hâte pour se mettre
à mes trousses, de sorte qu'il se trouva derrière moi
dans le moment que le vieil écuyer, après toutes ses
lenteurs, achevoit de me payer. Ho ho! garçon, s'é-
cria mon maître en me saisissant la main et l'argent,
quel marché faites-vous donc ici? A ces mots, je demeurai plus sot qu'un contrebandier qui se voit pris sur
le fait. Je ne répondis rien, j'eus même la patience d'essuyer un coup de pied au cul avec un million d'injures, et il ne se retira qu'après m'avoir interdit sa maison, et menacé de m'assommer si j'avois la hardiesse
de passer jamais devant la porte de l'hôtel. Mon marchand, pour ses péchés, demeura là jusqu'à la fin de
la scène, qui ne fut guère moins triste pour lui que
pour moi; car, m'en prenant à ce vieux sorcier du mauvais succès qu'avoit eu la vente de ma marchandise,
je me jetai sur lui de rage, et lui arrachai mes perdrix
et mes cailles, en disant que je voulois avoir mon bien,
qu'il n'avoit qu'à courir après le fripon qui emportoit
son argent. En même temps je disparus aussi promptement qu'un éclair pour aller vendre mon gibier dans
un autre marché, laissant dans celui-là mon flegma-
tique écuyer penser ce qu'il lui plairoit de cette aventure, qu'il regarda peut-être comme un tour que le
cuisinier et moi nous avions concerté tous deux.

CHAPITRE IV.

Du service de cuisinier il repasse au métier de gueux, et vole un apothicaire.

Il vaut mieux posséder un talent utile que des richesses, puisque la fortune n'est qu'une inconstante qui nous donne aujourd'hui une chose qu'elle nous ôtera demain. Pendant le cours de notre vie, elle nous rend semblables aux comédiens, qui paroissent sans cesse sous de nouvelles figures. Qui m'eût dit qu'après avoir si bien servi le cuisinier, il me chasseroit de chez lui pour une bagatelle. Il est vrai qu'ainsi va le monde, et que les plus honnêtes gens, pour prix d'avoir rendu mille services à de grands seigneurs, sont traités de la même manière à la moindre faute qu'ils font.

Arrête, Guzman, me dira quelqu'un, tu vas te perdre dans tes réflexions morales; où cela nous menera-t-il? A mon cabas, lui répondrai-je aussitôt; oui, mon ami, à mon cabas, lequel, étant devenu pour moi ce que l'éloquence étoit pour Démosthènes, et les stratagèmes pour Ulysse, m'empêcha de sentir vivement ma situation présente. Vive le cabas! il en est de lui comme des beignets; il faut y revenir quand on en a tâté une fois. J'avouerai qu'en le reprenant, je n'étois pas plus riche que quand il m'avoit sottement pris fantaisie de le quitter, car je n'avois pas mis en rente ce que j'avois friponné dans mon emploi de marmiton : tout ce qui m'étoit venu s'en étoit allé, à la réserve d'un habit qui valoit un peu mieux que celui que j'avois auparavant.

Pour qu'on n'eût point à me reprocher que je ne retournois à mon premier métier que par pure fainéantise, avant que d'acheter un nouveau cabas, je crus devoir aller offrir mes services à quelques cuisiniers qui étoient amis de mon maître, et que je connoissois. S'ils les eussent acceptés, j'aurois achevé de me rendre savant dans leur art, dont j'avois déjà de bons principes, et pour lequel je pouvois me vanter d'avoir d'heureuses dispositions; mais ils savoient que j'aimois le jeu, et qu'il n'y avoit chez mes maîtres rien de sacré pour ma griffe lorsque j'étois sans argent. Ainsi, me voyant sans espérance d'entrer dans les cuisines des grandes maisons, je repris mon premier métier; j'endossai le cabas, et recommençai à servir le bourgeois. Si je ne faisois pas si bonne chère avec mes camarades qu'à l'hôtel d'où je venois d'être congédié, je redevenois en récompense indépendant et maître de mes actions; et cette sorte de vie étoit sans doute préférable à l'autre; outre qu'étant naturellement assez sobre, je devois peu regretter une maison où régnoit l'intempérance.

Nous avions dans la place, auprès de Sainte-Croix, une habitation qui nous appartenoit en propre : c'étoit un petit corps-de-logis que nous avions acheté des deniers du public. Nous tenions là nos juntes, et nous y faisions nos festins. Je me levois avec le soleil; je parcourois les boutiques, j'allois chez les boulangers et chez les bouchers; je faisois ma récolte pour toute la journée. Ceux de nos voisins qui n'avoient point de

valets pour porter les provisions qu'ils achetoient, prenoient plaisir à m'employer, et je les servois avec une
fidélité qui me mit en réputation dans les marchés :
c'étoit à qui m'auroit et m'occuperoit.

On donna dans ce temps-là des commissions à quelques officiers pour faire des levées. Quand cela arrive,
le bruit s'en répand par-tout; le peuple ému s'assemble
par pelotons pour raisonner là-dessus, et il n'y a point
de maison où il ne se tienne un conseil d'état; dans la
nôtre, comme de raison, l'on ne fut pas muet sur les
desseins de la cour. Nous avions parmi nous des spécu-
latifs dont les conjectures n'étoient pas toujours éloignées de la vérité. Le bon sens est de toute condition.
Quand nous étions tous rassemblés le soir, et que chacun
rapportoit ce qu'il avoit vu ou entendu pendant la journée dans les principales maisons de la ville, nous nous
entretenions de tout cela; et je t'assure que s'il y en
avoit parmi nous qui disoient des impertinences, il y en
avoit d'autres qui formoient des raisonnements dont la
justesse et la solidité se trouvoient justifiées dans la
suite par les événements. Je me souviens que nous
avions, entre autres, un certain gueux qui avoit deux
jambes de bois, et qui se tenoit tout le jour sur un pont
qu'il avoit choisi pour son poste : ce drôle-là raison-
noit d'une manière qui auroit étonné un ministre d'état.

Il fut décidé dans notre conseil que les levées qu'on
faisoit, et dont on cachoit la destination, devoient être
pour l'Italie; ce qui se trouva véritable, ainsi que je
le dirai ci-après. La première fois que j'entendis parler
de ces troupes, cela fit une si forte impression sur mon
esprit, que je n'en pus dormir de toute la nuit. Pour

comble de tourment, je me remis dans la tête mon
voyage de Gênes. Me voilà plus que jamais pressé de
l'envie de voir mes parents, auprès de qui je ne doutois pas qu'une fortune brillante ne m'attendît, puisqu'ils étoient tous puissamment riches, et quelques-
uns même sans enfants. Je m'imaginois surtout que ces
derniers seroient charmés d'avoir un héritier de mon
mérite. Il est vrai qu'à cette agréable pensée, j'en
faisois succéder de tristes : Pourrai-je bien, disois-je,
avoir le front de m'aller présenter devant de nobles
Génois sous un misérable habillement? et quand je leur
apprendrai que je suis leur parent, ajouteront-ils foi
à mes discours? Je veux qu'ils soient assez simples pour
le croire; ils ne manqueront pas de me traiter de fourbe
et d'imposteur, pour garder le *decorum* de leurs excellences. Peut-être même n'en serois-je pas quitte à si
bon marché. Mon père, à qui le génie de sa nation
étoit bien connu, disoit souvent qu'on ne devoit point
se fier aux Génois quand il s'agissoit de leur intérêt
ou de leur réputation. Mais un moment après je
jugeois plus favorablement de mes parents : ils me paroissoient d'honnêtes gens comme feu mon père, dont
j'étois persuadé que la mémoire leur étoit en trop
grande vénération pour me refuser leur assistance dans
l'état où ils me verroient. Ils n'oseront dire, ajoutois-
je, que je suis un menteur; ils sont trop prudents pour
me traiter de la sorte sans m'avoir auparavant inter-
rogé sur les affaires de notre famille, et c'est où je les
attends. Je leur en dirai des particularités qui leur
feront bien connoître qu'il n'y a qu'un fils de mon père
qui puisse les savoir. De plus, ces choses particulières

sont telles, qu'il ne seroit pas honorable pour eux que
je les allasse rendre publiques; ce qui les obligera sans
doute à me ménager.

Je flottois de cette manière entre la crainte et l'espérance : tantôt il me sembloit que je me flattois trop,
et tantôt que je m'alarmois mal à propos. Je m'arrêtai
à cette dernière pensée, à laquelle mon esprit trouvoit
le mieux son compte; et vérifiant le proverbe qui dit:
Si tu veux être pape, mets-toi le bien dans la tête, je
résolus de profiter de l'occasion favorable que m'of-
froient ces nouvelles levées de faire le voyage d'Italie.
Un jour que j'étois assis près d'une boutique, dans
mon poste ordinaire, et que je rêvois aux plaisirs infinis
que j'aurois à Gênes, j'entendis une voix qui me tira
de ma rêverie, en m'appelant deux ou trois fois. Je jetai
les yeux de toutes parts pour voir qui savoit si bien
mon nom, et je remarquai que c'étoit un vénérable
apothicaire que j'avois déjà servi. Il me fit signe d'aller
à lui; j'y courus : mais deux de mes camarades, qui en
étoient plus proches, me prévinrent et s'empressèrent
à lui faire agréer leurs services avant que j'arrivasse.
Cependant il les repoussa d'un air brusque, en leur
disant : Non, non, tirez, oiseaux de mauvais augure;
ce n'est pas viande pour vous, c'est pour mon fidèle
Guzman. Il ne croyoit pas si bien dire. Puis, m'adressant la parole, quand je fus auprès de lui · *Ouvre ton
cabas*, ajouta-t-il. Je l'ouvris, et aussitôt il jeta trois
sacs d'argent qu'il tenoit enveloppés dans un coin de
son manteau. A quel chaudronnier faut-il porter ce
cuivre, lui dis-je alors avec un souris? Ce cuivre! répondit l'apothicaire en souriant à son tour; voyez ce

gueux, qui prend cela pour du cuivre! Allons, l'ami,
continua-t-il, marchons, je suis pressé; il faut que
j'aille payer un marchand étranger qui m'a vendu des
drogues.

C'étoit bien là son dessein; mais j'en formai un autre
dès que j'eus entendu prononcer ces mots charmants :
Ouvre ton cabas. La nouvelle de la naissance d'un fils
unique cause moins de joie à un tendre père que je n'en
ressentis à ces douces paroles, qui se gravèrent en
lettres d'or dans mon cœur, si l'on peut parler ainsi. Je
regardai ces trois sacs comme un présent que la fortune me faisoit pour me mettre en état de jouer un
beau rôle à Gênes : je croyois déjà les tenir en ma possession. Mon homme, qui ne se défioit point de moi,
ayant fait plus d'une épreuve de ma fidélité, prit les
devants, et je commençai à le suivre, feignant de temps
en temps d'avoir besoin de m'arrêter un instant pour
me reposer, comme si j'eusse trouvé la charge un peu
trop forte, au lieu que dans le fond je l'aurois voulu
encore plus pesante. Je mourois d'envie de rencontrer
une foule de peuple ou bien quelque détour qui me
donnât moyen de disparoître subitement aux yeux de
l'apothicaire, lorsque nous passâmes justement devant
une maison que je connoissois, et qui avoit une porte
de derrière. J'entrai dedans avec précipitation et,
après l'avoir traversée sans trouver personne sur mon
passage, j'enfilai deux ou trois rues en moins d'une
minute, avec autant de légèreté que si j'eusse eu des
ailes aux pieds; mais quand je jugeai que mon homme
avoit perdu mes traces, je ne marchai plus qu'au petit
pas, et d'un air tranquille en apparence, afin de ne

donner aucun soupçon du coup que je venois de faire.

J'allai de cette façon jusqu'à la porte *la Vega*, c'est-à-dire de la plaine, d'où, faisant toujours bonne contenance, je gagnai le bord du Mançanarès; de là, traversant la maison *del Campo*, je fis une bonne lieue au travers des buissons et des ronces. A l'entrée de la nuit je me glissai parmi des peupliers, et m'arrêtai dans un endroit des plus couverts, et fort voisin de la rivière, pour penser mûrement au parti que j'avois à prendre; car il ne suffit pas, disois-je, d'avoir bien commencé, il faut continuer et finir de même. De quoi me serviroit d'avoir fait une si bonne prise, si je ne pouvois la conserver? Si je venois à être pincé, je serois obligé de rendre gorge et de perdre avec cela mes deux oreilles; cherchons donc autour d'ici quelque lieu où ma proie puisse être en sûreté.

Après avoir rêvé long-temps à cela, je m'avisai de faire un trou de deux pieds de profondeur au fond de la rivière, et d'y mettre mon cabas avec mes trois sacs dedans; puis, l'ayant couvert de deux grosses pierres, j'enfonçai tout auprès dans le sable un long bâton, pour mieux me faire reconnoître l'endroit qui recéloit mon cher trésor. Cette grande opération finie, je me couchai au pied d'un arbre, vis-à-vis de la balise, et j'y passai la nuit, non sans inquiétude, quoique fort satisfait de me voir si bien dans mes affaires. Le jour étant venu, je me cachai dans un hallier, où j'eus la patience de demeurer jusqu'au soir. Alors la faim, qui chasse le loup hors du bois, me fit sortir de mon gîte pour aller acheter des vivres, non dans les villages des environs, où l'apothicaire pouvoit avoir envoyé

des alguazils et des archers pour me chercher, mais à
Madrid même, comme en effet c'étoit le plus sûr. In-
dépendamment de mon magot, j'avois dans ma poche
assez d'argent pour faire cette dépense. Je retournai
donc le long du Mançanarès à la ville, d'où je revins
trois heures après par le même chemin, avec un panier
où il y avoit des provisions pour huit jours. J'employai, en homme affamé, la meilleure partie de cette
nuit à me bourrer l'estomac de pain et de viande, et
le reste à dormir.

Le lendemain, en me réveillant au lever de l'aurore, je me sentis violemment agité du désir curieux
de savoir ce qu'il y avoit dans les trois sacs. J'eus beau
faire réflexion que c'étoit le diable qui me tentoit, et
que je ne pouvois contenter ma curiosité sans m'exposer à être vu de quelqu'un, il n'y eut pas moyen d'y
résister. J'étois comme cela; je ne triomphois de mes
tentations qu'en m'y abandonnant. Il fallut pour mon
repos me donner ce plaisir, qui sans doute étoit le plus
grand que j'eusse eu depuis que j'étois au monde. Je
m'approchai de la rivière, et après avoir regardé à
droite et à gauche pour voir si je n'apercevrois personne, je tirai de l'eau mon cabas, que j'emportai tout
mouillé dans ma cage; et là j'ouvris mes sacs. Il y avait
dedans deux mille cinq cents réaux, le tout en bon argent, à la réserve de trente pistoles d'or, que je trouvai
enveloppées d'un petit linge dans un des sacs. Je passai
la journée entière à compter et à recompter mes espèces
avec une extrême satisfaction; et lorsque la nuit fut
arrivée, je les remis dans mon cabas, que j'allai reporter dans son trou.

N'ayant pas dessein de faire un journal, je te dirai, lecteur, qu'après avoir été caché de cette sorte dans le bois du *Prado* deux semaines entières, je m'imaginai qu'il n'y avoit plus rien à craindre pour moi, et que tous les lévriers de la justice s'étoient lassés de me poursuivre. J'allai repêcher mes sacs, que je mis au fond de mon panier sous de nouvelles provisions que j'avois été encore acheter à Madrid. Pour mon cabas, je le laissai dans l'eau sous les deux pierres. Je coupai ensuite deux bâtons, dont l'un me servit à porter mon panier sur mon cou, et je fis de l'autre une manière de bourdon, avec quoi, nouveau pèlerin, je pris la route de Tolède tout au travers des champs, croyant devoir par précaution m'éloigner des grands chemins.

CHAPITRE V.

De la rencontre qu'il fit d'un jeune homme en allant à Tolède, et de ce qui se passa entre eux.

J'allois de si bon pied, qu'après une marche de deux nuits je me trouvai le matin au milieu de la *Sagra*, près d'un bois que l'on appelle Açuqueyca, et qui n'est qu'à deux petites lieues de Tolède. J'entrai dans ce bois pour m'y reposer presque toute la journée, ne voulant point arriver dans la ville avant la nuit. Je m'assis à l'ombre d'un arbre fort touffu, et je commençai à rêver aux emplettes que je ferois : il m'eût fallu quatre fois plus d'argent que je n'en avois pour acheter toutes les choses que je me proposois d'avoir.

Il me seroit impossible de dire toutes les visions qui
me passèrent par l'esprit. Je ne craignois plus de paroître comme un gueux devant mes parents; car je ne
songeois uniquement qu'à Gênes, et je ne faisois tant
d'achats que pour y briller par ma magnificence.

En me repaissant l'imagination de toutes ces chimères, je ne pus voir couler à mes pieds un ruisseau
d'une onde pure et nette, sans être tenté de me rafraîchir un peu; avec cela, comme je commençois à
me sentir de l'appétit, je mis la main dans mon panier,
et j'étalai sur l'herbe le reste de mes provisions pour
déjeuner. A peine eus-je mangé quelques morceaux,
que j'entendis du bruit. Je tournai aussitôt la tête, et
je vis, avec une frayeur mortelle, un homme à quatre
pas de moi, appuyé contre un arbre, au pied duquel
il étoit assis; mais l'ayant considéré avec attention, je
me rassurai : c'étoit un garçon à peu près de mon âge.
Il paroissoit si neuf, qu'il avoit encore, comme on dit,
le lait sur les lèvres. Quoiqu'il fût fort bien vêtu, et qu'il
eût à côté de lui un gros paquet où j'entrevoyois des
habits et du linge, il avoit un air piteux qui ne prévenoit pas les yeux en faveur de sa bourse. Je jugeai que
ce devoit être un chevalier errant de mon espèce,
lequel avoit aussi fait la sottise de quitter sa famille
pour voir le pays. Nous nous envisageâmes l'un l'autre
pendant quelques moments sans nous rien dire; mais
comme je remarquai qu'il attachoit ses regards sur
mes provisions d'une manière à me persuader qu'elles
lui faisoient envie, j'eus pitié de ce pauvre enfant. Sa
mine me rappela celle que j'avois devant ce moine qui
me fit part de son dîner dans une hôtellerie, et je ne

fus pas moins charitable que sa révérence. Je demandai à ce jeune garçon fort poliment s'il vouloit me faire l'honneur de déjeuner avec moi. La honte l'empêcha de se rendre d'abord; cependant, lorsque je l'eus prié une seconde fois de se mettre de la partie, il ne fit plus de façon, et alors il m'avoua qu'il y avoit près de vingt-quatre heures qu'il n'avoit mangé; ce que je n'eus pas de peine à croire quand je vis de quelle manière il expédioit les morceaux de pain, de viande et de fromage que je lui servois.

Nous nous fîmes pendant le repas des questions réciproques sur nos voyages. Il me dit qu'il venoit de Tolède, et qu'il alloit à Madrid; et moi je lui dis que je venois de Burgos, et que j'allois à Cordoue. Il me fit un roman du sujet de son pèlerinage, et je ne fus pas plus sincère que lui. Pour un novice, il savoit assez bien mentir, et il ne démentoit point la réputation que les gens de Tolède ont d'avoir de l'esprit. Je lui demandai pourquoi il se mettoit en chemin sans munitions de bouche; il me répondit qu'il n'avoit pas eu le temps de s'en pourvoir, ayant été obligé de partir avec précipitation, et qu'il étoit plus chargé de bagage que d'argent. Tant pis, lui dis-je, tant pis; l'argent est la meilleure pièce du sac d'un voyageur. Quand vous iriez à Saint-Jacques en Galice par dévotion, je ne vous conseillerois pas de compter sur la charité du monde, car elle s'est fort refroidie: il faut au pèlerin une autre ressource que son bourdon. J'en demeure d'accord, repartit le Tolédan: je sais bien que c'est une imprudence que de s'embarquer sans biscuit; mais je n'ai pu faire autrement, et il est inutile de parler de cela davantage.

Il ne tiendra pourtant qu'à vous, repris-je, de réparer votre faute, en vous défaisant d'une partie de
vos hardes; aussi-bien je crois que ce gros paquet doit
vous charger : l'argent est plus portatif. J'en conviens,
dit le jeune garçon, et vous vous imaginez bien que
je vendrai la moitié de mes nippes sitôt que je serai dans
un endroit où je pourrai trouver des acheteurs. Peut-
être, lui répliquai-je, que, sans aller plus loin, vous
avez rencontré un homme disposé à vous décharger de
la meilleure partie, et à vous compter des espèces sonnantes. Montrez-moi ce qu'il y a dans votre paquet, et
je mettrai à part ce qui m'accommodera. Mon petit
homme pâlit à ces paroles. Il me prit pour un fripon
qui avoit envie de lui faire payer son écot en lui en-
levant quelques-unes de ses hardes, ou du moins pour
un gaillard qui vouloit s'égayer; car mon habit, dont
il n'auroit pas donné quatre maravédis, ne lui permettoit pas de croire que j'eusse parlé sérieusement.
C'est ainsi que le monde juge aujourd'hui : l'habillement
nous fait bien ou mal penser des personnes que nous
ne connoissons point. Tel je te vois, tel je te crois.

Je remarquai bien à son trouble, ou, pour mieux
dire, je lus dans son âme que mes intentions lui étoient
suspectes; et comme il ne me répondoit pas, je tirai
froidement de mon panier un de mes sacs; je le déliai,
mis la main dedans, et faisant briller à ses yeux une
poignée de réaux : Mon petit seigneur, lui dis-je, il
me semble qu'en voilà bien assez pour payer quelqu'une
de vos nippes. Il changea de visage à mon action; il
cessa de manger, courut d'un air gai à son paquet, et
me l'apporta en me disant que tout ce qu'il avoit étoit

à mon service. En même temps il voulut me montrer ses plus belles hardes; mais je m'y opposai. Attendez, lui dis-je, cela ne presse pas; achevons de déjeuner auparavant. Ces mots furent une nouvelle sauce pour son appétit. Il se remit à manger comme s'il n'eût pas déjà fait honneur à mes provisions, et de temps en temps il laissoit éclater des transports de joie qu'il ne pouvoit retenir.

Pour détruire la mauvaise opinion qu'il avoit de ma figure, et l'empêcher de soupçonner que l'argent qu'il venoit de me voir fût un bien mal acquis, je lui tins ce discours : «Seigneur cavalier, tel que je vous parois, je ne laisse pas d'être d'aussi bonne famille que vous. C'est ce que je veux vous apprendre, pour vous faire connoître que les apparences nous trompent souvent. J'avois, en partant de Burgos, un habit et des hardes aussi propres que les vôtres. Je les vendis à la première ville par où je passai, pour me débarrasser d'un fardeau incommode, et je me couvris de ces haillons pour faire peur, ou du moins compassion aux voleurs, qu'un riche habillement auroit tentés. Si je n'eusse pas eu l'esprit d'en user ainsi, j'aurois été volé cent fois pour une, et je serois à l'heure qu'il est sans argent. Comme j'ai dessein de m'arrêter à Tolède, et d'y faire même un assez long séjour avant que de me rendre à Cordoue, j'ai besoin présentement d'un bon habit; et si vous en avez un qui me convienne, je suis prêt à l'acheter. »

Le Tolédan, brûlant d'impatience de faire affaire avec moi, la bouche encore pleine, étala sur le gazon un habit complet avec le manteau d'un bel et bon drap gris-musc, qu'il accompagna de deux chemises fines et d'une paire de bas de soie. J'essayai le tout, qui sembloit avoir été fait pour moi. Le jeune homme ne cessoit de me le dire, pour m'en donner plus d'envie. On eût dit qu'il appréhendoit que mon argent ne lui échappât, ou que je ne vinsse à changer de sentiment; ce qu'il ne devoit pas craindre. Il vouloit vendre; je voulois acheter; notre marché fut bientôt conclu. Il me demanda cent réaux; je les lui comptai. Ensuite nous fîmes un troc. Il me donna pour mon panier un sac de cheval où étoient quelques hardes, et dans lequel je mis mon argent avec les deux chemises et les bas de soie. Pour l'habit, je le laissai sur mon corps, et je pendis le vieux à un arbre avec tout le reste de mes guenilles, comme un monument de ma gueuserie. Le Tolédan de son côté remplit le panier de nippes et des vivres qui restoient; car je les lui donnai de bon cœur. Pendant que nous étions occupés de tous ces soins, le soleil baissoit insensiblement. Enfin l'heure de notre séparation arriva. Nous nous embrassâmes avec mille démonstrations d'amitié; après quoi chacun continua sa route, tous deux également satisfaits de notre rencontre. Nous tournâmes même la tête l'un vers l'autre après nous être quittés, pour nous dire encore adieu par signes, et nous souhaiter un heureux voyage.

CHAPITRE VI.

*Il arrive à Tolède. Il y fait le personnage d'un homme à
bonnes fortunes. Détail de ses aventures galantes.*

Il étoit plus de neuf heures lorsque j'entrai dans la
célèbre ville de Tolède. Je me donnai deux coups de
peigne, et surtout j'eus grand soin d'essuyer mes pieds
poudreux, afin de pouvoir dire effrontément que je
venois d'arriver en carrosse. Je me fis enseigner la
meilleure hôtellerie, où j'allai demander à souper et à
coucher en jeune homme qui paroissoit en état et dans
la disposition de faire de la dépense. Voilà les gens
qu'on aime dans ces sortes d'endroits. On me donna
une belle chambre où il y avoit un bon lit, et l'on me
servit comme un prince. Je soupai parfaitement bien,
et dormis encore mieux.

Le lendemain, après m'être fait donner mon chocolat, afin que l'on crût par là que je n'étois pas un
homme du commun, j'ordonnai qu'on envoyât chercher un chapelier, un cordonnier et un fourbisseur,
pour avoir un chapeau, des souliers et une épée qui
répondissent au reste de mon équipage. Mais l'essentiel
étoit de faire venir un tailleur pour déguiser, autant
qu'il seroit possible, l'habit que j'avois acheté, de peur
que si par hasard je venois à rencontrer dans la rue
quelques parents du jeune garçon qui me l'avoit vendu,
je ne donnasse matière à des soupçons dangereux pour
moi. Comme en effet je devois craindre que cet habit

ne fût reconnu, et que l'on ne m'accusât de l'avoir volé, et peut-être assassiné le jeune homme qui le portoit. La justice sur cela s'en seroit mêlée, et il n'en auroit pas fallu davantage pour me perdre. Je demandai donc un tailleur; on m'en amena un qui me servit à souhait. En moins de quatre ou cinq heures il déguisa si bien l'habit en couvrant les manches de taffetas, en changeant les boutons, et en mettant un collet de velours au manteau, que le diable lui-même y auroit été trompé.

Je contentai mon tailleur; et ravi de pouvoir sortir sans que mon habillement me fît des affaires, j'allai vers le soir me promener au *Zocodover*, où il y a ordinairement de fort beau monde. Tout métamorphosé que j'étois, je ne laissois pas d'appréhender de rencontrer quelqu'un de ma connoissance. Cette crainte toutefois ne m'empêcha pas de prendre plaisir à me voir agacer par de jolies dames de moyenne vertu, qui me regardant comme un jouvenceau qui n'avoit point encore été à Cythère, vouloient m'en montrer le chemin; mais j'eus la force de me défendre contre leurs œillades séduisantes.

Ce qui m'étonna dans cette promenade, ce fut la propreté des cavaliers. Mon habit, malgré la peine que mon tailleur s'étoit donnée pour l'ajuster et l'enjoliver, paroissoit si vilain en comparaison des leurs, que je résolus d'en avoir un autre. Dans le temps que je formois cette résolution, un gentilhomme, monté sur une belle mule, traversa le *Zocodover*. L'habit qu'il portoit me charma; je le trouvai d'un goût si galant, que je me proposai d'en faire faire un semblable. Peu s'en fallut que dès le soir même je n'envoyasse chercher mon tailleur pour cela. Je gagnai pourtant sur mon impatience d'attendre jusqu'au lendemain. Il est vrai que, sans pouvoir fermer l'œil de toute la nuit, je ne fis qne penser à la bonne mine que j'aurois sous cet habit nouveau. Néanmoins, quelque envie que j'eusse de m'en voir revêtu, des réflexions sensées venoient la combattre, lorsque je songeois à combien pourroit monter cette dépense.

Hé bien, monsieur Guzman, me disois-je, vous prétendez donc vous habiller magnifiquement, et damer le pion aux galants de Tolède? C'est fort bien fait à vous. Courage, mon ami; dépensez vos réaux sans considérer que vous avez joué gros jeu pour les gagner; cela ne mérite pas votre attention. Vous voulez que votre argent s'en aille; il s'en ira. Faites faire ce bel habit que vous avez dans la tête, et vous jetez dans le commerce des femmes, vous serez bientôt obligé de reprendre le cabas; comptez là-dessus : mais on ne rencontre pas tous les jours des apothicaires qui se laissent purger.

Toutes ces réflexions ne firent que se présenter à mon esprit sans le frapper. Il ne fut pas sitôt jour que j'envoyai chercher mon tailleur, à qui je dis mes intentions, après lui avoir dépeint fidèlement l'habit que j'avois vu, et il promit de m'en faire un tout pareil. Il se chargea du soin d'acheter tout ce qui étoit nécessaire pour cela, m'assurant que je serois servi promptement; car je lui demandai surtout de la diligence, comme si je n'eusse attendu que cet habit pour m'aller marier. Il ne manqua pas de me l'apporter au bout de deux jours. Jamais habit ne fut plus galant ni plus magnifique; l'or y brilloit de toutes parts. Quand je l'eus sur le corps, je fus ébloui de ma bonne mine et de ma taille, qui étoit déjà bien marquée, quoique j'eusse à peine quinze ans. Je crois que j'étois alors la vivante image de mon père dans sa jeunesse, ayant ainsi que lui le teint blanc et vermeil, et les cheveux d'un blond roux. Je me regardois sans cesse dans le miroir, et bientôt il me prit envie de sortir pour aller me faire admirer dans la ville. Il falloit être aussi enchanté que je l'étois de ma figure pour satisfaire mon tailleur sans le chicaner sur son mémoire, que j'aurois pu en conscience réduire aux deux tiers ; mais je m'imaginois qu'un habit de si bon goût ne pouvoit trop se payer. Mon hôtesse, me voyant si bien vêtu, me dit qu'il me manquoit tout au moins un laquais. J'en arrêtai sur-le-champ un qui avoit l'air d'un page, et je le fis habiller de neuf, afin qu'il parût plus digne d'un maître tel que moi.

Dès le premier dimanche je me rendis à la grande église avec mon laquais, à qui j'avois donné des leçons sur la manière dont il devoit me suivre pour me faire honneur. J'y trouvai beaucoup d'hommes et de femmes du bel air ; je fendis fièrement la presse, et visitai les chapelles l'une après l'autre, ce qui fit penser à bien du monde que ce n'étoit pas sans dessein ; et toutefois je n'en avois point d'autre que de me montrer. Je me plaçai entre les deux chœurs, ayant observé que les principales dames se mettoient dans cet endroit.

C'est là que je jouai le rôle que j'avois vu faire à quelques jeunes fous de Madrid, et que j'avois répété vingt fois ce matin là dans mon miroir. Je choisis d'abord une place d'où je pouvois être examiné depuis les pieds

jusqu'à la tête; ensuite j'avançai l'estomac et me soutins
sur une jambe, pendant que je tendois l'autre avec tant
de roideur qu'elle ne touchoit presque point à terre ;
affectant avec cela de faire voir que j'étois bien chaussé,
et que j'avois des jarretières à la mode de ce temps-là,
c'est-à-dire à l'allemande. Comme cette posture me gê-
noit fort, j'étois obligé d'en changer à tout moment,
et je faisois diverses grimaces aux dames qui me regardoient. Je souriois à l'une, j'envisageois l'autre d'un air
froid, j'avois des yeux languissants pour celle-ci, et
des yeux éblouis pour celle-là. Enfin j'en fis tant, que
les femmes et les hommes, dont mon visage inconnu
attira les regards, s'en étant aperçus, commencèrent à
rire à mes dépens; mais c'est ce que je n'eus garde de
remarquer : j'avois trop bonne opinion de moi pour
m'imaginer qu'on pût trouver du ridicule dans mes manières.

Cependant toutes les dames ne se moquèrent point
de mes airs extravagants; il y en eut même parmi elles
qui en furent charmées ; car, sans vouloir offenser les
femmes en général, on peut dire qu'il y en a pour qui
les hommes les plus impertinents semblent être faits.
J'eus, entre autres, le bonheur de plaire à deux jolies
personnes qui ne purent se défendre de me le témoigner. La passion de l'une fut l'ouvrage de mes regards
et de mes grimaces ; mais, pour les sentiments de l'autre,
je ne les dus qu'à mon étoile. La première de mes deux
conquêtes étoit une éveillée qui avoit l'œil fripon et le
visage piquant. Je la lorgnai en novice ; ce qui ne lui
déplut point, les femmes aimant beaucoup mieux les
apprentis que les maîtres. Elle répondit à mes mines,

et cela me suffit pour me croire en droit de la suivre
après la messe, pour savoir sa demeure. Elle marchoit
fort lentement, comme pour m'avertir que ce seroit ma
faute si elle m'échappoit; j'allois derrière elle du même
pas, en lui disant de temps en temps des choses flatteuses, le plus spirituellement que je le pouvois à mon
âge. Elle gardoit le silence, et se contentoit de tourner
quelquefois la tête pour me regarder d'une façon qui
me persuadoit qu'elle n'osoit me rien dire à cause de
la duègne dont elle étoit accompagnée.

Nous arrivâmes auprès de Saint-Cyprien, dans une
petite rue détournée où elle demeuroit. Elle me fit en
entrant chez elle un signe de tête, pour me témoigner
qu'elle ne trouvoit pas mauvais que je l'eusse suivie, et
elle n'oublia pas de me lancer une œillade qui me remplit d'amour et de joie. Je remarquai bien sa maison ;
et me proposant de venir dès ce jour-là même me présenter devant ses fenêtres, je repris d'un pied léger le
chemin de mon hôtellerie.

Je fus à peine dans une autre rue, qu'une espèce
de soubrette, couverte d'une épaisse mante, me dit en
passant près de moi assez vite : Seigneur cavalier, je
vous prie de vouloir bien suivre mes pas; j'ai à vous
parler d'une affaire très importante. Je ne balançai
point; je marchai sur ses talons, et nous nous arrêtâmes
tous deux à l'entrée d'une porte cochère que nous rencontrâmes ouverte. Là, voyant que personne ne pouvoit nous entendre, elle m'adressa ce discours : Charmant inconnu, vous êtes si bien fait et si aimable, que
vous ne serez pas surpris, sans doute, quand je vous
dirai qu'une femme de qualité, qui vient de vous voir

dans une église, est enchantée de votre air noble et galant; elle voudroit avoir avec vous un entretien secret. C'est une dame nouvellement mariée, et si belle, que.... Mais, ajouta-t-elle en s'interrompant elle-même, je ne vous en dirai pas davantage; il faut vous laisser le plaisir de la surprise que sa vue doit vous causer.

J'avalois tout cela doux comme lait, et je ne me possédois pas, tant j'étois enivré de mon mérite. J'affectai pourtant de me montrer modeste. Je répondis à cette intrigante que sa maîtresse me faisoit trop d'honneur; que j'en étois confus; que je ne doutois pas que ce ne fût une dame de la première volée; et qu'enfin j'avois une grande impatience d'aller chez elle me jeter à ses genoux pour la remercier de ses bontés. Seigneur, me répliqua la confidente, vous ne sauriez la voir dans sa maison, ce seroit trop risquer; elle a un mari des plus jaloux : mais enseignez-moi où vous logez, et je vous promets que dès demain matin vous aurez avec elle, chez vous, une conversation particulière. Je parus très sensible à cette promesse; j'appris ma demeure à l'officieuse suivante, qui sur-le-champ me quitta d'un air empressé pour aller rejoindre sa maîtresse, qui l'attendoit impatiemment, disoit-elle, pour savoir si elle avoit des grâces à rendre à l'amour ou des reproches à lui faire.

Me voilà donc occupé de deux affaires; mais je crus devoir donner toute mon attention à la première : ce n'est pas que la seconde ne me fît plaisir; elle flattoit infiniment ma vanité. Qu'il est agréable, disois-je, d'être un joli homme! A peine suis-je arrivé à Tolède, que j'enchante deux femmes, qui, selon toutes les ap-

parences, sont des plus qualifiées : que sera-ce donc
si je demeure long-temps dans cette ville? j'y enflam-
merai toutes les dames. Je retournai à mon hôtellerie
l'esprit tout plein de ces charmantes chimères, qui
pourtant ne m'empêchèrent pas de bien dîner; après
quoi je me remis en campagne, sitôt que je le pus, sans
être incommodé du soleil. Je volai vers Saint-Cyprien;
je passai et repassai devant les jalousies de la maison où
j'avois vu entrer la dame qui m'avoit regardé favorablement; point de nouvelles, aucune femme ne se
montra. Cependant je ne me rebutai point; je fis le pied
de grue jusqu'au soir, et ma persévérance fut enfin ré-
compensée : une petite fenêtre basse s'entr'ouvrit, je
m'en approchai, et, dans une nymphe qui vint s'offrir
à mes yeux comme à la dérobée, je reconnus ma princesse, qui me dit d'un air inquiet qu'elle avoit pour
voisins des gens fort médisants : qu'elle me prioit de ne
plus paroître dans la rue et de me retirer pour quelque
temps; que je revinsse dans deux heures; qu'elle étoit
seule au logis avec ses domestiques, et que si je voulois
nous souperions ensemble. Je fis le pâmé à cette ravissante proposition, que j'acceptai en baisant tendrement
une main de la belle; en même temps je demandai qu'il
me fût permis de faire apporter mon plat. Cela n'est
pas nécessaire, me répondit la dame; mais comme les
choses que j'ai à vous donner pourroient n'être pas de
votre goût, vous ferez ce qu'il vous plaira.

Dès que nous fûmes convenus de nos faits je disparus, de peur de faire jaser les voisins et d'abuser des
bontés qu'on avoit pour moi. Je rejoignis mon page,
qui m'attendoit par mon ordre au bout de la rue; je

lui donnai de l'argent pour aller chez un traiteur faire préparer une poularde fine, deux perdreaux, une tourte de lapins, avec quatre bouteilles d'un vin délicieux, du pain et des fruits excellents. Tout cela fut prêt et envoyé à neuf heures précises chez la dame, où je me rendis en même temps. Elle me reçut d'un air gracieux, me prit par la main et me conduisit dans une chambre assez bien meublée. C'étoit là qu'elle couchoit dans un lit de brocart jaune à fleurs d'argent; et je remarquai que dans la ruelle, sous un pavillon de taffetas couleur de rose, il y avoit une cuve où la *Señora* se baignoit quelquefois. Je trouvai dans cette chambre une table dressée, un couvert propre avec un buffet paré de mes bouteilles et de mes fruits. Je considérai avec plaisir ces préparatifs, qui me promettoient quelques heures agréables; j'aurois seulement souhaité que mon aimable hôtesse eût paru d'une humeur plus gaie : elle avoit beau s'efforcer de me faire bonne mine, je m'apercevois qu'elle avoit quelque peine secrète.

Mon infante, lui dis-je, souffrez que je m'informe du sujet de cette tristesse qui est peinte sur votre visage, et que vous voulez en vain me cacher. Bel inconnu, me répondit-elle en soupirant, puisque je n'ai pu empêcher ma douleur de se découvrir à vos yeux, je vous avouerai que je suis mortifiée d'un contre-temps qui est arrivé depuis tantôt. Mon frère, de qui je dépends, et que je croyois encore occupé à la cour à solliciter une charge considérable, est de retour à Tolède depuis une heure; je vous en aurois fait avertir si j'eusse su votre demeure : néanmoins, ajouta-t-elle, comme il est allé souper en ville chez une dame dont

il est amoureux, je ne crois pas qu'il revienne au logis
avant minuit. Nous aurons du moins la satisfaction de
souper et de nous entretenir ensemble; et ce qui doit
achever de nous consoler, c'est qu'il retournera dans
deux jours à Madrid, où il demeurera trois mois. Je
vous jure que sans cela je serois inconsolable de son
arrivée; c'est un homme des plus violents qu'il y ait au
monde, et d'une délicatesse outrée en matière d'honneur. Je ne puis vous dire jusqu'à quel point je suis
gênée quand il est ici; mais nous en serons, s'il plaît
à Dieu, bientôt délivrés pour long-temps.

Cette confidence modéra bien ma joie. Le retour
imprévu d'un frère, et d'un frère violent, ne présenta
pas à mon esprit une image riante; j'en tirai un très
mauvais augure. J'enrageois entre cuir et chair de
n'avoir pas plus tôt reçu cet avis. Quoique je ne fusse
pas des plus poltrons, j'aimois mieux me battre dans
une rue que dans une maison, où il falloit nécessairement se défendre ou bien se laisser couper les oreilles.
Je crus toutefois, puisque le mal étoit sans remède,
devoir marquer du courage et de la fermeté. Je priai
la dame de faire toujours servir à bon compte, en lui
disant d'un air d'intrépidité, que si son frère venoit
nous troubler, quelque parti qu'il voulût prendre, il
auroit affaire à un gaillard qui lui feroit voir du pays.
On apporta les viandes, et nous nous assîmes tous deux
à table. Nous n'avions pas encore mis la main au plat,
que nous entendîmes frapper rudement à la porte. O
ciel! s'écria la dame en se levant, avec toutes les démonstrations d'une fille éperdue, voici mon frère; que
vais-je devenir?

Tu crois peut-être que, pour soutenir l'opinion de bravoure que ma fanfaronnade pouvoit avoir donnée à la belle, je me préparai à recevoir courageusement le perturbateur de nos plaisirs, comme je m'en étois fait fort; tout au contraire. Je fus si étourdi, si effrayé de ce qu'il s'avisoit de revenir sitôt, que je ne songeai qu'à chercher un asile contre sa fureur. J'avois envie de me mettre sous le lit; mais la sœur, jugeant que je serois mieux dans la cuve, m'y fit entrer et me couvrit d'un tapis. Malheureusement pour mon habit doré, la cuve étoit fort sale et encore toute mouillée; de plus, je n'y étois pas trop à mon aise.

On ouvrit la porte pendant ce temps là à ce diable de frère, qui ne fut pas sitôt dans la chambre, qu'étonné, ou faisant semblant de l'être, d'y trouver une table et un buffet si bien garnis, il demeura quelques moments sans parler; puis tout à coup rompant le silence : Que vois-je, ma sœur, dit-il d'un air de maître? Pourquoi toutes ces viandes? Qui de nous deux se marie aujourd'hui ? Quelle nouveauté est-ce donc ceci? Pour qui ce festin? Pour vous, répondit la tremblante sœur, je vous attendois. A d'autres, répliqua-t-il, est-ce que vous avez coutume de me traiter si magnifiquement? Vous ne sauriez me faire accroire que c'est pour célébrer mon retour de Madrid, puisque je vous ai dit tantôt que je soupois en ville. Je conviens de cela, mon frère, repartit la dame; mais vous savez bien qu'il vous arrive assez souvent, après m'avoir dit la même chose, de venir me surprendre; et, s'il vous en souvient, vous vous êtes quelquefois mis en colère contre moi à cause que vous n'avez pas trouvé votre souper prêt. Je ne suis pas satisfait de vos raisons, reprit le frère, et je crains fort que les médisances de nos voisins ne soient que trop bien fondées. Pour une fille de qualité, vous n'avez point assez de circonspection dans vos démarches. Écoutez : vous connoissez ma délicatesse sur la réputation : gardez-vous de faire quelque pas qui puisse la blesser : mais, ajouta-t-il, soupons ; je veux bien, pour ce soir, penser que vous n'avez pas eu de mauvaises intentions.

A ces mots, il se mit à table ; sa sœur s'y assit aussi, et ils commencèrent tous deux à manger, à gruger mon pauvre souper. Ce matamore faisoit le grondeur en se bourrant l'estomac à mes dépens. La dame ne disoit pas une parole qu'il ne s'emportât : il juroit, il blasphémoit ; et quand elle osoit le contredire, il se débattoit comme un possédé, l'accabloit d'injures, et sembloit vouloir l'assommer. Je levai doucement deux ou trois fois un coin du tapis qui me cachoit pour voir la mine de ce méchant homme, mais l'appréhension que j'avois qu'il ne m'aperçût ne me permettoit guère de le considérer attentivement.

Le temps lui duroit moins à table qu'à moi dans la cuve. Je ne comprenois pas comment un homme si colère et si emporté pouvoit avoir tant de patience à manger. Il fut plus d'une heure à jouer des mâchoires, et cette heure me parut un siècle. S'il mangeoit bien, il buvoit encore mieux. Il vida trois de mes bouteilles pendant le repas ; et quand on eut desservi, il se fit apporter des pipes et du tabac, pour expédier, disoit-il, la quatrième. Alors la dame, pour me persuader qu'elle ne demandoit pas mieux que de se défaire de cet incommode, le pria d'aller fumer dans sa chambre et de la laisser en liberté dans la sienne; mais il lui répondit brusquement qu'elle n'avoit qu'à se retirer où il lui plairoit; que pour lui il prétendoit passer la nuit dans l'endroit où il se trouvoit.

Ces terribles et dernières paroles achevèrent de me désoler. Jusque-là j'avois compté que cet abominable homme, lorsqu'il auroit bu et mangé tout son saoul, s'en iroit dans sa chambre, et que je demeurerois dans celle de sa sœur à ronger les os qu'il auroit laissés : j'espérois du moins que la fin de la nuit seroit plus agréable pour moi que le commencement; mais je ne pouvois plus me flatter de cette espérance. La dame, comme si elle eût partagé mes peines, essaya de le détourner de sa résolution; et n'ayant pu en venir à bout, par ses prières ni par ses pleurs, elle sortit en faisant toutes les grimaces d'une personne fort affligée. Elle ne fut pas hors de la chambre, qu'il se mit à faire les actions d'un homme ivre ou privé de jugement. Tantôt il se tenoit assis, et tantôt il se promenoit la pipe à la bouche; ensuite il dansoit; puis prenant son épée, il s'escrimoit contre la muraille. Enfin il siffloit, il chantoit, il parloit tout seul en jurant comme un Juif, en menaçant d'exterminer tous ceux qui oseroient le regarder entre deux yeux.

Après avoir employé la moitié de la nuit à faire ce que je viens de dire, il posa par précaution son épée nue avec deux pistolets auprès du lit, sur lequel il se jeta sans se déshabiller, et s'étendit sur le dos tout de son long. Dieu soit béni, dis-je alors en moi-même, je crois que pour s'endormir il n'a pas besoin qu'on le berce; il va bientôt jouer des narines de la belle manière. Je me trompois encore dans mon calcul : son vin n'étoit pas de la nature des autres. Cet enragé, au lieu de s'abandonner au sommeil ne fit pendant deux heures, que s'assoupir et se réveiller de moment en moment, en criant de toute sa force : *Qui va là?* comme s'il eût entendu du bruit dans la chambre. Je n'en faisois pourtant point d'autre dans ma cuve, que celui que je pouvois faire en levant le tapis pour mieux entendre s'il dormoit; ce qui m'arrivoit assez souvent, dans l'impatience où j'étois de sortir de cette maudite maison. Enfin le ciel eut pitié de moi; ce rodomont, à la pointe du jour, se mit à ronfler : alors, m'exposant à tout événement, je sortis de la cuve le plus adroitement qu'il me fut possible; je gagnai la porte de la chambre en marchant sur la pointe du pied et mes souliers à la main; je levai tout doucement le loquet; puis ayant eu le bonheur de trouver la clef attachée à la porte de la rue, je pris le large et me sauvai vers mon hôtellerie.

Tout le monde y dormoit encore, et particulièrement mon page, qui, s'imaginant que je devois passer la nuit dans les bras de l'amour, s'étoit couché tranquillement sans se mettre en peine de moi. Je ne voulus réveiller personne; et, remarquant que l'on ouvroit chez un pâtissier du voisinage, j'entrai dans la boutique en disant au maître qu'il voyoit en moi un gentilhomme mourant de faim, et qu'il me feroit plaisir de me donner quelque chose à manger. Il me répondit qu'il y avoit dans son four des petits pâtés dignes d'être présentés à l'archevêque de Tolède, et qu'ils seroient cuits dans un instant. Je ne jugeai point à-propos de perdre une si bélle occasion de me refaire un peu; et, en attendant que l'on tirât les pâtés du four, je m'occupai l'esprit de ma cruelle aventure, à laquelle plus je pensois, et plus je m'estimois heureux d'en être quitte à si bon marché.

Le pâtissier n'avoit pas eu tort de me vanter sa marchandise : je trouvai ses pâtés excellents, ou bien mon appétit leur prêta un goût exquis qu'ils n'avoient point. Quand je sortis de la boutique, il étoit jour dans mon hotellerie; je montai dans ma chambre, et me mis au lit, où je m'endormis profondément, après avoir été plus d'une heure agité du souvenir du frère et de la sœur, et des rôles différents qu'ils avoient joués tous deux.

CHAPITRE VII.

Suite des galanteries de Guzman, et quelle en fut la fin.

J'AUROIS fort bien dormi la grasse matinée, si deux dames ne me fussent pas venues demander à l'hôtellerie. Il y en avoit une si richement vêtue, que mon laquais, ébloui de la magnificence de ses habits, ne crut pas pouvoir se dispenser de venir troubler mon repos Il me réveilla donc pour m'annoncer cette visite. Je jugeai bien d'abord que c'étoit la soubrette à qui j'avois parlé le jour précédent ; et qui, pour me faire connoître qu'elle aimoit à tenir sa parole, m'amenoit chez moi sa maîtresse.

Je n'eus pas sitôt dit qu'on les fît entrer, que je vis

paroître une grande dame fort bien faite, et de très bon air. A sa démarche noble et à ses manières aisées, je m'imaginai que ce devoit être quelque dame titrée. Elle s'avança aussitôt, et s'assit sur une chaise dans la ruelle de mon lit. Je me mis en mon séant, et, tenant mon bonnet de nuit à la main, je lui fis cinq ou six inclinations de tête très respectueuses; ensuite je la priai de m'excuser si je la recevois de cette sorte, en lui disant que j'aimois mieux pécher contre la bienséance, que de laisser attendre à la porte une dame de son mérite et de sa qualité. Passons là-dessus, me répondit-elle, et venons d'abord au fait. Contentez ma curiosité : depuis quand êtes-vous à Tolède? Quelle affaire vous y amène? Y serez-vous long-temps?

Ces questions n'embarrassèrent point du tout un homme qui savoit composer sur-le-champ des fables; et je lui en fis de si belles sur ma naissance et sur les vues de fortune que j'avois, qu'elle demeura persuadée que j'étois un illustre seigneur; mais il m'échappa une vérité qui gâta tous mes mensonges : au lieu de lui dire que j'étois à Tolède au moins pour trois ou quatre mois, je dis que j'y venois seulement pour me divertir quelques jours. Je m'aperçus que cela ne produisoit pas un fort bon effet. Elle avoit apparemment formé sur moi quelque dessein que ces paroles déconcertoient; et, me regardant comme un oiseau de passage qu'elle alloit incessamment perdre de vue, elle résolut de m'arracher quelques plumes auparavant.

Pour en venir à bout, elle commença par ôter sa mante d'un air libre et gracieux, découvrant un visage d'une beauté parfaite, des mains plus blanches que la

neige, avec une partie de sa gorge qui me charma. Elle
leva sa robe, qui étoit du plus beau taffetas d'Italie,
et sans affectation tira de sa poche un grand rosaire
de corail, où étoient attachés quelques reliquaires avec
plusieurs croix d'or et autres bijoux. Elle sembloit n'a-
voir aucun dessein, et badinoit avec ce rosaire en me
parlant, comme si elle n'eût pas pris garde à ce qu'elle
faisoit, lorsque tout à coup elle affecta une extrême
surprise en le regardant : elle n'acheva pas un discours
qu'elle avoit commencé, et elle se mit à fouiller dans
sa poche avec une inquiétude qui augmentoit de moment en moment. Je lui demandai de quoi elle paroissoit être en peine. Au lieu de me répondre, elle ne fit
que chercher à terre, devant, derrière et autour d'elle;
puis appelant sa suivante qui se tenoit à la porte de la
chambre : Marcie, lui dit-elle, ma chère Marcie, j'ai
perdu la grande croix de mon chapelet, cette grande
croix que mon mari m'a donnée ! Que je suis malheureuse ! Il croira que j'en aurai fait présent à quelqu'un. Madame, répondit la soubrette, vous vous
affligez peut-être mal à propos. Que savez-vous si elle
n'est point au logis ? Je crois même l'avoir remarquée
dans votre cabinet. C'est de quoi je veux tout à l'heure
être éclaircie, reprit la dame. Retournons sur nos pas.
Je ne puis vivre dans cette incertitude.

Je fis inutilement tous mes efforts pour la retenir,
en lui représentant qu'il y avoit de pareilles croix
chez les orfévres, et que, si elle vouloit bien y consentir, je lui en acheterois une. Elle rejeta mon offre,
et me dit d'un air engageant : De grâce, seigneur cavalier, ne vous opposez pas au dessein que j'ai de m'en

aller : que je retrouve au logis ma croix, ou qu'elle soit perdue, je ne manquerai pas de me rendre ici demain à la même heure. En achevant ces mots, elle sortit de ma chambre, où elle me laissa fort content de sa figure, et fort affligé de son départ précipité.

Il n'y eut plus moyen de dormir après cela; je ne fis que rêver à ma bonne fortune et aux plaisirs qu'elle me promettoit, jusqu'à ce qu'il fût temps de me lever pour dîner. Alors, m'étant habillé, je m'assis à une petite table sur laquelle on me servit plus de mets que six personnes n'en pouvoient manger. Au milieu du repas, je vis revenir Marcie, qui m'apprit d'un air triste que la croix d'or ne s'étoit point trouvée. Ce qu'il y a de chagrinant pour moi, ajouta-t-elle, c'est que ma maîtresse m'accuse d'en être la cause; je l'ai, dit-elle, trop pressée ce matin pour l'obliger à s'habiller vite pour venir ici. J'ai été par curiosité chez un orfévre, pour voir s'il n'auroit point de croix d'or à peu près semblable, et par bonheur il m'en a montré une qui lui ressemble on ne peut pas davantage. Je compris ce que Marcie vouloit dire par là; et, tranchant aussitôt du généreux, je lui dis que si elle avoit le temps d'attendre que j'eusse dîné, j'irois avec elle chez l'orfévre acheter la croix qu'elle y avoit vue. Comme c'étoit justement ce qu'elle demandoit, elle me répondit qu'elle feroit tout ce qu'il me plairoit; puis se mettant à louer sa maîtresse, elle m'en dit tous les biens du monde.

Après le repas nous allâmes chez l'orfévre, où je fis l'emplette, que je donnai à la suivante, en la priant de dire à sa dame qu'étant en quelque manière la cause de la perte qu'elle avoit faite, il étoit de mon devoir

de la réparer. La soubrette, ravie d'avoir son compte,
disparut après m'avoir assuré qu'elle alloit bien faire
valoir mon procédé galant, et que sa maîtresse ne manqueroit pas le lendemain de m'en venir témoigner sa
reconnoissance.

Lorsque Marcie se fut éloignée de moi, il me prit
envie de chercher l'occasion de revoir la dame du quartier Saint-Cyprien. Quoique j'eusse tout lieu de m'imaginer que c'étoit une friponne et son frère un spadassin,
j'aimois à me tromper moi-même; et oubliant le tour
qu'ils m'avoient joué, je retournai dans leur rue. J'aperçus la dame à une jalousie, et j'en fus bientôt remarqué.
Elle me fit signe du doigt qu'elle avoit quelqu'un avec
elle, mais que je ne m'en allasse point. Je demeurai, et
peut-être un quart d'heure après je la vis sortir de chez
elle ; je la suivis de loin. Elle se rendit à la grande
église, y entra; et l'ayant traversée pour gagner la rue
des Patins, et de là celle des Merciers, elle se glissa
dans une boutique, d'où elle m'appela par signes. Je
m'approchai d'elle et la saluai. Que la matoise joua
bien son personnage! Elle fondit tout à coup en pleurs
de commande; et se plaignant au ciel d'avoir un si méchant frère, elle me témoigna la vive douleur qu'elle
avoit eue pour l'amour de moi. Elle me jura cent et
cent fois que ce n'étoit pas sa faute s'il m'étoit arrivé
une si triste aventure. Elle me dit ensuite que pour me
consoler de la mauvaise nuit que j'avois passée, elle
m'en préparoit une meilleure; que son frère alloit partir
dans un moment pour la campagne, où il seroit au
moins deux jours, et que je n'avois ce soir-là qu'à retourner chez elle; enfin elle me parla de façon qu'elle

m'attendrit de nouveau. J'eus la foiblesse de lui promettre que je me rendrois à sa maison d'abord que la
nuit seroit venue.

Comme la dame étoit entrée dans cette boutique
elle n'en voulut pas sortir sans marchander quelques
bagatelles à l'usage des femmes, et elle en acheta pour
cent cinquante réaux ; mais lorsqu'il fut question de
payer, elle dit au marchand : Voulez-vous bien me
laisser emporter cette marchandise et me faire crédit
jusqu'à demain ; je vous enverrai de l'argent par ma
femme de chambre. Le marchand, qui ne la connoissoit
point du tout, ou qui peut-être ne la connoissoit que
trop, refusa de se fier à elle ; sur quoi le seigneur Guzman, prompt à saisir l'occasion de faire plaisir aux
dames, dit au marchand : Mon ami, ne voyez-vous pas
bien que madame veut rire ? elle n'est pas à cette somme
près ; je porte sa bourse, et j'ai l'honneur d'être son
intendant. En achevant ces paroles, je tirai de ma poche,
de la meilleure grâce du monde, de beaux et bons
écus, et je satisfis le marchand : après cela, nous nous
séparâmes, la dame et moi. Adieu, mon poulet, me
dit-elle tendrement ; souvenez-vous que je vous attends
à neuf heures du soir : mais je vous défends absolument de faire préparer à souper ; je prétends vous régaler à mon tour.

Après un ennui mortel et de vives impatiences de
ma part, l'heure du rendez-vous étant arrivée, je pris
le chemin de la maison de cette dame, au hasard d'y
passer une seconde nuit dans la cuve. Je m'approchai
de la porte avec autant d'empressement que je m'en
étois éloigné le matin. Je fais le signal dont nous sommes

convenus; point de réponse. Je recommence; je ne vois ni n'entends personne. J'en suis surpris, et je m'imagine que le frère, averti du dessein de sa sœur, n'est point parti pour la campagne. Un moment après, croyant que j'avois mal fait le signal, qui étoit de frapper avec une pierre au-dessous d'une fenêtre basse, je redoublai mes coups, et c'étoit comme si je les eusse donnés au pont d'Alcantara. Je frappai même plusieurs fois à la porte; j'y prêtai l'oreille; et n'entendant pas le moindre bruit dans la maison, je demeurai dans la rue jusqu'à minuit, sans savoir ce que je devois penser d'un silence si extraordinaire.

La patience enfin commençoit à m'échapper, et j'étois prêt à me retirer, quand j'aperçus une troupe de gens armés qui venoient de mon côté. Je gagnai par provision le bout de la rue, et me mit à les observer. Ils s'arrêtèrent à la porte de ma nymphe, y frappèrent rudement; et comme on s'obstinoit dans la maison à ne vouloir pas leur répondre, ils appliquèrent sur la porte de si grands coups de bâtons, qu'ils l'auroient bientôt mise en pièces, s'il n'eût pas paru à une fenêtre une servante qui leur demanda ce qu'ils souhaitoient. Ouvrez, ouvrez, lui répondit un alguazil, c'est la justice. A ce mot terrible, je sentis quelque frayeur, et je fus tenté de prendre la fuite, ne sachant si ce n'étoit pas moi que ces archers cherchoient. Lorsqu'on se sent coupable, on ne voit pas ces gens-là sans émotion. Je me rassurai toutefois, en faisant réflexion que j'avois bien la mine d'être la dupe de ma princesse et de son prétendu frère, qui, selon toutes les apparences, s'étoient attirés par leur bonne conduite l'attention de la justice.

Je m'avançai même vers la maison dès que l'alguazil et ses archers y furent entrés ; et me mêlant parmi les voisins qui étoient descendus dans la rue pour voir les choses de plus près, j'en entendis un qui disoit aux autres : Ils se disent frère et sœur ; mais ils ne le sont que du côté d'Adam : c'est un aventurier de Cordoue, qui, depuis quelques mois, tient ménage à Tolède avec une drôlesse de Séville, aux dépens des jeunes sots qu'ils attrapent ; mais, pour leur malheur, ces deux fripons se sont joués à un greffier, qui, pour se venger d'eux, leur fait le tour que vous voyez.

A ce discours, tous les voisins se mirent à rire aux dépens du greffier, d'autant plus qu'ils le connoissoient pour un homme nouvellement marié ; mais quoiqu'ils fussent bien aises qu'on l'eût dupé, ils ne laissoient pas d'applaudir à sa vengeance : tant il est vrai que personne ne plaint les malhonnêtes gens. On peut même dire que ce fut une comédie pour les témoins de cette aventure, quand ils virent l'alguazil et ses archers me ner en prison la dame tout en désordre, avec son galant bien lié et garrotté. Pour moi, malgré le souvenir de la cuve, je pris peu de plaisir à voir cette misérable femme dans l'état où elle se trouvoit. Je fus le seul des spectateurs qui en eût quelque pitié, quoique je fusse celui qui devoit en avoir le moins. Ravi pourtant de n'être plus dans l'erreur sur son compte, je retournai à mon hôtellerie, assez sot encore pour me flatter que l'autre dame étoit de meilleure foi : mais je l'attendis inutilement le lendemain presque toute la journée. Je ne revis pas même sa suivante ; de sorte que, ne pouvant plus douter que je ne fusse aussi la dupe de ce

côté-là, je me promis bien que désormais je serois en
garde contre le beau sexe.

CHAPITRE VIII.

*Guzman prend une fausse alarme et sort brusquement de
Tolède. Autre aventure galante. Origine de ce proverbe :* A Malagon, dans chaque maison un larron, et
dans celle de l'alcade, le père et le fils.

TELLE fut la fin de mes galanteries de Tolède; et,
pour surcroît d'infortune, je rencontrai, en arrivant
dans mon hôtellerie, un alguazil que l'on me dit être
de Madrid, et l'on ajouta qu'il s'informoit de l'hôte
avec beaucoup de soin d'un certain *quidam* qu'il cherchoit. Je n'appris point cela sans altération : néanmoins,
tout troublé que j'étois, je tins une assez bonne contenance; mais je fus agité toute la nuit d'une inquiétude
qui ne me laissa prendre aucun repos. Je me levai de
grand matin, et, l'esprit toujours occupé de ce maudit
alguazil, j'allai me promener au *Zocodover*. Je n'eus
pas fait le tour de la place, que j'entendis crier : *Deux
mules de retour pour Almagro.*

J'employai plus de temps à écouter ce cri qu'à en
profiter. Je me déterminai dans le moment à louer ces
deux mules, comme si j'eusse pressenti que je trouverois à Almagro une compagnie de soldats prêts à partir
pour l'Italie. Je parlai au crieur. Nous convînmes de
prix; après quoi j'envoyai mon laquais payer mon hôte
et chercher mon bagage, qui consistait en une valise,

dans laquelle était mon habit d'homme à bonnes fortunes, avec de beau linge et le reste de mon argent.
Aussitôt qu'il fut venu me rejoindre, je lui donnai une
des mules, je montai sur l'autre; et, charmé de trouver si promptement l'occasion de sortir de Tolède,
dont le séjour ne pouvoit plus m'être agréable, je pris
la route d'Orgaz, où j'allai coucher ce jour-là.

Il y avoit dans l'hôtellerie une jolie servante qui
sembloit s'élever au-dessus de sa condition par son
esprit et par des manières gracieuses. Je liai conversation avec elle, et dans cet entretien je sentis naître des
désirs que je lui témoignai; ce qui ne l'effaroucha
point · ·elle eut même la bonté de me promettre qu'elle
viendroit me trouver pendant la nuit. Mais, ma mignonne, lui dis-je, ne me trompez-vous point? Puis-je
compter sur votre parole? Sans doute, me répondit-
elle; vous êtes un trop joli seigneur pour qu'on vous
en fasse accroire. Vous verrez si j'y manque.

On me fit coucher dans une chambre basse où il y
avoit de l'orge, et dont j'eus soin de laisser la porte
ouverte, afin que la servante y pût entrer à l'heure
qu'elle jugeroit la plus commode. Je m'endormis en
attendant ma belle, quoiqu'on ne dorme guère ordinairement dans une si agréable attente; mais l'inquiétude que l'alguazil m'avoit causée la nuit précédente ne
m'ayant pas permis de goûter la douceur du sommeil,
j'avois encore plus d'envie de me reposer que de faire
l'amour. Cependant un petit bruit que j'entendis dans
la chambre eut le pouvoir de me réveiller. Je ne doutai
point que ce ne fût la servante; et voulant la recevoir
avec toute la reconnoissance que son exactitude à tenir

sa parole me sembloit mériter : Venez, lui dis-je tout
bas; approchez, mon aimable; je vous attends avec
impatience. On ne me répondit point. Je m'imaginai
que la friponne en usoit ainsi pour mieux irriter mes
désirs. Dans cette confiance, la moitié du corps hors
du lit, j'étendis mes bras pour la saisir. Je sentis sous
ma main quelque chose de douillet, mais d'un douillet
qui révolta mon imagination; comme en effet, c'étoit
l'oreille d'un âne, lequel étant sorti de l'écurie, avoit
été attiré dans ma chambre par l'odeur de l'orge qui y
étoit. L'animal qui, dans le temps que je le touchai,
avoit la tête baissée, la releva tout à coup pour mes
péchés, et m'en donna sous le menton un coup qui
m'ébranla les mâchoires, et mit ma bouche tout en
sang. Je me levai en jurant, et dans l'intention de per-
cer de mon épée les entrailles de cette maudite bête,
qui, par bonheur pour elle, fut effrayée du bruit que
je fis, et prit aussitôt la fuite. Je me recouchai en pes-
tant contre l'amour, et en renouvelant le serment que
j'avois déjà fait de me défier de ses piéges.

Un moment avant le jour, je commençois à m'assoupir; mais le muletier vint m'avertir que le déjeuner
étoit prêt, et que si je voulois arriver ce jour-là de
bonne heure à Malagon, je n'avois point de temps à
perdre. Je fus bientôt debout, et, après avoir mangé
quelques morceaux de ce qu'il plut à l'hôte de me servir, je voulus monter sur ma mule, qui me lança une
ruade dont j'aurois été peut-être estropié toute ma vie,
si j'eusse reçu le coup de plus loin; mais j'étois si près
de la quinteuse bête, qu'elle ne put me faire un grand
mal. Au diable toutes sortes de femelles ! m'écriai-je

dans le moment; je suis né pour en être maltraité.
Pour divertir mes compagnons de voyage, et me désennuyer moi-même, je leur contai en chemin toute l'aventure de l'âne : ce qui fut un récit bien intéressant pour le muletier, qui nous dit, après avoir ri tout son saoul, que Luzia (c'étoit le nom de la servante) en avoit agi de meilleure foi avec lui; qu'elle lui avoit tenu compagnie une bonne partie de la nuit; et qu'enfin il vouloit bien m'apprendre que les servantes d'hôtelleries appartenoient de droit aux muletiers, pour le bien qu'ils faisoient gagner aux hôtes en leur menant des passagers.

Nous arrivâmes sur le soir à Malagon, d'où, grâces au ciel, je partis le lendemain sans que la fortune m'eût joué quelque nouveau tour, si ce n'est que je m'aperçus, quand nous eûmes fait trois ou quatre lieues, qu'on m'avoit volé une bouteille d'excellent vin. Vive Dieu! dis-je alors en riant, ce vol justifie bien le proverbe qui dit : *A Malagon, dans chaque maison un larron, et dans celle de l'alcade, le père et le fils.* Là-dessus le muletier me demanda si je savois l'origine de ce proverbe. Je répondis que non, et qu'il me feroit plaisir de me l'apprendre. La voici, reprit-il, s'il faut en croire un bon vieillard de qui je la tiens.

En 1236, don Fernand, surnommé le Saint, roi de Castille et de Léon, étant à Benevente, eut avis un jour que les chrétiens venoient d'entrer dans Cordoue, et qu'ils s'étoient déjà rendus maîtres du faubourg qu'on appelle Axarquia; mais que les Maures, à qui cette place appartenoit alors, et qui se trouvoient fort supérieurs en nombre, se préparoient à les en chasser. Ce monarque, zélé pour sa religion, résolut de voler au secours des chrétiens. Il manda son dessein à don Alvar Perez de Castro, qui étoit alors à Martos, et à don Ordoño Alvarez. Ces deux seigneurs, des principaux de Castille, se rendirent en diligence auprès du roi, qui se mit aussitôt en chemin avec eux. Comme il n'avoit que cent cavaliers, il envoya ordre à tous ses vassaux et à tous les gens de guerre qui pouvoient être dans les villes, bourgs et villages de sa domination, de marcher vers Cordoue. Ses ordres auroient été suivis d'une prompte exécution si le temps l'eût permis; mais on étoit alors dans le mois de janvier, et les pluies avec la neige avoient partout grossi les ruisseaux et fait déborder les rivières; de manière que les troupes ne pouvant avancer se trouvèrent dans la nécessité de s'arrêter tantôt dans un endroit, et tantôt dans un autre.

Il en arriva un si grand nombre à Malagon, que l'on fut obligé de loger un soldat dans chaque maison, et deux chez les bourgeois les plus aisés. Le commandant de ces troupes et son fils, qui en étoit aussi officier, tombèrent en partage à l'alcade. Quoique le bourg fût assez gros, il y avoit tant de monde, que les vivres devinrent d'autant plus chers que le temps continuoit d'être rude. Les soldats, se voyant hors d'état d'en acheter au prix qu'ils se vendoient, commencèrent à voler pour subsister. Tandis que ces choses se passoient, un paysan de bonne humeur allant à Tolède, rencontra près d'Orgaz une troupe de cavaliers qui lui demandèrent d'où il étoit. Il répondit qu'il étoit de Malagon. Sur quoi l'un des cavaliers lui dit : Apprends-nous, mon ami, ce qu'il y a de nouveau à Malagon. Le paysan lui fit cette réponse, qui depuis est devenue un pro-

verbe : *A Malagon dans chaque maison un larron*, *et
dans celle de l'alcade le père et le fils*.

C'est donc mal à propos, poursuivit le muletier,
qu'on explique ce proverbe au désavantage des habitants de Malagon, puisqu'ils furent les volés et non pas
les voleurs. On peut dire même à leur gloire, que,
depuis Madrid jusqu'à Séville, il n'y a point de gîte,
point d'hôtellerie, où l'on soit mieux traité et moins
écorché qu'on l'est à Malagon. Au reste, je ne prétends
pas soutenir qu'il ne s'y fait point de friponneries comme
ailleurs; mais je vous assure que ce ne sont pas les plus
malhonnêtes gens de ce pays.

Comme le muletier achevoit ces paroles, il passa près
de nous un ânier de sa connoissance, auquel nous demandâmes des nouvelles d'Almagro, d'où il venoit. Il
nous dit qu'il y avoit une compagnie de soldats nouvellement levés, et destinés à ce qu'on croyoit pour l'Italie.
Je tressaillis de joie à ce rapport, et pardonnai à la
fortune tout ce qu'elle m'avoit fait souffrir, en faveur
de la belle occasion qu'elle m'offroit de contenter le
désir violent que j'avois d'être à Gênes.

CHAPITRE IX.

Guzman se présente pour servir dans une compagnie de nouvelles levées. Comment il est reçu du capitaine, et de quelle façon ils vivent ensemble.

TOUTE ma crainte étoit que l'ânier n'eût menti; mais je fus persuadé, en entrant dans Almagro, qu'il avoit dit vrai. J'apercus un drapeau à la fenêtre d'une maison, où je jugeai que le capitaine demeuroit. J'allai descendre à une hôtellerie tout auprès, et je ne songeai qu'à me reposer jusqu'au lendemain matin.

Alors m'étant paré de mon bel habit et de mon linge le plus fin, je me rendis à la première église, où j'entendis la messe, et de là chez le capitaine, que je saluai d'un air à lui faire croire que je ne pouvois être qu'un jeune homme de qualité. Je lui dis que je venois exprès à Almagro pour y prendre parti dans sa compagnie, ne respirant que l'honneur de servir le roi. Mon ajustement ne manqua pas de jeter de la poudre aux yeux de cet officier, qui savoit fort bien vivre. Il me reçut le plus poliment du monde. Il commença par me témoigner la joie qu'il avoit de me voir dans la disposition d'entrer de si bonne heure dans la carrière de la gloire; puis il me remercia de la préférence que je donnois à sa compagnie, qui se trouvoit fort honorée de posséder un cavalier de noble race, comme il étoit aisé de connoître que j'en étois un. Ce qui me fâche, ajouta-t-il, c'est que tous les emplois sont remplis; mais si je ne

puis vous en offrir un, du moins je pourrai partager
le mien avec vous, et nous vivrons ensemble de même
que si vous étiez capitaine comme moi.

Pour me prouver que des discours si honnêtes n'é-
toient pas des compliments en l'air, il me retint à dîner,
et me régala fort bien. Il ne laissa pas, sans faire semblant de rien, de charger un de ses valets de s'informer
du mien qui j'étois. Mon page, qui m'avoit entendu
dire plus d'une fois que je me nommois don Juan de
Guzman, de la maison de Toral, assura que je portois
ce nom, avouant au reste qu'il n'en savoit pas davantage. Cela fut rapporté au capitaine, qui crut pieusement que j'étois un jeune cadet de cette illustre race.
De mon côté, dès le jour suivant je lui donnai à manger
dans mon hôtellerie, et je n'épargnai rien pour rendre
le repas digne d'un cavalier qui auroit effectivement
été ce que mon valet avoit dit que j'étois. Je ne m'en
tins pas à ce dîner; j'en donnai tant d'autres au capitaine et aux principaux officiers de la compagnie, que
ce n'est pas merveille s'ils m'aimoient tous et me regardoient comme un sujet qui faisoit honneur à leur
corps. Le capitaine, surtout, avoit tant d'attention pour
moi, que j'en étois quelquefois tout honteux. Il est vrai
que pour entretenir son amitié je lui envoyois presque
tous les jours, par mon page, quelque petit présent,
qu'il vouloit bien recevoir pour me marquer son affection.

Cependant ma bourse, qui n'avoit pas comme la mer
un flux et un reflux, se désemplissoit à vue d'œil sans se
remplir. J'avois déjà dissipé plus de la moitié de mes
réaux, tant en habits, en galanteries et en frais de

voyage, qu'en festins et en présents, sans compter ce que j'avois perdu en jouant avec les officiers, dont la plupart savoient encore mieux que moi se rendre au jeu la fortune favorable. J'étois pourtant assez en fonds pour soutenir quelque temps le beau personnage que je faisois, lorsque le temps de nous mettre en marche arriva. Je suivis la compagnie en qualité de volontaire, jusque sur la côte, où elle avoit ordre de s'arrêter, en attendant que les galères, qui devoient la transporter en Italie avec d'autres troupes, fussent arrivées à Barcelonne, où elle alloit s'embarquer; mais il plut à Dieu que cet embarquement ne se fît que trois mois après : ce qui acheva de me ruiner; car voulant continuer de vivre avec le capitaine et les autres officiers ainsi que j'avois commencé, je me trouvai bientôt réduit à me servir de mon corps de réserve, je veux dire de mes trente pistoles d'or auxquelles je n'avois point touché jusque-là, et que je dépensai avec aussi peu de ménagement que mes réaux. Quand je me vis au bout de mes dernières pièces, je vendis mon bel habit, ensuite mon linge; puis je me défis de mon valet, qui alla chercher fortune ailleurs; et n'ayant plus d'argent pour jouer, je cessai de fréquenter les officiers, qui ne devinèrent que trop bien les raisons qui m'obligeoient à changer de conduite.

Les réflexions vinrent alors en foule se présenter à l'enfant prodigue. Si j'étois incapable d'en faire quand j'avois de l'argent, en récompense j'en faisois des millions lorsque je n'avois plus rien. Je rappelai mes folies passées, et je me fis tous les reproches qu'un pédagogue de profession m'auroit pu faire. Je pris la résolution d'être à l'avenir bon ménager, comme si j'eusse encore eu des sacs de réaux dans ma valise. Je me repentois principalement d'avoir donné tant de grands repas au capitaine, qui, remarquant que j'étois mal en espèces, ne m'invitoit plus depuis quelque temps à dîner avec lui. Les autres officiers, jugeant que je n'avois plus rien à perdre, me tournoient le dos. Les sergents, qui venoient auparavant me rendre visite comme à un capitaine en second, et qui se faisoient honneur de mon entretien, ne me recherchoient plus; il n'y avoit pas jusqu'aux soldats qui ne m'évitassent. Je ne sais même si les goujats n'auroient pas dédaigné ma compagnie si j'eusse voulu devenir leur camarade; mais il étoit juste, après avoir tant fait d'extravagances, que j'en fusse si bien puni.

Si quelque chose pouvoit me consoler dans un état si malheureux, c'est que pendant le cours de ma prospérité je n'avois pas fait la moindre friponnerie. Cela donna fort bonne opinion de moi à mon capitaine, qui, me croyant plus que jamais un garçon de naissance, conserva toujours pour moi de l'estime malgré ma misère. Il avoit trop profité de ma mauvaise conduite pour ne me la point pardonner dans le fond de son âme. Il me recevoit assez bien quand je l'allois voir; sans faire semblant de prendre garde à la situation de mes affaires, il ne laissoit pas d'en être touché, et il ne put s'empêcher de me le dire un jour que je lui parus plus triste qu'à l'ordinaire: Mon cher Guzman, il faudroit que je fusse bien dur et bien ingrat si j'étois insensible à vos peines, après tous les témoignages d'amitié que vous m'avez donnés; mais apprenez que,

ma fortune n'est guère meilleure que la vôtre, et que
je suis vivement affligé de ne pouvoir vous marquer
par mes actions jusqu'où va pour vous ma bonne volonté : tout ce que je puis vous offrir dans le pressant
besoin où vous vous trouvez d'être secouru, c'est un
logement dans ma maison, et la table de mes gens ; car
j'ai cessé par nécessité de manger chez moi, étant dans
l'impuissance de recevoir mes amis.

Cette proposition, qu'il ne me fit pas sans rougir,
fut accompagnée de tant de manières obligeantes, que
je l'acceptai. Il ne sied à personne de faire le fier, encore moins à un homme qui n'a pas le sou et qui ne
sait où donner de la tête : c'est un caméléon qui ne se
nourrit que de vent. Me voilà donc devenu en quelque
sorte domestique du capitaine, après avoir été son
compagnon. Mais je lui dois cette justice : bien loin de
me traiter comme un valet, il avoit des considérations
particulières pour moi. S'agissoit-il de faire quelque
chose pour son service, il m'en prioit au lieu de me le
commander. De mon côté, pour conserver son amitié,
et gagner le pain qu'il me donnoit, je me montrois plus
ardent que ses domestiques à le servir; je prévenois ses
désirs. Comme il me croyoit autant de discrétion que
de fidélité, et même beaucoup de prudence, quoique
j'eusse assez prouvé le contraire par la dissipation que
j'avois faite de mon argent, il voulut achever de m'instruire de l'état présent de ses affaires, pour me faire
connoître, disoit-il, qu'il avoit une entière confiance
en moi.

Il m'apprit donc qu'il étoit tellement à sec, que quelques bijoux qu'il avoit encore faisoient son unique res-

source. Savez-vous bien, ajouta-t-il, ce qui m'a réduit à cette extrémité? C'est le temps que j'ai été obligé de consumer à solliciter mon emploi, et les présents qu'il m'a fallu faire pour l'obtenir. Oui, j'y renoncerois si j'étois à recommencer, quelque envie qu'ait naturellement un gentilhomme espagnol d'acquérir de la gloire par la voie des armes. Effectivement, outre l'argent qu'il m'en a coûté pour cela, je ne puis y penser encore sans une extrême confusion, combien ai-je passé de journées, le chapeau à la main, à prier, à flatter, à faire des révérences jusqu'à terre, à traverser des cours, tantôt pour parler à celui-ci, et tantôt en accompagnant celui-là; enfin à valeter, à ramper, à faire mille bassesses. Mais le trait le plus piquant et le plus sensible pour moi, c'est ce qui m'arriva la veille du jour auquel on m'avoit promis ma commission. Après plus de huit mois de sollicitations et de démarches comme celles que je viens de vous dire, j'accompagnois le ministre dont j'avois besoin, et qui sortoit du palais. Je le conduisis avec le plus profond respect jusqu'à son carrosse. Il monta dedans, et je me couvris par malheur un moment devant que le carrosse partît. Le ministre s'en aperçut; il me lança un regard furieux, et me fit bien sentir que mon action lui avoit déplu, puisque ma commission ne me fut délivrée que quatre mois après : je courus même risque d'être renvoyé aux calendes grecques pour ma peine et pour mon argent.

Dieu préserve, continua-t-il en levant les yeux au ciel, Dieu préserve tout honnête homme d'avoir affaire aux personnes qui ont le pouvoir et la mauvaise volonté tout ensemble! Dans quel aveuglement sont ces idoles de cour, qui veulent qu'on les adore comme des divinités ! Ils ont apparemment oublié qu'ils ne sont que de misérables comédiens qui jouent de beaux rôles, et qu'à la fin de la pièce, c'est-à-dire de leur vie, ils disparoîtront aussi-bien que nous.

Mon capitaine m'attendrit par ce discours, et je me sentis plus pénétré de son malheur que du mien. Je lui témoignai, dans les termes les plus forts que mon cœur et mon esprit me purent fournir, qu'il n'y avoit rien que je ne fusse capable d'entreprendre pour le tirer de l'embarras où je le voyois; en un mot, que j'exposerois volontiers ma vie pour son service. Il me remercia de ma bonne volonté; mais quel secours, poursuivit-il en souriant, puis-je attendre de vous dans la situation où vous êtes ? Je verrai ce que je pourrai faire, lui répondis-je. Si je suis jeune, en récompense la nécessité aiguise l'esprit, et peut suppléer à l'expérience : laissez-moi seulement rêver aux moyens de vous faire passer doucement la vie jusqu'à notre embarquement. Le capitaine sourit encore à ces paroles, et, sans me répliquer, branla la tête pour me marquer qu'il faisoit peu de fond sur des discours qu'un zèle indiscret m'inspiroit. S'il eût connu mes talents, il auroit mieux jugé de moi; mais je le forçai bientôt à me rendre justice.

Comme les galères tardoient à venir, nous étions obligés de changer souvent de quartier, et nous logions par étapes dans les villages. A chaque logement, je donnois une douzaine de billets qui nous rapportoient pour le moins douze réaux chacun, et quelques - uns jusqu'à cinquante chez les riches laboureurs. Pour moi, j'avois mon entrée franche dans toutes les maisons,

sans loger dans aucune, et il n'y en avoit point où je
ne jouasse de la griffe. J'aurois, je crois, emporté de
l'eau du puits, plutôt que de sortir sans rien prendre.
Par ce moyen je relevai la marmite renversée de mon
capitaine. Il se remit à tenir table, et la subtilité de mes
mains lui fournissoit abondamment de quoi faire grande
chère à bon marché. Les poules, les chapons, les oies,
les poulets et les pigeons tomboient dru comme grêle
dans sa cuisine, et je ne le laissois point manquer de
jambons.

Si par hasard il arrivoit que le maître d'une maison
me prît sur le fait; si le vol n'étoit pas considérable,
on n'en faisoit que rire; et s'il étoit de conséquence,
j'en étois quitte pour être mené devant mon capitaine,
qui me reprenoit d'un air sévère, et m'envoyoit en prison dans une chambre, où je recevois par son ordre
cent coups de fouet que je ne sentois point, quoique
je les accompagnasse de cris si perçants que toute la
maison en retentissoit. Il sembloit qu'on me mît en
pièces, quoique l'on ne me touchât point du tout. Cela
contentoit les personnes volées, et sauvoit l'honneur
de l'officier. Quelquefois aussi les plaignants intercé-
doient eux-mêmes pour moi, et, par pitié, conjuroient
le capitaine de me pardonner ma faute.

Du badinage on passe au sérieux. Après ces petits
coups, j'en voulus faire de plus importants. Je choisis
pour cela cinq ou six déterminés de la compagnie, avec
lesquels je me déguisai pour aller exploiter sur les
grands chemins. Nous arrêtâmes quelques passants,
qui nous donnèrent leur bourse avec une docilité qui
nous épargna des crimes que leur résistance nous au-

roit pu faire commettre. Mais notre capitaine ne fut pas sitôt informé d'une affaire si délicate, qu'il en craignit les suites tant pour moi que pour lui. Il me défendit ce jeu-là, et il fallut m'en tenir à de plus innocents, comme à trouver des passe-volants quand il étoit question de passer montre. C'est ce que j'entendois à merveille. Je savois si bien faire changer de figure au même soldat, soit par une barbe postiche, soit par une emplâtre sur l'œil, qu'il recevoit trois fois la paye sans que l'on reconnût la supercherie. Enfin je devins si utile au capitaine, qu'il m'avoua que mon industrie lui valoit mieux toute seule que les revenant-bons de la compagnie.

CHAPITRE X.

Guzman se rend avec la compagnie à Barcelonne. Il y joue un tour à un orfévre, et s'embarque pour l'Italie.

LES galères arrivèrent enfin à Barcelonne. Dès que nous en eûmes avis, nous nous y rendîmes pour nous embarquer; mais le temps ne se trouva point favorable pour cela, et nous fûmes obligés de faire un assez long séjour dans cette ville. Ce n'étoit plus là ce pays de ressource où l'on pouvoit, avec un peu d'adresse, vivre grassement à bon marché. Je vis bientôt mon capitaine tomber dans une mélancolie dont je pénétrai facilement la cause. Je devois bien connaître sa maladie, puisque j'étois le médecin qui l'en avoit déjà guéri.

Pour cette fois-là, je sentois mon habileté en défaut,

ignorant la carte de Barcelonne, et le génie de ses habitants. Je ne laissai pas, à tout événement, d'offrir mon
spécifique à mon malade, qui me dit là-dessus, d'un
air très sérieux, que nous n'avions plus affaire à des
paysans, et qu'il falloit aller la sonde à la main. Les
difficultés ne firent qu'irriter mon esprit; et il me vint
une idée que je résolus de suivre. J'ai déjà dit que
le capitaine avoit des bijoux qu'il gardoit comme une
poire pour la soif. Parmi ces bijoux étoit un reliquaire
d'or, garni de quelques pierreries, et dont il parloit de
se défaire pour subsister jusqu'à l'embarquement. Je le
priai de me montrer ce bijou, et je lui demandai s'il
avoit assez de confiance en moi pour vouloir bien me le
laisser entre les mains pendant un jour ou deux, ajou-
tant que je le lui rendrois avec usure. A ces mots, il prit
un air gai, et me répondit en souriant : Oh oh! mon
petit ami Guzman, méditeriez-vous, par hasard, quelqu'un de ces tours de passe-passe que vous savez si bien
faire? Vous n'avez seulement, repris-je, qu'à me donner le reliquaire, et tenez-vous gaillard. Si, malgré
toutes les mesures que je pourrai prendre pour faire
sûrement le coup que j'ai dans la tête, j'ai le malheur
d'avoir quelque demêlé avec la justice, du moins je
vous promets de sauver votre honneur et de porter
toute l'iniquité.

Mon capitaine se rendit à cela; il m'abandonna le
reliquaire, en me disant qu'il souhaitoit que je vinsse
heureusement à bout de mon entreprise. Personne n'y
avoit plus d'intérêt que lui, puisque tout le profit lui
en devoit revenir. Je mis le bijou dans une bourse que
je cachai dans mon sein, et dont je passai les cordons

dans une boutonnière de mon jupon, après quoi j'entrai chez le premier orfévre qu'on m'enseigna, et qui, par bonheur pour moi, étoit connu dans la ville pour un insigne usurier. Je lui demandai s'il vouloit acheter un beau reliquaire, et en même temps je lui montrai celui que j'avois. Je m'aperçus qu'il en fut très content, quoiqu'il affectât de ne le point paroître. Je n'attendis pas qu'il me fît des questions; je lui dis que j'étois soldat dans une compagnie de nouvelles levées; laquelle devoit passer en Italie; que j'avois mangé tout l'argent que je possédois, et que, n'en ayant plus, je me trouvois réduit à vendre ce bijou pour n'être pas sans espèces. Allez, poursuivis-je; allez vous informer de mon capitaine, des autres officiers et des soldats même, qui je suis; ils vous apprendront que je me nomme don Juan de Guzman. Sur le rapport qu'ils vous feront de moi, vous verrez si vous pouvez acheter mon reliquaire en sûreté. Pendant que vous ferez vos informations, je vais vous attendre sur le port, où une affaire m'appelle.

L'orfévre, qui ne vouloit pas laisser échapper ce bijou, prit son manteau, et courut sur-le-champ vers le quartier où je lui dis que nous logions. Il ne manqua pas d'interroger quelques officiers et des soldats même pour savoir ce que c'étoit qu'un certain don Juan de Guzman, qui se disoit de leur compagnie. Les uns et les autres (car j'étois généralement aimé) l'assurèrent que j'étois un jeune homme de qualité, qui avoit dessein de passer avec eux en Italie, et qu'ils m'avoient vu faire une figure des plus brillantes; enfin ils lui rendirent un si bon témoignage de moi, qu'il vint

promptement me chercher sur le port, où il n'eut garde
de ne me pas trouver, puisque je n'étois là que pour
l'attendre et le friponner. Il me dit en m'abordant qu'il
me prioit de lui faire voir encore le reliquaire, et qu'il
l'acheteroit. Je le veux bien, lui répondis-je; mais ti-
rons-nous un peu à l'écart; nous n'avons pas besoin que
le monde s'assemble autour de nous.

Je tirai le bijou de la bourse, et le lui donnai à considérer de nouveau. Il le regarda de tous côtés, et,
après l'avoir bien examiné, il me demanda ce que j'en
voulois. Je lui dis deux cents écus d'or, et ce n'étoit
pas la moitié de ce qu'il valoit. Le vieil usurier feignit
d'être étonné de ce prix, et commença de dire que l'or
n'étoit pas du plus fin; outre cela, il trouva de grands
défauts dans le travail comme dans les pierreries; néanmoins il m'en offrit cent écus. Je fis le surpris à mon
tour. Ce n'est pas assez, m'écriai-je; c'est se moquer:
vous abusez de ma situation; mais quelque besoin que
j'aie d'argent, je vous déclare que vous ne l'aurez pas
à moins de cent cinquante écus d'or.

Il fit pourtant si bien encore que j'en rabattis trente;
de sorte que le marché fut conclu à cent vingt. Il me
pria d'aller avec lui à sa boutique pour les recevoir; ce
que je refusai de faire, en lui disant que j'attendois
un homme, et que je ne pouvois m'éloigner du port;
qu'il n'avoit qu'à retourner chez lui chercher la somme
dont nous étions convenus, et qu'il me retrouveroit au
même lieu où il me laissoit. L'orfévre voyant que je
m'obstinois à ne vouloir pas l'accompagner, et craignant que la personne qui devoit me venir joindre ne
fût un de ses confrères, auquel j'avois peut-être donné

rendez-vous pour le même sujet, courut au logis avec d'autant plus d'empressement, qu'il avoit plus d'envie d'avoir le reliquaire.

J'aperçus bientôt ce vieux fripon qui revenoit tout essoufflé : il portoit dans un petit sac les cent vingt écus d'or, qu'il me compta dans la main. Je lui demandai le petit sac dans lequel je remis l'or, et lui offris à la place la bourse où avoit été le bijou; mais faisant semblant de ne pouvoir défaire les cordons que j'avois exprès bien attachés, je tirai, comme par impatience, d'un étui qu'il avoit à sa ceinture, un couteau pour les couper. Quoique cette action le surprît un peu, il étoit si éloigné d'en pénétrer la cause, qu'il reprit le chemin de sa maison, très satisfait d'avoir profité d'une bonne occasion, et ne se doutant nullement du piége que je lui avois tendu.

Je le laissai faire quelques pas; puis je fis signe à un de mes camarades, qui ne valoit pas mieux que moi, et que j'avois posté dans un endroit, avec ordre d'accourir quand je l'appellerois. Je le chargeai des écus d'or, que je lui dis de porter à notre capitaine; ensuite courant après mon orfévre, que je n'avois pas perdu de vue, je l'atteignis dans un carrefour où il y avoit par hasard une troupe de soldats assemblés; et le montrant du doigt, je me mis à crier : Au voleur, seigneurs soldats, au voleur! Pour l'amour de Dieu, arrêtez ce vieux fripon qui m'a volé! ne le laisséz point échapper! Les soldats, dont il y en avoit quelques-uns de notre compagnie, arrêtèrent aussitôt l'orfévre, en lui demandant pourquoi il me donnoit sujet de me plaindre ainsi de lui. Il fut d'abord si troublé, si saisi de crainte et d'étonnement, qu'il n'eut pas la force de prononcer une parole; d'ailleurs, quand il auroit parlé, cela eût été inutile; la voix de son accusateur eût étouffé la sienne : on n'entendoit que moi, je criois sans cesse; et, pour faire plus d'impression sur les soldats, je me jetai à genoux devant eux, en implorant leur secours avec de fausses larmes.

Mes seigneurs, leur disois-je, vous voyez dans ce vieux scélérat le plus grand hypocrite qu'il y ait en Espagne. J'étois tout à l'heure avec lui sur le port. Il a remarqué une bourse dans mon sein; il m'a demandé ce qu'il y avoit dedans. C'est, lui ai-je répondu, un reliquaire que mon capitaine, mon maître, a oublié ce matin sur le chevet de son lit, et que j'ai pris pour le lui rendre. Ce voleur que vous tenez m'a prié d'un air honnête de le lui montrer, en me disant qu'il étoit orfévre et qu'il se connoissoit en bijoux. J'ai contenté sa curiosité. Après quoi il m'a proposé de lui vendre ce reliquaire. Cela ne se peut pas, lui ai-je dit, puisqu'il est à mon maître. En même temps je l'ai remis dans ma bourse, qui étoit attachée à mon jupon. Là-dessus mon voleur, en m'amusant de paroles, a tiré de l'étui qu'il porte à sa ceinture un couteau dont il s'est servi pour couper les cordons dont vous pouvez encore voir les bouts. Donnez - vous, s'il vous plaît, la peine de le fouiller, et vous lui trouverez la bourse avec le bijou dont il n'a pas eu le loisir de se défaire, tant je l'ai suivi de près.

Les soldats le fouillèrent aussitôt; ils tirèrent la bourse et le reliquaire qu'il avoit mis dans son sein; et s'apercevant qu'en effet les cordons avoient été coupés, ils

démeurèrent convaincus que l'orfévre étoit un fripon.
Il avoit beau protester et jurer que je lui avois vendu
ce bijou, ils refusèrent de le croire, ne pouvant se persuader qu'un vieil orfévre eût été capable d'acheter
d'un jeune soldat un reliquaire si riche, sans le soupçonner de l'avoir dérobé. Encore une fois, seigneurs
soldats, s'écria l'accusé, j'ai payé le reliquaire à ce
jeune homme, à telles enseignes qu'il doit avoir actuellement sur lui cent vingt écus d'or que je lui ai comptés
dans la main. Vous n'avez qu'à le fouiller à son tour,
vous lui trouverez ces pièces d'or, qu'il vient de recevoir de moi il n'y a qu'un moment. Les soldats, pour
le contenter, se mirent à me visiter partout, et voyant
que je n'avois point d'argent, ils commencèrent à l'accabler d'injures, et même à le battre. Néanmoins, comme
il ne cessoit de les prier de nous mener l'un et l'autre
devant le juge, ils nous y conduisirent tous deux.

Là, je rapportai l'affaire de la même façon que je
l'avois contée aux grivois, lesquels, ayant été interrogés par le juge, en dirent plus qu'il n'en falloit pour
faire croire que l'orfévre m'avoit effectivement pris de
force le reliquaire. D'ailleurs, ce bourgeois étant connu
pour un homme fort intéressé et très peu scrupuleux,
on n'étoit que trop disposé à le croire coupable. Le magistrat toutefois, voulant avoir quelque considération
pour sa famille, qui étoit des meilleures de la bourgeoisie, se contenta de lui faire une forte réprimande,
et me remit le bijou entre les mains, avec ordre de le
reporter à mon maître; ce qui fut exécuté sur-le-champ.

Le capitaine, quand je lui fis le récit de cette aventure, rendit grâce au ciel dans le fond de son âme de
ce qu'elle avoit eu une si heureuse fin. Il avoit craint,

avec beaucoup de raison, que je ne me tirasse plus mal
d'une affaire si scabreuse, et ma hardiesse le fit trembler. Quoiqu'il eût seul profité de la friponnerie, il résolut de se défaire du fripon; il eut peur que je ne le
perdisse à la fin par quelques-uns de mes tours. Il attendoit avec impatience le jour de notre embarquement.

Ce jour si désiré de lui arriva peu de temps après.
Les galères sortirent du port de Barcelonne, et nous
transportèrent heureusement à Gênes. Nous n'eûmes
pas plus tôt mis pied à terre, que mon capitaine me dit
en particulier : Mon cher Guzman, nous voici enfin
dans le pays où vous avez tant souhaité d'être; car je
lui avois fait confidence du dessein que j'avois d'aller
voir mes parents; il faut, s'il vous plaît, que nous nous
séparions. J'appréhende comme tous les diables vos
petits coups de main; ils pourroient un jour me porter
malheur. Adieu, mon ami, poursuivit-il en me mettant
dans la main une pistole, je suis fâché de n'être pas en
état de mieux reconnoître vos services. En achevant
ces paroles, il s'éloigna de moi, me laissant si étourdi
du compliment qu'il venoit de me faire, que je ne pus
lui dire un seul mot. Mais que lui aurois-je dit? Falloit-il lui représenter tous les périls que j'avois affrontés
pour lui? Il ne les ignoroit pas : c'étoit même à cause
de cela qu'il me chassoit. Je ne devois pas être si surpris de son procédé. J'avois le destin que les méchants
ont d'ordinaire. On se sert d'eux tant qu'ils sont utiles;
comme des vipères et des scorpions, on en tire la sub-
stance pour en composer des remèdes, et l'on en jette
le reste.

FIN DU SECOND LIVRE.

LIVRE TROISIÈME.

CHAPITRE PREMIER.

Guzman arrivé à Gênes prend la résolution d'aller se présenter devant ses parents. De quelle manière ils le reçoivent.

Aussitôt que j'eus quitté mon capitaine, ou, pour mieux dire, quand je vis qu'il m'abandonnoit, je ne songeai qu'à me consoler de ce malheur. Rien n'étoit plus propre à me le faire oublier, que de penser qu'enfin j'étois à Gênes, après avoir si long-temps souhaité de m'y voir. J'allai d'abord faire un tour dans la ville, où je demandai des nouvelles de mes parents. J'appris qu'ils étoient hauts et puissants seigneurs, et des plus riches de la république. Cela me causa bien de la joie, et me fit juger que je recevrois d'eux de grands secours, lorsqu'ils sauroient que j'étois un extrait de leur noble famille.

En attendant que je fusse en état de les aller saluer chez eux, je jugeai à propos de chercher une petite hôtellerie où je pusse vivre à peu de frais. Ma pistole ne pouvoit me mener loin. Encore fallut-il en employer une partie en souliers, dont j'avois un extrême besoin. Mon habit étoit déjà bien usé, aussi-bien que mes bas et mon chapeau. Tout mon équipage commençoit à menacer ruine. Tant mieux, disois-je; mes parents ne

souffriront pas que je demeure comme je suis ; ils ne
voudront pas que je leur fasse déshonneur. Ne perdons
point de temps, hâtons-nous de nous faire connoître,
pour sortir promptement de misère.

Me voilà donc à chercher mes parents, et à demander
le chemin de leur maison, en me vantant publiquement d'être de leur famille ; ce qui leur fut bientôt
rapporté par des gens qui ne les aimoient guère, et qui,
jugeant que la vue d'un jeune homme si mal équipé ne
leur feroit pas grand plaisir, s'étoient empressés à leur
porter cette agréable nouvelle. Mes généreux parents
en furent au désespoir. Il leur sembloit que ma pau-
vreté les couvroit d'infamie ; et je ne voudrois pas jurer
que s'ils eussent pu, sans se commettre, me faire
poignarder, ils n'y auroient pas manqué ; outre qu'ils
n'eussent fait en cela que suivre l'usage de ce pays-là.
Mais comme on s'entretenoit déjà de moi dans toute la
ville, et que l'on s'y souvenoit encore de mon père, si
l'on m'eût vu tout à coup disparoître, on n'en auroit
pas demandé la cause.

Ne sois pas scandalisé, lecteur, de la mauvaise
opinion que j'ai de mes parents. Je m'imagine qu'à leur
place tu ne ferois pas autrement qu'eux. Suppose-toi
pour un moment aussi riche qu'ils l'étoient, et me dis
de quelle façon tu recevrois un gueux qui, tout à coup
tombé des nues, viendroit te saluer au milieu d'une
rue, en te disant : Bonjour, mon oncle ; je suis fils de
votre frère ou de votre mère : tu trouverois cela bien
mortifiant. J'eus l'imprudence de me présenter publiquement devant eux ; aussi je n'en abordai pas un qui
ne me traitât d'imposteur et de fripon. Ils accompa-

gnèrent même de menaces ces deux épithètes. Croyez-nous, me dirent-ils, ne vous arrêtez point à Gênes, de peur d'y passer fort mal votre temps. J'avois beau nommer mon père, et protester qu'il avoit tenu son rang parmi les nobles Génois, tous ses mauvais parents l'avoient oublié.

Je rencontrai pourtant un soir certain vieillard, qui, sans se découvrir, m'aborda d'un air doux et honnête. Mon fils, me dit-il, n'est-ce pas vous qui avez sujet de vous plaindre de quelques personnes titrées qui ne veulent pas vous reconnoître pour un homme de leur sang ? Je répondis qu'oui, et je lui dis qui étoit mon père. Vous me parlez, reprit le vieillard, d'un noble que j'ai vu autrefois. Il est constant qu'il a dans cette ville des parents qui sont des gens considérables. Je vous dirai même que je connois un banquier qui doit avoir été des amis de votre père, et qui demain, car il est trop tard aujourd'hui, vous mettra au fait de toute votre famille. En attendant que je vous mène chez lui, continua-t-il, venez loger dans ma maison ; je suis indigné de l'accueil que vos cousins vous ont fait ; ils devoient plutôt vous recevoir avec affection. Mais suivez-moi, et comptez que le banquier vous vengera bien de leur dureté.

J'acceptai l'offre que ce bon vieillard me faisoit de me donner un logement, en rendant grâce au ciel d'avoir fait une si heureuse rencontre. Je n'avois garde de me défier d'un pareil personnage. Il avoit l'air grave et débonnaire ; sa tête chauve et sa barbe blanche rendoient sa mine vénérable. Il s'appuyoit sur un bâton, et portoit une longue robe : je le regardois comme un autre saint Paul. Lorsque nous fûmes dans sa maison, qui me parut un hôtel magnifique, il vint un valet qui voulut lui ôter sa robe; mais le vieillard ne la quitta point, par un excès de politesse, et renvoya le valet, après lui avoir dit quelques paroles italiennes, qui furent pour moi de l'hébreu. Ensuite il me fit entrer dans une salle, où, pendant une heure entière, il m'entretint des affaires d'Espagne; puis venant insensiblement à celles de ma famille, il me fit force questions, particulièrement sur ma mère, et je n'y répondis point en sot. L'entretien commençoit à m'ennuyer, quand le valet revint. Ils eurent encore ensemble une petite conversation en italien, à laquelle je ne compris rien non plus qu'à la première; mais immédiatement après, le bon homme, s'adressant à moi, me dit en espagnol : Je suppose que vous avez soupé; il est temps de s'aller coucher; vous devez avoir besoin de repos. Nous nous reverrons demain. Puis se tournant vers le domestique : Antonio Maria, poursuivit-il, conduisez ce gentilhomme au plus bel appartement de ma maison.

J'avois plus d'envie de manger que de dormir, ou plutôt je mourois de faim, ayant par malheur dîné ce jour-là fort sobrement à mon auberge, pour mieux ménager ma pistole, qui tiroit à sa fin : néanmoins, de peur d'abuser des bontés d'un hôte qui paroissoit si disposé à me rendre service, je suivis son valet, comme si j'eusse eu le ventre plein. Ce domestique me fit d'abord traverser une enfilade de sept à huit pièces pavées d'albâtre, et toutes plus propres les unes que les autres; de là nous entrâmes dans une galerie pour aller gagner une très belle chambre, où il y avoit un lit fort riche et bien garni, avec une tapisserie magnifique. Vous voyez votre chambre, me dit Antonio Maria, et le lit qui vous est destiné : il n'y couche jamais que des princes ou des parents de mon maître.

Ce valet, après m'avoir laissé considérer un peu la richesse des ameublements, s'offrit à me déshabiller; mais je m'en défendis pour cause : outre que je n'étois pas bien aise qu'il vît une chemise toute déchirée, mon habit avoit besoin d'une main plus intéressée que la sienne à me l'ôter délicatement. Cependant, soit par malice, soit qu'il crût que je ne m'opposois à sa bonne volonté que par politesse, il revint à la charge; et se mettant en devoir de me servir malgré moi, il me prit et me tira si brusquement une manche, que si je n'eusse pas eu la précaution de la tenir de l'autre main, il me l'auroit sans doute arrachée. Alors le priant d'un air chagrin de me laisser en repos, j'allois tout de bon me fâcher contre lui, s'il ne se fût point arrêté pour prévenir ma colère. Je me retirai dans la ruelle, ou m'étant promptement défait de mes guenilles qui ne tenoient qu'à deux lacets, je me fourrai vite dans le lit, dont je sentis que les draps étoient propres et parfumés; après quoi je dis au valet qu'il pouvoit emporter la chandelle. Je n'ai garde, me répondit-il; ce seroit le moyen de vous faire passer une très mauvaise nuit. Il se cache dans cette chambre, dont le plafond est fort élevé, de grandes chauve-souris qui sont assez communes dans ce pays-ci, et dont vous seriez incommodé si vous demeuriez sans lumière; ajoutez à cela, poursuivit-il, qu'il revient dans les principales maisons de cette ville certains esprits malfaisants, dont on seroit infailliblement tourmenté si l'on négligeoit d'avoir dans les chambres des chandelles allumées, dont ces lutins, à ce qu'on dit, fuient la clarté. Il me faisoit tous ces contes d'un air ingénu, et je les écoutois avec toute la crédulité d'un enfant, au lieu de me défier de cet Antonio Maria, dont la mine fourbe me devoit être suspecte.

Il ne fut pas sitôt hors de ma chambre, que je me levai pour aller fermer la porte aux verrous, moins dans la crainte d'être volé, que dans l'espérance d'empêcher par là les esprits de m'y venir persécuter. Après cela, me croyant en sûreté, je me recouchai, et me mis à faire des réflexions sur les bontés du respectable vieillard chez qui je me trouvois. Bien loin de le soupçonner de quelque mauvais dessein, ce que je n'aurois pas manqué de faire si j'eusse eu un peu plus d'expérience, je me représentai qu'il falloit que ce fût quelqu'un de mes plus proches parents, lequel n'avoit pas voulu se faire connoître ce soir-là, pour me surprendre plus agréablement le lendemain matin. Je gagerois bien, disois-je, qu'à mon réveil je verrai venir un tailleur qui me prendra la mesure d'un habit. Je puis compter que j'aurai bientôt toutes mes petites commodités. Je n'ai pas perdu ma peine d'avoir passé la mer pour venir en Italie. C'est ainsi qu'en me berçant des plus agréables pensées, je livrai peu à peu mes sens au sommeil le plus profond.

Quoique Antonio Maria m'eût dit que les esprits malfaisants étoient ennemis de la lumière, ma chandelle allumée ne put me garantir des persécutions de quatre figures de diables qui entrèrent dans ma chambre. Je n'entendis pas d'abord le bruit que firent ces démons;

mais leur intention n'étant pas de respecter mon repos, ils s'approchèrent de mon lit, tirèrent les rideaux, me saisirent tous quatre, deux par les mains, deux par les pieds, et m'enlevèrent. Je me réveillai enfin, et me voyant suspendu en l'air entre les griffes de ces quatre diables, je demeurai tellement épouvanté, qu'on peut dire que j'étois plus mort que vif. Ils avoient la forme sous laquelle on représente un démon; de grandes queues, des masques effroyables et des cornes à la tête. Je perdis l'usage de la voix : à peine me restoit-il quelque sentiment. J'en eus pourtant encore assez pour invoquer quelques saints, dont les noms se présentèrent à mon esprit; mais quand j'aurois récité des oraisons, c'eût été autant de bien perdu; je n'aurois pu chasser ces lutins : les exorcismes même auroient été inutiles. J'avois affaire à des diables baptisés. Ils me mirent dans une de mes couvertures, en prirent chacun un coin, et commencèrent à me berner avec tant de vigueur, qu'ils me lançoient jusqu'au plafond, contre lequel je m'imaginois à tout moment que j'allois me casser la tête ou quelqu'un de mes bras. J'en fus quitte toutefois pour des contusions et des meurtrissures. Ils cessèrent enfin de me faire voltiger, soit par fatigue, soit qu'ils sentissent que ma peur étoit laxative. Ils me couchèrent tout rompu; puis, m'ayant recouvert, ils éteignirent la lumière, et s'en retournèrent par où ils étoient venus.

Je demeurai dans ce pitoyable état jusqu'au lever du soleil; et la frayeur dont j'avois été saisi m'agitoit encore, lorsque je fis un effort pour me lever, dans le dessein de sortir au plus vite d'une maison où l'on remplissoit si mal les devoirs de l'hospitalité; mais je ne me levai ni ne m'habillai point sans ressentir de vives douleurs, dont je ne pouvois me rappeler la cause, sans donner mille malédictions au vieillard qui m'avoit fait traiter si cruellement. Ce n'étoit plus pour moi ce personnage si digne de vénération, cet homme de bien que je m'applaudissois d'avoir rencontré; c'étoit alors un vieux sorcier, damné dès ce monde.

Avant que de sortir de la chambre, je fus curieux de savoir par où les esprits malins y étoient entrés. J'examinai d'abord la porte; et la trouvant au même état où je l'avois laissée en me couchant, c'est-à-dire fermée aux verrous, je ne pouvois croire raisonnablement qu'ils se fussent introduits par là; mais ayant levé une tapisserie, j'aperçus une grande fenêtre qu'elle couvroit, et qui donnoit sur le corridor. Elle étoit même encore ouverte, les lutins ne s'étant pas mis fort en peine de la fermer. Je ne fis point de bruit, de peur que les battus ne payassent encore l'amende, et je n'aspirois qu'à me tirer de ce maudit endroit. J'étois déjà dans la galerie, lorsque Antonio Maria vint au devant de moi pour me dire que son maître m'attendoit dans une église à deux pas de là. Je ne lui répondis qu'en le priant de me conduire à la porte de la rue; ce qu'il fit d'un aussi grand sang-froid que s'il n'eût pas été un des démons qui m'avoient si bien berné. Dès que j'eus la clef des champs, je ne demandai pas mon reste; je m'enfuis tout à coup comme si je n'eusse pas eu le moindre mal. Que la frayeur prête de force! J'allois comme la pensée.

D'abord que je me vis en liberté, ma faim, que la crainte avoit suspendue, recommença de se faire sentir, et devint telle, qu'il me fallut, pour la satisfaire, acheter

un peu de viande cuite et un morceau de pain, que je
mangeai en marchant toujours. Je ne m'arrêtai point
que je ne fusse hors de la ville; mais alors apercevant
une taverne, j'entrai dedans pour boire un coup. Le
vin, que je trouvai bon, ranima mon courage; de manière qu'après un petit repas je pris la route de Rome
en m'occupant du gracieux accueil que mes parents
m'avoient fait, et surtout de celui du vieillard. Je fis
serment de ne jamais oublier la détestable nuit que ce
vieux loup gris m'avoit procurée en me menant loger
chez lui, et d'en tirer vengeance si la fortune m'en
fournissoit l'occasion.

CHAPITRE II.

Du parti que Guzman prit en sortant de Génes.

Je m'éloignois de Gênes sans tourner la tête pour regarder cette ville, comme si j'eusse craint d'être changé
en pierre. Je ressemblois à un échappé de la bataille
de Roncevaux, et je marchois toujours sans tenir de
route assurée, quoique j'eusse dessein d'aller à Rome.
Enfin j'arrivai à un bourg à dix mille de Gênes, et je
m'y arrêtai pour me délasser pendant quelques heures.
J'achevai là de dépenser ma pistole; ensuite m'abandonnant à la Providence, je poursuivis mon chemin.

Je me trouvai bien heureux d'être accoutumé à la
mauvaise fortune, et d'avoir déjà quelques principes
de l'art de gueuser; sans cela, que serois-je devenu?

J'aurois été fort à plaindre ; au lieu qu'avec le talent
d'exciter la charité du prochain, on peut sans argent
voyager en Italie. Il faut rendre cette justice aux Italiens, qu'il n'y a point dans le monde de nation plus
charitable que la leur. Pour preuve de cela, c'est que
je poussai jusqu'à Rome sans dépenser même un sou de
tout l'argent que je reçus en chemin, et que je gardai.
On me donnoit dans les villages plus de viande et de
pain que je n'en pouvois manger. La gueuserie en ce
pays-là est donc d'une grande ressource pour les géns
d'esprit malaisés qui veulent sacrifier à la paresse; aussi
je m'accoquinai si fort à ce métier, que je n'en cherchai
plus d'autre. Il est vrai que me voyant dans la capitale
du monde catholique, avec assez d'argent pour m'habiller, je fus au commencement un peu tenté de le
faire, pour me mettre en état d'aller présenter mes services à quelque grand seigneur; mais je résistai courageusement à ce désir, qui me parut une tentation du
diable.

Oh! oh! Guzman, me dis-je à moi-même, avez-vous
envie de vous donner ici les mêmes airs qu'à Tolède?
Si, par malheur, quand vous aurez employé tout votre
magot à vous habiller, vous ne trouvez point de condition, qui vous nourrira, mon ami? D'ailleurs pensez-
vous qu'un bel habit neuf soit propre à rendre le monde
charitable? Détrompez-vous; vous ferez beaucoup mieux
vos orges vêtu comme vous êtes. Croyez-moi, profitez
de vos vieilles folies, au lieu d'en vouloir faire de nouvelles. Demeurez tranquille, et n'ayez point de vanité.
En me parlant de cette sorte, je tirai ma bourse et lui
fis un nouveau nœud; puis, apostrophant les espèces qui

étoient dedans : Demeurez enfermées là, leur dis-je, jusqu'à ce qu'il s'offre une meilleure occasion de sortir.

Je commençai donc à promener mes haillons dans les rues de Rome, et à demander l'aumône en gueux qui déjà se croyoit un maître, et qui pourtant n'étoit encore qu'un apprenti, en comparaison des mendians de ce pays-là. Il y en eut, entre autres, un jeune qui, remarquant de quelle façon je m'y prenois, jugea que j'avois besoin de leçons, et voulut bien m'en donner. Nous nous associâmes tous deux; et, pour me rendre plus utile à la société, il m'apprit les différentes manières et les tons divers dont il falloit demander aux uns et aux autres, sans parler de la variété des discours qu'on leur devoit tenir. Les hommes, me dit-il, ne sont point touchés de ces voix plaintives et lamentables dont les gueux font retentir les airs; ils mettent plus volontiers la main à la poche quand on leur demande simplement pour l'amour de Dieu. Quant aux femmes, continua-t-il, comme les unes sont dévotes à la Sainte-Vierge, les autres à Notre-Dame du Rosaire, c'est par-là que nous les empaumons. Il est bon aussi de leur souhaiter qu'elles soient préservées de tout péché mortel, de faux témoignage, du pouvoir des traîtres et des méchantes langues. Ces sortes de vœux, faits en termes énergiques et d'une voix forte, leur arrachent l'argent du fond de l'âme.

Il m'enseigna de plus de quelle manière on pouvoit inspirer de la compassion aux riches, et, ce qui est encore plus difficile, aux dévots de profession. En un mot, je reçus de lui de si bonnes instructions, que je m'en trouvai fort bien. Je ne savois que faire de tout ce qu'on me donnoit. Je connoissois déjà Rome, depuis le pape jusqu'au dernier de ses marmitons. De peur de fatiguer mes pratiques à force de leur demander, j'avois divisé la ville en sept quartiers, dont j'en visitois régulièrement un chaque jour. Je n'étois pas moins exact à parcourir les églises, quand on y célébroit des fêtes, et je faisois alors dans ces endroits-là de copieuses recettes de menues monnoies. A l'égard des morceaux de pain qui m'étoient ordinairement donnés aux portes des maisons, j'en vendois le superflu aux pauvres honteux qui, par la secrète assistance des fidèles, étoient en état de les payer comptant. Des villageois, et d'autres gens qui engraissoient de la volaille et des cochons, en achetoient aussi; mais les faiseurs de pain d'épices étoient ceux de mes chalands avec qui je trouvois le mieux mon compte. Je faisois encore de l'argent de toutes les vieilles hardes que m'apportoient pour me couvrir la peau les personnes charitables, qui ne pouvoient sans pitié voir un garçon de mon âge presque nu, surtout pendant l'hiver.

Depuis ce temps-là, ayant fait connoissance avec les premiers docteurs de notre faculté de gueuserie, j'achevai de me perfectionner par leurs conseils et par leur exemple. J'allois avec eux dans les grandes maisons, quand on y faisoit des aumônes publiques. Un jour que nous étions une trentaine pour le moins à la porte de l'hôtel de l'ambassadeur de France, j'entendis un de mes confrères qui disoit derrière moi : Regardez ce vilain gourmand d'Espagnol, il gâte le métier. S'il arrive le ventre plein dans un endroit où quelqu'un lui présente de la soupe ou de la viande, il n'en

veut point. Cela nous perd : on juge par là que les pauvres, pour la plupart, en ont plus qu'il ne leur en faut.
Un de nos anciens qui me connoissoit, ayant ouï ces
paroles, dit au gueux qui venoit de les prononcer : Paix,
camarade. Ne voyez-vous pas bien que c'est un étranger qui n'est pas encore instruit de nos règles. Laissez-
moi faire ; je veux l'endoctriner : il n'a pas la tête dure,
et je puis vous assurer que dans peu il en vaudra bien
un autre.

Après avoir ainsi pris mon parti, il m'appela tout
bas, et, me tirant à l'écart, il me fit plusieurs questions.
Il me demanda de quel endroit d'Espagne j'étois, comment je me nommois, depuis quel temps je demeurois
à Rome ; et quand j'eus répondu à tout cela très laco-
niquement ; il me représenta, mais avec beaucoup de
douceur, les considérations mutuelles que les pauvres
se devoient les uns aux autres, pour le *decorum* de la
gueuserie ; qu'ils étoient obligés d'être unis et de s'entendre comme des frères en foire. De là, s'engageant
dans un grand détail, il me révéla des secrets qui me
firent bien connoître que j'étois encore fort au-dessous
de ces grands hommes. Il m'apprit, entre autres choses dont je n'avois de ma vie entendu parler, de quelle
façon je pouvois élargir mon estomac, et manger quatre
fois plus qu'à mon ordinaire sans en être incommodé.
Il n'oublia pas de me remontrer que je devois, lorsque
je mangerois devant le monde, faire paroître une extrême avidité ; ce qui étoit essentiel, disoit-il, pour persuader que les pauvres mouroient de faim. Après cela,
il finit en me disant à quelles heures il falloit que j'eusse
soin de me rendre à tels ou tels endroits, dans quelles

maisons il m'étoit permis d'entrer dans la cuisine, et même jusque dans la chambre, et il me marqua celles dont il m'étoit défendu de passer la porte.

Je m'imaginois qu'il avoit épuisé la matière, et cependant toutes ces choses n'étoient encore rien au prix des lois de la gueuserie. Il me les fit lire chez lui, où il me mena dès que l'aumône de l'ambassadeur de France eut été distribuée. Il ne se contenta pas de me donner la lecture de ces lois admirables; il m'en laissa prendre une copie, afin, me dit-il, que, cessant d'y contrevenir par ignorance, je ne commisse plus d'actions scandaleuses. Je n'ai pas cru, lecteur, devoir supprimer ces statuts. Je vais te les rapporter tels qu'ils me furent communiqués. S'il y a des personnes qui n'aiment point les peintures dans les mœurs basses, est-il juste que, pour m'accommoder à l'excès de leur délicatesse, je ne te montre pas un tableau qui peut te faire plaisir?

CHAPITRE III.

Les lois de la gueuserie.

Comme les gueux de chaque nation se font distinguer par la manière dont ils demandent l'aumône; que les Allemands mendient par troupes et en chantant, les François en priant, les Flamands en faisant des révérences, les Bohémiens en disant la bonne aventure, les Portugais en pleurant, les Italiens en haranguant, les Anglois en injuriant, et les Espagnols en grondant d'un air orgueilleux : nous leur ordonnons à tous d'observer les statuts suivants, sous peine de désobéissance :

1° Nous défendons à tout mendiant blessé ou estropié, de quelque nation qu'il soit, de paroître dans les endroits où seront d'autres gueux pleins de vigueur et de santé, à cause de l'avantage qu'il auroit sur eux ; comme aussi nous faisons défense à ceux qui n'ont aucune incommodité de faire aucune liaison, de quelque façon que ce puisse être, avec des aveugles, diseurs d'oraisons, saltimbanques, poëtes, musiciens, captifs rachetés, ni même avec de vieux soldats échappés d'une déroute, non plus qu'avec des matelots sauvés d'un naufrage. Quoiqu'ils demeurent tous d'accord qu'il faut demander la charité pour subsister, leur manière de gueuser étant différente, il est nécessaire que chaque société s'en tienne à ses règlements.

2° Nous ordonnons que dans chaque pays les mendiants aient des tavernes fixes, où puissent présider trois ou quatre de leurs anciens avec leurs bâtons à la main pour marque de leur autorité ; auxquels dits anciens nous donnons pouvoir de s'entretenir, dans lesdites tavernes, de toutes les affaires du monde, et de dire avec liberté tout ce qu'ils en pensent : permettons en même temps aux autres gueux de conter leurs faits héroïques, ainsi que les exploits de leurs prédécesseurs, et de parler dé batailles où ils ne se seront point trouvés.

3° Que tout pauvre mendiant soit tenu de porter à la main un bâton, ferré même s'il se peut, pour s'en servir dans l'occasion, à peine de s'en repentir.

4° Qu'il prenne garde surtout d'avoir sur lui quelque chose de neuf; que tous ses vêtements soient usés, déchirés ou rapiécetés; rien ne produisant un plus mauvais effet que de gueuser avec un habit neuf : bien entendu toutefois que si en demandant l'aumône un mendiant reçoit quelque harde neuve, il pourra s'en parer le jour qu'il l'aura reçue, mais non pas plus longtemps; nous voulons qu'il s'en défasse dès le lendemain.

5° Pour prévenir toute dispute qui pourroit naître entre les confrères pour les postes, nous entendons que l'ancienneté de la possession prévale, et qu'on n'ait aucun égard pour les personnes.

6° Que deux mendiants infirmes ou estropiés, gueusent ensemble s'ils veulent, et se traitent de frère; mais qu'ils affectent de demander l'aumône tour à tour d'un ton de voix différent, et de façon que l'un ne commence que quand l'autre aura fini. Qu'ils marchent sur la même ligne des deux côtés d'une rue, en chantant chacun ses disgrâces, et qu'ils partagent ensuite ce qu'ils auront gagné.

7° Qu'il soit permis à un gueux de porter, pendant l'hiver, un vieux torchon sur sa tête en guise de bonnet, tant pour se garantir du froid que pour faire le malade. De plus, il pourra se servir de deux potences, et avoir un pied attaché au derrière.

8° Tout mendiant peut avoir bourse et bourson; mais il ne doit recevoir l'aumône que dans son chapeau.

9° Qu'aucun de nos confrères n'ait l'indiscrétion de découvrir les mystères de notre société aux personnes qui n'y seront pas initiées.

10° Si quelqu'un de nos pauvres est assez heureux

pour faire une découverte dans l'art de gueuser, il faut qu'il la communique à la compagnie, afin qu'elle puisse s'en servir ; les biens de l'esprit devant être communs entre tous les frères gueusants. Cependant, pour récompenser l'inventeur et mieux exciter son génie à découvrir de nouvelles ruses, nous lui accordons un privilége exclusif pour jouir trois mois de son travail, et pendant ce temps-là nous défendons à tous ses autres confrères de le contrefaire, à peine de confiscation, à son profit, de tout ce qu'ils pourroient avoir gagné par ce moyen.

11° Nous exhortons les frères à s'indiquer franchement et de bonne foi, les uns aux autres, les maisons où ils auront appris que l'on doit faire la charité publiquement ou en particulier, spécialement les maisons où l'on joue, et celles où les galants vont courtiser leurs dames, les aumônes étant certaines dans ces endroits-là.

12° Que nos gueux soient avertis de ne pas mener avec eux des chiens de chasse, comme chiens couchants et lévriers, ni même des roquets ; les aveugles seuls ayant droit de se faire accompagner dans la ville par un petit chien attaché à une ficelle. Cette défense pourtant ne regarde pas ceux de nos frères qui ont des chiens à talents. Nous permettons à ces derniers de continuer à leur faire faire leurs exercices ordinaires ; qu'ils les fassent danser ou sauter dans des cerceaux ; mais qu'ils ne s'avisent pas de s'arrêter devant la porte d'une église où il y aura d'autres gueux de la société, attendu que cela porteroit à ceux-ci un notable préjudice.

13° Qu'un mendiant se garde bien d'aller acheter

au marché de la viande ou du poisson pour son compte, à moins que la nécessité ne l'y oblige; car cette action est d'une très dangereuse conséquence.

14° Nous permettons aux gueux qui n'ont point d'enfants d'en louer jusqu'à quatre pour les mener avec eux dans les églises les jours de fêtes, mais qu'ils n'en prennent pas au-dessus de cinq ans, et, s'il se peut, que ces enfants paroissent jumeaux. Si c'est une femme qui les mène, qu'elle ne manque pas d'en avoir un pendu à la mamelle; et si c'est un homme, qu'il ait soin d'en porter toujours un entre ses bras; il tiendra les autres par la main.

15° Que ceux qui auront des enfants les dressent, jusqu'à l'âge de six ans, à bien quêter dans les églises; qu'ils les laissent aller seuls, sans pourtant les perdre de vue, après leur avoir appris à demander l'aumône pour leurs pères et mères qui sont dans leur lit malades à l'extrémité. Mais sitôt que ces mêmes enfants auront attrapé leur septième année, nous ordonnons qu'on les abandonne à leur propre conduite, comme déjà majeurs, et qu'on se contente de les assujettir à se rendre au logis aux heures réglées.

16° Les gueux de la vieille roche, ceux qui se font un point d'honneur de marcher sur les pas de leurs ancêtres qui les ont élevés dans la gueuserie, ne consentiront jamais que leurs enfants embrassent une autre profession que la leur, ni qu'ils s'abaissent à servir quelqu'un; et si ces enfants veulent se montrer dignes de leurs pères, ils auront en horreur toute autre condition.

17° Quoique la sainte paresse soit la première divinité dont nous encensions les autels, nous jugeons à propos de prescrire à nos mendiants les heures auxquelles ils doivent se lever. Qu'ils soient habillés et même sortis de chez eux à sept heures en hiver, et à cinq en été; qu'ils se mettent encore plus tôt en campagne s'ils se sentent le cœur au métier; et qu'ils se retirent dans leurs gîtes une demi-heure avant la nuit, si-ce n'est dans les cas extraordinaires, et qui leur seront annoncés par les anciens de la société.

18° Seront déclarés infâmes et bannis de la compagnie tous ceux qui seront assez hardis pour escamoter, recéler, dépouiller les petits enfants, ou faire d'autres friponneries.

19° Voulant traiter favorablement les jeunes gens qui s'engagent avec ferveur dans notre état, nous statuons et ordonnons qu'à l'avenir un frère qui aura douze ans accomplis ne sera plus obligé de faire que trois années de noviciat, au lieu de cinq; et nous prétendons qu'après ledit temps de trois années il soit tenu pour profès, et reconnu pour un sujet qui a dûment satisfait à l'institution.

20° Nous exigeons en même temps dudit frère qu'il fasse serment d'être fidèle à la société, de ne la point quitter, et de ne songer jamais à se soustraire à notre obéissance sans notre congé spécial; promettant encore de garder religieusement nos statuts, sous les peines portées par eux.

———

CHAPITRE IV.

*De l'aventure désagréable qui arriva au pauvre Guzman,
en gueusant dans la ville de Rome pendant le temps
de la méridienne.*

Outre ces lois, le docteur qui venoit de me les communiquer m'en apprit encore d'autres, qu'il me dit avoir été établies par les plus fameux mendiants d'Italie, et particulièrement par le célèbre Albert, surnommé par excellence Messer Morcon, c'est-à-dire Grand-Boyau, que l'on regardoit à Rome comme le généralissime des gueux. Il méritoit véritablement ce titre, et même celui de prince de la gueuserie, ou, si vous voulez, d'archi-gueux de la chrétienté.

Il étoit digne de gouverner l'empire des fainéants, tant à cause de sa bonne mine, que de ses mœurs et de son esprit. Il mangeoit dans un seul repas deux fressures entières de mouton, avec les pieds, une tétine de vache, et dix livres de pain, sans parler des graillons dont il étoit rarement dépourvu : ajoutez à cela qu'il buvoit à proportion. Il est vrai qu'il recevoit, en récompense, plus d'aumônes lui seul que dix pauvres des plus estropiés : aussi avoit-il besoin d'une plus grande assistance que les autres. Quoiqu'il mangeât toutes les provisions qu'on lui donnoit, et qu'il employât tout son argent à boire, il se trouvoit souvent obligé d'avoir recours à la cuisine des autres gueux, qui, comme ses

vassàux, se faisoient un plaisir de contribuer à sa sub-
sistance. Il ne parut jamais saoul ni de vin ni de viande.
Il alloit ordinairement, en hiver comme en été , l'estomac et le ventre nu. Point de chemise, point de bas.
Il avoit la tête découverte en tout temps, le menton
bien rasé, et la peau si luisante, qu'elle sembloit avoir
été frottée de lard.

Entre autres règlements que fit ce Messer Morcon
pendant son règne, il y en a un qui mérite bien d'être
rapporté. Il ordonna aux mendiants de sa société de
coucher sur la terre sans matelas ni oreillers, et de
cesser de gueuser dans la journée dès qu'ils auroient
gagné de quoi vivre tout le jour, disant qu'un véritable
gueux devoit être entièrement abandonné à la Providence et ne songer jamais au lendemain.

J'appris par cœur toutes les lois de gueuserie que
mon docteur m'avoit enseignées; mais je me conten-
tois d'observer les plus essentielles. Néanmoins, comme
j'avois l'ambition de vouloir me distinguer dans toutes
les professions que j'embrassois, il m'arrivoit souvent
de hasarder des démarches qui ne tournoient ni à mon
honneur ni à mon profit. Telle fut, entre autres, celle
que je fis un jour du mois de septembre. Il faisoit une
chaleur excessive; je m'avisai l'après-dînée, entre une
heure et deux, d'aller dans les rues de Rome demander
l'aumône de porte en porte. Je m'étois mis dans la tête
qu'on ne manqueroit pas de croire qu'il falloit que je
fusse bien pressé par la faim pour gueuser à pareille
heure par un temps si chaud. Je comptois que ce seroit
à qui m'apporteroit des vivres ou de l'argent; néanmoins je parcourus tout un quartier sans recueillir

d'autres fruits des lamentations dont je faisois retentir l'air, que des rebuffades et des injures.

Je gagnai un autre quartier, dans l'espérance d'y trouver des cœurs plus sensibles à mes cris. Je frappai à une porte avec mon bâton; personne ne me répondit. Je recommençai jusqu'à trois ou quatre fois très-rudement; mais dans le temps que je m'obstinois à vouloir que quelqu'un de la maison me fît connoître qu'on m'y entendoit, il parut à une fenêtre un garçon de cuisine qui lavoit apparemment la vaisselle, et qui, pour prix de mon ôpiniâtreté, me versa sur la tête une chaudronnée d'eau bouillante; après quoi il se mit à crier : *Gare l'eau là-bas.*

Sitôt que je me sentis baptiser si chaudement, je poussai un cri si effroyable et fis mille grimaces, comme si j'eusse souffert de cuisantes douleurs. Dans un moment je me vis entouré d'une grande quantité de monde. Les uns blâmèrent le garçon de cuisine; mais tous les autres me dirent que j'avois tort d'aller ainsi réveiller les honnêtes gens qui dormoient, et que si je n'avois point envie de prendre du repos, je ne devois pas du moins troubler celui des autres. Il y en eut pourtant quelques-uns qui furent touchés de compassion, et qui, pour me consoler de ce triste accident, me mirent dans la main quelque monnoie, avec quoi je me retirai pour aller m'essuyer au logis. C'est fort bien fait, me disois-je en chemin. Ne te contenteras-tu jamais du nécessaire? Quel démon t'a trompé en te poussant à faire ce que les autres ne font point?

J'étois déjà fort près de chez moi, lorsqu'un des plus anciens de notre société, et mon voisin, m'appela; j'entrai dans une cave où il faisoit sa résidence. Il me présenta un vieux tabouret boiteux, et quand je fus assis il me demanda d'où je venois, de quel bain je sortois, et qui m'avoit si bien ajusté? Je lui contai mon aventure. Il en rit de tout son cœur. C'étoit un vieillard originaire de Cordoue, né, élevé et destiné à mourir dans la gueuserie. Mon pauvre Guzman, me dit-il, je crains fort que tu ne sois jamais qu'un benêt. Il coule dans tes veines un sang trop chaud. Tu veux être maître avant que d'avoir été disciple. Ne vois-tu pas bien que tu as mal fait de t'écarter de nos coutumes? Mais puisque nous sommes tous deux du même pays, et que ta jeunesse te rend excusable, je veux t'enseigner tous tes devoirs. Premièrement, mon ami, apprends qu'on ne donne point l'aumône à Rome l'après-midi. Les bourgeois, aussi-bien que les personnes de qualité, font, dans ce temps-là, ce que nous appelons la sieste en Espagne, et c'est leur faire de la peine que de les éveiller ou les empêcher de s'endormir. Quand un pauvre a demandé deux fois d'un ton élevé l'aumône à une porte, et qu'on ne lui répond rien, c'est une marque qu'il n'y a personne au logis, ou qu'on n'y veut pas être; et par conséquent il doit passer son chemin, sans s'arrêter à perdre là son temps. Ne sois pas assez imprudent pour ouvrir une porte fermée, encore moins pour entrer dans la maison; demande de la rue, de peur des chiens du logis, qui savent bien nous distinguer des autres hommes, et qui, nous regardant comme leurs rivaux, nous haïssent naturellement.

Un des meilleurs avis que je puisse te donner, poursuivit-il, c'est de t'avertir que tu es Espagnol; ce qui suppose en toi une disposition prochaine à brusquer ceux qui te refuseront la charité. Ainsi, quand tu t'adresseras à quelqu'un de ces mauvais riches, qui non-seulement ne nous assistent jamais, mais qui nous reprochent même avec aigreur notre fainéantise, songe qu'il ne faut répondre à ces discours durs que par des paroles pleines de douceur et d'humilité. Autre conseil très important : si, par hasard, ce qui m'est arrivé cent fois en ma vie, tu t'approches d'un cavalier qui, dans le moment que tu lui demandes l'aumône, ôte son gant et met sa main dans sa poche, je ne te défends pas de sentir de la joie à cette action; mais si tu t'aperçois qu'il n'a fouillé dans sa poche que pour en tirer son mouchoir, n'en témoigne aucun chagrin, et ne gronde pas entre tes dents; car peut-être a-t-il près de lui un autre cavalier qui veut te faire l'aumône, et que tes murmures détourneroient de son dessein.

Après que le vieux Cordouan m'eut donné ces préceptes politiques, il m'apprit de quelle manière on pouvoit faire naître une fausse lèpre et des ulcères; comme on faisoit enfler une jambe; par quelle adresse un bras paroissoit tout disloqué, et avec quoi l'on rendoit un visage plus pâle que celui d'un mort. Il possédoit enfin mille secrets curieux qu'il eut la bonté de me communiquer, tant par amitié pour moi, que de crainte de s'en aller dans l'autre monde sans les avoir laissés à personne. En effet il cessa de vivre peu de jours après.

CHAPITRE V.

De l'agréable vie que Guzman menoit avec ses confrères.
Relation du voyage qu'il fit à Gaëte. Histoire d'un
gueux qui mourut à Florence.

MALGRÉ la disposition textuelle du dixième statut
de la gueuserie, je ne jugeai point à propos de faire
part à mes confrères des secrets du Cordouan, qui ne
les avoit révélés qu'à moi. Cependant nous vivions tous
ensemble dans une union parfaite. Nous nous assem-
blions quelquefois le soir jusqu'à dix ou douze, et nous
passions le temps à disputer sur les exclamations nouvelles que chacun de nous inventoit. Il y avoit même
des gueux qui découvroient des manières de bénédictions dont ils faisoient trafic, et qu'ils vendoient aux
autres, qui les achetoient à cause de la nouveauté.

Les jours de fêtes nous étions de grand matin dans
les églises où il y avoit indulgence plénière. Nous nous
empressions à occuper les meilleures places : c'étoit à
qui seroit auprès du bénitier, ou à l'entrée de la chapelle de la station. Nous y demeurions toute la matinée, et le plus souvent nous sortions de la ville le soir
pour courir les villages des environs, aussi-bien que
les fermes et les maisons de plaisance, d'où nous ne
revenions guère sans être chargés de pièces de lard,
de pain, d'œufs et de fromage, quelquefois même de
vieilles hardes, tant nous savions exciter la pitié des
bonnes gens de la campagne. Si quelque personne de

considération venoit à paroître sur notre chemin, du plus loin que nous l'apercevions, nous commencions à former un concert de voix plaintives, et à demander l'aumône, pour lui donner tout le temps de mettre la main à la poche; autrement, elle auroit pu passer sans vouloir s'arrêter.

Lorsque nous rencontrions plusieurs bourgeois ensemble, et que nous avions le loisir de nous préparer à les aborder, chacun de nous jouoit son rôle : l'un faisoit le boiteux, l'autre l'aveugle; celui-ci le manchot, celui-là le muet, un autre se tordoit la bouche, ou marchoit les jambes renversées; un autre marchoit avec des potences; nous faisions enfin toutes sortes de figures, ayant soin que les plus habiles de notre bande fussent à la tête, pour rendre la scène plus touchante.

Il falloit entendre les vœux que nous faisions pour tirer la moelle de leur bourse : nous souhaitions que Dieu leur voulût donner des enfants, bénir leur commerce, et leur conserver la santé; par de semblables souhaits, nous les engagions à remplir les nôtres. Il ne se faisoit pas une partie de plaisir, pas un festin dont nous ne tirassions pied ou aile : nous étions pour cela des animaux de haut nez. Nous ne manquions pas de nous rendre en petit nombre à l'endroit où se donnoit la fête, et d'y trouver nos franches lippées. Hôtels d'évêques, de cardinaux, d'ambassadeurs, toutes les grandes maisons nous étoient ouvertes; nous les occupions l'une après l'autre. Ainsi nous possédions tout, quoique nous n'eussions rien.

Je ne sais comment mes camarades se trouvoient affectés quand ils recevoient la charité des mains d'une

dame jolie; pour moi, misérable pécheur, lorsque je
me présentois devant une jeune personne qui m'en-
chantoit par sa figure, je lui demandois l'aumône en
face, et la regardois fixement entre deux yeux. Si elle
me donnoit elle-même de l'argent, je pressois tendrement sa main entre les miennes, et la baisois avant
qu'elle m'échappât. Mais je faisois cette action téméraire d'un air si respectueux, ou, pour mieux dire, si
hypocrite, que la dame, n'étant point en garde contre
mon plaisir, prenoit ce trait insolent pour un transport
de reconnoissance.

Les plaisirs de la vie, que l'on croit faits pour les
grands du monde et pour les riches, sont plutôt le partage des gueux, qui en savourent la douceur avec plus
de licence, plus de goût et plus de tranquillité qu'eux.
Quand les pauvres n'auroient pas d'autres avantages
que celui de pouvoir demander et recevoir sans peine et
sans honte, c'est un privilége que le reste des hommes
n'a pas, si nous en exceptons les souverains, qui peuvent aussi sans rougir demander à leurs peuples; mais
la différence qu'il y a entre les souverains et les gueux,
c'est que les premiers demandent souvent de l'argent
à des gens pauvres, et qu'au contraire les autres n'en
demandent guère qu'à des personnes plus riches qu'eux.
Il n'est donc point d'état plus heureux que celui des
mendiants; mais tous ne connoissent pas leur bonheur.
La plupart, uniquement occupés des délices de la vie
animale, ne jouissent que d'une partie de leur félicité;
ils ne sentent pas combien il est doux de vivre dans l'in-
dépendance, sans procès, et sans crainte d'avoir mal
placé son argent; d'être au-dessus des intrigues d'état,

des affaires, du négoce, et de tous les embarras où les autres sont plongés jusqu'à leur mort. Certes, le premier qui embrassa ce genre de vie devoit être un grand philosophe!

Je croirois volontiers les gueux affranchis du pouvoir de la fortune, si de temps en temps cette malicieuse déesse ne prenoit plaisir à l'exercer sur eux, en leur faisant éprouver de petites disgrâces, comme celle qui m'arriva dans la ville de Gaëte, où je voulus aller par curiosité, m'imaginant qu'un homme qui pouvoit déjà se donner pour habile dans le métier ne seroit pas plus tôt dans ce pays-là, qu'il tomberoit sur lui une grêle d'aumônes. Je n'y fus pas sitôt rendu, que me couvrant la tête d'une fausse teigne, que je savois admirablement bien faire, je me plaçai à la porte d'une église. Le gouverneur de la ville passa près de moi par hasard, et, après m'avoir regardé avec quelque attention, me fit la charité. Un assez grand nombre d'habitants des deux sexes suivirent son exemple, et ce fut une bénédiction pendant cinq ou six jours; mais l'avidité, comme l'on dit, fait crever le sac. Un jour de fête, ma teigne me paroissant une invention usée, il me prit envie d'avoir un ulcère à la jambe, et je m'en fis bientôt venir un, en me servant du secret que le vieux Cordouan m'avoit enseigné.

Ayant donc mis ma jambe dans un état à me rapporter, à ce qu'il me sembloit autant qu'une bonne vigne, j'allai me poster avantageusement à la porte d'une autre église. Là, commençant d'une voix dolente à vouloir exprimer les douleurs que me causoit mon ulcère, je m'attirai les yeux des personnes qui passoient. Il me

parut même que j'excitois leur compassion, quoique
mon visage vermeil, car j'avois négligé de le rendre
pâle, démentît mes plaintes, et dût inspirer de la défiance; mais les bonnes gens n'y regardent pas de si
près, et je recevois plus d'aumônes seul que tous les
autres gueux qui étoient là, et qui m'auroient voulu au
diable avec mon ulcère.

Le gouverneur, pour mes péchés, s'avisa de venir
entendre la messe dans cette église. Il jeta la vue sur
moi, et me reconnut à la voix. Il lui auroit été impossible de me démêler autrement, puisque j'avois alors
la tête enveloppée d'une serviette qui me descendoit
jusque sur le nez. C'étoit un homme qui avoit de l'esprit et beaucoup d'expérience. Dès qu'il m'eut remis,
je m'imagine qu'il dit en lui-même : Depuis quatre
jours que j'ai vu ce drôle-là, se peut-il qu'il lui soit
venu un ulcère à la jambe? Il y a quelque chose là-
dessous; approfondissons un peu cela. Mon ami, me
dit-il en m'adressant la parole, vous êtes tout nu; votre
misère me touche; suivez-moi; je veux vous faire donner une chemise.

J'eus l'imprudence de lui obéir, sans le soupçonner
d'aucun mauvais dessein; car, pour peu que je me fusse
douté de celui qu'il avoit, je te réponds que, malgré
les gens de sa suite, je me serois dérobé au châtiment
qu'il me préparoit. Lorsque nous fûmes arrivés chez
lui, il m'envisagea d'un air si froid et si sévère, que
j'en conçus un malheureux présage; puis il me demanda
si ce n'étoit pas moi qu'il avoit vu à la porte d'une église,
la tête couverte de teigne. Je pâlis à cette question, et
n'eus pas la hardiesse de répondre que non. Là-dessus

il voulut voir ma tête; et n'y remarquant pas la moindre
apparence de teigne, il me dit : Apprends-moi par quel
remède singulier tu t'es guéri si parfaitement du mal
que tu avois il y a quatre jours : de plus, ajouta-t-il, je
ne conçois pas comment, avec le visage rubicond que
je te vois, tu peux avoir un ulcère à la jambe. Seigneur,
lui répondis-je, tout déconcerté et ne sachant ce que
je disois, je l'ignore.... mais c'est Dieu qui le veut ainsi.

Je fus encore plus troublé quand je l'entendis ordon
ner à un de ses laquais d'aller chercher un chirurgien.
Je compris ce que cela signifioit, et j'aurois fait une
tentative pour me sauver, si la porte n'eût pas été fermée; mais elle l'étoit, et il n'y avoit pas moyen de m'é-
chapper : enfin le chirurgien arriva. Il examina ma
jambe, et, tout habile homme qu'il étoit, il y auroit
peut-être été trompé, si le gouverneur ne lui eût dit
tout bas les raisons qu'il avoit pour me croire un fourbe.
Après cela, le chirurgien eut peu de peine à découvrir
la vérité. Il observa de nouveau l'ulcère, et dit d'un
air de capacité : Ce mendiant n'a pas plus de mal à la
jambe que j'en ai à l'œil : qu'on m'apporte de l'eau
chaude, et je vous prouverai ce que j'avance. On fit
aussitôt chauffer de l'eau, avec quoi le chirurgien me
lava et frotta la jambe, qui devint en un instant si nette
et si saine, que je n'eus pas le petit mot à dire pour
m'excuser.

Alors le gouverneur, jugeant qu'il étoit de son devoir de récompenser mon adresse, me fit donner la chemise qu'il avoit eu la bonté de me promettre; elle me
fut appliquée sur la peau dans le moment par un vigoureux domestique qui me compta trente bons coups de

fouet pour les frais de mon voyage; après quoi l'on me
pria de sortir de la ville sur-le-champ, en m'assurant
que j'en recevrois bien davantage si je m'avisois d'y revenir. Il y avoit du superflu à me défendre de remettre
le pied dans Gaëte ; il suffisoit, pour m'en ôter l'envie,
que j'y eusse été si bien traité. Je m'éloignai donc promptement de cette maudite ville en serrant les épaules, et
je regagnai le plus tôt qu'il me fut possible les terres du
pape. Je donnai mille bénédictions à ma chère Rome,
dès que je l'aperçus; je pleurai de joie en la revoyant, et
souhaitai d'avoir les bras assez longs pour l'embrasser.

J'allai rejoindre mes camarades, à qui je me gardai
bien de faire part de mon équipée. S'ils l'eussent sue, ils
se seroient long-temps moqués de moi, d'avoir été de
gaieté de cœur me faire fouetter à Gaëte. Je leur dis
seulement que j'avois parcouru par curiosité quelques
villages voisins ; mais qu'il me sembloit que hors de
Rome il n'y avoit point de salut pour les gens de notre
espèce. J'avois effectivement fait une grande folie de
quitter cette ville de bénédiction, où nous étions si
bien nourris, et où nous recevions tous les jours quelques menues monnoies. Grain à grain la poule remplit
son ventre. Nous amassions notre argent, et après
l'avoir converti en or, nous le portions cousu à nos vêtements, sous des pièces qui cachoient quelquefois de
quoi acheter un habit neuf. On pouvoit dire que nous
étions tout cousus d'or. Il y avoit parmi nous de vieux
coquins qui portoient sur eux des trésors. Les pauvres
sont avares et cruels ; ils possèdent ces deux vices au
suprême degré. Je puis te citer un exemple fort singulier de leur avarice et de leur cruauté, en t'apprenant

l'histoire d'un gueux que j'ai connu; elle est assez curieuse pour mériter d'être racontée.

Un pauvre mendiant génois, nommé Pantalon Castelleto, s'étant marié à Florence, eut de son mariage un fils qu'il se proposa de mettre en état de vivre sans être obligé de travailler ni de servir. Pour cet effet, abusant de la facilité qu'il y a de disloquer et de rompre les membres délicats d'un enfant nouveau-né, il eut la barbarie d'estropier le sien. Peut-être, lecteur, vas-tu m'arrêter dans cet endroit pour me dire que ce n'est pas une chose fort extraordinaire aux gueux. J'en demeure d'accord : les mendiants de toutes les nations du monde sont sujets à cette inhumanité pour exciter la compassion des peuples ; mais notre Pantalon, comme Génois, voulut surpasser tous les pères là-dessus ; il défigura son fils de telle façon, qu'il en fit un monstre sans pareil. Ce malheureux enfant, en qui tout étoit contrefait, à l'exception de la langue et des bras, auxquels on n'avoit pas touché, étant sorti de l'enfance, alloit par les rues, dans une espèce de cage, sur un petit âne qu'il conduisoit lui-même avec ses mains.

Si son corps n'avoit pas la forme humaine, en récompense son esprit étoit excellent. Il en donnoit des marques à mesure qu'il avançoit en âge. Il faisoit surtout des reparties si plaisantes et si spirituelles, que tout le monde en étoit charmé. Il recevoit de grandes aumônes, qu'il ne devoit pas moins à la gentillesse de son esprit qu'à la pitié que sa personne inspiroit. Fait comme il étoit, il ne laissa pas de vivre soixante-douze ans, après lesquels il tomba malade ; et sentant bien qu'il mourroit de sa maladie, il rentra en lui-même, demanda pour confesseur un habile et bon religieux qu'il connoissoit; et s'étant entretenu avec lui de ses affaires tant spirituelles que temporelles, il fit venir un notaire, et lui dicta son testament dans ces termes : *Je laisse mon âme à Dieu qui l'a créée, mon corps à la terre, et je veux être enterré dans ma paroisse. Item, j'ordonne que mon âne soit vendu, et que l'argent qui proviendra de cette vente soit employé à payer les frais de mon enterrement. Pour le bât, je le lègue au grand-duc mon seigneur, à qui il appartient de droit, et que je nomme exécuteur testamentaire, et mon héritier universel.*

Ce gueux mourut peu de jours après, et son testament, rendu public, devint le sujet de tous les entretiens de la ville de Florence. Tout le monde ayant connu le défunt pour un homme qui avoit été toute sa vie un plaisant et un rieur, s'imaginoit qu'il n'avoit fait cet acte, qui paroissoit burlesque, qu'afin de faire encore après sa mort rire le public; mais le grand-duc en jugea tout autrement. Comme il avoit cent fois entendu parler du testateur et de son bon esprit, il soupçonna que le testament n'étoit pas sans mystère. Pour s'en éclaircir, il se fit apporter dans son palais le bât dont il avoit hérité. Il ordonna qu'on le défît en présence de toute la cour, qui ne fut pas peu surprise d'en voir sortir diverses pièces d'or, jusqu'à la valeur de trois mille six cents écus de quatre cents maravédis chacun. On sut après cela que c'étoit par l'avis de son confesseur qu'il avoit ainsi disposé de son bien, dont le grand-duc, en prince juste et pieux, fit un très bon usage, puisqu'il l'employa tout entier à fonder quelques messes à perpétuité pour le testateur.

CHAPITRE VI.

*De la compassion que Guzman fit à un cardinal, et quelle
en fut la suite.*

Un beau jour m'étant levé de grand matin, suivant
ma coutume, j'allai m'asseoir à la porte d'un cardinal
qui passoit pour un des plus charitables de Rome. J'avois
pris la peine de faire enfler une de mes jambes, sur
laquelle on voyoit un ulcère à braver l'examen des plus
clairvoyants chirurgiens. Je n'avois pas oublié pour le
coup de rendre mon visage pâle : je n'aurois pas été
excusable de faire deux fois la même faute. Je frappai
bientôt l'air des plus tristes accents que ma voix pouvoit former ; et, demandant douloureusement l'aumône,
j'attendris plusieurs domestiques qui entrèrent ou sortirent. Ils me donnèrent quelque chose. Mais je ne
faisois que peloter en attendant partie. C'étoit au maître
que j'en voulois. Il parut enfin. Sitôt que je l'aperçus,
je redoublai mes cris, mes plaintes, mes démonstrations
de douleur, et je l'apostrophai dans ces termes : « O
noble chrétien, ami de Jésus-Christ, ayez pitié de ce
pauvre pécheur affligé ; qui se trouve estropié à la fleur
de son âge : que votre éminence, monseigneur, soit
touchée de ma misère, et louée soit la passion de notre
Rédempteur. »

Le cardinal, qui étoit un saint homme, s'arrêta
devant moi pour m'entendre ; et ne regardant que Jésus-
Christ dans ma personne, il dit aux domestiques qui

le suivoient : Prenez ce pauvre entre vos bras, emportez-le dans mon appartement : qu'on lui ôte ces vieux haillons qui le couvrent; qu'on lui donne du linge blanc; qu'on le mette dans mon propre lit, et qu'on m'en dresse un autre dans la chambre prochaine. Ce qui fut exécuté sur-le-champ. O charité! qui dois faire honte à tant de prélats, qui croient que le ciel leur doit encore du reste quand ils font la moindre attention à la misère d'un pauvre! Mon cardinal ne se contenta point de cela; il fit venir les deux plus fameux chirurgiens de Rome, leur recommanda d'examiner ma jambe, de faire tout leur possible pour me guérir; et, après leur avoir promis de les bien récompenser, il sortit pour aller où ses affaires l'appeloient.

Sur la foi de cette promesse, les chirurgiens commencèrent à considérer mon ulcère, qui leur parut d'abord un mal incurable. Il sembloit effectivement que la gangrène y fût déjà. Néanmoins, cela n'étoit que l'effet de quelques herbes, et ne duroit qu'un certain espace de temps; après quoi, si l'on n'avoit soin de renouveler le secret, la jambe redevenoit dans son état naturel. Mes examinateurs quittèrent leurs manteaux, tirèrent leurs étuis, demandèrent du feu dans un réchaud, du linge blanc et fin, du lait et des œufs. Pendant qu'on se disposoit dans la maison à leur donner ce qu'ils souhaitoient, ils se mirent à me questionner sur mon mal, à s'informer depuis quand je l'avois, et si je ne savois point quelle en pouvoit être la cause; si je buvois du vin, et quelle étoit ma nourriture ordinaire : en un mot, ils me firent toutes les questions que ces gens-là ont coutume de faire en pareille occasion, et auxquelles je ne répondis rien, tant j'avois l'esprit troublé et effrayé du terrible appareil qui se présentoit à ma vue. J'étois dans une grande perplexité, ne sachant à quel saint me vouer; car je ne croyois pas qu'il y en eût au ciel qui voulussent intercéder pour un fripon. Je me souvins alors de ce qui m'étoit arrivé à Gaëte, et je craignis même de n'en être pas quitte à si bon marché.

Les chirurgiens, après avoir tourné et retourné vingt fois ma jambe, se retirèrent dans une autre chambre pour s'entretenir plus en particulier, et se communiquer leurs observations. J'eus un affreux pressentiment de cet entretien; j'appréhendai qu'il ne leur prît fantaisie de me couper la jambe. Je sautai du lit en bas pour les suivre et les écouter, bien résolu de confesser la vérité, si je les voyois déterminés à l'amputation. Je me tins donc à la porte; et, prêtant une oreille très attentive à leurs discours, j'entendis un de ces messieurs qui disoit à l'autre : Confrère, voilà de quoi nous occuper long-temps, pour peu que nous voulions nous entendre : le feu est à cette jambe, et nous pouvons mener cela bien loin. Vous moquez-vous, répondit l'autre? Il n'y a non plus de feu que j'en ai sur la main; c'est un mal que nous emporterions en moins de deux jours. Vous n'y pensez pas, reprit celui qui avoit parlé le premier; par saint Côme, je me connois en ulcères, et je soutiens qu'en voici un gangrené. Non, non, mon ami; repartit l'autre; croyez-moi, notre patient est un fourbe; il n'a point de mal véritable. Je sais bien de quelle façon il s'est fait venir ce faux ulcère. J'en ai déjà vu de semblables, et je connois les herbes dont cet imposteur s'est servi pour se mettre dans l'état où il est.

A ces mots, le chirurgien qui avoit été ma dupe en fut tout honteux; mais s'imaginant qu'il y alloit de son honneur de persister dans son sentiment, il ne se rendit point à celui de son camarade; ce qui fit naître entre eux une dispute qui seroit devenue très vive, si le plus habile des deux n'eût eu l'adresse de la terminer en priant son confrère de vouloir examiner de nouveau ma jambe. Faites-y, lui dit-il, plus d'attention; vous ne douterez plus de la friponnerie. Très volontiers, répondit l'autre chirurgien; je vais y regarder de plus près; et si je trouve en effet l'ulcère tel que vous le dites, j'en demeurerai d'accord de bonne foi. Ce n'est pas assez, répliqua le premier; en reconnoissant votre erreur, il faut encore que vous conveniez que je mérite d'avoir un tiers plus que vous. Cela n'est pas juste, s'écria son compagnon; ne vous applaudissez pas tant d'une pareille découverte, je la pouvois faire aussi-bien que vous, et je prétends que nous partagions également l'honoraire que son éminence nous donnera. Ils s'échauffèrent tous deux là-dessus; et plutôt que de céder l'un à l'autre, ils résolurent de déclarer tout au cardinal.

Quand je vis qu'ils s'arrêtoient à cette résolution, je ne balançai point à prendre la mienne. J'entrai brusquement dans la chambre où ils étoient; je me jetai à leurs pieds; et pleurant à chaudes larmes, car j'avois un talent tout particulier pour cela, je leur adressai ces paroles : « Mes chers seigneurs, ayez pitié de votre semblable : je suis un homme comme vos seigneuries. Vous savez qu'aujourd'hui les riches sont si durs, que les pauvres, pour les attendrir, sont obligés de se couvrir le corps de plaies, et de se martyriser : encore nous arrive-t-il souvent de nous mettre sans fruit dans un état de souffrances, ou du moins pour une misérable aumône qui nous en revient. Au reste, que gagnerez-vous à découvrir ma tromperie? Vous perdrez la récompense qui vous a été promise, et qui ne peut vous échapper si vous voulez que nous agissions tous trois de concert. Vous pouvez hardiment vous fier à moi; la crainte du châtiment vous répond de ma discrétion. »

Mes chirurgiens, après avoir fait leurs réflexions, se déterminèrent à profiter de l'occasion qui se présentoit d'attraper l'argent du cardinal. Dès que nos flûtes furent d'accord, nous repassâmes dans la chambre de son éminence, où ces deux messieurs m'ayant fait asseoir sur le lit recommencèrent à considérer ma jambe. Ils y mirent des emplâtres avec les drogues qu'ils jugèrent les plus propres à l'entretenir dans l'état où elle étoit. Ils la bandèrent ensuite, l'enveloppèrent d'une serviette, puis voyant revenir le cardinal dans ce moment-là, ils me prirent entre leurs bras, comme si j'eusse été véritablement incommodé, et me recouchèrent. Son éminence, inquiète et très impatiente d'apprendre des nouvelles de mon ulcère, qui lui avoit parut fort dangereux, en demanda d'un air empressé. Monseigneur, lui dit gravement un des chirurgiens, ce pauvre garçon est dans une situation déplorable : il a déjà la gangrène à la jambe; nous espérons pourtant le tirer d'affaire, s'il plaît à Dieu; mais il nous faudra du temps pour en venir à bout. Il est bien heureux, dit alors l'autre chirurgien, d'être tombé aujourd'hui entre nos mains : un jour plus tard il étoit mort; et c'est sans doute pour lui sauver la vie que le ciel l'a envoyé à la porte de votre éminence.

Ce rapport fit plaisir à monseigneur, qui leur dit qu'ils pouvoient employer tout le temps qu'ils voudroient, pourvu qu'ils me guérissent. Il les pria de nouveau de ne rien négliger pour y réussir, pendant que de son côté il auroit soin que je fusse bien traité dans sa maison. Ils lui promirent de répondre à la confiance qu'il avoit en eux, et l'assurèrent qu'ils ne manqueroient pas de me venir voir l'un et l'autre deux fois le jour, attendu qu'il leur faudroit, disoient-ils, raisonner ensemble sur chaque observation qu'ils pourroient faire sur mon mal. Ils se retirèrent après avoir parlé de cette sorte, ce qui me rendit l'esprit plus tranquille; car, jusqu'à ce moment, je m'étois toujours défié de ces deux bourreaux : j'avois craint qu'ils ne découvrissent ma fourberie, quoiqu'ils parussent en vouloir être les complices. Les fripons me firent garder la chambre pendant trois mois, que je trouvai plus longs que trois siècles, tant il est difficile de perdre l'habitude de jouer et de gueuser. J'avois beau être couché et nourri comme monseigneur même, tout cela ne m'empêchoit point de m'ennuyer d'être renfermé. Enfin je pressai, je tourmentai si fort mes chirurgiens pour les obliger à finir cette comédie, qu'ils cédèrent à mes importunités. Ils cessèrent d'entretenir l'ulcère; et quand ils virent ma jambe dans son état naturel, ils en avertirent le bon cardinal, qui admira une si belle cure, et renvoya ces charlatans après les avoir aussi bien payés que s'ils l'eussent mérité. Son éminence, pendant le cours de ma fausse maladie, m'étoit venue visiter fort souvent. J'avois eu plusieurs entretiens avec ce saint prélat, qui, m'ayant trouvé une sorte d'esprit qui le réjouissoit, m'avoit pris en amitié. Pour m'en donner une marque éclatante, il voulut m'attacher à son service, et me mettre au nombre de ses pages; honneur dont je fus trop ébloui pour le refuser.

CHAPITRE VII.

Il devient page de son éminence, et fait mille espiègleries.

ME voici donc tout à coup devenu page. C'étoit avoir fait un grand saut, quoique de fripon à page il n'y ait que la main, ou pour mieux dire, quoiqu'à l'habit près ce soit la même chose. Mais c'étoit tirer un poisson hors de l'eau, que de m'arracher à la mollesse. La gueuserie étoit mon élément. Accoutumé aux soupes d'Égypte, je n'aimois que la taverne; c'étoit là mon centre. Je trouvois bien à déchanter dans une maison où tout ne se faisoit que par compas et par mesure; où tantôt, le flambeau à la main, j'étois occupé à monter ou à descendre pour éclairer les personnes qui entroient ou qui sortoient; et tantôt j'étois obligé de faire le pied de grue dans une chambre, où je demeurois debout deux heures entières en attendant les ordres qu'on me voudroit donner; toujours prêt à suivre les carrosses la nuit comme le jour, ou bien à servir à table et à dévorer des yeux tous les plats que je voyois dessus. En un mot, il falloit que je fusse dans une atttention continuelle à rendre toutes sortes de services, et cela depuis le premier jour de janvier jusqu'au dernier de décembre.

Ah! misérable esclave, me diras-tu; quel profit tirois-tu de tant de peines pendant l'année? Hélas! te répondrai-je, j'étois valet de tout le monde; on me donnoit un habit, mais c'étoit moins pour m'en couvrir que pour faire honneur à mon maître. Je ne gagnois que de la gale et des rhumes, avec quelques bouts de bougies que je dérobois et vendois à des savetiers; encore avois-je besoin d'une grande adresse pour faire impunément ces petits larcins. Malheur à nous, si nous étions pris sur le fait! nous étions sûrs d'avoir les étrivières. Outre les morceaux de cire que nous détachions des flambeaux, nous mettions quelquefois la main sur des friandises que nous mangions à la dérobée; mais ces sortes de tours demandoient une subtilité que tous mes camarades n'avoient pas; et je me souviens qu'un jour il arriva un accident désagréable à un page des moins déniaisés : le sot, en desservant, s'avisa d'escamoter quelques rayons de miel, qu'il enveloppa dans son mouchoir à la hâte et fourra dans sa poche. Comme il faisoit alors une chaleur excessive, le miel se fondit, et commença de couler le long de la jambe du page. Le hasard voulut que le cardinal s'en aperçût; et, se doutant bien de ce que c'étoit, il se prit à rire de toute sa force; ensuite s'adressant à ce nigaud : Page, lui dit-il, je vois sortir du sang de votre jambe : quelle blessure y avez-vous? A cette question, tous les convives, qui étoient en assez grand nombre, jetèrent les yeux sur la jambe du voleur, ainsi que les autres domestiques de son éminence, et le pauvre diable de page eut la confusion de remarquer que son crime étoit découvert. Trop heureux s'il en eût été quitte pour la honte d'essuyer toutes les risées qu'il excita ; mais il paya bien plus cher ses rayons, dont le miel fut pour lui fort amer.

La plupart de ses confrères étoient aussi neufs que lui quand je fus reçu parmi eux ; et comme je ne pouvois m'empêcher de suivre mes anciennes habitudes, je m'occupois à les redresser. Je leur volois ce qu'ils avoient de meilleur, quelque soin qu'ils prissent de se garantir de mes griffes, ce qui les dégourdit en peu de temps. Monseigneur avoit dans un cabinet voisin de sa chambre une grande caisse de bois blanc remplie de toutes sortes de confitures sèches, qu'il aimoit beaucoup. Il y avoit, entre autres choses, de la bergamote d'Aranjuez, des pruneaux de Gênes, des melons de Grenade, des citrons de Séville, des oranges de Placencia, des limons de Murcie, des concombres de Valence, des pommes d'amour de Tolède, des pêches d'Aragon, et des racines de Malaga ; en un mot, tout ce qu'il y a de plus exquis et de plus vanté en fait de confitures se trouvoit dans cette bienheureuse caisse, qui me faisoit venir l'eau à la bouche toutes les fois que son éminence m'en donnoit la clef pour en tirer ce qu'elle désiroit. Mais ce qui me fâchoit fort, c'est qu'elle affectoit toujours d'être présente, comme si ma fidélité lui eût été suspecte. Je fus piqué de sa défiance, qui ne manqua pas d'irriter l'envie que j'avois déjà de tâter de ces beaux fruits confits. Enfin la tentation devint telle, que, n'y pouvant plus résister, je ne songeai

plus qu'au moyen de me satisfaire. La caisse, large
d'une aune et longue de deux et demie, avoit une serrure au milieu. Je m'avisai de me servir d'un bâton
plat pour lever un coin du couvercle; puis, fourrant
d'autres bâtons plus gros de distance en distance jusqu'à la serrure, je fis de cette manière, au coin par
lequel j'avois commencé, une ouverture assez grande
pour y passer mon petit bras; mais comme je ne pouvois choisir que jusqu'où ma main s'étendoit, j'eus l'industrie d'attacher un crochet au bout d'un bâton pour
attirer à moi les fruits les plus éloignés. C'est ainsi que
je me rendis maître de la caisse sans en avoir la clef.

Quoiqu'il y eût dedans une grande quantité de fruits,
j'employai si souvent mes bâtons qu'il y parut. Le cardinal aperçut par-ci par-là des creux qui lui donnèrent bien à penser; et un jour, entre autres, qu'il eut
envie de goûter d'un très beau citron de Séville qu'il
avoit remarqué la veille, ne l'y trouvant plus, il en fut
fort étonné. Il appela ses principaux officiers : il leur
dit d'un air irrité qu'il vouloit savoir lequel de ses domestiques avoit eu l'insolence d'ouvrir sa caisse, et de
toucher à des fruits qu'il conservoit avec tant de soin.
Il chargea le *mayordomo*, qui étoit un prêtre sévère
et mélancolique, de faire une exacte recherche de l'auteur d'un coup si hardi. Le majordôme fit tomber ses
soupçons sur les pages. Il nous ordonna de nous assembler dans une salle pour nous fouiller tous l'un après
l'autre; mais il eut beau visiter nos poches, et nous
faire des menaces, il n'en fut pas plus avancé : j'avois
mangé et déjà digéré le citron.

Cette affaire enfin s'assoupit; on n'en parla plus :

cependant monseigneur ne l'oublia point; et moi, de mon côté, je me tins sur mes gardes. Je n'osai, pendant quelques jours, retourner à la caisse, pas même la regarder : cela ne laissoit pas de me faire de la peine. J'avois pris goût aux confitures; et, loin d'y renoncer, je n'attendois que l'occasion d'en pouvoir dérober encore impunément. Je crus qu'elle s'offroit une après-dînée que mon maître jouoit avec d'autres cardinaux. Je m'imaginai que, tandis qu'il seroit occupé du jeu, j'aurois tout le loisir de faire ce que je désirois. Dans cette confiance, j'allai chercher mes outils, que j'avois bien cachés, et je me glissai dans le cabinet sans que personne m'aperçût. J'avois déjà levé le couvercle, et fourré mon bras dans la caisse, lorsque monseigneur, attiré par un besoin pressant, vint dans la chambre où il couchoit; et n'y rencontrant aucun page, il prit lui-même un pot de chambre qui étoit sous son lit. Je l'entendis, et, voulant aussitôt retirer mon bras, j'agis avec tant de trouble et de précipitation, que je fis sauter en l'air un de mes bâtons, et tomber le couvercle sur mon bras; de manière que je demeurai pris comme un moineau au trébuchet. Le cardinal ayant ouï le bruit de la chute du bâton trembla pour ses confitures. Il entra dans le cabinet, et me trouvant dans l'état où j'étois : Ah! ah! mon ami Guzman, s'écria-t-il, c'est donc vous qui volez mes fruits! Les grimaces que je faisois, et le chagrin que j'avois de me voir surpris, lui donnèrent une si grande envie de rire, qu'il ne put s'empêcher d'éclater. Il appela même les autres cardinaux pour les faire jouir de ma confusion. Ils quittèrent le jeu, accoururent à sa voix; et après qu'ils se

furent bien épanoui la rate à mes dépens, ils le prièrent
de me pardonner pour cette fois, en lui disant que je
n'y retournerois plus. Mais mon maître fut inexorable;
il accorda seulement à leurs prières, qu'au lieu de vingt-
quatre coups de fouet que je lui semblois bien mériter,
je n'en recevrois que la moitié. Il en fallut passer par
là; et le domine Nicolao, mon ennemi mortel, ayant
été chargé de me les donner dans son appartement,
s'acquitta de si bon cœur de cette commission, que je
m'en sentois encore quinze jours après.

Mais s'il satisfit en cela sa haine, je te proteste que
je contentai bientôt mon ressentiment. Voici de quelle
manière. Nous étions alors dans le temps des cousins,
et il y en avoit cette année à Rome une prodigieuse
quantité. Le majordôme, qui aimoit ses aises, se plaignant un jour devant moi de ces maudites bêtes, dit
qu'il en étoit fort incommodé dans sa chambre. Sur cela
je pris la parole : Seigneur, lui dis-je, il ne tiendra
qu'à vous d'en être délivré pour toujours : nous avons
en Espagne un secret infaillible pour nous garantir de
l'incommodité de ces animaux-là; je vous l'enseignerai
si vous le souhaitez. Vous me ferez plaisir, répondit
Nicolao, de m'apprendre ce qu'il faut faire pour cela.
Vous n'avez, repris-je froidement, qu'à mettre au
chevet de votre lit un gros paquet de persil trempé
dans du vinaigre : ils ne l'auront pas sitôt senti, qu'ils
viendront se jeter dessus, et un moment après ils tom-
beront tous roides morts.

Il me crut, et dès la première nuit il voulut faire
l'expérience de mon secret; mais il ne fit par là qu'irriter les cousins, qui l'assaillirent plus cruellement qu'à

l'ordinaire. Ils pensèrent lui manger le nez, et lui arracher les yeux. Il se donna mille soufflets en voulant
tuer ces petites bêtes, à mesure qu'il les sentoit sur son
visage. Enfin il combattit contre elles jusqu'au jour,
dont la clarté lui fit connoître qu'il n'étoit pas sorti
victorieux de son combat, et que ses ennemis, qu'il
croyoit avoir écrasés, lui étoient presque tous échappés.
Je ne manquai pas de l'aller voir le matin dans son appartement, et je jugeai bien à ses yeux bouffis que les
cousins l'avoient tourmenté. Il me l'avoua d'abord, en
me disant que mon secret ne valoit rien. Je feignis d'être
étonné. Il faut donc, lui répondis-je, que vous n'ayez
pas laissé assez long-temps le persil dans le vinaigre,
ou que le vinaigre dont vous vous êtes servi n'ait point
de force; car je vous assure qu'en portant tous les soirs
dans ma chambre un bouquet de persil bien trempé
dans le vinaigre, j'en ai chassé les cousins qui y venoient
auparavant en très grand nombre. Le majordome fut
assez sot pour me croire encore. Il mit une botte de
persil dans le vinaigre le plus fort qu'il put trouver. Il
l'y laissa tremper pendant six heures entières; puis il en
parsema non-seulement son lit, mais toute sa chambre
même; aussi Dieu sait ce qu'il en arriva : je crois que
tous les cousins du voisinage vinrent fondre sur le misérable pour le dévorer. Ils le défigurèrent tellement,
qu'il avoit l'air d'un lépreux. Il m'auroit volontiers as-
sommé le jour suivant s'il m'eût rencontré. Mais son
éminence, pour prévenir tout accident, nous ayant fait
appeler tous deux, lui défendit de me maltraiter, et me
fit une légère remontrance, en homme qui avoit plus
d'envie de rire du tour que j'avois joué, que de m'en

faire un crime. Pourquoi, me dit ce bon prélat, avez-
vous fait cette pièce au domine Nicolao? Monseigneur,
lui répondis-je, pourquoi, lorsqu'il n'avoit ordre que
de me donner douze coups de fouet pour les confitures,
m'en a-t-il appliqué plus de vingt pour son compte?
J'ai vengé mes meurtrissures par les siennes.

Cela se passa de cette façon. Cependant depuis l'aventure de la caisse, je n'étois plus de la chambre des
pages; on n'avoit pas borné au fouet mon châtiment;
on m'avoit de plus fait passer au quartier du chambellan, pour y servir parmi les laquais, en attendant
qu'on me rappelât à mon premier poste. Le chambellan
pouvoit passer pour un bon homme, plein d'honneur
et de bonne foi; mais il étoit un peu trop scrupuleux,
et même un peu visionnaire. Il avoit aux environs de
notre hôtel des parentes qui étoient de très honnêtes
filles, et si pauvres, qu'il leur envoyoit tous les jours
les deux tiers de sa portion pour les aider à subsister.
Il alloit aussi quelquefois dîner ou souper avec elles;
ce qui donnoit souvent occasion aux officiers du logis,
et particulièrement au majordôme, de le railler devant
son éminence pour la divertir.

Un soir le chambellan, étant revenu de chez ses
parentes un peu indisposé, se retira dans son appartement, et se coucha. Le cardinal, ne le voyant point
paroître au souper, demanda de ses nouvelles. Monseigneur, lui dit un de ses officiers, il ne se porte pas
trop bien. Aussitôt son éminence voulut savoir quel
mal il pouvoit avoir; et, pour en être instruite, elle
ordonna à un de ses gentilshommes de l'aller voir sur-
le-champ. L'officier s'acquitta de sa commission fort

exactement, et vint dire que l'indisposition du malade
étoit si légère, qu'il n'avoit besoin que de repos pour
se rétablir. Cela se passa de cette sorte; mais le secrétaire Nicolao, toujours prêt à faire quelque pièce au
bon chambellan, ayant appris le lendemain matin qu'il
se portoit beaucoup mieux, et qu'il dormoit, eut la malice d'introduire doucement dans sa chambre, par le
ministère d'un laquais qu'il gagna, un de nos pages
déguisé en femme. Le page, à qui l'on avoit bien fait
sa leçon, se coula dans la ruelle du lit, où il se cacha
derrière une tapisserie. Le secrétaire sortit ensuite pour
se rendre auprès du cardinal, qui lui demanda des nouvelle du malade. Monseigneur, lui répondit Nicolao,
l'on m'a dit qu'il a passé la nuit assez mal, mais qu'il
est mieux présentement. Son éminence, qui aimoit tous
ses domestiques comme un père aime ses enfants, prit,
sur ce rapport, la charitable résolution d'aller visiter
notre chambellan, que l'on ne manqua pas de réveiller
pour l'avertir de l'honneur que son maître lui vouloit
faire.

Monseigneur se rendit donc à la chambre du malade,
et s'assit sur une chaise auprès de son lit; mais à peine
fut-il assis, qu'on vit tout à coup sortir de la ruelle le
page travesti, lequel, contrefaisant à merveille une
femme embarrassée et qui cherchoit à s'enfuir, se sauva
en disant : Ah! bon Dieu, je suis perdue! que va penser
de moi son éminence? Le cardinal, qui n'avoit point
été préparé à cette scène, et qui croyoit son chambellan
un saint personnage, parut extrêmement surpris de
cette vue; mais quel que fut son étonnement, il n'approchoit point encore de celui du scrupuleux cham-

bellan, qui, comme frappé d'une horrible vision, s'écria
que c'étoit assurément le diable qui étoit venu pour le
tenter. Cela lui causa une si grande agitation, que, dans
le trouble où étoient ses esprits, peu s'en fallut qu'il
ne sortît de son lit tout en chemise devant monseigneur,
et ne prît la fuite. Comme tous les domestiques qui
étoient présents s'entendoient avec le secrétaire, ils ne
purent s'empêcher de rire, ce qui fit juger au cardinal
que c'étoit un tour qu'on jouoit au chambellan. Son éminence eut pitié de ce pauvre homme, et se donna la peine
elle-même de le désabuser; après quoi elle se retira.

Tout cela venoit de se passer lorsque j'arrivai. Je
revenois de faire une commission dont j'avois été chargé
dès le grand matin. Je trouvai le chambellan fort triste;
je le priai de m'apprendre le sujet de sa tristesse. Il me
conta l'aventure, en me disant qu'il ne doutoit point
que le domine Nicolao n'en fût l'auteur. Je voudrois,
mon cher Guzman, ajouta-t-il, je voudrois, pour un
de mes yeux en tirer vengeance, et faire quelque bon
tour au secrétaire; mais j'ai besoin pour cela de tes
conseils : un maître espiègle comme toi trouvera bientôt
quelque malice qui vaudra bien la sienne. Effectivement, lui répondis-je, si j'étois à votre place, le secrétaire n'iroit point au pape en demander l'absolution;
je lui en ferois bien faire pénitence. Mais songez qu'il
est mon supérieur, et qu'il ne me convient pas de me
mêler des affaires des officiers qui sont au-dessus de
moi. Si l'on m'a pardonné la pièce que j'ai faite au domine
Nicolao, c'est qu'on a considéré qu'il est naturel de se
venger soi-même, et que d'ailleurs il m'avoit traité
trop rudement.

J'eus beau représenter au chambellan irrité que je n'osois épouser sa querelle, de peur de m'en repentir, il n'y eut pas moyen de m'en défendre. Ses prières, l'amitié que j'avois pour lui, la haine que je sentois pour Nicolao, et enfin mon penchant à faire le mal, me déterminèrent à servir son ressentiment. Hé bien, lui dis-je, reposez-vous sur moi; je me charge de vous rendre le petit service que vous attendez de mes talents. De mon côté, j'exige de vous que vous viviez avec le secrétaire comme si vous ne le soupçonniez nullement de l'espièglerie qu'il vous a faite. Le chambellan, tout simple qu'il étoit, joua si bien son rôle, que tous les domestiques y furent trompés. On crut qu'il ne se souvenoit plus d'une scène qui avoit été si désagréable pour lui.

Cependant je me préparois secrètement à lui tenir parole; j'achetai de la poix résine, du mastic et de l'encens. Je réduisis le tout en poudre, et le mis dans un papier que je serrai dans ma poche pour l'employer quand j'en trouverois l'occasion. Elle s'offrit peu de temps après telle que je la pouvois désirer. Un jour que la poste partoit pour l'Espagne, et que M. le secrétaire étoit fort occupé; je me rendis le matin à son quartier, et j'entrai dans sa garde-robe où étoit son valet. Jacques, lui dis-je, mon cher ami Jacques, j'ai là-bas du pain et un morceau de jambon grillé; il ne faudroit avec cela qu'une bouteille de bon vin pour bien déjeuner : si tu peux me la fournir, tu seras mon compagnon; autrement, j'en vais chercher un autre. Seigneur Guzman, me répondit aussitôt Jacques, vous avez trouvé votre homme; je sais bien où aller prendre une bouteille d'excellent vin; vous n'avez qu'à m'attendre ici, je serai à vous dans un moment. A ces mots il disparut, et me laissa maître de la garde-robe. Alors cherchant des yeux le haut-de-chausse de Nicolao, car je savois que ce secrétaire n'en mettoit pas le matin, et n'avoit sur sa chemise qu'une robe de chambre légère, pour écrire plus à son aise; cherchant, dis-je, des yeux son haut-de-chausse, je l'aperçus sur une chaise; je le pris, je le retournai; et après en avoir parsemé toute la doublure de la poudre dont j'ai parlé, je le remis à sa place, de manière qu'il ne sembloit pas qu'on y eût touché. Jacques ne tarda guère à revenir avec du vin; mais dans le temps que nous nous disposions à déjeuner, son maître l'appela pour l'aider à s'habiller, et le retint dans sa chambre; de sorte que je fus obligé d'aller vider sa bouteille avec un autre que lui, en attendant que j'eusse le plaisir de voir ma poudre opérer.

Elle fit son effet au dîner du cardinal, où il y avoit un grand nombre de convives. Nous étions alors dans la canicule, et il faisoit une chaleur très favorable à mon dessein. Le domine Nicolao étoit dans la salle avec les autres officiers. Je remarquai bientôt à son action qu'il sentoit dans son haut-de-chausse une démangeaison, où, par respect, il n'osoit porter la main. Il ne savoit quelle contenance tenir; et, par malheur pour lui, à mesure qu'il s'agitoit, il augmentoit son tourment. La poudre, s'attachant au poil et à la peau, l'incommodoit à un point, qu'il lui sembloit sentir mille pointes d'aiguilles. Ce n'est pas tout : le cardinal, ayant quelque ordre à lui donner, l'appela, et pendant qu'il lui parloit à l'oreille, son éminence se boucha le nez tout à coup en disant : Qu'avez-vous donc sur vous, domine Nicolao? Vous puez l'encens et la poix résine. Le secrétaire rougit à ces paroles et s'éloigna de monseigneur, qui, s'apercevant que presque tous mes camarades, que le chambellan avoit mis au fait, s'entretenoient tout bas les uns les autres en riant, me soupçonna d'avoir fait quelque nouveau tour. Comme j'étois assez près de lui et que je gardois mon sérieux : Guzman, me dit-il, quel sujet vos confrères ont-ils donc de rire? — C'est, lui répondis-je, que M. le secrétaire s'est avisé aujourd'hui de se purger avec de la térébenthine. Le cardinal, à cette réponse, éclata de rire, et toute la table suivit son exemple. Nicolao jugea bien par là qu'on lui avoit fait quelque malice; et, ne pouvant soutenir les ris moqueurs dont toute la salle retentissoit à ses dépens, il s'enfuit avec une précipitation qui redoubla le plaisir de la compagnie. Quand il fut sorti, monseigneur, impatient de savoir quelle pièce avoit été faite au secrétaire, s'adressa au chambellan, qui ne lui en cacha aucune circonstance. Cette dernière aventure acheva de me faire passer dans le palais pour un homme bien redoutable.

Enfin, après deux mois d'exil on me rappela. Je retournai à la chambre des pages, où l'on me rétablit dans mes premières fonctions. Je m'en acquittai avec autant d'effronterie que s'il ne me fût rien arrivé; ce qui me fait souvenir de la fable de la Honte, de l'Air et de l'Eau, qui voyageoient de compagnie. En se séparant, ils se demandèrent où ils pourroient se revoir. L'Air dit : On me trouve toujours sur le sommet des montagnes. Moi, dit l'Eau, on me rencontre à coup sûr

dans les entrailles de la terre. Oh! pour moi, dit à
son tour la Honte, quand une fois on m'a perdue,
on ne peut plus me retrouver. Rien n'est si vrai : je
n'étois plus capable d'avoir honte de commettre une
mauvaise action; je ne me sentois honteux que d'être
pris sur le fait. Enfin j'étois si enclin à la friponnerie,
que je me serois, je crois, laissé tomber du haut du
château Saint-Ange si j'eusse vu en bas quelque chose
à prendre.

Comme le bon cardinal aimoit les confitures, et particulièrement celles qui venoient des Canaries dans des
barils, il en faisoit acheter assez souvent ; et lorsque
les barils étoient vides, ils appartenoient au premier
domestique qui s'en saisissoit. J'en avois un qui m'étoit
venu de cette manière, et dans lequel je serrois des
mouchoirs, des cartes, des dés, et autres effets d'un
pauvre page. On avertit un jour monseigneur qu'il étoit
fraîchement arrivé à un marchand douze petits barils
de ces sortes de confitures. Son éminence chargea son
majordôme de les aller acheter pour elle. J'entendis
donner cet ordre, et je dis aussitôt en moi-même : Il
y aura bien du malheur si je ne me rends pas maître de
quelqu'un de ces barils. Je me retirai dans ma chambre
pour rêver en liberté aux moyens d'en venir à bout, et
je m'arrêtai à celui-ci. Je vidai promptement le baril
où étoient mes guenilles, puis l'ayant rempli de terre
et de paille, j'y mis les fonds ainsi que les cerceaux,
et le refermai si proprement, que l'on eût dit qu'il étoit
tout neuf; après quoi j'allai attendre dans la cour ceux
qu'on devoit apporter. Je ne tardai guère à les voir
arriver avec le majordôme qui les conduisoit, et qui

nous commanda de les porter dans le cabinet où son éminence avoit coutume d'enfermer ses confitures.

Chacun de mes camarades se chargea d'un baril; j'affectai d'être le dernier à prendre le mien, pour marcher après tous les autres : j'avois mes raisons pour cela. Il falloit passer devant ma chambre; de sorte que, ne me voyant suivi de personne, j'entrai dedans, et, changeant de baril en un clin d'œil, je portai celui où il n'y avoit que de la terre et de la paille, et le mis effrontément avec les autres en présence de monseigneur, que le plaisir de les voir avoit attiré là. Quand ce prélat les eut regardés, il m'envisagea d'un air railleur, et me dit : Hé bien, Guzman, que penses-tu de ces barils? On ne peut y fourrer les bras, et les coins me paroissent ici des instruments fort inutiles. Au défaut de coins, lui répondis-je froidement, on peut employer les ongles, et la main fait quelquefois l'office du bras. Oh! je te défie, répliqua son éminence, de défaire ces barils; cela n'est pas si aisé qu'un couvercle de caisse à lever. D'accord, lui repartis-je; mais de grâce, monseigneur, ne me défiez de rien, car le diable pourroit me suggérer l'envie de vous détromper. Ah! volontiers, mon enfant, s'écria le cardinal, je te permets de voler, si tu le peux, de ces confitures, et je te donne huit jours pour en imaginer le moyen. Si tu es assez subtil pour y réussir, non-seulement je te laisserai les fruits que tu m'auras dérobés, mais je t'en promets encore autant, à condition que de ton côté tu te soumettras à quelque châtiment, si ton génie est obligé de céder à la difficulté de l'entreprise.

Cela est juste, lui dis-je, monseigneur, et je tôpe à

l'alternative. Oui, si je n'ai pas fait mon coup dans vingt-quatre heures, car je ne demande pas huit jours pour si peu de chose, je veux bien souffrir la peine qu'il plaira au domine Nicolao d'ordonner : vous jugez bien qu'après l'affaire des cousins et celle de la térébenthine je ne puis avoir en lui un juge trop doux. Le cardinal sourit à ces derniers mots, et enfin il fut arrêté que le jour suivant je serois puni ou récompensé.

Quelles précautions son éminence ne prit-elle pas pour mettre ses barils à couvert de mes griffes! Outre qu'elle avoit la clef du cabinet où ils étoient, il fit faire la garde à la porte par ceux de ses domestiques qui avoient le plus de part à sa confiance. Le lendemain, à son dîner, ce bon prélat attacha sa vue sur moi, et, me trouvant un peu rêveur, il me dit avec un souris : Guzman, je devine bien le sujet de ta rêverie; tu songes tristement que tu recevras bientôt cent coups de fouet du bras vigoureux du seigneur Nicolao. C'est à quoi je ne pense nullement, lui répondis-je; les confitures sont déjà entre mes mains.

Monseigneur, persuadé que personne n'étoit entré dans le cabinet ni ne pouvoit avoir touché aux barils, admiroit mon effronterie. Il me railla sur les étrivières qui m'étoient, disoit-il, si justement dues. Je le laissai s'égayer tant qu'il voulut; et quand je vis qu'on se disposoit à servir les fruits, je me dérobai subtilement de la salle pour me rendre à ma chambre, où, étant arrivé, je tirai de mon baril des confitures dont je remplis un bassin que j'avois pris au buffet dans cette intention, et que je me hâtai de porter sur la table devant son éminence. Elle fut étrangement surprise de voir ces confitures; à peine pouvoit-elle croire ses yeux. Tenez, dit-elle au chambellan en lui confiant la clef du cabinet, allez compter les barils et les examinez bien; il faut qu'il y en ait quelqu'un de défait. Le chambellan, qui les avoit rangés lui-même, les ayant trouvés bien fermés, revint et assura qu'ils étoient tous en bon état.

Ah! voici l'enclouure, dit alors le cardinal; mon pauvre Guzman, j'ai découvert ta finesse : tu auras sans doute été acheter ces fruits confits chez le même marchand qui m'a vendu mes barils; et tu prétends me faire accroire que tu me les as volés. Oh! non pas, s'il vous plaît, monsieur Guzman; il faut que vous ayez l'adresse d'ouvrir ou d'escamoter quelqu'un de mes barils, et d'en ôter des confitures : voilà notre gageure, qu'il vous en souvienne : vous serez châtié. Allons, domine Nicolao, poursuivit-il, saisissez-vous de ce téméraire, et le punissez comme vous le jugerez à propos. Doucement, monseigneur, repris-je à ces dernières paroles; je conviens que je suis digne de punition si les confitures que je viens de servir sur votre table ne font pas partie de celles que votre éminence fit acheter hier; mais convenez aussi que j'ai gagné si je vous prouve le contraire, en vous faisant voir que j'ai dans ma chambre, actuellement, un des douze barils qui ont été apportés dans ce palais.

Prenez garde à ce que vous avancez, page, interrompit le chambellan : il y a douze barils dans le cabinet de monseigneur; je viens de les compter et récompter. Cela se peut, dis-je au chambellan; mais vous savez que le loup mange les brebis comptées. Le prélat, impatient d'apprendre la vérité du fait, acheva promptement de dîner pour aller au cabinet, où il se rendit avec tous ses convives de ce jour-là, lesquels, à mon air assuré, jugeoient que la chose pourroit bien ne pas tourner à ma confusion.

Son éminence elle-même compta les barils, et trouvant qu'il y en avoit douze : Guzman, me dit-elle, tu vois qu'il n'en manque pas un, et qu'ils sont tous tels que je les ai fait acheter. Monseigneur, lui répondis-je, il y en a là douze assurément, mais ils ne sont pas tous pleins de confitures. Le cardinal, perdant patience, vouloit les faire ouvrir. Non, non, m'écriai-je, il faut que je vous épargne cette peine. En disant ces mots, je montrai le baril que j'avois rempli de terre et de paille; et pendant qu'on le défonçoit, je courus dans ma chambre, d'où je revins avec l'autre, qui étoit à demi-plein de confitures, et je racontai de quelle façon je l'avois escamoté.

Toutes les personnes qui étoient présentes louèrent fort ma subtilité, et rirent bien de l'aventure. Monseigneur, comme sa parole l'y obligeoit, me fit donner un second baril, que j'abandonnai à mes camarades, pour témoigner que ce que j'en faisois n'étoit que pour divertir mon maître. Dans le fond, son éminence, peu contentè de mes tours de main et du mauvais exemple que je donnois à toute sa maison, m'auroit indubitablement chassé, si elle n'eût pas considéré que c'étoit m'exposer à faire quelque coup qui me perdroit entièrement. Ainsi ce charitable prélat, ayant pitié de moi, me gardoit chez lui, malgré tous mes défauts, pour m'ôter les occasions de commettre des actions plus criminelles.

CHAPITRE VIII.

Guzman continue de faire des tours de main chez le cardinal, qui lui donne enfin son congé.

On peut dire que ce cardinal étoit le meilleur de tous les maîtres passés, présents et à venir. Que ne fit-il point pour me rendre homme de bien! Comme les menaces et les châtiments auroient pu m'épouvanter et m'obliger à prendre la fuite, il ne voulut pas les mettre en usage pour me corriger, outre que la douceur de son caractère ne lui permettoit pas de les employer. C'étoit par des remontrances sans aigreur et par des bienfaits même qu'il tâchoit de m'inspirer un peu de goût pour la vertu. Si je faisois une action louable, ce qui m'arrivoit très rarement, il ne manquoit jamais de m'en bien récompenser. Quand il étoit à table, et qu'il s'imaginoit que j'avois envie de quelque morceau friand, il étoit assez bon pour vouloir m'en faire part; mais il accompagnoit ordinairement de quelque petite raillerie cette marque de bonté. Un jour, entre autres, en me donnant lui-même un morceau de tourte: Guzman, me dit-il, reçois ceci de ma main comme un tribut que je te paye pour entretenir entre nous la paix. L'exemple du domine Nicolao me fait trembler pour mes confitures.

C'est de cette manière qu'il se familiarisoit avec ses domestiques, qui, charmés d'avoir un pareil seigneur à servir, se seroient tous volontiers sacrifiés pour lui. Si les maîtres qui traitent rudement leurs valets en sont rarement aimés, en récompense les valets chérissent toujours les maîtres qui les aiment. Peu de temps après l'aventure des barils, on envoya de Gênes à son éminence une grande caisse de confitures bien dorées et artistement arrangées dans leurs boîtes. Monseigneur prit d'autant plus de plaisir à les voir, qu'elles lui venoient d'une parente qui lui étoit très chère, et qui avoit coutume de lui faire chaque année un semblable présent. Les confitures étoient donc parfaitement belles; mais ayant été mises dans des boîtes peu sèches, elles avoient pris en chemin un peu d'humidité; de sorte qu'elles avoient besoin d'être exposées au soleil.

Le cardinal parut en peine de savoir dans quel endroit on pourroit les placer pour qu'elles fussent à couvert de mes mains. Chaque domestique dit là-dessus sa pensée, et il n'y en eut pas un assez hardi pour vouloir s'en charger et en répondre. He bien! dit son éminence en me voyant arriver, car j'étois hors du palais pendant cette consultation, voici Guzman qui va nous tirer d'embarras: Mon ami, continua-t-il, nous ne savons dans quel lieu nous devons mettre ces confitures à sécher; je crains terriblement les rats. Monseigneur, lui répondis-je, il est fort aisé d'empêcher que les rats n'y touchent; vous n'avez pour cela qu'à les abandonner à mes camarades et à moi. Il est vrai, reprit le prélat en souriant, que c'est un moyen sûr de les préserver des rats; mais j'en voudrois trouver un autre, et je suis d'avis de te les donner en garde à toi-même. Je te charge du soin de les exposer au soleil tous les jours, et tu m'en rendras compte. Tu vois dans quel état elles sont. Il faut que tu veilles sans cesse à leur conservation, et que tu me les remettes telles que je te les confie, sous peine de perdre mes bonnes grâces.

Ah ! monseigneur, m'écriai-je à ces paroles, vous ne songez pas à quelle épreuve vous voulez réduire le fragile Guzman : je vous répondrai bien des rats et de mes camarades les plus fins ; mais je ne puis en conscience vous répondre de moi. Hélas ! je suis un malheureux fils d'Ève ; et si je me vois dans un paradis de confitures, quelque maudit serpent de conserve de Gênes pourra me tenter. Encore passe si votre éminence me disoit : Guzman, je veux bien que tu manges de mes confitures, pourvu qu'il ne paroisse nullement qu'on y ait touché. À cette condition je les prendrois sous ma garde, et nous serions satisfaits l'un et l'autre. J'y consens, répondit le cardinal ; si tu es assez adroit pour cela, je te le pardonne ; mais je t'assure que tu seras châtié si l'on s'en aperçoit.

J'acceptai donc la commission à ce prix-là. J'ouvris et j'étalai les boîtes l'une après l'autre dans la galerie qui étoit exposée au soleil, et la beauté de ces confitures fit toute l'impression qu'elle devoit faire sur un friand comme moi. Quelque envie pourtant que j'eusse d'en goûter, j'attendis qu'elles fussent un peu sèches ; ce qui étant arrivé quelques jours après, je ne pensai plus qu'au moyen de pouvoir impunément escamoter une partie des plus beaux fruits, et voici comment s'y prit monsieur l'entrepreneur. Je recouvris d'abord les boîtes que je renversai doucement, puis ayant tiré avec la pointe d'un couteau les petits clous qui tenoient les fonds, j'ôtai des confitures de quatre boîtes seulement ; ensuite je remplis de papier fort proprement les creux que j'avois faits, et remis les boîtes dans leur premier état. Un soir, tandis que le prélat faisoit collation, car c'étoit un jour de jeûne, je lui dis que je croyois les confitures assez sèches pour être enfermées. Il ne faut pas demander, me repartit-il avec un souris, si tu en as mangé une bonne partie. Du moins, monseigneur, lui repartis-je, il n'y paroît pas. C'est ce que nous allons voir, répliqua-t-il. Que l'on m'en apporte tout à l'heure quelques boîtes. Je menai aussitôt trois de mes camarades dans ma chambre, où elles étoient; je leur en donnai à chacun une à porter, et je me chargeai de la quatrième. Ces quatre boîtes étoient justement celles qui m'avoient passé par les mains. Je les présentai à son éminence, en lui demandant s'il lui sembloit que je les eusse bien conservées. Il les examina fort attentivement, et n'y remarquant rien qui me trahît : Je serai content de tes soins et de ta vigilance, me dit-il, si toutes les autres ont été respectées comme celles-ci. Je suis curieux de savoir cela. On satisfit sa curiosité; il considéra les boîtes auxquelles je n'avois pas touché; et, après un long examen, il avoua que si je lui avois volé des confitures, il n'y paroissoit point du tout. Là-dessus je courus à ma chambre, je mis dans un plat les fruits confits que j'avois dérobés, et revins les montrer au prélat, en l'assurant que je n'avois pas goûté de ses confitures, quelque envie que j'eusse eu d'en manger; ce qu'il étoit aisé de vérifier. Nouvelle surprise de la part du cardinal et de tous ses domestiques, qui, ne me regardant plus que comme un faiseur de tours de passe-passe, furent encore plus qu'auparavant en garde contre moi.

On nous faisoit étudier quatre heures par jour; on nous enseignoit la langue latine et même la grecque, et nous employions le reste du temps que nous avions à nous à lire des livres d'amusement, et à prendre des leçons de musique et de danse : mais mon divertissement favori étoit le jeu. Quand il nous arrivoit de sortir, ce n'étoit que pour courir chez un marchand de beignets que nous volions comme à l'envi, ou chez un pâtissier qui avoit l'imprudence de nous faire crédit. Nous donnions aussi quelquefois aux dames du voisinage des petits concerts accompagnés de rafraîchissements; mais nous servions un maître dont le caractère nous obligeoit à bien prendre notre temps pour faire ces galanteries. S'il en eût eu le moindre vent, il auroit pu faire maison nette.

Je passois ainsi ma jeunesse chez le cardinal, où l'on peut dire que je jouissois d'un sort très agréable. Cependant, bien loin d'en être satisfait, je m'imaginois être dans un dur esclavage; j'étois même assez misérable pour regretter vingt fois le jour la vie libre que j'avois menée parmi les gueux. J'avois encore un autre sujet de m'ennuyer d'être page; je me voyois venir de la barbe au menton, et je mourois d'envie de porter l'épée. Il est temps, disois-je, que je songe à faire fortune; mais au lieu de penser que je ne pouvois être dans une meilleure maison pour cela, et de tenir une conduite convenable à ce dessein, je m'attachai au jeu si fortement, que j'en négligeai mes devoirs. Ne trouvant point au logis d'assez gros joueurs à mon gré, j'en allois chercher en ville, et je ne revenois point de toute la journée. Enfin je poussai la fureur du jeu

si loin, que monseigneur, ne me voyant presque plus,
voulut absolument savoir pourquoi j'étois toujours dehors, et l'on fut obligé de le lui apprendre. Il en eut
un vrai déplaisir. Il n'épargna rien pour me défaire
d'une si mauvaise habitude : remontrances, promesses,
prières même, il mit tout en œuvre pour cet effet;
mais il ne fit que prendre des peines inutiles.

Un jour qu'il s'entretenoit de moi avec ses principaux officiers, il leur dit : Puisque tous les moyens
dont je me suis servi jusqu'ici pour le faire rentrer dans
son devoir n'ont pas réussi, j'en veux essayer un nouveau qui me vient dans l'esprit; il faut, à la première
faute qu'il fera, que je le chasse de chez moi, pour
voir s'il sera plus sensible à ce châtiment qu'il ne l'a
été à tous les discours que je lui ai tenus. Je ne prétends
point pour cela, continua-t-il, l'abandonner à sa misère :
on lui donnera tous les jours sa portion ordinaire,
et l'on aura soin de lui dire que je serai toujours prêt
à le reprendre à mon service, quand il aura changé de
vie. O prélat dont la vertu singulière est digne d'être
éternellement louée!

Je ne tardai guère à fournir à son éminence l'occasion d'éprouver le moyen nouveau qu'elle avoit imaginé pour me corriger. Deux ou trois jours après, je
me piquai si fort au jeu, que je perdis le reste de mes
nippes, et jusqu'à mon manteau de livrée; de sorte que
je n'avois plus sur le corps que mon haut-de-chausse de
page avec un pourpoint qu'on avoit refusé de me jouer.
Je me retirai au palais dans cet état, et je m'enfermai
dans ma chambre. Monseigneur, voyant une conduite si
déréglée, exécuta sa résolution. Il ordonna au major-

dôme de me faire faire un habit neuf, et de me mettre
ensuite à la porte. Le majordôme obéit, et me dit, en
me donnant mon congé, que son éminence m'aimoit
toujours malgré mes défauts; qu'elle avoit commandé
qu'on me nourrît au palais comme à l'ordinaire, et
qu'enfin elle me recevroit encore parmi ses domestiques, quand elle seroit persuadée que je me repentois
véritablement de ma vie passée. Au lieu de me louer
des bontés de ce saint cardinal, je fus assez glorieux,
ou, pour mieux dire, assez sot pour les mépriser, et je
sortis de chez lui en grondant comme si j'eusse eu un
grand sujet de me plaindre, et en protestant que je n'y
remettrois jamais le pied. Il sembloit, en vérité, qu'il
eût tort d'en user ainsi avec moi, et je croyois me venger de lui en me perdant.

CHAPITRE IX.

Il entre au service de l'ambassadeur d'Espagne [1]. *Carac-*
tère de ce ministre. Nouvelles espiègleries de Guzman.

Mon impertinente fierté m'empêcha long-temps de
sentir la sottise que j'avois faite. Je pris plaisir d'abord
à battre le pavé de Rome et à manger chez les personnes de ma connoissance; mais on se lassa bientôt de
me recevoir gracieusement; on me fit maigre chère,
et enfin si mauvais visage, que je n'osai plus aller dîner

[1] L'original dit de l'ambassadeur de France; mais j'ai suivi M. Bremont. J'ai cru, comme lui, qu'il valoit mieux mettre Guzman chez
l'ambassadeur de son pays.

dans aucun endroit; ce qui justifie bien le proverbe espagnol qui dit : *Ne sois tout au plus qu'une semaine chez ton oncle ou ton cousin, qu'un mois chez ton frère, qu'un an chez ton ami; mais demeure si tu veux toute ta vie dans la maison de ton père.*

Quoique je m'aperçusse que c'étoit un vilain métier que celui d'aller piquer les tables, je commençai à me repentir de m'être moi-même interdit celle des pages du cardinal; mais la faute alors étoit irréparable, puisque dans ce temps-là son éminence tomba malade et mourut. Elle laissa, par un bon testament, à tous ses domestiques, de quoi vivre honnêtement le reste de leurs jours; ce qui me mit au désespoir, ne pouvant me consoler de m'être privé, par ma déplorable conduite, de la part que j'aurois eue à sa succession. Je ne me voyois plus qu'une ressource, qui étoit d'offrir mes services à l'ambassadeur d'Espagne. Ce seigneur avoit été un des meilleurs amis de feu mon maître, et me connoissoit fort; il m'avoit même témoigné de la bonne volonté dans plus d'une rencontre : si bien que je ne lui eus pas plus tôt dit que je souhaitois de m'attacher à son service, qu'il me reçut chez lui fort volontiers. Il avoit souvent pris plaisir à mes reparties et aux contes qu'il m'avoit entendu faire en présence du cardinal; il me regarda comme un garçon à deux mains, je veux dire comme un homme propre à devenir son bouffon et son Mercure. Il me destina dans son âme à ce dernier emploi, ainsi que tu le verras dans la suite. Il faut que je t'apprenne le caractère de ce ministre.

On l'avoit choisi pour l'ambassade de Rome dans une conjoncture délicate, et dans laquelle on avoit besoin d'un esprit insinuant et plein d'adresse; aussi répondit-il parfaitement bien à la confiance que le roi son maître avoit en lui. Mais il avoit un foible assez ordinaire aux grands hommes; il aimoit un peu trop les femmes; sans cela il se seroit fait estimer dans Rome plus qu'aucun autre ambassadeur. M'ayant donc jugé digne de conduire ses intrigues amoureuses, il commença par me déclarer ses honnêtes intentions; ensuite, pour voir comment je m'y prendrois, il me fit faire quelques messages galants, dont j'eus le bonheur de m'acquitter d'une manière dont il fut très-satisfait. Cet essai fut suivi de deux ou trois négociations de la même nature, mais plus difficiles, et le succès n'en fut pas moins heureux. Il n'en fallut pas davantage pour me gagner sa bienveillance. Il conçut pour moi tant d'amitié, que je devins son page favori. Dès ce moment on ne jura plus dans l'hôtel de son excellence que par le seigneur Guzman. Je me mis à tailler et à rogner à ma fantaisie, et tout ce que je fis fut trouvé fort bien fait. Ma faveur naissante ne manqua pas d'exciter la jalousie des autres domestiques, et principalement des plus anciens, dont les uns m'appeloient le bouffon du maître, et les autres son agent d'amour. Néanmoins, comme les bonnes grâces de l'ambassadeur ne me rendoient pas plus insolent, et que bien loin de les desservir auprès de son excellence, je ne cherchois qu'à leur faire plaisir, ils ne me donnoient aucune marque d'inimitié. Nous vivions tous ensemble en assez bonne intelligence.

Je ne démentis point chez l'ambassadeur la réputation que je m'étois acquise dans le palais du cardinal par mes espiègleries; et ne pouvant être dans un en-

droit où il s'offrît plus d'occasions de faire des pièces
que chez mon nouveau maître, je ne m'y épargnai
point. Il venoit là des parasites à l'heure du dîner. Nous
savions bien, mes camarades et moi, les distinguer des
honnêtes gens que son excellence étoit ravie de voir
à sa table. Nous étions fort attentifs à servir ceux-ci;
mais pour les écornifleurs, dont la plupart étoient des
aventuriers, nous leur en donnions de toutes les façons;
et cela divertissoit infiniment l'ambassadeur. Nous laissions l'un demander inutilement à boire pendant tout
un repas; il avoit beau nous faire des signes, nous fei-
gnions de ne les pas entendre : nous versions à l'autre
de petits coups, encore étoit-ce dans des verres faits
de façon que la moitié de la liqueur qu'il y avoit dedans y restoit; ce qui ne faisoit qu'irriter sa soif : nous
faisions boire chaud à un autre, ou bien nous ne lui
présentions que de l'eau rougie. S'il arrivoit qu'on servît
à quelqu'un de ces messieurs un bon morceau, nous
lui changions si promptement d'assiette, que nous ne
lui donnions pas le temps de le manger. En un mot,
nous tâchions de les écarter de la table de son excellence, et nous étions quelquefois assez heureux pour
en venir à bout.

Parmi ces aventuriers que le fumet de notre cuisine
attiroit au logis, il en venoit un que les bords de la
Tamise avoient vu naître, et qui surpassoit tous les autres en effronterie. Il se disoit parent de l'ambassadeur,
quoiqu'il n'eût point du tout les manières d'un homme
de qualité. Il s'étoit produit lui-même par sa hardiesse;
et, malgré l'accueil glacé que son excellence lui faisoit,
il ne laissoit pas de venir assidûment manger chez elle.

Le fatigant mortel ! il n'y avoit que pour lui à parler,
et tous les jours il ne faisoit que vanter sa nation :
tantôt il louoit la politesse des Anglois, leur bonne foi
dans leur commerce, et leur désintéressement dans les
services qu'ils rendoient aux étrangers ; tantôt il s'étendoit sur leur sobriété et sur leur délicatesse en fait de
religion ; une autre fois il les appeloit les premiers
peuples de la terre pour avoir de la constance et pour
être fidèles, particulièrement à leurs rois. Les dames
angloises n'étoient pas oubliées dans ses éloges : il disoit que toutes les femmes pouvoient passer pour des
Lucrèces, et toutes les filles pour des vestales. Je ne
finirois point si je voulois répéter toutes les louanges
qu'il prodiguoit aux personnes de son pays. Enfin il
fatiguoit toute la compagnie de ses sots discours, et
principalement mon maître, qui n'y pouvant plus tenir,
me dit un soir en langue castillane, que l'Anglois n'entendoit pas : *Ah ! que ce fou m'ennuie !*

Ces paroles de l'ambassadeur ne frappèrent pas en
vain les oreilles d'un page qui n'étoit ni sot ni sourd.
Je me tins pour dit qu'il falloit absolument nous débarrasser d'un si fastidieux personnage. Pour cet effet,
je m'attachai à le servir à table. Dès qu'il demandoit à
boire, ce qui lui arrivoit presque à chaque moment,
je lui versois dans un grand verre et jusqu'aux bords
d'un vin qui avoit de la force, et qui ne tarda guère à
l'étourdir. Sitôt que je m'en aperçus à ses discours, je
liai avec un cordon de soie une de ses jambes à la chaise
sur laquelle il étoit assis, sans qu'aucun des convives
prît garde à mon action. A la fin du souper, l'ambassadeur se leva, et toute la compagnie suivit son exemple ;

mais quand mon Anglois voulut faire la même chose, il tomba si rudement avec sa chaise, qu'il se cassa le nez et les mâchoires. Je défis subtilement le cordon en faisant semblant de l'aider à se relever. Néanmoins, malgré tout le vin qu'il avoit bu, il remarqua que tout le monde rioit à ses dépens; et, se doutant bien de la cause de sa chute, il sortit fort en colère, et ne revint plus au logis; ce qui fit un extrême plaisir à son excellence.

Nous étant ainsi défaits de cet écornifleur, nous entreprîmes, mes camarades et moi, de chasser aussi tous les autres; mais nous en trouvâmes quelques-uns qui nous donnèrent bien de la peine; entre autres un certain spadassin espagnol qui se disoit gentilhomme de Cordoue. Il vint un jour saluer son excellence, dans le temps qu'elle alloit se mettre à table pour dîner, en lui disant qu'il étoit dans le besoin, et que la nécessité l'obligeoit à lui découvrir sa situation. Mon maître, comprenant fort bien ce que cela signifioit, tira de sa poche une bourse où il y avoit quelques pistoles, et qu'il lui donna sans l'ouvrir; après quoi il lui fit une inclination de tête, et lui tourna le dos; mais le Cordouan, bien loin de se retirer, le suivit pas à pas, en lui parlant des occasions périlleuses où il s'étoit trouvé, et fut assez effronté pour se mettre à table auprès de lui. Ne vous offensez pas de la liberté que je prends, dit-il à son excellence; quand je ne serois pas un bon gentilhomme, il suffit d'être soldat pour mériter l'honneur de manger avec des princes. D'ailleurs, ajouta-t-il, la table d'un seigneur de votre caractère doit être ouverte aux officiers dont les services n'ont point encore été récompensés.

En achevant ces paroles, il se jeta sur un plat avec
avidité; il mangea comme un affamé qu'il étoit; ensuite
me regardant, car c'étoit moi qui devois le servir, il me
fit signe cinq ou six fois de lui donner à boire. Malheureusement pour mon gentilhomme, au lieu d'obéir à ses
signes, je feignis de ne m'en apercevoir nullement; et
pendant ce temps-là il ne buvoit point. S'il crut d'abord
que je n'en usois de la sorte avec lui que par négligence
ou par bêtise, il ne fut pas long-temps dans cette erreur;
et voyant bien qu'il y avoit de la malice dans mon fait :
Page, me dit-il à haute voix, vous a-t-on ordonné de
me laisser mourir de soif? Là-dessus mon maître, qui
n'avoit pas peu d'envie de rire de la scène que je lui
donnois, me fit signe de la tête de servir cet aventurier;
ce que je fis, Dieu sait de quelle façon. Je lui présentai
un verre des plus petits, et je fus même assez cruel pour
ne le remplir pas tout-à-fait.

Dans le temps que je venois de lui donner à boire,
et que je reportois la soucoupe sur le buffet, il entra
dans la salle deux autres parasites que je connoissois
pour les avoir vus à la table de l'ambassadeur. Dès
qu'ils remarquèrent que les places étoient prises, ils
s'attachèrent à considérer les convives, et particulièrement notre prétendu noble de Cordoue; il me parut, à
l'air dont ils le regardèrent, qu'ils avoient du mépris
pour lui. Entraîné par un mouvement de curiosité, je
m'approchai de ces nouveaux personnages, et je leur
demandai si ce gentilhomme, qu'ils sembloient examiner
avec attention, étoit de leur connoissance. Bon, me répondit l'un des deux, vous nous faites rire avec votre
gentilhomme. Apprenez que ce galant qui occupe à cette

table la place d'un honnête homme, et que vous croyez
d'un sang noble, est fils d'un père qui m'a souvent fait
des bottines, et qui tient boutique auprès de l'église
cathédrale de Cordoue: Si je le rencontre en mon chemin, dit l'autre à son tour, je pourrai bien lui dire
deux mots. En parlant de cette manière, ces fanfarons
retroussèrent fièrement leurs moustaches, relevèrent
des plumes de coq qu'ils avoient sur leurs chapeaux,
et gagnèrent la cour, où ils s'arrêtèrent pour se consulter sur le parti qu'ils prendroient. Je les y laissai
quelque temps; puis courant les rejoindre : Messieurs,
leur dis-je, ce gentilhomme que vous méprisez tant assure que vous êtes des gens de rien. Il vous trouve, dit-
il, bien hardis d'oser vous présenter ici. Si vous voulez
attendre qu'il ait dîné, il viendra vous en dire davantage.
Il n'a qu'à venir, s'écrièrent-ils tous deux ensemble !
nous lui apprendrons qui nous sommes. Les ayant
animés l'un et l'autre contre l'officier de Cordoue, je
revins à celui-ci : Monsieur, lui dis-je à l'oreille,
mais d'un ton si bas que tout le monde m'entendit, il
y a dans la cour deux gentilshommes qui seroient bien
aises de vous entretenir un moment. Qu'ils prennent
patience, me répondit-il; je ne quitterai point son excellence pendant qu'elle sera à table. Ils soutiennent, repris-je, que vous vous donnez faussement pour un cavalier de noble race, et que vous n'êtes que le fils d'un
cordonnier. Vive Dieu, s'écria-t-il d'un air furieux! se
peut-il qu'il y ait sur la terre des gens assez las de vivre
pour oser tenir de semblables discours d'un homme tel
que moi! Où sont ces faquins, poursuivit-il en se levant? où sont-ils? Je veux pour le moins leur couper

les oreilles. Vous n'avez, lui dis-je, qu'à me suivre, je
vais vous mettre aux mains avec eux. A ces mots, je le
pris par le bras et l'emmenai hors de la salle, quoiqu'il
n'eût aucune envie d'en sortir.

Aussitôt l'ambassadeur et sa compagnie coururent
aux fenêtres qui ouvroient sur la cour, pour voir de
quelle façon se termineroit la querelle que je venois de
faire naître entre ces trois faux braves. Messieurs, dis-
je aux deux qui se promenoient dans la cour, voici ce
gentilhomme dont le père, si l'on veut vous en croire,
est un cordonnier cordouan. Qu'il rende grâce, s'é-
crièrent-ils, au respect que nous devons à cet hôtel,
que nous regardons comme la maison du roi d'Espagne.
Voyant que l'officier de Cordoue étoit si effrayé qu'il
n'avoit pas même la force de leur répondre, je portai
pour lui la parole : Messieurs, leur dis-je, il va sortir
tout à l'heure si vous le souhaitez, et vous viderez votre
différend dans la rue. Non, non, me repartirent-ils en
se retirant avec un peu de précipitation, nous nous rencontrerons ailleurs. Leur retraite réveilla le courage de
mon gentilhomme, qui les traita de poltrons. Il sortit
un moment après eux, mais il prit un chemin opposé
au leur.

Une si ridicule aventure divertit infiniment l'ambassadeur et ses convives, qui se remirent à table en
disant mille choses plaisantes aux dépens de nos trois
aventuriers. Après le dîner, chacun prit son parti et se
retira, pendant que son excellence entra dans son cabinet pour y faire la sieste.

———

CHAPITRE X.

*De la pièce que fit Guzman à un capitaine et à un avocat
qui vinrent un jour dîner chez l'ambassadeur, sans y
avoir été invités.*

RIEN ne faisoit plus de plaisir à mon maître que de
voir d'honnêtes gens à sa table ; il y souffroit même
volontiers des parasites, pourvu qu'ils payassent leur
écot par quelques bons mots; mais il n'aimoit pas que
ces derniers vinssent manger chez lui lorsqu'il régaloit
des personnes de considération. Cela étant, tu t'imagines bien qu'un jour, qu'il donnoit à dîner à l'ambassadeur de France et à plusieurs autres seigneurs, il
ne vit pas sans peine arriver deux écumeurs de table :
c'étoit un capitaine et un avocat, qui ne manquoient
pas de mérite chacun dans sa profession; mais ils ne
savoient parler que de leur métier, ce qui les rendoit
l'un et l'autre fort ennuyeux.

Notre ambassadeur n'étoit pas capable de leur faire
un mauvais compliment. Il se contenta de prendre un
air chagrin; ce qui me fit connoître qu'il ne voyoit
qu'à regret ces deux personnages. S'ils s'aperçurent de
la mauvaise humeur de son excellence, du moins ils
n'en témoignèrent rien. Il est vrai qu'ils avoient trop
bonne opinion d'eux-mêmes pour s'en croire la cause;
aussi, bien loin de s'en aller après avoir salué l'ambassadeur, ils demeurèrent et se mêlèrent parmi les autres.

Mon maître, dans l'âme de qui je lisois, me regarda, et je n'eus pas besoin d'un second coup d'œil pour deviner sa pensée. Je compris qu'il exigeoit de moi que je divertisse la compagnie aux dépens du capitaine et de l'avocat. J'en formai dans le moment la résolution, et le moyen en fut bientôt imaginé.

Il faut observer que l'avocat, homme grave et froid, avoit une moustache dont il paroissoit idolâtre. Il n'osoit rire, de peur de lui faire perdre l'équilibre, et il la regardoit souvent dans un petit miroir qu'il tiroit de sa poche avec son mouchoir, dont il faisoit semblant de se servir pour se moucher. Ayant fait cette remarque, j'attendis que l'on fût au fruit, parce que c'est alors que la joie règne dans le repas : comme en effet, toute la compagnie se mit en train, et la conversation devint si enjouée, que je ne pouvois avoir une occasion plus favorable d'exécuter ce que j'avois projeté. Je m'approchai du capitaine, et lui dis à l'oreille quelque chose qui le fit rire. Il crut devoir me répondre sur le même ton, et il m'obligea de baisser la tête pour l'entendre. Je lui répliquai, il me repartit, et toujours en nous entretenant tout bas. Enfin, quand je jugeai qu'il en étoit temps, j'élevai la voix en disant d'un air sérieux, et comme si c'eût été une suite de notre entretien : Je suis votre valet, seigneur capitaine; je n'en ferai rien, je vous jure. Le respect que j'ai pour M. l'avocat ne me permet pas de prendre une pareille liberté.

Qu'y a-t-il donc, Guzman, s'écria mon maître? Ma foi, monseigneur, lui répondis-je, c'est à M. le capitaine à vous le dire; cela lui convient beaucoup mieux qu'à moi. Il vient de tirer sur la barbe de M. l'avocat, et

il me presse de divertir la compagnie, en adoptant les
traits railleurs qui lui sont échappés. Mais encore, dit
l'ambassadeur de France, apprends-nous quelles sont
ces plaisanteries. Puisque vous me le commandez, mon
maître et vous, repris-je, il faut que j'obéisse à vos
excellences. Monsieur le capitaine en veut à la moustache de Monsieur l'avocat, lequel, dit-il, a grand soin
de la teindre tous les matins, afin qu'on ne s'aperçoive
pas qu'elle commence à blanchir, et ne dort jamais que
sur le dos, de peur de lui faire prendre un mauvais
pli. En un mot, il y a un quart d'heure qu'il fait des
railleries assez piquantes de Monsieur le docteur en
droit, et qu'il me presse de vous en divertir, en vous
les disant comme si elles venoient de mon cru. Mais ce
n'est point à un garçon de ma sorte à se jouer à un personnage tel que Monsieur l'avocat.

Le capitaine se mit à rire en m'entendant parler dans
ces termes, au lieu de me démentir pour se justifier,
et toute la compagnie suivit son exemple, sans savoir
si je mentois ou si je disois la vérité. Le docteur en droit
demeura quelques moments incertain de la manière
dont il devoit prendre la chose; mais il ne put tenir
contre les ris immodérés du capitaine; et l'apostrophant
d'un ton qui marquoit sa colère : Fanfaron, lui dit-il,
vous avez bonne grâce vraiment de vous moquer de
mon âge, vous qui vous vantez d'avoir été avec Charles-
Quint au siége de Tunis. Apprenez, monsieur le mauvais plaisant, que je ne fais point de comparaison avec
un homme de votre trempe. Tout beau, monsieur
l'avocat, interrompit le capitaine en prenant son sérieux,
vous oubliez devant quels seigneurs nous sommes ici.

Si je n'étois pas plus raisonnable que vous.... Comment plus raisonnable! interrompit à son tour le docteur en se levant de table d'un air furieux, c'est vous qui êtes le plus grand fou qu'il y ait au monde. Le capitaine, qui commençoit à perdre patience, n'auroit pas manqué de répliquer à l'avocat, en lui jetant peut-être une assiette au visage, si les deux excellences ne les eussent empêchés d'en venir aux voies de fait. On apaisa donc peu à peu ces deux ennemis, et depuis ce temps-là nous ne les revîmes plus. C'est de cette façon que j'écartai de notre hôtel ces deux parasites; ce qui fut très agréable à mon maître.

CHAPITRE XI.

L'ambassadeur devient amoureux d'une dame romaine. Guzman entreprend de servir son amour. Succès de cette galante entreprise.

Je t'ai déjà dit que le seul défaut de l'ambassadeur étoit d'avoir le cœur un peu trop tendre, ou pour mieux dire libertin. Il avoit vu, je ne sais dans quelle occasion, la femme d'un chevalier romain, et il en étoit devenu passionnément amoureux. Il avoit déjà mis à ses trousses une vieille des plus stylées à séduire les jeunes dames; mais cette agente, tout habile qu'elle étoit, n'avoit encore fait que des démarches inutiles. Il en étoit au désespoir. Il m'ouvrit son cœur un jour, et me dit qu'il s'étonnoit de la résistance de Fabia, d'autant plus que cette dame, à la fleur de son âge, se

voyoit pour mari un vieillard désagréable et plein d'infirmités.

Le but de cette confidence étoit de m'engager à me
mêler de cette intrigue; ce qui ne fut pas difficile à
faire. Je me chargeai donc de l'honorable emploi que
mon maître me donna, et je lui fis concevoir les plus
flatteuses espérances, en lui apprenant que j'étois en
liaison particulière avec la suivante de sa dame. Il m'embrassa de joie quand je lui eus dit cette circonstance,
et il demeura persuadé que, nous ayant dans ses intérêts la soubrette et moi, il obtiendroit tôt ou tard,
par notre secours, l'accomplissement de ses désirs.

Dès le premier entretien que j'eus avec Nicoleta,
c'étoit le nom de la suivante, je la disposai à rendre
service à mon patron. Effectivement elle n'épargna
rien pour le bien mettre dans l'esprit de sa maîtresse,
saisissant toutes les occasions de le louer, et de parler
au désavantage du mari. Néanmoins, après avoir perdu
plusieurs jours à tenter la vertu de Fabia par tous les
discours les plus capables de l'ébranler, elle commençoit à désespérer de la vaincre, lorsqu'un matin cette
dame, prenant tout à coup un visage riant, lui dit : Ma
chère Nicoleta, il faut que je te découvre le fond de
mon âme; c'est trop dissimuler avec une fille aussi dé-
vouée que tu l'es à tous mes sentiments. Apprends que
l'ambassadeur d'Espagne me paroît l'homme du monde
le plus digne d'être aimé d'une femme de qualité. Je
ne puis plus long-temps le maltraiter. Mais tu me connois; tu sais que je suis esclave de ma réputation.
Cherche quelque moyen de concilier avec ma délicatesse le penchant que j'ai pour lui; et si tu m'en trouves

un qui me satisfasse, je ne ferai plus difficulté de me
rendre à la passion de cet aimable seigneur. Je te permets de ne rien celer à Guzman, et même de me
l'amener, s'il est possible, dès cette nuit. Tu l'intro-
duiras en secret dans cette maison, et je pourrai l'entretenir impunément.

Nicoleta, transportée de joie de voir sa maîtresse
dans la disposition où elle paroissoit être, embrassa ses
genoux, lui baisa les mains, et fit devant elle mille
folies qui marquoient son ravissement. Ensuite, pour
mieux l'affermir dans sa résolution, elle se mit à lui
vanter les bonnes qualités de l'ambassadeur, et elle finit
en l'assurant que nous conduirions si prudemment cette
intrigue, qu'aucune personne dans Rome n'en auroit le
moindre soupçon. Sur cette assurance, Fabia dit à sa
suivante qu'elle s'abandonnoit entièrement à son zèle
et à son adresse.

Là-dessus Nicoleta vint me trouver, et, comme une
fille que l'excès de sa joie rendoit presque folle, elle
me jeta les bras au cou en s'écriant : Mon ami, mon
cher ami, paye moi l'agréable nouvelle que j'ai à t'annoncer : ma maîtresse ne résiste plus; elle veut rendre
ton maître le plus heureux de tous les hommes. Je fus
si charmé d'entendre ces paroles, auxquelles je ne m'attendois nullement, que, ne me possédant plus à mon
tour, je pris Nicoleta par la main, et la menai comme
en triomphe après une victoire dans le cabinet de mon
maître, où nous commençâmes tous trois à célébrer
joyeusement la métamorphose de Fabia. Son excellence
tira de sa poche une petite bourse pleine de pistoles
d'Espagne, et en fit présent à la soubrette, qui la reçut

Guzman.   22

de bon cœur, après avoir fait quelques façons, ainsi
que cela se pratique en pareil cas.

Cette officieuse agente s'étant ensuite retirée, non
sans m'avoir auparavant bien instruit de l'endroit où il
falloit que je me trouvasse cette nuit, et de l'heure à
laquelle je m'y devois rendre pour pouvoir entrer dans
la maison de Fabia, me laissa seul avec l'ambassadeur.
Nous passâmes l'après-dînée, lui à me conter où il avoit
vu cette dame, et moi à le féliciter d'avoir fait une si
belle connoissance. Dès que la nuit fut venue, je courus
à l'endroit où l'on m'avoit donné rendez-vous, et j'y
attendis l'heure marquée ; mais cette soubrette ne parut
que pour me dire que sa maîtresse ne pouvoit me parler
cette nuit ; et il en fut ainsi des trois ou quatre autres
suivantes. Nous ne tirâmes pas, le patron et moi, un
fort bon augure de cela ; néanmoins nous ne perdîmes
point toute espérance, et une nuit enfin il arriva que
la confidente me dit, par une petite fenêtre basse, que
dans quelques moments elle m'introduiroit dans la
maison.

Il faut observer que j'étois dans une ruelle toute
remplie de boue, et où j'aurois inutilement cherché à
me mettre à couvert d'une grosse pluie qui tomboit,
et qui perça bientôt mes habits. Je l'essuyai pendant
deux heures avec une patience que je n'aurois pas eue,
si je n'eusse été là que pour mon compte ; mais j'avois
pour mon maître un zèle à l'épreuve de tout. J'étois
donc mouillé comme un canard, lorsque je m'entendis
appeler par Nicoleta ; je la joignis promptement, et elle
me fit entrer par une petite porte qui fut refermée aussi
doucement qu'elle avoit été ouverte. Guzman, me dit

la suivante, je vais avertir Fabia, qui va descendre pour
te parler. La voix de ma bien-aimée me valut un fagot
pour me sécher. Je ne sentois plus que le plaisir de toucher à l'heureux instant de voir la dame dont l'ambassadeur étoit épris, et je goûtois par avance la joie
que j'aurois à rapporter à ce seigneur ce qui se seroit
passé entre elle et moi. Fabia vint en effet, peu de temps
après, avec sa soubrette, à qui elle dit : Nicoleta, tandis
que je m'entretiendrai ici avec le seigneur Guzman,
remontez dans la chambre de mon mari; observez-le
bien; et si par hasard il s'avise de me demander, revenez vite m'en donner avis.

Je ne dirai pas si je trouvai Fabia belle ou laide, car
elle avoit jugé à propos de me recevoir sans lumière,
de sorte que nous étions dans une obscurité qui ne nous
permettoit pas seulement de nous discerner. Cette dame,
baissant la voix, commença par s'informer de l'état de
ma santé, comme si elle y eût pris un fort grand intérêt.
De mon côté je fis la même chose; mais j'ajoutai à ce
que je lui dis un beau compliment de ma façon, comme
de la part de mon maître, que je lui peignis brûlant
d'amour pour elle. Cependant, quoique mon discours
fût très pathétique, elle y fit, à ce qu'il me sembla,
fort peu d'attention, puisque m'interrompant dans l'endroit le plus propre à l'attendrir : Seigneur Guzman,
me dit-elle, pardonnez, je vous prie, si je ne vous
écoute pas de la manière que vous le souhaiteriez; mais
je tremble; et, dans la crainte qui trouble mes esprits,
je m'imagine que mon époux a ici des espions qui nous
écoutent. Marchez tout droit devant vous, poursuivit-
elle en parlant encore plus bas; vous allez entrer dans

une salle où je vous conjure de m'attendre : je vais faire
un tour dans la maison pour me rassurer ; je ne tarderai
pas à venir vous rejoindre. Ne faites point de bruit.

J'ajoutai foi à ces paroles de Fabia. Je m'avance à
tâtons, comme un Colin-Maillard ; mais, au lieu de
trouver une salle, je sens que je traverse une cour dont
le pavé est si sale et si glissant, qu'après avoir fait
quelques pas, je tombe dans un tas de boue, d'où, voulant me relever, je vais donner si rudement de la tête
contre un mur que je rencontre devant moi, que je
demeurai près d'un quart d'heure tout étourdi. Néanmoins, m'étant un peu remis de ce coup terrible, je
cherchai le long du mur la prétendue salle dont on m'a-
voit parlé, et je crus enfin y entrer en passant par une
petite porte ouverte que je trouvai sous ma main ;
autre erreur : me voilà, s'il vous plaît, dans une arrière-
cour fort étroite, et qui n'avoit pas deux toises de longueur. Pour comble de misère, la pluie continuoit
toujours de la même force ; et, tombant dans cette
arrière-cour par deux gouttières, elle l'avoit inondée
de façon, que je me sentis dans l'eau jusqu'aux jarrets.
Je reculai aussitôt pour me tirer de là en regagnant la
porte ; mais elle n'étoit plus ouverte, soit que le vent
l'eût fermée, soit que quelqu'un qui me suivoit de près,
ce qui est plus vraisemblable, l'eût poussée pour m'enfermer dans ce marais. Je fus donc obligé de me résoudre
à passer la nuit dans l'arrière-cour, où, quand je voulois m'éloigner d'une gouttière qui m'incommodoit, je
me trouvois sous l'autre : je ne faisois que fuir Charybde
pour tomber dans Scylla. O nuit aussi cruelle pour moi
que celles de la cuve et du bernement !

Tout désagréable pourtant qu'il m'étoit de me voir dans l'eau, et de me sentir arroser la tête, sans que je pusse m'en défendre, les réflexions que je faisois sur les suites fâcheuses qu'auroit peut-être cette aventure, ne m'affligeoient pas moins que ma situation présente. Misérable Guzman, disois-je, tu te vois donc pris au trébuchet! Le mari de Fabia ne manquera pas de te demander demain ce que tu es venu faire dans sa maison. Que répondre à cela? Si tu dis la vérité, pour la première fois de ta vie que tu l'auras dite, tu rendras ton maître avec toi la fable de Rome. Quelle réponse feras-tu donc? Il faudra que tu dises que c'est Nicoleta qui t'y a fait entrer, et que tu as promis de l'épouser : si l'on veut t'obliger à tenir ta parole, tu sauteras le fossé; il vaut encore mieux que ce malheur t'arrive, que de te faire disloquer les os dans les tourments qu'on te feroit souffrir pour te faire parler. Mais qui sait si l'on se contentera de te donner la question : peut-être qu'on n'en fera pas à deux fois, et qu'on m'enterrera dans ce vilain cimetière. Je dois tout craindre d'un mari italien.

Je fus agité de ces affreuses imaginations jusqu'à la pointe du jour : alors je crus entendre que l'on ouvroit doucement la porte de l'arrière-cour; et je m'en réjouis d'abord, dans la pensée que c'étoit la soubrette ou sa maîtresse qui venoit par pitié me tirer de ma prison; mais c'est à quoi l'une et l'autre songeoient le moins. Véritablement la porte n'étoit plus fermée; et de quelque côté que je tournasse la vue, je n'apercevois personne. Je me retrouvai dans la cour que j'avois traversée la nuit; et, ayant ouvert une petite porte qui n'étoit

que poussée, je me vis dans la rue, ou plutôt dans la
même ruelle où la soubrette m'avoit donné rendez-
vous; je reconnus aussi la fenêtre par où elle m'avoit
parlé; et me représentant alors toute la supercherie
qu'on m'avoit faite, je remerciai le ciel de n'avoir pas
été plus maltraité. Je retournai promptement vers notre
hôtel; je gagnai mon appartement, où, m'étant mis nu
comme la main, je me jetai sur mon lit, après m'être
enveloppé dans mes couvertures, pour rappeler la chaleur que l'humidité de mes habits m'avoit ôtée.

CHAPITRE XII.

De l'aventure du cochon, et quelle en fut la suite.

J'ÉTOIS dans une trop grande agitation pour prendre
quelque repos; et, ne pouvant dormir, je me mis à rêver à l'aventure qui venoit de m'arriver. Je la regardai
comme un trait de vengeance de Fabia. Je jugeai que
cette dame avoit de la vertu, et que, pour le faire connoître à l'ambassadeur, elle avoit jugé à propos de recevoir ainsi son envoyé. Mais ce qui me mortifioit plus
que tout le reste, c'est que je voyois dans cet événement de quoi donner à tout le monde occasion de rire
à mes dépens. J'étois aussi fort en peine de savoir de
quelle façon je tournerois la chose à mon maître quand
il faudroit la lui conter; car je ne doutois pas que tôt
ou tard elle ne vînt à sa connoissance.

Lorsque je me fus un peu réchauffé dans mes cou-

vertures, je me revêtis d'un autre habit aussi propre
que celui qui avoit été si bien ajusté par la pluie, et je
me mis en état de me présenter devant l'ambassadeur,
comme s'il ne me fût rien arrivé. J'attendis qu'il me de-
mandât; ce qu'il ne manqua pas de faire sur la fin de
son dîner. Il me fit entrer avec lui dans son cabinet,
où il me dit : Pourquoi donc, Guzman, ne vous ai-je
point vu ce matin? Je croyois que vous me viendriez
rendre compte de ce que vous avez fait cette nuit chez
Fabia. Il faut que vous ayez de mauvaises nouvelles à
m'apprendre. Monseigneur, lui répondis-je, il est vrai
que je n'en ai pas de trop bonnes à vous annoncer. Je
ne sais ce que je dois penser de Fabia. J'ai passé la nuit
dans la rue, sans avoir entendu parler de cette dame,
ni même de sa suivante. Plût au ciel que vous n'eussiez jamais conçu le dessein que vous avez formé. D'où
vient, me répliqua-t-il? vous vous découragez bien facilement; peut-être quelque contre-temps n'aura pas
permis à Fabia de faire ce qu'elle avoit résolu, ni même
à sa soubrette de vous en avertir : quoi qu'il en soit,
ne vous rebutez point, et retournez dès cette nuit au
même endroit où vous avez inutilement attendu Nicoleta.

Je promis à mon maître de n'y pas manquer; et je
ne fus pas si tôt sorti de son cabinet, qu'un de nos valets d'écurie vint à moi, et me remit un billet de la part,
me dit-il, d'une dame qui l'avoit prié de me le faire
tenir. C'étoit la soubrette. Elle me mandoit qu'elle étoit
fort surprise que j'eusse négligé dans la matinée de l'informer de ce qui s'étoit passé la nuit entre sa maîtresse
et moi; que, pour réparer ma faute, je n'avois qu'à

l'aller trouver vers le soir dans la ruelle derrière la maison de Fabia, et que, par la fenêtre basse que je connoissois, nous aurions ensemble une petite conversation. Ce billet ranima mon courage. Je me rendis sur les six heures du soir dans la ruelle, qui, comme on l'a déjà dit, étoit fort étroite, et où il y avoit partout un pied de boue.

La suivante m'attendoit à la fenêtre, et d'abord elle me fit de grands reproches, qui se changèrent ensuite en compliments de condoléance, quand je lui fis un fidèle récit de ce qui m'étoit arrivé. Elle me parut extrêmement surprise du tour que sa maîtresse m'avoit joué; et quoique je fusse en garde contre ses discours, elle ne laissa pas de me persuader qu'elle n'y avoit aucune part.

Il faut observer que, pendant notre entretien, pour tenir une contenance plus galante, j'avois le cou allongé, les jambes ouvertes; et c'étoit, comme tu vas l'entendre, me prêter au nouveau malheur que me préparoit ma mauvaise fortune. Il y avoit à un des bouts de la ruelle une écurie d'où il sortit tout à coup un cochon des plus gros, qu'on venoit d'en chasser à coups de bâton. Cet animal irrité, ainsi qu'un taureau furieux à qui l'on a ouvert la barrière, enfila la venelle de mon côté, et, me passant entre les jambes, m'enleva de terre, et m'emporta sur son dos en grognant d'une manière épouvantable. J'embrassai le cou de la bête; et, me tenant à ses soies le mieux qu'il m'étoit possible, de peur de me casser un bras ou une-jambe contre le mur, ou bien de tomber dans la boue, j'espérois me tirer d'affaire assez heureusement; mais mon coursier trompa

mon attente. Se sentant serrer le cou, il secoua si rudement la tête pour se délivrer de ce qui l'incommodoit, qu'il me jeta justement dans l'endroit de la ruelle
le plus bourbeux : c'étoit à l'entrée du côté de la place
Navonne. Il y a toujours là du monde, et il y en avoit
alors plus qu'à l'ordinaire.

Quel spectacle, particulièrement pour la canaille,
de me voir sortir de la ruelle couvert de boue depuis
la tête jusqu'aux pieds ! On entendit bientôt dans la
place des cris et des huées, et dans un moment je fus
entouré d'une infinité de toutes sortes de gens qui commencèrent à m'insulter par mille mauvaises plaisanteries, que je dévorai, tant j'étois accablé de honte et de
confusion. Je ne songeois uniquement qu'à découvrir
quelque maison où je pusse me cacher; et en ayant remarqué une qui parut m'offrir l'asile que je cherchois,
je me hâtai de m'y rendre. J'entrai dedans, et fermai
brusquement la porte au nez des marauds qui me
poursuivoient. Ceux-ci aussitôt se mirent à crier aux
personnes du logis de me faire sortir : et l'on eût dit,
en les voyant si ardents à me persécuter, que j'avois
commis quelque crime digne d'un châtiment exem-
plaire.

Pour comble d'infortune, le maître de la maison où
je m'étois sauvé ne se trouva pas disposé à prendre
mon parti contre une populace insolente. Comme c'étoit
un vieux jaloux à qui tout faisoit ombrage, il alla s'imaginer que l'état effroyable où j'étois pouvoit être une
ruse dont je me servois pour m'introduire impunément
chez lui, et faire un amoureux message. Cette ridicule
vision fut cause qu'il vint fondre sur moi avec tous ses

domestiques, qui me mirent dehors à grands coups de
poing et de pied au cul. Me voilà donc une seconde
fois livré à mes railleurs impitoyables, qui, courant
après moi à mesure que je m'éloignois d'eux, renouve-
lèrent leurs railleries et leurs injures. Je ne savois plus
à quel saint me vouer, lorsque le ciel, pour ma consolation, me fit rencontrer un jeune Espagnol qui vint
m'offrir ses services et ceux de trois ou quatre Italiens
qui l'accompagnoient. Avec ce secours, dont j'avois
grand besoin, je me dérobai à mes persécuteurs; tandis
que l'Espagnol et ses compagnons les écartoient à coups
de plat d'épée, je m'avançois à toutes jambes vers notre
hôtel, méprisant les coups de dents que je recevois dans
les rues de tous les petits chiens qui se mettoient à mes
trousses.

J'arrivai pourtant au logis sain et sauf, à quelques
meurtrissures près. J'eus le bonheur de parvenir jusqu'à ma chambre sans avoir rencontré personne; mais
j'eus beau fouiller dans toutes mes poches, je n'y trouvai point ma clef. Je jugeai qu'en tirant mon mouchoir
pour m'essuyer le visage, je l'avois laissée tomber dans
la maudite maison où je m'étois réfugié si mal à propos.
Ah! misérable, me dis-je alors à moi-même; que te sert-il
d'être sorti d'un affreux embarras, si tu n'en peux cacher la connoissance aux domestiques de l'ambassadeur? Si quelqu'un t'aperçoit dans l'équipage où tu es,
il ira le dire aux autres, et voilà des risées sur ton
compte pour plus de deux mois.

Après avoir long-temps pensé à ce que je devois
faire, je me déterminai à implorer l'assistance d'un de
mes camarades dont la chambre étoit voisine de la

mienne, et qui, s'il n'étoit pas de mes amis, faisoit du moins semblant de l'être. J'allai frapper à sa porte. Il ouvrit; et, me voyant si bien ajusté, il fit, sans pouvoir s'en défendre, quelques éclats de rire, qu'il me fallut essuyer patiemment. Mon ami, lui dis-je, quand vous serez las de vous épanouir la rate, je vous prierai de m'aller chercher un serrurier pour ouvrir ma chambre. J'y cours, me répondit-il; mais contente auparavant ma curiosité: conte-moi l'accident qui t'est arrivé; je te promets de garder le secret. Pour me débarrasser d'un homme si curieux, je lui fis un détail où il n'y avoit pas un mot de vrai. Après cela, je le pressai de me rendre le service que j'attendois de lui. Ce ne fut pas sans répugnance qu'il me laissa dans sa chambre, tant il appréhendoit que je ne gâtasse ses meubles. Il m'obligea même de lui jurer, tout fatigué que j'étois, que je ne m'en approcherois point, et que je demeurerois debout jusqu'à son retour. Par bonheur pour moi il revint assez promptement avec un serrurier qui ouvrit ma chambre, où, sans perdre de temps, je changeai d'habit et de linge, après m'être bien lavé les mains et le visage.

A peine eus-je changé de décoration, que l'on me vint avertir que l'ambassadeur vouloit me parler. Il savoit déjà l'histoire du cochon. Il y a toujours, dans les grandes maisons, des domestiques qui, pour faire leur cour à leurs maîtres, vont leur rapporter tout ce que les autres ont fait. Mais il n'avoit appris mon aventure que très imparfaitement; aussi me demanda-t-il d'abord de quelle façon la chose s'étoit passée; et si ce n'étoit point une insulte que m'eût fait faire le mari de

Fabia. Je fus ravi qu'il me donnât lui-même une si belle occasion de composer une fable. Je lui dis que deux grands laquais m'ayant vu parler dans la ruelle à Nicoleta s'étoient avisés de me vouloir railler là-dessus; que je leur avois répondu, et qu'insensiblement nous en étions venus des paroles aux actions; que, selon toutes les apparences, j'en aurois tué un, si heureusement pour lui un cochon, sortant de la ruelle avec furie, n'eût passé entre nous et ne m'eût fait tomber dans la boue; et qu'enfin m'étant relevé sur-le-champ pour continuer le combat, j'avois vu mes ennemis prendre lâchement la fuite.

Monseigneur fut la dupe de mon récit fanfaron; mais si je lui en donnai à garder ce soir-là, dès le lendemain matin, en récompense, il apprit la vérité. Je m'en aperçus bien au dîner; il me lança quelques traits railleurs sur mon combat contre les deux grands laquais, et m'appela le paladin au cochon. J'aurois ri tout le premier de ses plaisanteries, s'il me les eût faites en particulier; mais c'étoit en présence des autres domestiques, qui tous étoient charmés de m'entendre ainsi turlupiner par mon maître, et qui jugeoient bien par là que je ne serois pas long-temps son favori.

Ce qu'il y eut encore de plus fâcheux pour moi, c'est qu'un des amis de l'ambassadeur, et par conséquent un de mes ennemis, vint lui faire une visite peu de jours après, et dit à son excellence qu'il avoit quelque chose de très important à lui communiquer. Mon maître demanda de quoi il s'agissoit, et alors son ami lui parla dans ces termes, ou du moins dans d'autres équivalents: «L'intérêt que je prends à tout ce qui vous regarde ne me permet pas de vous laisser ignorer un bruit qui se répand dans Rome, et qui blesse votre réputation. Guzman, dont la conduite est fort mauvaise, passe pour le ministre de vos plaisirs : on ne s'entretient partout que de l'aventure du cochon; et si l'on en veut croire la médisance, c'est en ménageant pour vous les bonnes grâces d'une dame que l'officieux Guzman a servi de jouet à la populace.»

Ces paroles firent toute l'impression qu'elles pouvoient faire sur l'esprit d'un homme tel que mon maître, qui savoit bien toutes les mesures qu'une personne de son caractère avoit à garder, tant pour son honneur que pour celui de son prince. Dès ce moment il résolut de se défaire de moi. Il n'en témoigna rien; mais, quoiqu'il affectât de vivre avec moi comme à son ordinaire, je le connoissois trop pour ne pas m'apercevoir de sa dissimulation et de la face nouvelle que mes affaires prenoient auprès de lui.

Le carême, qui arriva dans ce temps-là, lui fournit un beau prétexte pour commencer à exécuter le dessein qu'il avoit de me donner honnêtement mon congé. Il me dit qu'il avoit envie de se retirer du commerce des femmes, et de mener une vie plus réglée. Je t'avouerai même, ajouta-t-il, que ne je suis plus follement épris de Fabia. La raison m'est revenue; je reconnois que j'ai le plus grand tort du monde d'avoir jeté les yeux sur cette dame. Son époux est un des premiers cavaliers de Rome, et je me reprocherai toute ma vie d'avoir voulu déshonorer sa maison.

Il me tint encore d'autres discours semblables que je feignis de croire pieusement. Je fis plus, j'applaudis à sa résolution; et, contrefaisant à mon tour le pêcheur qui rentre en lui-même, je lui dis que je prétendois suivre son exemple. Je changeai en effet de conduite; je fis toutes les grimaces hypocrites dont je pus m'aviser pour persuader aux domestiques, et particulièrement à mon maître, que j'avois renoncé pour jamais aux intrigues amoureuses.

FIN DU TROISIÈME LIVRE.

LIVRE QUATRIÈME.

CHAPITRE PREMIER.

Guzman prend la résolution de sortir de Rome, et de parcourir toute l'Italie, pour y voir ce qu'il y a de plus curieux.

JE passois presque toutes les journées dans ma chambre, où je m'occupois à lire de bons livres qu'on me prêtoit, et à recevoir quelques amis qui me venoient visiter. Un jour le jeune Espagnol, qui avoit si généreusement pris ma défense dans l'aventure du cochon, me vint voir pour s'informer, me dit-il, de l'état de ma santé. Tu peux bien croire, mon cher lecteur, que je ne manquai pas de faire un gracieux accueil à un homme à qui j'avois tant d'obligation. Je lui fis mille compliments sur le service qu'il m'avoit rendu, et je l'assurai que j'étois très mortifié de n'avoir pu aller chez lui pour l'en remercier, ignorant sa demeure et son nom. Il me répondit modestement qu'il n'avoit rien fait qui méritât tant de reconnoissance; et qu'étant Espagnol et noble, il s'étoit fait un devoir de courir au secours d'un galant homme insulté par la canaille.

Je ne lui eus pas plus tôt entendu dire qu'il étoit de mon pays, que je lui demandai dans quel endroit d'Es-

pagne il avoit pris naissance. Je suis, me dit-il, d'Andalousie, natif de Séville, et Sayavedra est mon nom.
Je redoublai mes civilités quand j'appris qu'il étoit d'une
des plus illustres et des plus anciennes familles de notre
ville. Il avoit en effet l'accent andalous, et connoissoit
aussi bien que moi Séville. Cependant il étoit originaire
de Valence; mais il avoit ses raisons pour ne le pas dire
alors. Je lui offris mes services et le crédit de mon
maître, s'il en avoit besoin. Il me rendit grâce de ma
bonne volonté, me dit que véritablement il avoit une
affaire à la chambre apostolique, et qu'il en espéroit
un heureux succès; mais que si les personnes qui s'in-
téressoient pour lui n'agissoient pas efficacement, il
auroit recours à moi.

Comme il m'échappa de dire, dans la suite de notre
conversation, que l'on me trouvoit toujours au logis, et
que je me promenois rarement, il en voulut savoir la
cause. Je lui avouai de bonne foi que je n'osois me
montrer dans les rues depuis l'aventure du cochon, et
que j'étois bien aise du moins de donner le temps de
l'oublier avant que de reparoître dans le monde; ce qui
lui parut d'un homme prudent et judicieux. Il ne laissa
pas de s'offrir à m'accompagner avec ses amis, si quelque affaire indispensable m'obligeoit à sortir. Pénétré
de ses offres obligeantes, je lui jetai les bras au cou,
et l'accablai de remercîments. De son côté, il ne demeura point en reste de politesse avec moi; et quoiqu'il approuvât la raison qui me faisoit garder la
chambre, il me dit qu'il me plaignoit fort d'être réduit
à mener une vie si ennuyeuse; qu'il me conseilloit plutôt
de voyager, d'aller voir Venise, Bologne, Pise et Flo-

rence; que je trouverois dans ces villes de quoi m'amuser agréablement, et qu'enfin je reviendrois à Rome lorsque je le jugerois à propos.

Je fis connoître à Sayavedra qu'il ne pouvoit rien me conseiller qui fût plus de mon goût, et que je ne tarderois guère à suivre son conseil, pourvu que mon maître, sans la permission de qui je ne prétendois rien faire, y consentît. Alors mon Andalous, natif de Valence, et fourbe en diable et demi, me fit une description charmante de toutes ces villes, pour me donner encore plus d'envie de les voir. Il m'en inspira un si grand désir, que dès le lendemain matin, en habillant l'ambassadeur, je lui dis : Je ne sais, monseigneur, si vous approuverez un dessein que j'ai formé sous votre bon plaisir; je voudrois bien voyager par toute l'Italie : je m'imagine que je ne ferois point mal de m'éloigner de Rome pour quelque temps. Son excellence, à ces paroles, sentit un mouvement de joie qu'elle ne put s'empêcher de laisser paroître. Guzman, s'écria-t-elle, il ne pouvoit te venir une meilleure pensée que celle-là : oui, mon ami, tu feras bien de disparoître, du moins pour quelques mois : cela ne sauroit produire qu'un bon effet pour nous deux; car je n'ignore pas les bruits qui courent à mon désavantage, surtout depuis ta dernière aventure. On nous accommode l'un et l'autre de toutes pièces; on m'en a donné charitablement avis. En un mot, nous sommes dans la nécessité de nous séparer. J'ai quelquefois eu envie de te le dire; mais je n'en ai pas eu la force, et je suis ravi que tu prennes de toi-même le parti de voyager. Au reste, Guzman, poursuivit ce bon maître, tu peux compter que je te mettrai en état de voir agréablement tous les pays où tu voudras aller. Enfin j'en userai avec toi comme avec un serviteur que j'aime, et dont je ne me défais qu'à regret.

Ainsi me parla mon ambassadeur. Je lui rendis un million de grâces des sentiments favorables qu'il venoit de me témoigner; et je ne fus pas sitôt hors de son appartement, que je chargeai un de nos marmitons de m'aller chercher le messager de Sienne; ensuite je me retirai dans ma chambre pour m'occuper des préparatifs de mon voyage. Déjà je commençois à serrer proprement mes hardes dans trois coffres qui me servoient de garde-robe, lorsque je reçus une seconde visite de Sayavedra, que je mettois au nombre de mes meilleurs amis. Il fit paroître quelque étonnement à la vue de mes effets étalés dans ma chambre, et des coffres ouverts devant moi. Comment donc, seigneur Guzman, s'écria-t-il, est-ce que vous vous disposeriez à suivre le conseil que je vous ai donné? Vous l'avez deviné, lui répondis-je; mon maître, à qui j'ai parlé de mon dessein, m'a permis de l'exécuter. C'en est fait; je pars dans deux jours pour Sienne, où je me propose de m'arrêter quelque temps chez un marchand de mes amis, appelé Pompée. Je ne le connois point personnellement; mais c'est un homme à qui j'ai rendu service ici, et qui m'en témoigne par ses lettres tant de reconnoissance, que j'ai tout lieu de penser qu'il sera bien aise de me posséder chez lui : ainsi j'espère que j'aurai du plaisir à Sienne, où je vais dès aujourd'hui envoyer mes hardes à l'adresse de ce Pompée, pour n'en être point embarrassé sur la route.

Si Sayavedra paroissoit attentif à ce que je lui disois, il ne l'étoit pas moins à me voir ranger mes nippes dans les coffres. Il remarquoit bien surtout où je plaçois ce que j'avois de plus précieux, et ce que, par vanité, je n'étois pas fâché qu'il regardât. Il ne manqua donc pas d'observer dans quel endroit je serrai une chaîne d'or avec quelques pierreries, et trois cents bonnes pistoles d'Espagne que j'avois amassées chez mon ambassadeur; car je ne m'étois point amusé dans cette maison, comme dans les autres, à jouer. J'avois conservé avec beaucoup de soin tous les présents que j'avois reçus; heureux si c'eût été pour moi et non pour des voleurs que j'eusse pris tant de peine! Je remplis les deux autres coffres de ce que j'avois de plus commun, et après les avoir bien fermés, j'en laissai sur une table les clefs qui étoient liées ensemble; puis nous continuâmes à nous entretenir, jusqu'à ce qu'un laquais me vînt dire que l'on me demandoit en bas. Comme ma chambre me parut alors trop malpropre pour y recevoir compagnie, je priai mon nouvel ami de me permettre de le quitter pour un moment, et j'allai voir qui pouvoit être la personne qui vouloit me parler. C'étoit le messager de Sienne, que je ne me souvenois plus d'avoir envoyé chercher.

Je m'informai du jour de son départ; et pour convenir avec lui de ce que je lui donnerois pour le port de mes hardes, je le fis monter dans ma chambre. Pendant ce temps-là Sayavedra fit son coup. Ce fripon, se voyant seul, se servit d'un morceau de cire qu'il avoit mis dans ses poches par précaution, prit les empreintes de mes clefs, et se saisit d'une lettre qu'il trouva sur la même table, et qu'il reconnut être de Pompée.

Je montrai mes coffres au messager, qui les souleva
un peu pour pouvoir mieux juger de leur poids; je lui
donnai l'argent qu'il me demanda pour les rendre à
Sienne chez le seigneur Pompée, et il se retira en me
disant qu'il alloit chercher du monde pour l'aider à
emporter les coffres, et qu'il partiroit dans trois heures.
Un instant après qu'il fut sorti, mon ami l'Espagnol
voulut prendre congé de moi, sous prétexte de me
laisser plus en liberté d'achever les apprêts de mon
voyage. J'eus beau l'assurer qu'il ne m'incommodoit
point, et lui offrir même à déjeuner, il n'y eut pas
moyen de le retenir, tant il avoit d'impatience de me
quitter pour aller faire faire ses fausses clefs. Du moins,
lui dis-je, mon cher compatriote, enseignez-moi votre
demeure. Il seroit bien malhonnête que je sortisse de
Rome sans vous rendre une visite. Là-dessus, après
m'avoir répondu qu'il m'en dispensoit, il me fit entendre d'un air mystérieux qu'il logeoit chez une dame,
où, pour des raisons qu'un galant homme ne pouvoit
dire, il falloit qu'il se privât du plaisir de recevoir ses
amis.

N'ayant rien à répliquer à cela, je ne fis plus aucune instance pour arrêter notre prétendu homme à
bonnes fortunes, qui courut aussitôt vers ses camarades, pour concerter avec eux la manière dont ils s'y
prendroient pour s'emparer de mes coffres. Ses camarades étoient quatre fripons, dont trois reconnoissoient
comme lui, pour chef un fameux voleur nommé
Alexandre Bentivoglio. Celui-ci conduisoit les entreprises qu'ils formoient en commun : c'étoit lui qui dis-
tribuoit les rôles aux autres, et qui jouoit ordinairement
le premier; mais il céda dans cette pièce le principal

personnage à Sayavedra, lequel étant Espagnol, lui
parut plus propre qu'un autre à représenter un Castillan. Ils s'habillèrent donc tous quatre de la manière
qu'il lui plut, ayant des habits de toutes les façons pour
déguiser ses gens; et ils se mirent le jour suivant en
chemin pour Sienne, où ils arrivèrent le lendemain.
Sayavedra, suivi de deux autres qui portoient des ca-
saques de livrée, alla loger dans la meilleure hôtellerie de la ville, se disant gentilhomme de l'ambassadeur d'Espagne. A l'égard d'Alexandre, qui étoit connu
dans toute l'Italie pour ce qu'il étoit, il n'osa faire le
troisième laquais; il jugea plus à propos de chercher
un gîte dans un endroit moins fréquenté, avec le quatrième cavalier de sa suite.

Sayavedra, parlant d'un ton de maître, se fit donner
d'abord la plus belle chambre; puis s'étant un peu
ajusté, il envoya un de ses gens dire au seigneur Pompée que don Guzman son ami venoit d'arriver à Sienne
par la poste, et qu'il se sentoit si fatigué de sa traite,
qu'il le prioit de l'excuser s'il n'alloit pas loger chez
lui. Pompée, ravi d'apprendre l'arrivée de don Guzman,
abandonna tout pour aller trouver un homme auquel
il étoit si redevable. Il vole à l'hôtellerie, et trouve
dans une chambre bien éclairée un cavalier couché sur
un lit de repos. Celui-ci le voyant entrer se lève avec
empressement, et court à lui les bras ouverts, en lui
disant : Ah! seigneur Pompée, je me flatte que vous
voudrez bien me pardonner la liberté que j'ai prise de
vous adresser mes coffres. Ce n'est point là votre plus
grande faute, lui répondit en souriant Pompée, et je
suis véritablement fâché contre vous de ce que vous

n'êtes pas venu descendre chez moi. Rien n'est plus
poli, répliqua le faux don Guzman; mais je vous dirai
pour me justifier, que je suis si las d'avoir si long-temps
couru la poste, que je n'ai pu me résoudre à vous incommoder. Tout au contraire, repartit le marchand,
cela devoit vous engager à préférer ma maison à une
hôtellerie. Une autre raison encore, lui dit Sayavedra,
a prévalu sur l'envie que j'avois d'aller loger chez vous.
Je ne fais que passer par Sienne : dès demain je vais à
Florence par ordre de l'ambassadeur, mon cher maître,
m'acquitter d'une commission dont il m'a chargé; je
n'ai pas cru devoir vous embarrasser de moi pour si
peu de temps : mais patience, ajouta-t-il avec un souris
gracieux, je reviendrai dans huit ou dix jours, et je
compte bien de faire quelque séjour dans votre maison.

Pompée ne laissa pas de le presser de venir souper
et coucher chez lui, quoique ce ne fût que pour une
nuit; mais le faux don Guzman s'en défendit avec tant
d'opiniâtreté, que le marchand, craignant de l'impor-
tuner par trop d'instances, le laissa se délasser, en l'assurant qu'il ne manqueroit pas de revenir le lendemain
matin à l'hôtellerie, pour être présent à son départ et
lui souhaiter un bon voyage. Là-dessus Sayavedra dit
tout haut à un de ses valets : Tenez, Gradelin, voici
les clefs de mes coffres; le seigneur Pompée veut bien
que j'envoie prendre quelques hardes et le linge dont
je puis avoir besoin pendant huit jours. Apporte-moi,
poursuivit-il, ma robe de chambre, que tu trouveras
dans le plus grand coffre. Il vaut mieux, interrompit
Pompée, en s'enferrant de lui-même, il vaut bien mieux
faire transporter ici vos coffres, et vous en tirerez

toutes les choses qui vous sont nécessaires. Vous avez raison, lui dit le faux Guzman; je ferai un paquet des hardes dont j'ai absolument besoin; je le mettrai dans le plus petit de mes coffres; je l'emporterai avec moi à Florence, et je vous renverrai les deux autres, que vous aurez la bonté de garder chez vous jusqu'à mon retour.

Le marchand sortit ensuite de l'hôtellerie, et une demi-heure après on y vit arriver les trois coffres, portés par les compagnons de Sayavedra et par un valet d'écurie. Ils étoient accompagnés d'un homme qui présenta au faux Guzman, de la part de son ami Pompée, une corbeille de fruits excellents avec six bouteilles d'un vin admirable. Ce présent fut reçu avec toutes les démonstrations de la plus vive reconnoissance par Sayavedra, qui, après avoir fait une petite libéralité au domestique du marchand, le chargea de mille compliments pour son maître.

A peine les coffres furent-ils dans l'hôtellerie, qu'Alexandre Bentivoglio, qui savoit déjà l'heureux succès de la fourberie, s'y rendit. On fit l'ouverture des deux dont on avoit les clefs, et l'on crocheta l'autre, qui renfermoit mon argent et mes bijoux, qu'ils partagèrent, ou, pour mieux dire, qu'Alexandre s'appropria; car c'étoit un rodomont que les autres craignoient, et qui leur faisoit telle part qu'il lui plaisoit des dépouilles volées. Il se contenta de leur donner à chacun trente pistoles, et les plus mauvaises nippes; après quoi il remplit le petit coffre de ce qu'il y avoit de meilleur, et fit mettre dans les autres de la paille et des pierres; puis, sans perdre de temps, il envoya un homme de la bande retenir des chevaux de poste, pour partir à la pointe du jour, et prendre la route de Florence; ce qui fut exécuté de point en point par ces honnêtes gens, qui payèrent l'hôte, en lui recommandant de faire reporter dans la matinée chez le marchand les deux coffres qu'ils laissoient dans l'hôtellerie.

Pendant que tout cela se passoit à Sienne, j'étois occupé à Rome à faire mes adieux à mes véritables amis, sans avoir le moindre pressentiment de cette supercherie. Il ne me restoit plus rien à faire qu'à prendre congé de mon maître. J'entrai dans sa chambre un matin d'un air triste; et, après lui avoir protesté que je n'oublierois jamais les bontés qu'il avoit eues pour moi, je me jetai à ses genoux, et baisant une de ses mains, je la baignai de mes larmes. Il fut attendri de ma douleur, et me fit assez connoître qu'il me perdoit à regret. Ce bon seigneur m'exhorta à la vertu d'une manière aussi tendre que s'il eût parlé à son propre fils; il m'embrassa même, et me passant au cou une chaîne d'or qu'il portoit ordinairement, il me dit qu'il me la donnoit pour me ressouvenir de lui toutes les fois que je la regarderois. Il ajouta à cette marque d'amitié une bourse de cinquante pistoles, avec un des meilleurs chevaux de ses écuries. Tous ses domestiques, à son exemple, se montrèrent sensibles à mon éloignement. Dans le fond, bien loin de les avoir jamais desservis auprès de mon maître, je leur avois souvent rendu de bons offices, et il n'y en avoit pas un qui eût sujet de se plaindre de moi.

Je ne veux point passer sous silence un étrange événement qui arriva dans Rome la veille de mon départ, quoiqu'il n'ait aucun rapport avec mes aventures. L'ambassadeur achevoit de souper, lorsque nous vîmes entrer dans la salle un gentilhomme napolitain qui venoit souvent à l'hôtel. Il avoit l'air d'un homme qui a l'esprit un peu troublé. Monseigneur, dit-il à son excellence, je viens vous apprendre une nouvelle bien extraordinaire. On vient de me la dire, et vous m'en voyez encore tout ému. Je suis fort curieux de l'entendre, répondit mon maître. Alors, je présentai un siége au Napolitain, qui, s'étant assis, parla de cette sorte.

CHAPITRE II.

Les amours de Dorido et de Clorinia, ou Histoire des mains coupées.

Un cavalier de cette ville, nommé Dorido, jeune homme d'une illustre naissance, fort bien fait et plein de valeur, aimoit Clorinia, fille de seize à dix-sept ans, vertueuse, belle et de bonne famille. Les parents de cette charmante personne l'élevoient avec tant de sévérité, qu'ils ne lui permettoient pas d'avoir des entretiens où sa vertu pût courir le moindre péril. Elle n'avoit même la liberté de se montrer que très rarement à sa jalousie, tant on appréhendoit que son extrême beauté, que les jeunes gens ne pouvoient voir impunément, ne causât quelque malheur. Son père ou sa mère, ou bien son frère Valerio, attachés à ses pas, étoient témoins de toutes ses actions.

Il y avoit déjà plusieurs mois que Dorido, l'ayant

aperçue par hasard à sa jalousie, en étoit devenu éperdument amoureux; mais il ne lui avoit encore été possible de le lui faire connoître que par des regards passionnés, qu'il ne manquoit pas de lancer toutes les fois qu'il passoit devant sa maison. Si ces œillades le plus souvent n'étoient point remarquées de l'objet aimé, du moins elles l'étoient quelquefois, et quand cela arrivoit, elles faisoient un effet terrible. Clorinia se contentoit d'abord de considérer le cavalier sans en être vue; mais bientôt, sans savoir pourquoi, elle eut envie de se laisser voir; et peu à peu répondant à ses mines, elle prit enfin de l'amour de la même façon qu'elle en avoit donné, je veux dire en paroissant à sa jalousie.

Dorido jugea bien qu'il avoit fait la conquête qu'il méditoit, et s'accommoda quelque temps, faute de mieux, du plaisir de se croire aimé. Néanmoins, souhaitant de recueillir de sa victoire des fruits plus solides, il en chercha les moyens. Il fit connoissance avec Valerio, et sut si bien gagner son amitié, que Valerio ne pouvoit plus vivre sans lui. Ils étoient tous les jours ensemble, tantôt chez l'un, tantôt chez l'autre; ce qui donnoit quelquefois à Dorido occasion de contempler à son aise les charmes de sa dame, et même de lui parler, mais jamais en particulier. Les yeux de ces deux amants étoient les seuls interprètes de leurs mouvements secrets.

Cependant les choses ne demeurèrent pas toujours dans cet état. Clorinia découvrit sa passion à sa suivante Scintila, qui étoit une vieille fille qui avoit de l'esprit, et qui, voulant servir sa maîtresse, alla trouver Dorido, et lui dit : Beau cavalier, il seroit inutile de

vous déguiser avec moi ; je sais ce qui se passe dans
votre cœur ; il brûle pour Clorinia , et je me suis aperçue
que vous n'aimez pas tout seul. Vous languissez tous
deux dans l'attente d'un tête-à-tête ; c'est ce que je ne
puis voir sans compassion. Je ne serai pas contente que
je n'aie imaginé quelque expédient pour vous procurer
à l'un et à l'autre la satisfaction que vous désirez. Le
galant , ravi d'entendre ces paroles , remercia la soubrette de sa bonne volonté , et l'assura que si elle pouvoit en venir à bout, elle n'auroit pas affaire à un
ingrat. Ensuite, profitant de l'occasion, il écrivit un
billet très passionné , qu'il la conjura de remettre à
l'aimable sœur de Valère.

Scintila retourna vers sa maîtresse pour lui rendre
compte de la démarche qu'elle avoit faite. Elle lui
présenta le billet de Dorido. Clorinia la gronda fort de
s'en être chargée , et lui pardonna. Il ne fut plus question que de savoir où les amants pourroient avoir une
entrevue. La dame y trouvoit tant de difficultés, qu'elle
y auroit renoncé, si la suivante, plus ingénieuse, ne se
fût avisée d'un moyen qu'elles approuvèrent toutes
deux. Scintila couchoit dans une chambre basse , auprès
de laquelle il y en avoit une autre où l'on serroit des
meubles inutiles, et qui ne recevoit de jour que par
une petite fenêtre grillée de deux barreaux de fer, entre
lesquels on ne pouvoit tout au plus passer que la main.
Cette fenêtre, qui étoit à hauteur d'homme , donnoit
sur une ruelle, ou plutôt un cul-de-sac où il ne demeuroit personne, et cet endroit paroissoit fait exprès pour
des amants qui bornoient leur bonheur à des conversations nocturnes.

Si tôt que la vieille vit sa jeune maîtresse disposée à s'entretenir avec Dorido par cette petite fenêtre, elle en avertit ce cavalier, qui se rendit dès la nuit prochaine sur les onze heures dans la ruelle. Il s'approcha des barreaux, où il trouva Scintila, qui l'attendoit pour lui dire de prendre patience jusqu'à ce que tous les domestiques fussent couchés. On ne le fit pas languir longtemps. Bientôt le moment qu'il désiroit arriva. Clorinia vint toute tremblante à la fenêtre, et son amant s'y présenta tout interdit. Comme c'étoit pour la première fois qu'ils aimoient l'un et l'autre, ils se troublèrent en se voyant, et l'excès de leur joie les empêcha d'abord de parler; mais l'amour a plus d'un langage. La dame passa une de ses belles mains entre les barreaux; le galant la saisit avidement, et lui donna mille ardents baisers. Enfin ces deux amants rompirent peu à peu le silence, et se répandirent en discours passionnés. Ils s'abandonnèrent si bien au plaisir d'être ensemble, que le jour les auroit surpris si la vieille suivante n'eût interrompu leur entretien, pour les avertir qu'il étoit temps qu'ils se séparassent. Dorido, avant que de se retirer, pria sa maîtresse de lui permettre de revenir la nuit prochaine à la même heure à la petite fenêtre; ce que la dame n'eut pas la force de lui refuser.

Ils se quittèrent l'un et l'autre également satisfaits de leur conversation, et pleins d'impatience de se revoir. Dorido surtout étoit dans une agitation qui ne lui permit de goûter aucun repos, ou, pour parler plus juste, il souffrit jusqu'au temps qu'il lui fallut retourner à la ruelle. Vous vous imaginez bien qu'il ne fut pas paresseux à s'y rendre. De son côté, la dame, ne

trouvant point d'obstacle à son dessein, parut à la petite fenêtre. Ils furent ce soir-là moins timides et moins
embarrassés en se saluant. Le cavalier, qui avoit de l'esprit, dit mille jolies choses à sa maîtresse, qui y répondit fort spirituellement. Ils eurent un entretien de
trois heures, entremêlé de caresses innocentes; de sorte
que la seconde entrevue eut autant de charmes pour
eux que la première. La prudente Scintila fut encore
obligée de les séparer. Ils l'appelèrent cent fois cruelle,
sans songer que si elle troubloit leurs plaisirs, ce n'é-
toit que pour les rendre plus durables. Comme en effet,
ils continuèrent ces passe-temps avec tant de bonheur
et de secret, que personne, si vous en exceptez un seul
homme et la vieille, ne savoit leur intelligence.

Cet homme étoit un jeune gentilhomme romain,
nommé Horace. Il aimoit aussi Clorinia, pour l'avoir
vue à sa jalousie. Il lui avoit découvert ses sentiments
par des démonstrations; mais, s'apercevant qu'elle recevoit fort mal toutes les marques qu'il lui donnoit de
son amour, il jugea qu'il devoit avoir un rival plus heureux que lui, et que sans doute c'étoit Dorido, puisqu'il le voyoit dans une si étroite liaison avec Valère.
Pour éclaircir des soupçons si bien fondés, il alla trouver Dorido, qui étoit de ses amis, et lui parla dans ces
termes : « Mon cher Dorido, je viens vous demander
une grâce que je vous conjure de ne me point refuser;
le repos de ma vie en dépend. Vous êtes sans cesse avec
Valère ; vous allez fort souvent chez lui : j'ai dans l'esprit que vous êtes touché de la beauté de sa sœur. Si
je ne me trompe point dans ma conjecture, daignez me
le déclarer; vous êtes trop digne de posséder le cœur

de cette dame pour que j'entreprenne de vous le disputer. »

Vous êtes donc amoureux de Clorinia, lui dit Dorido un peu troublé? J'en suis charmé, répondit Horace ; mais je me rends justice, et je conviens que vous
méritez mieux que moi d'être son époux. Parlons sans
flatterie, interrompit Dorido. Je me tiendrois assuré-
mens fort honoré d'être le mari de Clorinia ; mais je vous
avouerai de bonne foi que je n'ai pas dessein de le devenir. Est-il possible, s'écria brusquement Horace,
que vous ne songiez point à épouser cette dame ? Ah!
mon ami, que mes intentions sont différentes des vôtres!
Je n'aspire qu'à lier mon sort au sien. Vos vues doivent céder aux miennes. Sacrifiez-moi les folles espérances que vous avez conçues ; j'attends cet effort de
votre amitié et de votre vertu. Vous pourriez ajouter,
dit Dorido, que je le dois à la famille de Clorinia. Oui,
continua-t-il, je vous laisserai le champ libre, si la sœur
de Valère, flattée de votre recherche, consent qu'on
vous donne sa main. Je vous débarrasserai d'un rival.
Je ferai plus ; je veux parler en votre faveur, et je vous
assure qu'il ne tiendra pas à moi que vos souhaits ne
soient remplis.

Horace fut si content de ce discours, qu'il en témoigna de la reconnoissance à Dorido, sans penser que sa
promesse n'étoit que conditionnelle, et qu'il devoit
s'en défier. Il ne fit là-dessus aucune réflexion ; il demanda même à Dorido ses bons offices auprès de Clorinia. Celui-ci ne laissa pas d'être touché de la franchise
d'Horace, et se sentant assez généreux pour préférer
à ses plaisirs le bonheur d'un ami qui n'avoit que des

vues pures, il résolut de faire tout son possible pour se
détacher de cette dame. Véritablement, dès la première
fois qu'il la revit, il lui tint ce discours : Vous n'igno-
rez pas, madame, que vous avez mis Horace au rang
de vos conquêtes; mais je doute que vous sachiez jusqu'à quel point il vous aime. Apprenez qu'il vous adore,
et que l'honneur de vous épouser fait le plus cher de
ses désirs. J'en suis ravie, répondit Clorinia. Vous verrez, par le peu d'attention que je ferai à son amour,
si je prends plaisir à me voir d'autres amants que Dorido. Je connois, répliqua le cavalier, tout le prix d'un
sentiment si glorieux pour moi; mais je croirois abuser de vos bontés si je ne m'y opposois en quelque façon moi-même. Horace a du mérite, et, quand vous
le connoîtrez bien, vous ne serez peut-être pas fâchée
que vos parents vous accordent à ses vœux...

Comment donc, s'écria la dame, on diroit, à vous
entendre, que vous souhaitez de me perdre! Seriez-
vous en effet bien aise que je répondisse à la tendresse
d'Horace? Non vraiment, dit Dorido. Ce n'est point là
ma pensée; j'ai voulu seulement vous faire entendre
que si vous vous sentiez quelque penchant pour Horace, et que vos parents approuvassent sa recherche,
mon cœur auroit beau murmurer, je m'immolerois au
bonheur de mon rival, pour vous prouver que je suis
dévoué à toutes vos volontés. Je doute fort, reprit-elle,
que la victime fût aussi soumise que vous le dites, ou
bien vos feux n'ont pas toute la violence que je crois
bonnement qu'ils ont. Mais, continua-t-elle, je ne prétends pas vous mettre à cette épreuve. Dorido sera le
premier et le dernier de mes amants; c'est sur quoi

vous pouvez compter. Qu'Horace persiste tant qu'il lui plaira dans les sentiments qu'il a pour moi, il n'en sera jamais plus avancé. Je veux bien vous l'avouer. Je me suis aperçue de sa passion; il l'a fait assez éclater devant ma jalousie, et je vous jure que j'ai été si mal affectée des marques qu'il m'en a données, que j'ai conçu pour sa personne une aversion qui va jusqu'à l'horreur.

Après ces dernières paroles, Dorido n'osa plus parler d'Horace, dont il jugea bien qu'il seroit inutile de s'entretenir davantage avec Clorinia; il changea de discours tout le reste du temps qu'ils furent ensemble. Cette nuit se consuma en protestations mutuelles de s'aimer toujours. Le lendemain, Dorido reçut une visite d'Horace. Hé bien, mon ami, lui dit d'abord ce dernier, avez-vous vu Clorinia? vous est-il échappé quelque mot en ma faveur? comment l'a-t-elle reçu? Fort mal, répondit l'autre; vous ne devez vous flatter d'aucune espérance. Je lui ai vanté votre mérite et votre alliance; je vous ai peint plus amoureux que vous ne l'êtes peut-être : l'inhumaine m'a fermé la bouche, en me disant que vous brûlez en vain pour elle, et que jamais l'hymen ne vous unira tous deux.

A ce discours, Horace pâlit et tomba dans une profonde rêverie, pendant laquelle Dorido, entrant dans sa peine en véritable ami, lui représenta qu'il devoit plutôt se désister de sa poursuite, que de vouloir contraindre une dame à l'aimer; qu'il y en avoit dans Rome d'autres aussi aimables que Clorinia, et qui lui rendroient plus de justice. Au reste, mon cher Horace, ajouta-t-il, je ne pense pas que vous ayez sujet de vous plaindre de moi; je vous aurois cédé la sœur de Valère,

si j'eusse entrevu en elle le moindre goût pour vous.
Mon amitié vous auroit fait ce sacrifice; la vôtre refu-
sera-t-elle d'abandonner une conquête que vous n'êtes
pas sûr de m'enlever? Horace alors rompit le silence,
et dit à son ami : Bien loin d'avoir des reproches à vous
faire, je dois vous tenir compte du service malheureux
que vous m'avez rendu en parlant pour moi. Je conviens avec vous qu'il est plus juste que je renonce à
une main que je ne puis obtenir, que vous à un cœur
que vous possédez. Adieu, je n'épargnerai rien pour
profiter du conseil que vous me donnez de m'attacher
ailleurs.

En achevant ces paroles, il quitta Dorido d'un air à
lui persuader que, frappé de la force de ses raisons,
il alloit tout mettre en usage pour secouer le joug d'une
ingrate dont il étoit trop épris. Mais il avoit bien d'autres
pensées. Dorido lui paroissoit un traître : c'est un ami
faux, disoit-il en lui-même; il n'a point fait mon éloge
devant Clorinia. Il aura plutôt fait un portrait désavantageux de moi, ou dans son entretien avec elle il
n'aura pas été question de mon amour. Quoi qu'il en soit,
poussons notre pointe; faisons demander la dame en
mariage par mon père; il me servira mieux qu'un rival.
Horace prit donc la résolution de découvrir ses sentiments à son père, qui, les ayant approuvés, lui promit
son entremise, et se chargea du soin de parler au père
de Clorinia; ce qui ne manqua pas d'arriver bientôt.
Les deux vieillards eurent une longue conversation sur
cette affaire, et le résultat fut qu'elle se feroit, pourvu
que la dame, dont on ne vouloit pas contraindre les inclinations, n'eût aucune répugnance pour ce mariage;

mais, à la première proposition qu'on lui fit d'épouser Horace, elle témoigna tant d'aversion pour ce cavalier, qu'on désespéra de la voir jamais dans la disposition que l'on désiroit, et sur cela tout se rompit.

C'est ici qu'il faut déplorer le malheur des hommes qui se laissent dominer par l'amour. Horace voyant sa passion méprisée, son rival triomphant, sentit tout à coup changer son amour en haine : il ne regarda plus Clorinia que comme un objet d'horreur ; et, cessant d'écouter la raison, il ne songea qu'à trouver un moyen de se venger en même temps et de la dame et de son amant. Il les fit observer tous deux par un fidèle valet, et ayant découvert à quelle heure et dans quel endroit ils avoient presque toutes les nuits des entretiens, il ne lui en fallut pas davantage pour concevoir le dessein le plus cruel et le plus horrible que puisse former un homme possédé d'une fureur infernale. Une nuit, prévenant Dorido, il se rendit dans la ruelle et s'approcha de la petite fenêtre, où la sœur de Valère étoit déjà. Elle le prit dans l'obscurité pour le galant qu'elle attendoit, et lui adressa quelques tendres paroles, qui ne servirent qu'à irriter le ressentiment d'Horace. Le traître garda le silence de peur de se trahir lui-même ; et de sa main gauche ayant saisi une de celles de Clorinia, que cette dame, dans son erreur, lui tendit entre les barreaux, il la coupa brusquement avec un couteau bien aiguisé qu'il tenoit dans sa main droite ; après quoi il sortit promptement de la ruelle et se retira chez lui, charmé d'avoir fait une si belle opération.

Représentez-vous le pitoyable spectacle dont furent frappés les proches de Clorinia, lorsque attirés par les cris dont Scintila remplissoit toute la maison, ils vinrent avec un flambeau et presque nus dans la chambre où étoit l'amante infortunée de Dorido, étendue par terre, évanouie et noyée dans son sang. Mais quand ils s'aperçurent qu'elle avoit une main coupée, le père et la mère tombèrent tous deux comme morts sur le plancher, et ce ne fut pas sans peine qu'ils reprirent leurs esprits, à l'aide de Valère et de deux domestiques, qui arrivèrent au bruit qu'ils avoient entendu. Le père et la mère étant revenus à eux se doutoient bien, de même que leur fils, qu'il y avoit là-dedans de la faute de Clorinia; et c'est ce qu'ils auroient pu savoir de Scintila, s'ils n'eussent pas jugé à propos de remettre cet éclaircissement à une autre fois. Ils crurent qu'ils ne devoient alors penser qu'à sauver Clorinia, s'il étoit possible. Valère remonta dans son appartement, où il s'habilla à la hâte pour aller chercher lui-même un habile chirurgien de ses amis, pendant que le vieillard, après avoir exhorté ses domestiques à garder le secret sur cette aventure, pour l'honneur de sa maison, s'efforçoit avec eux d'arrêter le sang de sa fille, en enveloppant de linge le bras dont la main avoit été si cruellement séparée.

Valère fut bientôt habillé. Il sortit, entra d'abord dans la ruelle, pour voir si, à la faveur d'une lanterne qu'il faisoit porter devant lui par un valet, il ne trouveroit point la main coupée; mais Horace l'avoit emportée avec lui, et l'on ne remarquoit rien au bas de la petite fenêtre qu'une raie que le sang avoit faite en coulant le long du mur. Le triste frère de Clorinia en ressentit une nouvelle peine. En continuant son chemin, il rencontra et reconnut Dorido, qui marchoit vers la ruelle en amant content. Il l'appelle d'une voix foible, et lui dit : Áh ! cher ami, où allez-vous ? on voit bien que vous ne savez pas la tragique scène qui vient de se passer. O malheureuse Clorinia ! Juste ciel, s'écria Dorido ! Quel sujet de douleur la fortune vous a-t-elle donné ? Quel malheur est-il arrivé chez vous ? Un malheur, répondit Valère, que notre famille doit cacher à tout le genre humain ; mais je ne vous en ferai point un mystère : je dois même vous l'apprendre, comme à un ami qui ne refusera point de se joindre à moi pour découvrir l'assassin de ma sœur.

Ces derniers mots troublèrent étrangement Dorido, ou plutôt lui percèrent le cœur. Il demanda d'une voix basse et tremblante de quoi il s'agissoit. Valère le lui dit en peu de paroles, et le pria ensuite de l'accompagner jusque chez le chirurgien ; mais Dorido s'en defendit, en lui disant d'un air qui marquoit bien la fureur qui commençoit à l'agiter : Non, non, Valère, employons mieux notre temps. Il ne faut pas nous occuper tous deux d'une même chose, quand nous en avons plusieurs à faire. Chargez-vous tout seul du soin de conduire chez vous le chirurgien, tandis que je vais chercher le barbare qui a pu commettre un crime qu'on ne peut entendre sans frémir. Si je puis déterrer ce perfide, il doit s'attendre à un châtiment digne de sa trahison ; en un mot, ajouta-t-il, laissez-moi vous venger : je sens aussi vivement que vous-même l'infortune de Clorinia.

Là-dessus les deux amis se séparèrent. Dorido reprit le chemin de sa maison, en jurant qu'il ne consulteroit que sa colère dans la vengeance qu'il prétendoit tirer d'Horace; car il ne pouvoit soupçonner un autre d'avoir fait le coup. Aussitôt qu'il fût chez lui, il s'enferma dans son appartement, pour y pleurer en liberté la perte de sa maîtresse. Ma chère Clorinia, s'écria-t-il, mon rival jaloux de vos bontés pour moi vous a trompée dans les ténèbres de cette nuit funeste. Vous l'avez pris pour Dorido! Je suis donc la cause du malheur qui vous est arrivé! C'est moi qui ai troublé votre repos : sans moi vous vivriez encore chez votre père dans une parfaite tranquillité ; c'est moi qui vous assassine. Mais votre mort sera bientôt suivie de la mienne : dès le moment que j'aurai immolé Horace à vos cendres, je vous rejoindrai dans l'éternelle nuit. La seule espérance de vous faire ce sacrifice soutient ma vie. Que ne vous est-il permis dans le sein de la mort de jouir de la juste vengeance que je vous prépare! Que ne pouvez-vous voir tomber les deux mains sacriléges de l'impie qui a coupé une main innocente!

Enfin Dorido étoit encore dans les larmes et les gémissements quand le jour parut. Il sortit et se rendit en diligence chez Clorinia, où il trouva tout le monde dans la consternation. Valère et son père sentirent à sa vue redoubler leur affliction. Les voilà qui s'embrassent les uns les autres en fondant tous en pleurs. O Dorido, mon fils! dit le vieillard; ma fille est entre la vie et la mort. Elle a perdu une si grande quantité de sang, que cela seul suffit pour terminer ses jours. Fut-il jamais un père plus malheureux que moi! Que pensez-vous de l'horrible action qui a été commise? Quel homme peut en avoir été capable? et quelle punition pourra soulager notre douleur? Seigneur, lui répondit Dorido, suspendons pour quelque temps nos regrets, et ne nous occupons que d'une chose qui nous importe à tous. Il faut que l'auteur du forfait périsse. Je me suis chargé de son châtiment; mais, avant que je le punisse d'une manière qui puisse étonner la postérité, il faut que je sois ce que je ne suis point. Recevez-moi pour gendre; il vaut mieux, pour votre honneur et pour le mien, qu'on dise que Clorinia a été vengée par son époux, que par un ami de son père. Accordez-moi donc votre fille, ajouta-t-il, pendant qu'elle respire encore. Par là vous sauverez sa réputation, et vous ne devrez point à un étranger la consolation que je vous aurai procurée.

Le père et le fils acceptèrent fort volontiers la proposition de Dorido. Elle leur parut très honorable pour eux, et très nécessaire pour prévenir tous les bruits désavantageux qui pourroient se répandre dans le monde sur cette aventure. Le bon homme alla lui-même annoncer cette nouvelle à Clorinia, qui, tout accablée qu'elle étoit de son mal, répandit des larmes de joie; et tirant des forces de sa foiblesse, elle dit avec transport que si elle se voyoit femme de Dorido elle mourroit satisfaite; puis elle demanda si ce cavalier étoit chez elle, et si l'on vouloit bien permettre qu'elle lui parlât un instant. Comme elle n'avoit alors presque point de fièvre, on crut que l'on pouvoit sans péril lui donner ce contentement; néanmoins, dès qu'il se présenta devant son lit, elle fut saisie d'une si grande joie, qu'elle tomba en foiblesse. Cependant cela n'eut pas de suite, on la fit revenir de son évanouissement. Le chirurgien, pour prévenir une seconde défaillance, défendit aux amants de se parler. Ils se contentèrent de s'exprimer par leurs regards tout ce qui se passoit dans leurs âmes. Dorido, remarquant que sa présence sembloit soulager la malade, ne la quitta point de toute la journée. Le soir on fit venir un prêtre et un notaire, et le mariage se fit devant trois parents qu'on avoit envoyé chercher pour en être témoins.

On eût dit les deux jours suivants que Clorinia se portoit beaucoup mieux, et le chirurgien même se flattoit de l'espérance de l'arracher à la mort; mais il se trompa dans ses observations. Le lendemain, il prit une fièvre si violente à la malade, qu'on désespéra de sa vie. Alors Dorido, la comptant pour morte, ne différa plus à la venger de la façon qu'il l'avoit projeté. Il alla chercher Horace partout où il jugea qu'il pourroit le trouver; et l'ayant rencontré, il lui fit mille caresses; et, comme s'il n'eût rien su de ce qui s'étoit passé, il l'invita à venir souper chez lui. Horace, qui avoit fait fort secrètement son action barbare, et qui d'ailleurs n'en entendoit parler ni dans la ville ni dans le voisinage de Clorinia, s'imagina que Dorido pouvoit l'ignorer encore. Ainsi, ne le soupçonnant d'aucun mauvais dessein, il eut l'imprudence de se rendre chez lui à l'heure du souper; ce qui lui étoit souvent arrivé. Ils s'assirent tous deux à table, et commencèrent à boire et à manger. Dorido avoit fait mettre des drogues assoupissantes dans le vin qu'on servoit à Horace; de sorte que ce cavalier tomba bientôt dans une espèce de léthargie, pendant laquelle Dorido et deux valets qui lui étoient tout dévoués, lui lièrent les pieds et les mains; ensuite il lui passèrent une corde au cou, puis l'attachèrent par le milieu du corps à un pilier qui étoit dans la salle, après avoir bien fermé toutes les portes de la maison. Lorsqu'il fut dans cet état, ils lui frottèrent le nez avec une pomme de senteur, et dissipèrent son assoupissement.

Quand le malheureux Horace se vit si bien garrotté qu'il ne pouvoit se remuer, il ne lui fut pas difficile de juger du péril qui le menaçoit. Il confessa son crime, et croyant pouvoir fléchir son rival, il implora sa pitié et sa miséricorde dans les termes les plus forts que l'amour de la vie lui pût inspirer. Prières inutiles! Il avoit affaire à un ennemi inexorable, à un époux qui avoit sans cesse devant les yeux son épouse mourante. Dorido, bien loin de se laisser attendrir, coupa les deux mains de ce misérable, et le fit étrangler par ses valets, auxquels il ordonna de porter à minuit le cadavre à l'entrée de la ruelle avec ses deux mains pendues à son cou. Pour lui, ne pouvant se consoler de la perte de sa femme, il est sorti ce matin de Rome. On ne sait quelle route il a prise, et l'on vient de m'assurer que Clorinia est morte quelques heures après son départ.

Le gentilhomme napolitain acheva de parler en cet endroit. Une histoire si tragique toucha l'ambassadeur et sa compagnie, qui déplorèrent le sort infortuné de cette dame. Ils plaignirent aussi Dorido; mais ils conclurent, après avoir fait bien des réflexions sur cette aventure, qu'il y avoit dans la conduite de ces deux cavaliers un esprit de vengeance qui ne convenoit guère à des chrétiens.

CHAPITRE III.

Guzman quitte enfin le séjour de Rome. Il arrive à Sienne, et va descendre chez son ami Pompée, qui lui apprend de mauvaises nouvelles.

Le lendemain de cette triste catastrophe, qui faisoit l'entretien de tout Rome, je sortis de cette ville monté comme un prince, moins riche que je ne pensois, affectant un air galant, et la tête remplie d'idées qui me promettoient beaucoup de plaisir. Je m'avançai vers Sienne, où je m'imaginois mon ami Pompée dans la plus vive impatience de me voir. En arrivant, je demandai où il demeuroit, et je me rendis tout droit chez lui.

Il étoit au logis. Il me reçut assez civilement, et toutefois d'un air embarrassé. Seigneur Pompée, lui dis-je en l'embrassant, vous voulez bien que Guzman votre ami vous témoigne l'extrême joie qu'il a de vous voir, et de vous connoître enfin personnellement. Mon homme ne put, sans pâlir, entendre prononcer mon nom. Qui? vous, me répondit-il avec surprise, vous seriez ce même Guzman à qui j'ai mille et mille obligations? Je frémis à ces mots, sans savoir pourquoi, et j'en tirai un mauvais augure. D'où vient, repris-je avec émotion, d'où vient cet étonnement que vous faites paroître à ma vue? C'est ce que vous saurez bientôt, repartit le marchand. Je vois bien que j'ai été dupe, et que vous êtes véritablement ce Guzman d'Alfarache que j'attendois.

Je fus frappé de ces paroles comme d'un coup de
foudre, et je pressentis dans ce moment qu'il étoit arrivé quelque malheur à mes hardes. Impatient de l'approfondir, je priai Pompée de s'expliquer plus clairement. Hé bien, me dit-il, vous saurez qu'il a passé par
Sienne un cavalier, soi-disant gentilhomme de l'ambassadeur d'Espagne, venant de Rome avec deux valets,
et allant à Florence par ordre de son maître. Ce cavalier
se donnoit pour ce Guzman d'Alfarache qui m'a rendu
service dans une affaire que j'ai eue à Rome, et il avoit
les clefs de vos coffres. Je pensai tomber en convulsion
quand je l'entendis parler de cette sorte; et un détail
circonstancié qu'il me fit de toute l'aventure acheva de
me mettre au désespoir. Je témoignai au marchand que
je souhaitois de voir mes coffres. Aussitôt il me conduisit à l'appartement qu'il m'avoit fait préparer; et là,
me montrant mes deux grands coffres : Voilà, me dit-
il, ceux qu'ils n'ont point emportés; mais ils les ont eus
en leur pouvoir, aussi-bien que le troisième. Je soupirai
amèrement, en mesouvenant que mon or et mes bijoux
étoient justement dans celui qui me manquoit. Je ne
laissai pas d'ouvrir les autres; et c'eût été pour moi une
grande consolation, si les voleurs, satisfaits d'avoir mon
argent, n'eussent pas touché à mes habits : je les aurois,
je crois, reconnus pour honnêtes gens.

Il faut rendre cette justice à Pompée; il ne fut pas
moins affligé que moi quand je lui appris qu'on m'avoit
volé la valeur de deux mille écus. Après tout, son affliction pouvoit être l'effet de la crainte qu'il avoit que
je ne l'obligeasse à répondre des effets volés, quelque
bonnes raisons qu'il pût alléguer pour sa justification. Ce-

pendant c'est ce qu'il ne devoit nullement appréhender. Au lieu de penser à l'inquiéter là-dessus, j'affectois de lui cacher le chagrin qui me dévoroit : il me sembloit qu'un homme qui vouloit trancher du petit seigneur ne devoit pas se montrer fort sensible à la perte de ses hardes. Néanmoins je l'étois infiniment; et j'avois d'autant plus sujet de l'être, que je n'avois point d'autre habit que celui dont j'étois revêtu, ni d'autre linge que deux chemises qui étoient dans mon porte-manteau.

Je me tourmentois vainement l'esprit pour deviner qui pouvoit avoir pris des empreintes ou des modèles de mes clefs; je ne savois sur qui je devois faire tomber mes soupçons; car, pour Sayavedra, je l'estimois trop pour me défier de lui. Ce n'étoit pourtant pas la faute de Pompée si j'avois tant de peine à découvrir l'auteur du larcin, puisqu'en me contant toute l'histoire, lorsqu'il me fit le portrait du faux Guzman, il me dépeignit trait pour trait Sayavedra, sa taille, ses cheveux, son air et sa voix. J'étois si prévenu en sa faveur, que je me serois fait un crime de le soupçonner sur ces ressemblances. Je dirai plus : quoiqu'il me souvînt que je l'avois laissé seul dans ma chambre, le jour que le messager de Sienne y vint voir mes coffres, ma prévention pour Sayavedra fut à l'épreuve de ce souvenir.

Tandis que nous faisions, mon hôte et moi, des réflexions très inutiles sur ce vol, il arriva un domestique qui nous dit que le souper étoit prêt. Nous descendîmes à l'instant dans une salle où l'on avoit servi, et nous nous mîmes à table sans appétit et d'un air assez triste. Pompée, s'apercevant que les morceaux me demeuroient dans la bouche, me dit : Seigneur Guzman, vos effets ne sont pas si bien perdus qu'ils ne puissent se retrouver. J'ai fait mes diligences. J'ai mis aux trousses de nos voleurs le *bargello*, qui est de mes amis, et je vous avoue que je compte fort sur lui; il reviendra ce soir ou demain; j'espère qu'il nous apportera quelque bonne nouvelle. Je le souhaite, lui répondis-je; mais, entre nous, je ne crois pas qu'il y ait beaucoup de fond à faire sur ces sortes de gens, surtout lorsqu'il s'agit de restitution.

Quoique la table fût couverte de mets délicats, et que nous eussions d'excellent vin, nous étions si peu en humeur de boire et de manger, que nous eûmes bientôt soupé; ensuite, comme je fis semblant d'être fatigué, mon hôte me reconduisit à mon appartement, où un instant après il me laissa seul; ce qui me fit plaisir, car sa conversation m'ennuyoit. Je passai une partie de la nuit à me promener dans ma chambre en rêvant, et je ne me mis au lit que vers la pointe du jour. J'avois l'esprit si accablé des pensées différentes qui m'agitoient successivement, que je m'endormis à la fin. Ce ne fut pas pour long-temps. Un grand bruit qui se fit entendre sur l'escalier me réveilla presque dans le moment. J'entendis plusieurs personnes qui crioient à la fois : *Voici le voleur! voici le voleur!*

Je tirai les rideaux de mon lit, ne pouvant croire les paroles qui frappoient mes oreilles, et j'allois me lever pour savoir ce que j'en devois penser, lorsque je vis entrer dans ma chambre la femme, les enfants et les domestiques du marchand, lesquels, continuant de parler tous ensemble, me répétèrent ce que j'avois entendu. Je priai la femme de m'expliquer ce que cela signifioit.

Cela signifie, me dit-elle, que le *bargello* arrivera ici dans une heure avec un de vos voleurs, et qu'il a envoyé un de ses archers devant pour en avertir Pompée, qui s'habille pour venir vous le présenter. Mon hôte, en effet, ne tarda guère à m'amener cet archer, que j'interrogeai. Il m'apprit que le voleur qui avoit été attrapé étoit celui qui avoit joué le rôle de Guzman.

Cette nouvelle me rafraîchit un peu le sang. Je commençai à me flatter que je pourrois recouvrer du moins une partie de mes effets, puisque nous tenions l'auteur du vol. Mon hôte avoit aussi cette pensée, et tout le monde dans sa maison étoit dans une joie inconcevable de cet heureux événement. Je donnai à l'archer une pistole, pour être venu au grand galop me l'annoncer; et je m'habillai à la hâte pour aller reconnoître le fripon qui m'avoit représenté. Pompée de son côté, se disposoit à m'accompagner, pour parler aux juges en ma faveur. Dans le temps que nous raisonnions là-dessus, un valet du logis accourut pour nous dire que le *bargello* à cheval étoit à la porte, tandis que ses archers menoient le voleur en prison. Le marchand envoya son domestique prier de notre part monsieur le prévôt de vouloir bien mettre pied à terre, et monter à mon appartement.

Le *bargello*, fanfaron s'il en fut jamais, y entra comme en triomphe. Il nous conta d'abord de quelle manière intrépide il avoit arrêté le voleur; et se perdant dans des digressions qui faisoient peu d'honneur à sa modestie, il m'impatienta. J'interrompis son récit héroïque pour lui demander ce qu'il m'importoit le plus de savoir, c'est-à-dire des nouvelles de mon argent. Pour

de l'argent, me répondit-il d'un air froid, il n'avoit sur
lui que vingt-cinq pistoles, et il ne faut pas s'en étonner. Quoiqu'il ait fait le premier personnage dans cette
pièce, il n'est pas le chef de sa bande. C'est un certain Alexandre Bentivoglio, dont je n'ai que trop entendu parler, et qui pourra bien un jour tomber sous
ma pate. Néanmoins, poursuivit-il, consolez-vous.
Nous avons en notre puissance le misérable qui est
cause de votre malheur, et que je promets de faire
pendre. A ce discours impertinent, j'eus de la peine à
retenir ma colère. J'aurois volontiers été le bourreau de
M. le prévôt qui me parlait ainsi, de l'archer pour
ma pistole, et du marchand qui, par son imprudence,
m'avoit mis dans l'embarras où je me trouvois. J'enrageois de bon cœur. Le *bargello* s'apercevant du peu
de satisfaction que j'avois de sa course, au lieu qu'il
attendoit de moi quelque récompense, sortit très mécontent de ma seigneurie, en disant à mon hôte que s'il
eût cru que je savois si mal reconnoître ce que l'on faisoit pour moi, il ne se seroit pas donné tant de peine.

Après qu'il fut sorti, Pompée demanda son manteau, et me dit qu'il alloit solliciter les juges. Pour moi,
curieux de voir le voleur qui étoit en prison, je m'y
transportai; et ce ne fut pas sans étonnement que je
reconnus en lui Sayavedra, quelque portrait ressemblant
qu'on m'eût fait de ce fripon. Sitôt qu'il me vit, il vint
se jeter à mes pieds. Il étoit plus pâle que la mort. Il
me demanda pardon. Mon cher seigneur don Guzman,
me dit-il tout en pleurs, ayez pitié d'un malheureux
qui se repent de vous avoir trahi. Il alloit continuer, car
il avoit préparé une longue harangue pour m'attendrir;

mais je ne lui laissai pas le temps d'en dire davantage. Je l'accablai de reproches; et toute fois en les lui faisant je sentois que ma colère s'affoiblissoit peu à peu. Tous les mouvements d'indignation qui m'agitoient firent place insensiblement à des sentiments de compassion, dont j'aurois eu la foiblesse de donner des marques, si je n'eusse pris le parti de m'éloigner brusquement d'un traître qui auroit été tout au moins envoyé aux galères, si la justice à Sienne eût eu alors des ministres un peu sévères.

Les juges de ce temps-là, tu vas le voir, ami lecteur, firent ce que mille autres avoient fait avant eux, et ce que dix mille autres ont fait après. Ils me députèrent le jour suivant un greffier, pour me proposer de me rendre partie du voleur emprisonné. Je fis réponse que je le voulois bien, pourvu qu'il me fît restituer tout ce qui m'avoit été dérobé, autrement non; que je ne demandois point la mort du pécheur; que ma bourse, quand on le pendroit, n'en seroit pas en meilleur état; en un mot, que je ne souhaitois rien autre chose que mon argent et mes hardes, et que j'y renonçois, puisque le tout étoit en trop bonnes mains pour que je pusse le rattraper. Le greffier n'eut pas plus tôt fait rapport aux juges de ce que je lui avois dit, que, considérant qu'il n'y avoit point d'autres espèces à prétendre dans ce procès que celles dont on avoit trouvé le voleur nanti, ils se contentèrent de le condamner au carcan pour deux ou trois heures, et à un bannissement perpétuel du territoire de Sienne. Ces magistrats équitables disoient, pour qu'on excusât un châtiment si doux, que le coupable n'ayant aucune marque de feu sur les épaules, c'étoit une preuve qu'il n'avoit jamais été trouvé en faute que cette fois-là, et qu'il méritoit par conséquent quelque indulgence. La bonne raison pour faire grâce à un voleur de profession! Et n'est-ce pas un jugement bien judicieux que de le bannir d'un pays où il a volé? C'est comme si on lui disoit : Va-t'en, mon ami, on te permet d'aller voler ailleurs.

Je ne savois point encore à quoi les juges avoient condamné Sayavedra, et je dînois chez Pompée, lorsqu'un domestique du logis, qui avoit ouï prononcer la sentence, entra dans la salle tout essoufflé, et d'un air aussi content que s'il m'eût apporté mes effets : De la joie, seigneur don Guzman, s'écria-t-il, de la joie! Votre larron est condamné au carcan, et l'on doit bientôt l'y attacher. Il ne tiendra qu'à vous de voir cette exécution. Dans ce moment, j'aurois voulu que ce sot eût été mon valet, et être dans un endroit où j'eusse pu librement lui casser les dents à coups de poing. Je n'ai de ma vie été si tenté de battre un homme que je le fus dans cette occasion. Cependant il me fallut dévorer mon chagrin, de même que le changement qui se fit dès ce jour-là dans mon hôte. Il passa tout à coup d'une extrémité à une autre; il ne me regarda plus que comme un étranger qui l'incommodoit, et dont il auroit souhaité d'être défait.

Est-il possible, me diras-tu? Quoi! ce Pompée à qui tu avois rendu service, et qui, dans toutes ses lettres, t'avoit paru si pénétré de reconnoissance, ce même Pompée te paya d'ingratitude? Sans doute. Il prit un air glacé avec moi, et me fit assez voir qu'il m'auroit voulu déjà bien loin. J'y contribuai peut-être, en lui disant indiscrètement que je ne retournois point à Rome, ou du moins de long-temps ; ce qui lui faisant juger que j'allois lui devenir inutile, et que, selon toutes les apparences, nous n'aurions plus de commerce ensemble, il ne se soucia plus guère que je fusse content ou mécontent de lui. Il me demanda même sans façon quand je me proposois de partir ; je lui répondis que ce seroit dès le lendemain. Il me répliqua froidement qu'il étoit fâché de mon départ, sans me faire aucune instance pour le différer. Enfin je crevois de dépit d'avoir obligé de bonne grâce un homme qui, bien éloigné de m'offrir sa bourse par reconnoissance, ou pour compenser ce qu'il m'avoit fait perdre, étoit assez ingrat pour compter tous les moments que je passois dans sa maison. Aussi la première chose que je fis le jour suivant fut de prendre congé de lui d'une manière qui lui marqua bien ce que je pensois de lui.

CHAPITRE IV.

Guzman, à quelques milles de Sienne, rencontre Sayavedra, le prend à son service, et l'emmène avec lui à Florence.

J'avois tant d'envie de m'éloigner de Sienne, que je donnai d'abord des deux à mon cheval, si bien que je disparus comme un éclair aux yeux de Pompée. Quand j'eus fait quelques milles, j'aperçus de loin un homme à pied, qui me parut avoir toute la figure de mon fripon de Sayavedra. Comme en effet c'étoit lui qui, pour obéir à la sentence qui le condamnoit à un bannissement, se hâtoit de sortir de l'état de Sienne pour aller dans un autre exercer ses talents.

Je ne pus me défendre d'un mouvement de pitié à la vue de ce misérable; et me souvenant moins de la trahison qu'il m'avoit faite, que du service qu'il m'avoit rendu le jour de l'aventure du cochon, je n'eus pas la force de ne vouloir pas lui parler. Il m'avoit aussi reconnu; et, lorsque je passai près de lui, il vint tout à coup, le visage baigné de larmes, m'embrasser la botte, en me demandant mille pardons de son ingratitude et de sa perfidie. Il ajouta qu'il souhaiteroit de toute son âme, pour expier sa faute, me servir en esclave toute sa vie; et que, si je voulois le prendre pour mon valet, je pouvois compter sur le serment qu'il me faisoit d'être le serviteur du monde le plus fidèle. Après avoir fait mes réflexions sur ce qu'il me proposoit, il me sembla que je ne ferois point si mal d'accepter sa proposition.

Ne vas-tu pas encore me blâmer de m'être chargé d'un domestique dont je connoissois le caractère, et qui, m'ayant déjà dévalisé, ne pouvoit manquer de récidiver à la première occasion? Je sais, par ma propre expérience, qu'on ne se défait pas aisément de ses mauvaises inclinations. Mais, outre que dans la disette d'espèces où j'étois alors, j'avois peu de chose à perdre, que diable aurois-je fait d'un valet plein de probité? Dans le métier que je pressentois bien qu'il me faudroit bientôt faire, j'avois besoin d'un *virtuoso*, et je le voyois tout trouvé dans ce garçon-là. Un habile homme doit savoir se servir de tout.

Je pris donc à mon service Sayavedra; et je me louai autant dans la suite d'avoir renoué avec lui, que j'avois eu auparavant de regret de l'avoir connu. Il me fit bien voir, lorsque nous arrivâmes à la couchée, que je n'avois pas fait une mauvaise affaire en l'attachant à moi. Il fut toujours en mouvement pour tâcher de me rendre par ses soins le gîte commode. J'admirois son attention à pourvoir à mes besoins, et à prévenir tous mes désirs. En vérité, l'ardeur de son zèle et son bon esprit, dont il me donnoit à tout moment des preuves, me consolèrent de la perte de mes hardes. Le jour suivant, de grand matin, nous nous remîmes en marche, l'un à cheval et l'autre à pied, et nous nous rendîmes enfin à Florence, qu'on m'avoit peinte avec de si belles couleurs. Cependant, quelque éloge qu'on m'en eût fait, elle me surprit par la magnificence de ses édifices. Sayavedra, qui m'observoit, me dit en souriant: Il me semble que la vue de cette ville vous frappe agréablement. J'en suis charmé, lui répondis-je; elle me paroît admirable. Je ne croyois pas qu'il y eût dans le monde une autre Rome. Oh! vraiment, reprit-il, vous n'en voyez que les dehors et la situation, qui véritablement ont de quoi plaire aux yeux; mais c'est le dedans qu'il faut considérer. Les maisons des particuliers, qui pourroient passer pour autant de palais, sont ornées d'une infinité de beaux ouvrages d'architecture. C'est avec raison qu'on appelle Florence la huitième merveille du monde, puisque c'est la fleur des fleurs, et la fleur de toute l'Italie. Là-dessus Sayavedra s'étant mis en train de parler, me conta l'histoire de Florence depuis les guerres civiles de Catilina jusqu'à l'état présent où elle se trouvoit.

Mon écuyer, qui connoissoit parfaitement cette ville
pour y avoir demeuré quelque temps, me conduisit à
une des plus fameuses hôtelleries, où il lui plut de me
faire passer pour un gentilhomme espagnol, nommé don
Guzman, neveu de l'ambassadeur d'Espagne à Rome.
Il fit effrontément confidence à l'hôte de ma qualité.
Comme nous étions sans bagage, et que nous n'avions
même qu'un cheval, cela péchoit un peu contre la vraisemblance; mais mon valet, pour ramener la chose au
vraisemblable, dit qu'ayant été obligés de partir à la
hâte, nous avions chargé une personne de nous envoyer
nos ballots par le messager, qui devoit arriver incessamment. Quoique l'hôtellerie fût pleine de cavaliers
d'importance, il me fit avoir une des plus belles chambres : il fit accroire à l'hôte que je venois à Florence de
la part de l'ambassadeur pour une affaire de conséquence, et que probablement j'y ferois un assez long
séjour; ce qui réjouit fort monsieur le maître, et fut
cause qu'il eut avec moi des manières très respectueuses.
Le prudent Sayavedra fut d'avis que nous achetassions
le lendemain un grand coffre que nous dirions être plein
de nos meilleurs effets, et que nous remplirions ensuite
de ce qu'il plairoit à la fortune de nous envoyer. J'approuvai sa pensée, et je le chargeai du soin de cette
emplette.

CHAPITRE V.

Guzman paroît à la cour du grand-duc. Une dame devient amoureuse de lui [1].

La grande-duchesse dans ce temps-là venoit d'accoucher d'un prince, ou plutôt de relever de ses couches; et il y avoit tous les jours au palais quelque fête, où toutes les personnes de distinction de l'un et de l'autre sexes ne manquoient pas de se trouver; et chacun y étoit bien reçu. Les cavaliers qui logeoient dans mon hôtellerie, et qui tous étoient de la meilleure noblesse du pays, n'étant venus à Florence que pour avoir part à ces divertissements, s'y montroient d'autant plus assidus, qu'ils faisoient par là leur cour à leur prince. Mon hôte me demanda le premier soir si je voulois être servi en particulier, ou manger avec ces gentilshommes. Je répondis que j'aurois l'honneur de souper avec eux; et l'heure en étant venue, j'entrai dans la salle où ils se disposoient à se mettre à table. J'y parus d'un air aisé, faisant l'homme de condition, ce que je n'entendois pas trop mal; et, après les avoir salués cavalièrement, j'allai m'asseoir au haut bout sur une chaise qui m'y fut

[1] Les aventures de Guzman à la cour du grand-duc sont de l'invention de M. Bremont, qui les a mises dans ce chapitre et dans le suivant, à la place de la description et de l'histoire ennuyeuse que l'auteur espagnol y fait de la ville de Florence. J'ai cru devoir, en cet endroit, préférer le copiste à l'original.

présentée par Sayavedra, qui savoit merveilleusement se prêter aux *lazzis*.

Ce début m'attira les regards de tous ces messieurs, qui, souhaitant d'apprendre qui j'étois, se le demandoient les uns aux autres à l'oreille fort inutilement. Ils avoient une grande impatience de m'entendre parler, pour découvrir, par mon accent, de quelle nation je pouvois être. J'avois la malice de les tenir dans l'incertitude sur cela. Ils avoient beau, par de petites honnêtetés, vouloir me faire entrer en conversation avec eux, je leur répondois moins par des paroles que par des airs de tête et des mines pleines de politesse. Néanmoins, comme je ne pouvois me dispenser de lâcher quelques mots, je passai pour Romain dans leur esprit. Mais ayant donné en espagnol un ordre à Sayavedra, je les remis en défaut. Un de ces gentilshommes, plus curieux que tous les autres, se leva de table pour aller questionner l'hôte sur mon chapitre. Quelques instants après étant venu reprendre sa place d'un air content, il parla tout bas à ses voisins, ceux-ci à d'autres, et me voilà reconnu de toute la compagnie pour le neveu de l'ambassadeur d'Espagne.

Le souper fini, tous ces nobles, me regardant comme un jeune seigneur, firent un cercle autour de moi, et l'un des principaux m'adressant la parole, me dit que je ne savois peut-être pas encore qu'il y avoit presque tous les jours bal à la cour pour la naissance du prince; qu'il y en auroit un ce soir-là, et que si j'avois la moindre envie d'y aller, ces messieurs et lui se feroient un plaisir de m'y conduire. Je répondis à ce gentilhomme qu'une offre si obligeante n'étoit point à rejeter; qu'à la vérité

mon habit de voyageur s'opposoit un peu à ma curiosité ;
que néanmoins, comme je n'étois pas connu à Florence,
j'aurois l'honneur d'accompagner ces cavaliers, pour
prendre part avec eux à une sorte de divertissement
que j'aimois à la fureur. Ils étoient tous habillés magnifiquement. Pour moi, je ne pus faire autre chose
que mettre une de mes deux chemises blanches qui
étoient dans mon porte-manteau, et me redresser un
peu. Cependant, tout mal vêtu que j'étois en comparaison des autres, je vais te dire ce qui m'arriva.

Quand nous entrâmes dans la salle du bal, où le
grand-duc étoit déjà, et où il y avoit assez grosse compagnie, ce prince attacha ses yeux sur moi. D'abord
j'en fus déconcerté. Je m'imaginai qu'il trouvoit mon
habillement trop modeste, ou quelque chose enfin de
ridicule en ma personne ; et ce qui acheva de me le
persuader, c'est qu'il me fit remarquer à un seigneur
de sa cour, auquel il parla tout bas, de façon qu'il me
sembla qu'il lui donnoit ordre de s'informer qui j'étois.
Je ne me trompois point. Le courtisan, que je ne perdois point de vue, perça la foule pour venir joindre un
des gentilshommes avec qui j'étois venu, lui dit quelque chose à l'oreille ; et, après qu'on lui eut répondu
de la même manière, retourna près du grand-duc, à
qui je m'aperçus qu'il rendoit compte de sa commission.
Tous ces mouvements me paroissoient assez équivoques,
et je ne savois encore ce que j'en devois juger, lorsque le même gentilhomme à qui le courtisan avoit parlé
s'approcha de moi, et me dit : On vous connoît bien,
seigneur cavalier ; le grand-duc sait que vous êtes parent de monsieur l'ambassadeur d'Espagne à Rome. Je

vous conseille d'aller dès à présent saluer ce prince. Il vous regarde sans cesse et désire apparemment que vous preniez cette liberté.

Je suivis le conseil du gentilhomme, croyant ne pouvoir m'en dispenser. Je m'avançai vers le grand-duc, qui, pénétrant mon dessein, eut la bonté de me faire faire place lui-même. Je commençai par une profonde révérence; ensuite je dis en italien à S. A., d'un air libre et respectueux tout ensemble, que je ne faisois que d'arriver à Florence, et que je lui demandois mille pardons si j'osois, dans un bal, lui rendre mes très humbles respects; mais que, venant d'apprendre qu'elle avoit eu la curiosité de vouloir savoir mon nom, je venois moi-même le lui dire. Je le sais déjà, me répondit ce prince, et je ne suis pas peu surpris d'entendre un Espagnol parler aussi bien l'italien qu'un Romain naturel. Je répliquai à cela, en espagnol, que j'avois fait un assez long séjour à Rome. Il me repartit en langue castillane, qu'il aimoit et ne parloit point mal, que rarement les personnes de mon pays apprenoient à prononcer l'italien si parfaitement. Puis, faisant tomber l'entretien sur mon oncle l'ambassadeur, il me dit qu'il le connoissoit pour avoir eu plus d'une affaire à traiter avec lui; qu'il l'estimoit et souhaitoit d'avoir occasion de le lui témoigner en ma personne. Il eut ensuite la bonté de m'inviter à fréquenter sa cour, et de me dire mille choses obligeantes, auxquelles je ne répondis que par des révérences jusqu'à terre. Ce ne fut pas tout : la grande-duchesse arriva dans ce moment. J'eus l'honneur de la saluer aussi, et de lui être présenté par le prince son époux, qui lui dit qui j'étois. En vérité, je me tirai de ce mauvais pas plus galamment peut-être que ne l'auroit fait à ma place un véritable neveu de l'ambassadeur d'Espagne.

Le bal alors commença. Je me retirai aussitôt à l'écart, de peur d'embarrasser les danseurs. Après trois ou quatre danses, une dame qui alloit danser à son tour, et à qui le duc avoit fait signe de me prendre, vint à moi. Je fis semblant de vouloir me dispenser d'entrer en danse, quoique j'en eusse grande envie; je la priai de considérer que je venois de descendre de cheval, ainsi qu'elle le pouvoit voir à mon affreux négligé. Le prince, qui m'observoit, me cria, pour finir la contestation, que, quand même j'aurois des bottes, il ne faudroit pas que je refusasse de danser avec une dame si aimable. A cet ordre précis, je cessai de faire des façons : j'obéis; et je dansai avec tant de grâce et de noblesse, que je m'attirai les applaudissements de toute l'assemblée. La grande-duchesse surtout, qui préféroit Terpsichore à toutes les autres Muses, fut si contente de moi, qu'elle m'obligea de danser plusieurs danses nouvelles, dont je lui parus m'acquitter également bien, ce qui m'agita terriblement, et me rendit si gai, si badin, que j'en contai à toutes les dames. Je te dirai plus, ami lecteur, dussé-je passer pour un fat dans ton esprit, que les Florentines, qui sont les femmes de l'Italie qui se connoissent le mieux aux bons airs, me trouvèrent très agréable.

Il y avoit, entre autres, trois jeunes personnes qui faisoient le plus bel ornement du bal; je n'ai jamais vu de beautés plus piquantes. Elles auroient fort embarrassé un honnête homme qui eût eu à choisir entre elles.

Je me serois toutefois déterminé en faveur d'une brune, qui me faisoit pencher de son côté par un certain je ne sais quoi que les deux autres n'avoient pas. Aussi je m'attachai particulièrement à danser avec celle-là. Un des gentilshommes qui m'avoient amené au palais s'apercut que j'en voulois à cette brune; et s'approchant de moi: Seigneur don Guzman, me dit-il avec un souris, vous ferez bien des jaloux si vous continuez; la dame est une riche veuve qui a un grand nombre d'amants. Ce discours flatta ma vanité, et m'inspira le dessein de tenter la conquête d'un cœur disputé par tant de rivaux. Je hasardai quelques douceurs, qui ne furent point mal reçues; mais dans le temps que de favorables apparences m'excitoient à pousser ma pointe, il prit fantaisie à la grande-duchesse, qui n'avoit point encore dansé depuis qu'elle étoit relevée, de vouloir que j'eusse l'honneur de danser avec elle. Pour le coup, prévoyant les conséquences, je fis tout mon possible pour m'en défendre : il fallut pourtant en passer par là. Le grand duc, quoiqu'il approuvât le respect que je faisois paroître en cela pour la princesse, me témoigna, par une inclination de tête, qu'il désiroit que je fisse ce qu'elle souhaitoit; il n'y eut plus moyen de reculer. Je dansai donc, et encore mieux que je n'avois fait; ce qui donna tant de plaisir à la duchesse, qu'elle ne se lassoit point de danser avec moi. Le prince fut obligé de la prier de se ménager, de peur qu'un trop grand mouvement ne l'incommodât; de sorte que le bal finit là.

Leurs altesses se retirèrent. Je les accompagnai jusqu'à leur appartement avec les seigneurs de leur cour, et je revins ensuite d'un air empressé dans la salle du bal, où je trouvai ma belle brune qui étoit prête à sortir. Je savois si bien faire le passionné, que j'eus la satisfaction de remarquer qu'elle ne me quittoit point sans regret. Sitôt que je me vis séparé d'elle, je repris le chemin de l'hôtellerie avec nos gentilshommes, qui me rejoignirent. J'étois si occupé des honneurs que j'avois reçus ce soir-là, que je répondis assez mal aux compliments que ces messieurs me firent sur le talent que j'avois pour la danse. Étant tous arrivés à l'hôtellerie, nous prîmes congé fort poliment les uns des autres, et chacun se retira dans sa chambre.

Lorsque je me vis dans la mienne avec Sayavedra : Mon ami, lui dis-je, la joie me suffoque. J'étoufferois, si je ne déchargeois mon cœur. En même temps je lui détaillai tout ce qui m'étoit arrivé au bal, dont j'avois fait tout le plaisir; les louanges infinies qui m'avoient été données par la duchesse, et l'accueil obligeant que le duc m'avoit fait. Mon confident n'aimoit que le solide : il regardoit les applaudissements comme de la fumée; mais l'article de la veuve le frappa. Je vis briller dans ses yeux la joie que lui causa cet endroit de mon récit. Passe pour celui-là, me dit-il, cela vous peut mener à quelque chose, si vous savez bien profiter de l'heureuse disposition où vos manières ont mis cette dame à votre égard. Nous employâmes, Sayavedra et moi, plus de la moitié de la nuit à bâtir des châteaux là-dessus, et à délibérer sur ce qu'il falloit faire pour conduire cette aventure à une bonne fin. Il fut arrêté dans notre conseil que nous acheterions, dès le jour suivant, le grand coffre dont nous avions déjà parlé, et que je ferois la dépense de l'habit le plus propre que ma bourse

le pourroit permettre, pour soutenir à la cour le personnage que j'avois commencé d'y jouer.

Cette résolution prise, je chargeai mon valet de se
mettre en campagne de très grand matin pour l'exécuter ; après quoi je l'envoyai coucher. Pour moi, je ne
pus fermer l'œil de tout le reste de la nuit, et il étoit
déjà grand jour lorsque, à force de me bercer de chimères, je m'assoupis un peu. Mon sommeil ne dura
pas long-temps. Sayavedra, qui revenoit de faire ses commissions, entra dans ma chambre et me réveilla. Il étoit
suivi d'un tailleur, chez lequel il avoit trouvé un habit
tout fait, et qui n'avoit jamais été porté. Le tailleur
me dit que cet habit lui ayant été commandé par un
jeune seigneur qui avoit tout à coup disparu de la cour,
après y avoir perdu au jeu une grosse somme, lui étoit
demeuré, et qu'il ne demandoit pas mieux que de s'en
défaire à bon marché. Je me levai promptement pour
l'essayer ; et, par le plus grand bonheur du monde,
quand on l'auroit fait exprès pour moi, il n'eût pas été
plus juste pour ma taille. Il ne fut plus question que de
savoir combien on le vouloit vendre. Nous nous accor-
dâmes là-dessus, après une dispute qui auroit été plus
longue, si le tailleur n'avoit pas eu besoin d'argent, et
moi une furieuse envie d'avoir cet habit, auquel je fis
ajouter quelques passements d'or à ma fantaisie ; ce
qui acheva de le rendre magnifique et à la mode de
Rome.

Je n'eus pas plus tôt payé et renvoyé le tailleur, que
mon hôte monta dans ma chambre pour me dire qu'on
m'avoit apporté de la part du grand-duc, pendant que
je dormois, un régal de vin, de fruits et de confitures,

présent que ce prince avoit coutume de faire aux illustres étrangers qui passoient par sa cour; mais qu'il
n'avoit osé troubler mon repos pour m'en donner avis.
Je ne fus point fâché de n'avoir pas vu le gentilhomme
que le duc avoit chargé de conduire ce présent; il
m'auroit fallu en payer le port; et, dans le besoin que
j'avois de tout mon argent pour me mettre en état de
briller à la cour, je ne pouvois trop le ménager. Je
croyois donc qu'il ne m'en coûteroit rien pour cela;
c'est en quoi je me trompois. A peine l'hôte eut-il fait
apporter dans ma chambre le vin et les fruits du prince,
qu'on vint m'annoncer le même gentilhomme que son
altesse m'avoit envoyé. Il fallut essuyer sa harangue
banale, qu'il finit en me disant que la duchesse souhaitoit de me voir l'après-dînée. Je fis sur cela de grands
compliments au gentilhomme, que Sayavedra, en
écuyer bien instruit, attendoit à la porte pour lui glisser dans la main quelques écus. Je m'amusai ensuite à
essayer le reste de nos emplettes, comme bas de soie,
chapeau fin, rubans, souliers propres, linge, gants, et
toutes les autres choses nécessaires pour assortir l'habit. Voyant que rien ne manquoit, je commençai par
me raser, peigner, décrasser et poudrer; puis m'étant
habillé en me regardant sans cesse dans un miroir, je me
tournai vers mon confident, pour lui demander ce qu'il
jugeoit qu'on pût ajouter à mon ajustement. Il me répondit qu'il me trouvoit si bien comme j'étois, qu'il
seroit fort trompé, si ce jour-là je ne faisois mourir de
jalousie tous les galants et toutes les femmes d'amour.
Je ne laissai pas pourtant de me parer de ma belle
chaîne d'or, et d'attacher au bas avec un beau ruban

un portrait en miniature de mon cher maître, qu'il m'avoit aussi donné la veille de mon départ.

J'étois, comme un autre Narcisse, enchanté de moi-même. J'aurois déjà voulu être au palais, tant j'avois d'impatience d'y montrer ma figure. Je crois que j'y aurois été sans prendre aucune nourriture, si Sayavedra ne m'eût représenté qu'on ne devoit pas négliger le dedans; que le dehors en dépendoit, et qu'un estomac bien bourré étoit plus propre qu'un vide à donner au visage un beau coloris. Quoique je n'eusse point d'appétit, car j'étois rassasié de ma parure, et l'on auroit dit que mon ventre eût été aussi rempli de vent que ma tête; je me laissai persuader. Je mangeai quelques morceaux de ce que mon confident me fit apporter dans ma chambre; encore eus-je si grand' peur de me salir en mangeant, que ce ne fut pas sans inquiétude que j'achevai de dîner. Je tâtai des fruits du duc, et bus quelques coups d'un verdet dont ce prince les avoit accompagnés. Je trouvai ce vin exquis, et je jugeai qu'il devoit donner du brillant dans la conversation, quand on n'en avoit pris que modérément. Après ce petit repas, je me promenai en me carrant dans ma chambre. Je consultai encore mon écuyer sur ma personne, et il m'assura de nouveau que j'étois un cavalier à peindre. Sur son témoignage, confirmé par mon amour-propre, je sortis pour me rendre au palais avec Sayavedra, qui, pour me faire plus d'honneur, avoit fait aussi quelques achats pour lui aux dépens de ma bourse, qui se ressentoit furieusement des saignées qu'on venoit de lui faire.

Je fus reçu chez le grand-duc avec tous les honneurs

qu'auroit pu prétendre mon oncle même l'ambassadeur,
s'il eût été à ma place. Le prince me fit d'abord des
honnêtetés que je ne dus qu'à ma bonne mine et qu'à
ma gentillesse; et ensuite il mit notre ambassadeur sur
le tapis, et me dit des choses dans l'espérance qu'à mon
retour à Rome je les rapporterois à son excellence.
C'étoit le prince du monde le plus politique. Il ne parloit le plus souvent que pour faire parler. Tantôt par
des paroles flatteuses, et tantôt par de petites contradictions, il tâchoit de m'engager à raisonner sur des
matières délicates. Il se flattoit qu'il pourroit m'échapper
des choses dont il tireroit quelques lumières; ce qui
sans doute seroit arrivé, si j'eusse été capable de trahir
mon maître, qui, par complaisance ou par facilité,
m'avoit plus d'une fois entretenu des affaires les plus
secrètes. Mais je me tenois si bien sur mes gardes avec
le grand-duc, qu'il eut beau me retenir auprès de lui
deux heures, je ne lui lâchai pas un mot indiscrètement.
Il cessa enfin de me tâter; et changeant de discours,
de peur de m'inspirer quelque défiance, il me dit d'aller
voir la duchesse, qui m'attendoit impatiemment.

Je fus bien aise qu'il me congédiât, pour rompre un
entretien qui me fatiguoit, et je volai chez cette princesse, qui commençoit effectivement à s'impatienter de
ce que je tardois tant à me rendre auprès d'elle. Pourquoi donc, me dit son altesse, avez-vous été si long-
temps avec le grand-duc? Madame, lui répondis-je en
faisant le discret, il m'a fait plusieurs questions sur les
cours de Rome et d'Espagne; cela nous a menés loin,
et m'a empêché de venir plus tôt recevoir vos ordres.
Je pris hier au soir, répliqua la duchesse, un fort grand

plaisir à vous voir danser, surtout vos deux dernières danses; j'ai envie de les apprendre, et je veux que vous me les montriez. Je lui répondis que je ne demandois pas mieux que de lui rendre mes très humbles services. Elle avoit tant de disposition à la danse, qu'en moins d'une heure je la mis en état de les pouvoir danser toutes deux au bal le lendemain au soir, et je lui promis, pour qu'elle fût plus sûre de ses pas, que je viendrois l'après-dînée lui donner encore une leçon. Elle se faisoit par avance un plaisir extrême de la surprise générale qu'elle causeroit en dansant ces nouvelles danses, et elle me défendit d'en parler à personne.

C'étoit un fort beau concert qui devoit faire ce jour-là le divertissement de la cour; et je ne manquai pas d'y paroître avec tout mon mérite, après avoir légèrement soupé dans l'hôtellerie. Il n'est pas, je crois, nécessaire de te dire qu'en entrant dans la salle, où tout le monde étoit déjà assemblé, je cherchai des yeux ma charmante veuve. J'eus peu de peine à la démêler. Sa parure riche et brillante, et plus encore ses divins appas, la faisoient aisément distinguer. Je jurerois bien que j'avois un peu de part aux peines qu'elle s'étoit données pour s'ajuster, comme je ne doute pas que, de son côté, en me voyant, elle ne se fît honneur du soin que j'avois pris de m'adoniser. Je m'approchai d'elle avec un empressement qui ne lui déplut point. Nous voilà tous deux à nous regarder, à nous contempler, à nous admirer l'un l'autre, et à nous lancer sans quartier des traits de feu; c'étoit à qui en décocheroit davantage. Tout cela alloit fort bien. Mais avec toutes ces tendres œillades, je demeurois incertain de mon sort;

et n'ayant pas beaucoup de temps à perdre, je crus
devoir m'expliquer plus clairement. J'en avois une belle
occasion ce soir-là, puisque j'étois si près d'elle que je
pouvois lui parler sans être entendu de personne.

Madame, lui dis-je tout bas d'une voix tremblante
et passionnée, à quel châtiment condamneriez-vous un
téméraire qui oseroit vous aimer et vous le dire? La
dame rougit un peu de cette question, et me répondit
que ce téméraire pourroit être tel qu'on n'auroit pas
la force de se résoudre à le punir. Je sentis à cette réponse un transport de joie si vif, que je lui repartis
d'un ton animé : Quelle contrainte, madame, après ce
que je viens d'entendre, de ne pouvoir me jeter à vos
pieds! Plaignez-moi d'être obligé de sacrifier le plaisir
de vous marquer ma reconnoissance au respect que je
dois à leurs altesses. Ma veuve jeta sur moi un regard
languissant, et ne me dit rien; il est vrai que c'étoit
m'en dire plus que si elle m'eût tenu les discours les
plus touchants. Aussi j'en fus si pénétré, si transporté
de plaisir, que ne pouvant plus parler moi-même, je
gardai le silence pendant quelques moments, laissant
à mes soupirs faire l'office de ma langue.

Je n'étois pas encore bien revenu de ce ravissement
qui m'ôtoit l'usage de la parole, quand ma veuve, me
poussant du coude, me dit d'un air effrayé : On nous
observe. La grande-duchesse nous regarde avec une
attention qui m'embarrasse ; éloignez-vous un peu de
moi, je vous prie. Je me retirai aussitôt, en disant que
la princesse étoit bien cruelle de venir troubler les plus
doux instants de ma vie. Je m'écartai donc de ma belle
veuve, et m'avançai vers la duchesse, pour employer

du moins à lui faire ma cour le temps qu'il m'étoit
défendu d'être auprès de mon adorable brune. Je me
glissai derrière la chaise de son altesse, d'où, comme
si j'eusse été jusque-là fort attentif au concert, je
m'écriai : Il faut avouer qu'on ne peut rien entendre
de plus agréable. Dans le fond cela étoit vrai : le grand-
duc se piquoit d'avoir les plus habiles joueurs d'instruments, et les plus belles voix d'Italie; il n'épargnoit
rien pour se contenter là-dessus. Mais c'est de quoi je
ne pouvois encore juger; et la duchesse, qui le savoit
bien, me dit en me regardant d'un air malicieux : Vous
avez vraiment été fort occupé du concert, et vous en
pouvez hardiment décider. On vous le pardonne, ajouta-
t-elle en souriant; la dame mérite bien qu'on préfère
ses charmes à ceux de la musique. Son altesse, remarquant qu'elle m'embarrassoit, changea de ton, et me
demanda sérieusement ce que je pensois des voix et de
la symphonie. Alors je pris la liberté de dire mon sentiment; et si je ne parlai pas en maître de l'art, du
moins je fis connoître que je n'étois pas tout-à-fait
ignorant en musique.

Le concert, au bout d'une heure, fut interrompu
par une magnifique collation qui servit d'intermède.
Je pris ce temps-là pour retourner auprès de ma divinité, que je m'empressai de servir. Je lui donnois de
tout ce qu'il y avoit de plus délicat, de préférence aux
autres dames, à qui je faisois peu d'attention. J'achevai
par là de mettre mes rivaux au désespoir; ils ne doutèrent plus que je ne fusse l'amant favorisé. Néanmoins,
quelque dépit qu'ils en eussent tous, il n'y en avoit
point d'assez hardis pour oser méditer une vengeance,

dont ils étoient persuadés que le duc les feroit repentir. Pour moi, je m'inquiétois si peu de tous leurs
chagrins, que je ne songeois uniquement qu'à faire de
nouveaux progrès dans le cœur de ma nymphe; et il
sembloit que l'amour prît plaisir à m'en fournir des
occasions.

Pendant que je faisois le galant auprès d'elle, j'appelai un musicien à voix claire, lequel passoit près de
nous : Savez-vous, lui dis-je, les derniers airs qu'on a
faits à Rome, et dont il y en a deux ou trois surtout
qui sont à la mode? Je les ai reçus aujourd'hui, me répondit-il, mais je n'ai pas eu le loisir de les étudier.
Alors les dames me demandèrent si je les savois. Je
leur dis qu'oui; et elles ne m'eurent pas plus tôt témoigné qu'elles souhaitoient de les entendre, que, sans
me faire prier comme un musicien de profession, je
me mis à les chanter à demi-voix, feignant de ne vouloir pas être ouï de toutes les personnes qui étoient
dans la salle. Dès que j'eus commencé, je fus entouré
de dames et de cavaliers qui s'approchèrent de moi.
Mes sons frappèrent même l'oreille de la duchesse,
qui, s'étant informée de ce que c'étoit, me fit appeler,
et m'ordonna de chanter en donnant à ma voix toute
l'étendue qu'elle avoit.

Je ne dois point oublier une circonstance assez plaisante : cette princesse fit signe à ma veuve et à quelques autres femmes du même rang de venir auprès
d'elle, pour avoir part au plaisir que je me préparois
à leur faire. Elles accoururent dans le moment; et son
altesse, par malice ou par bonté, les plaça de façon que
j'avois ma maîtresse en face; après quoi, elle me dit.

tout bas en riant : Vous voyez que je paye d'avance
la complaisance que vous avez pour moi. A ces mots,
je lui fis une profonde inclination de tête, et de crainte
qu'elle n'en dît davantage, je me hâtai de chanter.

Ami Guzman, me diras-tu, si vous n'y prenez garde,
vous allez encore vous louer. Oh! pour cela oui. Puisque
je te découvre franchement mes mauvaises qualités,
tu dois me pardonner si je ne te cache pas mes bonnes.
On trouva ma voix si belle, que tous mes auditeurs,
depuis le premier jusqu'au dernier, firent retentir la
salle de leurs applaudissements; ce qui ne me surprit
en aucune manière. Un homme qui passoit à Rome
pour un beau chanteur pouvoit-il déplaire à Florence?
Enfin j'amusai l'assemblée jusqu'à la fin du temps
prescrit à chaque fête par un règlement qu'il y avoit
là-dessus au palais. Nous accompagnâmes, comme à
l'ordinaire, le duc et la duchesse jusqu'à leur appartement; ensuite chacun prit son parti. Je retournai dans
la salle joindre ma veuve, qui, n'ayant pas voulu se
retirer sans me voir encore un moment, m'y attendoit
de pied ferme. J'eus le temps de lui tenir quelques
discours flatteurs, qui furent payés de sa part avec
usure par des reparties qui redoublèrent mon ardeur.
Je lui demandai la permission d'aller lui rendre mes
devoirs chez elle; ce qui se fait à Florence, et ce qui
me fut accordé de la meilleure grâce du monde; on me
marqua même une heure pour cela : c'étoit me témoigner qu'elle agréoit ma recherche. Je ne pouvois
recevoir de cette dame une plus grande faveur.

CHAPITRE VI.

Suite et dénoûment de cette belle intrigue.

A mon retour chez moi, je fus obligé de faire confidence à mon conseiller Sayavedra de tout ce qui m'étoit arrivé ce jour-là; ce que je fis jusqu'aux moindres particularités. Après m'avoir écouté de toutes ses oreilles, il me dit : Cela va de mieux en mieux; je ne crois pas que notre proie nous échappe. Il faut douter de tout, lui répondis-je, mon ami. Quand je songe à ma bonne fortune, quand j'en considère tous les avantages, et que je me représente qu'en deux jours je suis presque parvenu au comble de mes vœux, je crains que la fortune ne flatte ma témérité que pour s'en jouer et la confondre par quelque sinistre événement. Il est vrai, reprit mon confident, que les promesses de l'espérance sont fort souvent trompeuses; mais elles s'accomplis-aussi quelquefois.

Je passai plus tranquillement cette nuit que la précédente; et le lendemain, d'abord que je fus levé, j'envoyai à ma belle brune tout le régal que j'avois reçu du grand-duc, à quelques fruits et une bouteille de vin près, m'imaginant que je n'en pouvois faire un meilleur usage; j'ajoutai à cela des gants et toutes sortes de rubans que Sayavedra choisit et acheta. Mon présent fut agréable à la veuve, aussi bien que le billet dont il étoit accompagné, et auquel on me rapporta qu'on feroit réponse de vive voix sur le soir chez la dame, où l'on comptoit de me voir. Malheureusement l'heure qu'on m'avoit donnée pour faire cette visite, étoit à peu près la même où j'avois promis d'aller faire répéter à la duchesse les deux danses que je lui avois montrées. Pour concilier ces deux choses, je me rendis chez la princesse plus tôt qu'on ne m'y attendoit, espérant que j'en sortirois assez à temps pour pouvoir me trouver à mon rendez-vous; je me trompai dans mon calcul. Son altesse, qui avoit à cœur d'apprendre parfaitement ces danses, me les fit tant de fois danser avec elle, qu'il ne me fut pas possible de la quitter avant l'heure du berger, laquelle, se passant à mon grand regret, excitoit en moi les plus vifs mouvements d'impatience

La duchesse s'en aperçut, malgré tous les efforts que je faisois pour les lui cacher. Qu'avez-vous, me dit-elle? Vous avez dans l'esprit quelque chose qui vous inquiète. Je vois bien ce que c'est; votre veuve vous fait paroître notre répétition un peu longue, n'est-il pas vrai? J'avouai franchement que cela étoit véritable; je dis de quoi il s'agissoit, croyant l'engager par cet aveu à m'accorder la liberté de me retirer, ce qu'elle ne fit point; au contraire, elle m'ordonna de demeurer; mais elle envoya chercher ma veuve, se chargeant de lui faire mes excuses, et de prendre toute la faute sur elle. Je rendis grâce à son altesse dans les termes les plus forts; et reprenant ma belle humeur, je payai la bonté de cette princesse de mille plaisantes saillies qui la réjouirent. Enfin mon aimable brune arriva, charmée de l'honneur que lui faisoit la grande-duchesse, qui lui dit qu'elle l'avoit fait venir pour compenser le plaisir dont elle l'avoit privée en me retenant; puis employant pour moi ses bons offices, elle se répandit en discours si flatteurs sur mon compte, que j'en étois tout confus. Nous commençâmes tous trois un petit bal, en attendant l'heure du grand, laquelle ne fut pas sitôt arrivée, que nous nous rendîmes dans la salle où il se donnoit, et, tant qu'il dura, nous ne fîmes que nous trémousser; ma maîtresse et moi, pour faire notre cour à son altesse, qui se plaisoit infiniment à nous voir danser ensemble. Dès ce soir-là nos amours furent connus de tout le monde, qui nous regarda comme deux amants bien assortis. Mes rivaux seuls en jugèrent autrement.

J'allai rendre le lendemain la visite que je n'avois pu faire la veille à ma veuve. Je trouvai cette dame avec deux autres de ses amies, qu'elle avoit par bienséance assemblées chez elle, et qui, connoissant bien nos sentiments, nous laissèrent la liberté de nous entretenir tout bas l'un et l'autre. J'appris de la belle bouche de mon incomparable brune, que du premier moment qu'elle m'avoit vu elle avoit senti pour moi ce que ses autres amants tâchoient en vain de lui inspirer. En un mot, il me fut permis de compter que j'étois tendrement aimé. Il n'y avoit point ce jour-là de fête au palais, leurs altesses devant honorer de leur présence un mariage important qui se faisoit en ville. Ma visite en fut plus longue. Qu'il m'échappa de discours passionnés! Qu'on m'adressa de paroles obligeantes! Que nous fûmes contents l'un de l'autre, ma veuve et moi!

Je revins à mon hôtellerie assez tard. J'étois tout confit en amour, et si plein de belles idées, qu'à peine pouvois-je parler. Sayavédra me laissa quelque temps plongé dans une si charmante ivresse; mais voyant qu'il étoit de mon intérêt de la dissiper, il me dit : Mon cher maître, vous vous endormez un peu dans la prospérité de vos affaires amoureuses. Vous ne faites pas réflexion que nous sommes ici dans une ville de passage. Vous pourrez rencontrer quelqu'un qui reviendra de Rome, et qui vous reconnoîtra; vous courez risque à chaque instant d'être découvert. Croyez-moi, brusquez l'aventure. Sachez promptement de votre maîtresse jusqu'où votre fortune peut aller, et ne perdez plus de temps à filer l'amour.

La prudence de mon confident me fit rentrer en moi-même, et m'obligea de retourner le jour suivant chez ma veuve, dans la résolution de lui proposer de l'épouser. J'avois peur de gâter tout par trop de précipitation; et ce ne fut qu'en tremblant que je la pressai de hâter mon bonheur. Cependant, bien loin de se révolter contre le désir impatient que je lui témoignois d'être son époux, elle me dit franchement que ses intentions étant conformes aux miennes, elle n'avoit pas dessein de tirer les choses en longueur. Voyez au plus tôt mes parents, poursuivit-elle; demandez leur agrément; et quand vous vous serez acquitté de ce devoir, je ferai le reste. Transporté d'amour et de joie d'avoir son aveu, qui étoit le principal, je me jetai à ses genoux; et lui prenant une main qui ne se refusa point à mon transport, je la baisai avec ardeur; ensuite je conjurai la dame d'agréer, comme pour sceller sa promesse, une petite bague que j'avois au doigt : c'étoit un assez joli diamant fort bien monté. Elle l'accepta en me le laissant mettre à un de ses doigts, à condition que j'en recevrois d'elle un autre qu'elle alla prendre dans son cabinet, et qui étoit d'un plus grand prix que le mien. On eût dit, après cela, que nous étions déjà mariés, tant nous devînmes familiers. Je ne sais pas même si dès ce jour-là je ne me fusse pas rendu maître du logis, si j'eusse été plus hardi; mais, outre que je craignois de lui déplaire en faisant paraître de coupables désirs; j'avois trop d'amour et trop de respect pour être capable d'une pareille témérité.

Lorsqu'à mon retour de chez ma veuve j'appris à Sayavedra le résultat de mon dernier entretien avec elle, et que je lui montrai le gage qu'elle m'avoit donné de sa parole, il en pleura de joie. Courage, s'écria-t-il, vous avez le vent en poupe; vous allez à toutes voiles; vous entrerez bientôt dans le port. Ne manquez pas dès demain de visiter les parents de cette bonne dame; je suis persuadé qu'ils vous accorderont leur consentement. C'est à quoi il n'étoit pas nécessaire de m'exhorter. Ma maîtresse m'avoit nommé les plus considérables et bien instruit de leurs caractères, afin que je pusse me régler là-dessus. Il y en avoit deux avec qui j'avois déjà fait connoissance; ils étoient à peu près de mon âge. J'aurois bien répondu de l'agrément de ceux-là. Je craignois seulement certains barbons graves et flegmatiques, gens qui ne faisant rien que par compas et par mesure, voudroient me mener par un chemin fort long; ce qui ne vaudroit pas le diable pour moi, qui avoit tant d'intérêt à finir promptement cette affaire. Je vis donc dès le matin les parents en question. Les deux jeunes me dirent sans façon qu'ils approuvoient fort ma recherche, si elle étoit agréable à leur cousine. Il n'en fut pas ainsi

des oncles, qui me répondirent que la chose regardoit
toute la famille; qu'ils s'assembleroient au premier jour,
et que je ne tarderois guère à savoir ce qu'ils auroient
résolu. Rien n'étoit plus prudent, et je ne pouvois
trouver ce procédé mauvais, quelque chagrin qu'il me
causât.

Je rendis compte l'après-dînée à ma veuve de toutes
ces visites. Elle me dit qu'elle s'étoit bien attendue à la
réponse qui m'avoit été faite, et que nous pouvions
toujours, par provision, régler toutes les cérémonies
de notre mariage, nous promettant de le célébrer avec
toute la pompe convenable à des personnes de notre
naissance, et ne doutant nullement que leurs altesses
ne nous fissent l'honneur d'assister à nos noces. Au bout
de trois jours, il vint chez moi deux des principaux
parents de ma future, pour m'apprendre le résultat de
leur délibération touchant ma recherche. Ils me dirent
qu'ils envisageoient le dessein que j'avois sur leur parente comme une chose très honorable pour leur famille; qu'ils me prioient toutefois de trouver bon qu'ils
exigeassent de moi, seulement pour agir avec plus de
bienséance, que je fisse intervenir là dedans M. l'ambassadeur mon oncle; que son excellence n'avoit qu'à
en écrire un mot au grand-duc, et une petite lettre de
politesse à toute la famille, pour lui demander son aveu.
Je me sentis terriblement ému à ce discours; et faisant
tous mes efforts pour leur cacher le trouble qui m'a-
gitoit, je leur répondis, avec une effronterie sans pareille, que s'il ne falloit que cela pour les contenter,
ils seroient bientôt satisfaits; que je leur promettois des
lettres de l'ambassadeur pour tous les parents; tant en

général qu'en particulier; qu'à l'égard du grand-duc, son altesse recevroit par la première poste un paquet par lequel mon oncle, à qui j'avois déjà mandé mes intentions, la supplieroit de les favoriser en m'accordant là-dessus sa protection. Ces messieurs, très contents de mes promesses, prirent congé de moi en attendant qu'ils en vissent l'effet.

Me voilà bien avec ces lettres et cette entremise de l'ambassadeur! Je n'aurois eu qu'à le prier par une lettre de vouloir bien faire ma fortune en m'avouant pour son neveu; Dieu sait de quelle manière son excellence m'eût fait traiter à Florence par le grand duc, et dans quels beaux termes il m'eût recommandé à son altesse! Aussi je ne fus nullement tenté de prendre ce parti. J'aimai beaucoup mieux, et c'étoit la seule ressource qui me restoit, faire une dernière tentative auprès de ma maîtresse pour l'engager à m'épouser brusquement. Je courus donc chez elle aussitôt que ses vieux parents m'eurent quitté. Je l'abordai d'un air triste; et, après lui avoir conté ce qui s'étoit passé entre eux et moi, je lui dis que par là je me voyois condamné à mourir d'impatience et d'ennui. Ce retardement, me dit ma veuve, ne sera pas si considérable que vous vous l'imaginez. Pardonnez-moi, madame, m'écriai-je avec émotion. Je disposerai facilement l'ambassadeur à écrire en ma faveur au grand-duc et à vos parents : j'ose vous assurer qu'il aura cette complaisance pour son neveu; mais, vous le dirai-je, son caractère me fait trembler : c'est un homme trop prudent et trop délicat pour ne vouloir pas auparavant s'informer de votre famille et de vous-même, madame, permettez-moi de vous le dire.

Il aura peur que ce ne soit quelque fol amour de jeune
homme. Ces sortes d'informations demandent un temps
qui me paroît infini; et cela me met au désespoir. Là-
dessus, pour l'attendrir, je lui exprimai ma douleur
dans des termes dont je ne puis à présent me souvenir;
car lorsque le cœur parle, et qu'un amant dit ce qu'il
sent, il parle bien mieux que quand il ne fait qu'un
récit de ce qu'il a senti.

Je me souviens seulement que ma tendre veuve fut
touchée de la peinture que je lui fis des tourments que
me faisoit souffrir par avance la longue attente qui me
menaçoit. La dame, qui peut-être n'avoit pas moins
d'impatience que moi de se voir attachée au joug d'un
hymen qui la flattoit, me dit, pour me consoler, qu'elle
ne dépendoit point absolument de ses parents ; que tout
ce qu'elle en avoit fait n'étoit que par pure bienséance.
Donnez-moi trois jours, ajouta-t-elle, pour gagner les
parents qui se sont montrés favorables; et si par malheur je les trouve tous contraires à mon dessein, nous
ne laisserons pas de nous marier, en attendant qu'eux
et M. l'ambassadeur aient fait à loisir leurs enquêtes.
Pouvois-je entendre des paroles plus douces et plus po-
sitives? Tous mes sens en furent enchantés. Enfin, ma
sensibilité parut telle, que la dame, se sentant elle-
même dans un grand désordre, m'auroit volontiers fait
grâce des trois jours dont elle différoit ma félicité.

Qui croiroit qu'un jour si agréable pour moi fut suivi
du plus malheureux de ma vie? Le lendemain m'étant
levé pour aller à la messe à l'Annonciade, qui est la
plus belle église de la ville et le rendez-vous du beau
monde, j'y rencontrai un jeune parent de ma veuve.

C'étoit un de ceux qui n'étoient pas difficultueux. Je le saluai, et nous commençâmes insensiblement à nous entretenir de mon mariage futur avec sa cousine. Au milieu de la conversation, un pauvre que j'avois déjà renvoyé deux fois sans le regarder, vint pour la troisième me demander l'aumône. Préoccupé comme je l'étois d'un entretien qui m'intéressoit, je m'impatientai ; et donnant assez rudement de mon gant sur le visage de ce mendiant importun : Vilain gueux, lui dis-je, ne veux-tu pas me laisser en repos? Ce pauvre, qui s'attendoit à un autre traitement de ma part, me répondit dans ces termes : « Monsieur Guzman, si tout le monde vous avoit reçu de même lorsque vous étiez mon camarade, vous ne trancheriez pas tant du grand seigneur aujourd'hui. » A la voix de cet homme, dont j'entendis distinctement les paroles, je jetai la vue sur lui, et je le reconnus pour un pauvre qui avoit été un de mes plus chers confrères dans le temps que j'étois à Rome dans la confrérie des gueux. Je rougis, je pâlis dans le moment, et lançai sur lui des regards où ma rage étoit peinte. Bien loin de craindre ma colère, il me rit au nez, me fit la grimace, et se retira en me disant des injures entre ses dents. Quelques cavaliers qui étoient autour de nous, parmi lesquels il y avoit un de mes rivaux, ayant ouï de quelle façon le pauvre m'avoit apostrophé, et remarquant que j'en étois tout déconcerté, en furent extrêmement surpris. Mon rival, qui avoit plus d'intérêt que les autres à approfondir cet incident, suivit le gueux sans faire semblant de rien, et le joignit à la porte de l'église, où il s'étoit arrêté. Il le prit en particulier; et après lui avoir coulé dans la main quelque monnoie, il lui demanda s'il me connoissoit bien, pour m'avoir osé dire ce qu'il m'avoit dit. Le pauvre, encore indigné contre moi, lui raconta l'histoire depuis mon entrée dans Rome jusqu'à ma sortie de chez l'ambassadeur d'Espagne.

Quel plaisir pour le cavalier qui l'écoutoit! C'étoit celui de mes rivaux qui étoit le plus en droit de prétendre à la main de ma veuve. Charmé d'avoir appris de si belles choses contre moi, il fit encore quelque libéralité au pauvre, lui dit de le venir trouver l'après-midi pour prendre un habit qu'il lui vouloit donner, et lui conseilla ensuite de se retirer, de crainte que je ne le maltraitasse, pour me venger de l'affront qu'il m'avoit fait en pleine église. Pour lui, il revint auprès du parent de la veuve; et le voyant seul, parce que dans le trouble où étoient mes esprits j'avois jugé à propos de le quitter, il l'aborda, et brûlant d'impatience de lui parler de moi, il ne put s'empêcher de lui faire part du détail dont le mendiant venoit de le régaler. Le parent, fort étourdi de cette nouvelle, se contenta de lui dire qu'il ne pouvoit ajouter foi au récit du pauvre, qui, selon toutes les apparences, me prenoit pour un autre.

Les deux cavaliers sur cela se séparèrent, le parent avec quelque soupçon que je n'étois pas ce que je semblois être, et mon rival triomphant d'avoir fait une découverte qui devoit le débarrasser du plus dangereux de ses compétiteurs. Il étoit alors onze heures et demie, et par conséquent il y avoit beaucoup de monde chez son altesse, qui étoit près de se mettre à table. On y vit bientôt arriver mon rival, qui, se mêlant parmi les courtisans qu'il jugea les plus jaloux de la faveur où j'étois auprès de leurs altesses, leur conta toute l'aventure d'un air mystérieux, les priant de la tenir secrète. Mais ce n'étoit que pour mieux les engager à la répandre; ce qu'ils eurent en effet si grand soin de faire, qu'en moins d'un quart d'heure le grand duc en fut informé. Ce prince n'en fit que rire d'abord; et ayant appris que c'étoit un de mes rivaux qui faisoit courir ce bruit, il le regarda comme une fable inventée par un amant jaloux et troublé par son désespoir. Néanmoins, suivant sa prudence ordinaire, il voulut éclaircir le fait. Après toutes les bontés que la princesse et lui avoient eues pour moi, il n'avoit garde de n'y pas prendre un fort grand intérêt. Il ordonna qu'on lui amenât secrètement le gueux qui disoit me connoître, afin qu'il pût l'entendre lui-même. Pour lui obéir, on alla chercher le mendiant, que le duc, caché derrière un paravent, ouït sans en être vu. Quand ce prince eut attentivement écouté la belle narration que le pauvre fit de mes aventures, il donna ordre qu'on le mît en prison, et qu'on l'y traitât bien, avec défense de le laisser parler à personne, jusqu'à ce qu'il eût approfondi cette affaire.

Si pendant ce temps-là je n'étois pas tout-à-fait tranquille, du moins je n'avois aucun soupçon de la nouvelle face que prenoit ma fortune. Il est vrai que le cruel événement du matin m'avoit très mortifié; mais je comptois qu'en donnant quelque argent au gueux, je l'obligerois à sortir de la ville ou bien à se taire. J'étois même retourné à l'église après la messe, dans l'espérance de le rencontrer; et ne l'ayant plus retrouvé là, j'avois remis au lendemain à l'apaiser. Pour les pa-

roles qui lui étoient échappées contre moi, j'avois résolu de les tourner en raillerie, si quelqu'un s'avisoit de
m'en parler, et de les faire passer pour une insolence
qui m'avoit été dite par un misérable que j'avois un peu
maltraité; enfin je n'y songeois déjà presque plus, et
je me rendis l'après-dînée au palais à mon heure ordinaire. Je me présente pour voir le duc; on me dit qu'il
est occupé dans son cabinet. Je vais à l'appartement de
la duchesse; j'apprends qu'elle est un peu indisposée;
qu'elle ne verra personne ce jour-là, et que le soir il
n'y aura aucune fête. Tout cela me parut si naturel,
que je n'y fis aucune réflexion; et, consolé d'avoir perdu
mes pas du côté de leurs altesses, par l'espérance de
passer le reste du jour avec ma veuve, je vole chez elle.
Je trouve à sa porte les laquais de ses vieux parents.
Je juge qu'il y a grande assemblée dans sa maison, et
que c'est au sujet de notre mariage. Je n'y veux point
entrer de peur de troubler leur conférence. Je passe
outre; et ne sachant que devenir, je retourne à mon hôtellerie. J'attendis là deux heures la fin de ce conseil de
famille; après quoi j'envoyai mon confident chez ma
maîtresse pour lui en demander le résultat. On dit à
Sayavedra qu'elle étoit sortie. Il y retourna une heure
après, et on lui dit qu'elle ne pouvoit parler à personne.

Pour le coup, je tirai de là un fort mauvais augure.
Je devins la proie du chagrin et de l'inquiétude. Mon
écuyer s'efforçoit en vain de me consoler; toutes les raisons, dont il se servoit pour me rassurer l'esprit, cé-
doient aux réflexions qu'une juste crainte m'inspiroit.
Je me couchai ce soir-là sans souper, et je me levai le

jour suivant sans avoir pris un moment de repos. J'allois envoyer chez ma veuve pour savoir à quelle heure
je pourrois l'entretenir, lorsque mon hôte vint m'annoncer deux cavaliers que je connoissois, et qui souhaitoient, dit-il, de me parler d'une affaire de la dernière
conséquence. Je répondis qu'ils pouvoient entrer. Ces
messieurs se présentèrent devant moi d'un air très sérieux, et l'un des deux m'adressant la parole, me dit :
« Nous venons ici, comme vos amis, vous avertir qu'il
s'est répandu, tant à la cour que dans la ville, d'étranges
bruits de votre seigneurie. Vous n'êtes, dit-on, rien
moins qu'un homme de qualité. On vous accuse d'avoir
joué à Rome de très vilains personnages. En un mot,
vous avez été domestique de l'ambassadeur dont vous
voulez passer pour parent. Nous ignorons, poursuivit-il,
si le grand-duc est informé de tout ce qu'on dit de vous;
mais nous vous conseillons de ne point paroître au palais
que vous n'ayez fait vos diligences pour avoir des at-
testations qui prouvent la fausseté de ces bruits qui vous
déshonorent. »

Tandis que ce cavalier me tenoit ce discours mortifiant, j'étois dans un état pitoyable; je pensai m'évanouir, et la voix me manqua lorsque j'entrepris de faire
mon apologie. Je répondis pourtant que je n'aurois jamais cru que mes ennemis eussent poussé si loin la ca-
lomnie; que je prendrois la poste avant la fin de la journée, et que j'irois moi-même chercher à Rome plus de
témoignages qu'il n'en falloit pour confondre la malice
de mes envieux. Les deux cavaliers applaudirent à ma
résolution, et se retirèrent, pour aller rapporter cet entretien au duc; car c'étoit par ordre de ce prince qu'ils

m'étoient venus voir, quoiqu'ils m'eussent témoigné que
c'étoit par amitié pour moi. Ils ne furent pas hors de
ma chambre, que mon confident y entra : il lut sur mon
visage les affligeantes nouvelles que j'avois à lui apprendre, et il fut dans la dernière désolation quand je
lui contai mon malheur. Cependant, loin de se laisser
abattre comme moi à la mauvaise fortune, il se roidit
contre elle, et s'armant d'une fermeté qui m'étonna :
Mon maître, me dit-il, c'est à présent qu'il faut montrer du courage : devez-vous être surpris qu'en jouant
un rôle si délicat aux yeux de tout le monde, il arrive
un contre-temps qui rende triste le dénoûment de la
comédie ? Pour moi, je m'y suis bien attendu. Mais après
tout, notre chute n'est pas si grande que nous ne puis-
sions nous relever : on nous laisse la campagne libre,
cela est heureux. Profitons du temps; sortons promptement de l'État de Florence, et allons faire ailleurs à
loisir, sur ce revers de fortune, des réflexions qu'on
pourroit nous faire faire ici plus désagréablement.

Ces raisonnements sensés retirèrent mon esprit de
l'accablement où il étoit : je pensai qu'en effet j'étois
moins malheureux que je ne devois l'être. Je dis à Sayavedra que ses conseils étoient trop prudents pour ne
pas les suivre; et que si nous pouvions partir dans une
heure par la poste, nous ferions un coup de partie. La
chose est très possible, me répondit-il : nous avons
vendu votre cheval; nous ne sommes point sans argent;
il n'y a qu'à louer des chevaux et nous mettre en chemin : reposez-vous sur moi du soin de tout préparer
pour notre départ. Hé bien, repris-je, mon ami, fais
donc tout ce que tu jugeras à propos de faire. Hélas !

ajoutai-je avec un profond soupir, je partirois content,
si je voyois encore une fois ma belle veuve. Je m'attendois à trouver Sayavedra s'opposer fortement à mon
envie; tout au contraire, il eut la complaisance de me
dire qu'il me procureroit cette satisfaction , lorsque
nous serions prêts à monter à cheval.

Dans le temps que je témoignois à mon confident
que j'étois charmé d'avoir en lui un homme tout dévoué à mes volontés, l'hôte monta pour me dire qu'une
demoiselle me demandoit. Je fus d'abord effrayé, car
tout me faisoit peur dans la situation où j'étois; cependant je me rassurai en reconnoissant dans cette demoiselle une suivante de ma veuve. Cette fille me remit
un billet de sa maîtresse où il n'y avoit que ces mots :
*Je vous attends chez ma cousine pour vous communi-
quer des choses de la dernière importance. Adieu.* Je
dis à la soubrette que je serois dans un moment chez
la parente en question; et quand elle fut sortie, me
tournant vers Sayavedra : Voilà, m'écriai-je, tout ce
que je désirois! Je sais bien qu'il m'en coûtera cher
pour soutenir la conversation d'une dame que j'adore
et que je vais quitter pour jamais : il n'importe; je veux
la voir, dussé-je en mourir de douleur. Je chargeai donc
de tout mon fidèle écuyer, qui me dit : Soyez tranquille
sur les opérations que je dois faire , et soyez assuré
que dans une heure et demie, tout au plus tard, je serai avec des chevaux de poste aux environs de la maison où vous allez.

Les choses ainsi réglées entre Sayavedra et moi, je
me rendis à l'endroit où ma veuve m'attendoit. Dans
quel état s'offrit-elle à ma vue! dans un déshabillé où

il y avoit plus de désordre que de négligence : elle étoit
pâle, défaite, et ses yeux paroissoient encore humides
des pleurs qu'elle avoit versés; enfin il sembloit que ce
fût une autre personne. De mon côté, je n'étois pas
moins changé qu'elle. Aussitôt que sa parente m'aperçut,
elle sortit d'un cabinet où ces deux dames s'entretenoient, et se retira dans sa chambre, pour me laisser
en liberté avec ma veuve, qui commença par répandre
des larmes en me regardant : Savez-vous, me dit-elle,
toutes les infamies qu'on fait courir de vous dans Florence? Oui, madame, lui répondis-je d'un air fort mortifié : les noires calomnies que mes ennemis veulent
employer pour me perdre sont venues jusqu'à moi; et
dans une heure je pars pour Rome, d'où je serai de
retour dans cinq ou six jours avec des certificats qui
confondront ces calomniateurs. Ces paroles la consolèrent un peu. Elle me conta tout ce que ses parents
lui avoient dit de ce gueux, les horribles discours qu'il
avoit tenus à toutes les personnes qui s'étoient avisées
de l'interroger, et elle finit par la curiosité que le grand-
duc avoit eue d'entendre ce malheureux.

Je laissai parler la dame, tant qu'il lui plut, sans
l'interrompre; car j'étois si troublé de cette aventure,
que je ne pouvois rien dire que de fort mal à propos.
Je levois les épaules, je poussois de longs soupirs en
regardant le ciel, et je faisois mille démonstrations qui
lui persuadoient mieux la fausseté de ces bruits que
toute l'éloquence humaine n'auroit pu faire. Ne vous
affligez point ainsi sans modération, me dit-elle tendrement; je vous ai aimé sans vous connoître; et quand
vous ne seriez pas ce que je crois que vous êtes, je sens

que je ne laisserois pas de vous aimer encore. Je n'aurois
peut-être pas remarqué dans un homme du commun les
agréments qui m'ont frappée en vous; l'orgueil de ma
naissance ne m'auroit pas du moins permis d'y attacher
mes regards : mais puisqu'ils m'ont une fois su toucher,
ils ne peuvent plus perdre leur privilége. Enchanté d'un
sentiment si généreux, je tombai dans une défaillance
qui fit craindre pour ma vie ; et peu s'en fallut que ma
tendre veuve ne s'évanouît aussi. A peine eut-elle la
force d'appeler sa cousine, qui, se trouvant embarrassée entre nous deux, fut obligée d'emprunter le
secours de la suivante de ma maîtresse. Un instant après
que ces deux filles m'eurent fait reprendre mes esprits,
on m'avertit que mon valet de chambre m'attendoit à
la porte, et que les chevaux étoient prêts. Je compris
alors ce que c'est que d'aimer, et de quelle douleur on
est pénétré quand il faut se détacher de l'objet de son
amour. Jamais adieux n'ont été plus touchants.

Je sortis de chez la cousine de ma veuve si occupé
de mon affliction, que, sans voir Sayavedra, que je
rencontrai à la porte, je passai devant lui sans rien
dire. Il me suivit; et, s'apercevant que je ne savois ce
que je faisois dans l'état où ma passion me réduisoit, il
me parla, me fit un peu rentrer en moi-même, et me
conduisit où nos chevaux nous attendoient. Je sautai
légèrement en selle, et, sans desserrer les dents, je
courus la première poste. A la seconde, mon écuyer
me demanda pourquoi nous enfilions la route de Rome,
et si j'avois envie d'y retourner. Je lui répondis que
j'étois bien aise, et pour cause, qu'on me crût sur le
chemin de cette ville, et qu'à la troisième poste nous

nous arrêterions pour nous consulter sur ce que nous
avions à faire.

CHAPITRE VII.

*Guzman prend le chemin de Bologne, dans l'espérance
de rencontrer dans cette ville Alexandre Bentivoglio,
son voleur, et de le poursuivre en justice.*

LORSQUE nous fûmes arrivés à la troisième poste,
nous y fîmes une pause pour prendre de la nourriture
et du repos, deux choses dont j'avois un extrême besoin, puisque depuis vingt-quatre heures je n'avois ni
mangé ni dormi. Après cela nous tînmes conseil, mon
confident et moi, sur ce qu'il nous convenoit de faire.

Il me semble, dis-je à Sayavedra, que nous devons
sans balancer aller à Bologne. J'ai un pressentiment que
nous y rencontrerons Alexandre Bentivoglio; et, si je
suis assez heureux pour le trouver, je ne doute point
que, par accommodement ou par la voie de la justice,
je ne recouvre une bonne partie de mes effets. J'ap-
prouve votre idée, me répondit mon confident; louons
des chevaux et partons pour Bologne. Mais permettez-
moi, s'il vous plaît, de vous représenter les périls où
je m'expose en paroissant dans cette ville. Je crois,
comme vous, qu'Alexandre y est; et si, pour mon
malheur, il me voit, il voudra savoir ce qui m'amène à
Bologne. S'il apprend que j'y suis venu avec vous, il
devinera votre dessein et prendra la fuite, ou bien il

pourra me faire assassiner. Ce n'est pas tout, ajouta-
t-il, je ne saurois vous rendre service dans cette affaire
sans courir risque de me perdre, puisqu'il faudra que
je me constitue prisonnier; et, quand une fois je serai
en prison, je n'en sortirai jamais peut-être sans une
grâce du ciel toute particulière.

J'entrai dans les raisons de Sayavedra, et nous convînmes qu'il ne se montreroit pas dans les rues de Bologne; qu'il se tiendroit caché dans l'hôtellerie où nous
serions logés, et ne se mêleroit nullement de mon procès,
supposé que j'en eusse un : aussi-bien je ne croyois pas
avoir besoin de lui pour faire condamner mon voleur
à me restituer du moins une partie de mon bien. Mon
confident, rassuré par cette condition, parut tout prêt
à me suivre. Nous nous mîmes aussitôt en chemin sur
des chevaux de louage, et le lendemain, sur la fin du
jour, nous arrivâmes à Bologne. Nous descendîmes à
une hôtellerie où il y avoit quelques étrangers que
différentes affaires avoient attirés dans cette ville. Je
soupai avec eux, et je me retirai de bonne heure dans
une chambre assez propre que Sayavedra avoit eu soin
de me faire préparer. Je dormis peu, n'étant occupé
que de mon fripon d'Alexandre, et je me levai de grand
matin dans l'intention de m'informer si par hasard il
n'étoit pas dans le pays. Je sortis donc tout seul, et je
me promenai pendant un quart d'heure dans les rues.
Comme je passois devant la grande église, je jetai la
vue sur cinq ou six jeunes gens qui étoient à la porte,
et j'en remarquai parmi eux un dont l'habit me fit
soupçonner que le cavalier qui l'avoit sur le corps pouvoit être l'homme que je cherchois. Je me défiai d'a-

bord du rapport de mes yeux ; mais, après un long examen, je reconnus, à n'en pouvoir douter, que cet habit étoit celui dont un officier napolitain m'avoit fait présent pour quelque service que je lui avois rendu auprès de l'ambassadeur.

Je me sentis alors si transporté de rage de voir ce voleur paré de mes dépouilles, que je fus tenté, dans mon premier mouvement, de le joindre, et de lui passer mon épée au travers du corps. Néanmoins, par bonheur pour lui, et peut-être encore plus pour moi, il vint une foule de réflexions judicieuses s'opposer à ma fureur. Doucement, me dis-je à moi-même, ne sois pas si violent ; laisse vivre ce pendard : s'il vit il pourra payer ; si tu le tues, ce sera toi qui payeras. D'ailleurs ces jeunes gens qui sont avec lui pourroient bien prendre son parti ; et, quand cela n'arriveroit pas, souviens-toi que c'est un grand spadassin avec qui tu n'aurois pas trop beau jeu. De demandeur que tu es, ne te rends pas défendeur. Ayant donc connu la folie que je voulois faire, en m'exposant à perdre tout le fruit de mon voyage par mon emportement, je m'en retournai à l'hôtellerie pour prier mon hôte de me donner la connoissance de quelque homme intelligent dans la procédure. Il envoya chercher aussitôt un solliciteur de procès qui demeuroit dans son voisinage, et qui, pour un homme de son métier, avoit bien de l'honneur et de la probité. Je demandai d'abord à ce solliciteur s'il connoissoit un certain Alexandre Bentivoglio, fils d'un avocat. Il me répondit qu'il n'y avoit personne dans le territoire de Bologne qui ne connût le père et le fils. N'êtes-vous pas, lui répliquai-je, de leurs parents ou

de leurs amis? Non, Dieu merci, me repartit-il avec
précipitation; quoiqu'ils soient d'une condition plus
relevée que la mienne, je serois bien fâché d'avoir des
parents ou des amis de leur caractère.

Après avoir fait ces deux questions, ce me semble
assez prudemment, je racontai l'histoire du vol de mes
coffres. Le solliciteur m'écouta d'un grand sang-froid,
et comme un homme qui n'étoit point du tout surpris
de ce que je lui disois. Il m'avoua même que dans Bologne on étoit accoutumé à entendre les exploits du
sieur Alexandre, qui n'en faisoit point d'autres qui ne
fussent de la nature de celui dont je venois de parler :
mais je ne sais, continua-t-il, si, quand vous aurez in-
tenté un procès à votre voleur, vous en serez plus
avancé. Il a pour père un terrible mortel, qui s'est mis
au-dessus des lois par la méchanceté de son esprit, et
que tous les habitants de cette ville craignent comme
le feu. Je vous conseillerois plutôt de faire parler secrètement à ce redoutable père, qui peut-être aimera
mieux en venir à un accommodement que de souffrir
que cette affaire éclate : c'est le meilleur moyen dont
vous puissiez vous servir pour rattraper une partie de
ce que vous avez perdu. Je répondis au solliciteur que
j'étois fort de son avis, et qu'outre l'aversion que j'avois
pour les procès, je jugeois bien que je ne gagnerois pas
grand'chose à poursuivre un voleur qui se trouvoit fils
d'un homme pareil à celui qu'il venoit de me dépeindre.
Je le pressai ensuite de se charger de cette commission
lui-même; et comme il témoignoit de la répugnance à
se mêler d'une affaire désagréable à l'avocat Bentivoglio, je lui promis une bonne récompense s'il pouvoit

réussir. Il ne put tenir contre cette promesse, et sur-le-champ il eut le courage d'aller chez le père du sieur Alexandre.

Mon solliciteur ne tarda pas à revenir. Il avoit l'air si peu content, qu'il ne me fut pas difficile de deviner qu'il avoit perdu sa peine. Aussi me dit-il que le superbe avocat l'avoit fort mal reçu ; qu'au lieu de vouloir s'accommoder, il avoit pris au point d'honneur la proposition qu'on lui en avoit faite ; qu'il s'en tenoit tellement offensé, qu'il sembloit que je fusse le voleur et son fils le volé ; et qu'enfin il avoit vomi feu et flamme contre moi. Je me déterminai donc, puisqu'on m'y forçoit, à implorer le secours de la justice. Le solliciteur me pria de l'excuser s'il refusoit de m'être de quelque utilité dans cette affaire, attendu que le père de ma partie l'avoit menacé de l'envoyer à l'hôpital avec toute sa famille, s'il apprenoit qu'il me rendît directement ou indirectement le moindre service. Du moins, lui dis-je, enseignez-moi le nom et la demeure de quelque bon jurisconsulte. Il balançoit à me faire ce plaisir, tant il craignoit les Bentivoglio ; mais remarquant que je tirois de l'argent de ma poche pour payer les pas qu'il avoit faits pour moi, il me nomma un avocat très habile, honnête homme même, et de plus, ennemi secret de mes parties, en me suppliant de ne dire à personne qu'il me l'eût indiqué.

J'allai trouver cet avocat, à qui je fis aussi un détail du vol fait à Sienne. Il prit la parole lorsque j'eus achevé de parler. Toute la ville de Bologne, me dit-il, sait déjà cette aventure. Alexandre est revenu chargé d'habits qu'il a fait ajuster à sa taille, et qu'il dit avoir gagnés

à Rome à un jeune Espagnol. Personne n'ignore à quel
jeu. Ne perdez pas de temps, ajouta-t-il, poussez vigoureusement cette affaire : je ne doute pas qu'on ne vous
rende justice, quelques mouvements que le père Bentivoglio puisse se donner pour qu'on vous la refuse. Je
dis à mon avocat que je le conjurois de prendre mes
intérêts en main; que j'avois ouï vanter ses lumières et
son intégrité; que j'étois convaincu qu'il n'oublieroit
rien de tout ce qu'il falloit faire pour que je n'eusse
pas lieu de me repentir d'être venu à Bologne. Il me
répondit qu'il y alloit travailler fort sérieusement; que
je n'avois qu'à faire un petit tour en ville, et revenir
chez lui dans trois heures. Je n'y manquai pas; et il me
montra effectivement une requête bien dressée. Mon
affaire y étoit exposée en beaux termes, et si clairement que j'en fus très satisfait.

Nous allâmes tous deux la présenter au magistrat
qu'on appelle *el oydor del torron*, l'auditeur de la tour;
c'est le juge ou le lieutenant criminel. Plus j'observois
mon avocat, et plus je m'apercevois qu'il s'y portoit de
bonne grâce, autant pour soutenir mon droit que pour
chagriner son confrère Bentivoglio. Mais soit que celui-ci eût été averti de mon dessein par le solliciteur,
soit qu'il fût grand ami de l'auditeur et du greffier, je
n'eus pas sitôt donné ma requête qu'il en fut informé,
et qu'il porta plainte contre moi devant le même juge,
disant que j'attaquois la réputation de son fils et diffa-
mois sa maison; et non-seulement il prétendoit que je
lui fisse réparation d'honneur, il demandoit encore que
je fusse condamné à une peine afflictive. Ce n'est rien
que cela , me dit mon avocat : si Bentivoglio n'a pas

d'autre plat de sa façon à nous servir, nous devons peu le craindre. Nous ferons réponse à ses plaintes, quand l'auditeur aura répondu à notre requête. Ce que ce juge fit, de quelle manière, grand Dieu ! en ordonnant que dans trois jours, pour tout délai, je produirois mes preuves du vol dont j'accusois le seigneur Alexandre Bentivoglio.

Quand j'aurois envoyé un homme en poste à Sienne pour y lever les informations qui y avoient été faites, il n'auroit pu être de retour à Bologne en si peu de temps. M. l'auditeur ne pouvoit l'ignorer, puisque j'avois allégué dans ma requête que c'étoit de Sienne que j'attendois mes plus fortes preuves. Mon avocat, pour pousser ce juge, lui remontra, par une seconde requête, qu'il étoit contre l'usage de prescrire un temps au demandeur : et par là du moins il espéroit obtenir un terme plus raisonnable; il fut trompé dans son attente. Ne pouvant plus, après cela, douter de la bonne intelligence qui régnoit entre l'auditeur et l'homme de bien à qui j'avois affaire, il me dit, en rougissant de honte de l'injustice effroyable qu'on me faisoit dans son pays : Je n'ai plus d'autre conseil à vous donner que de vous éloigner de cette ville; il n'y fait pas bon pour vous. Je ne vois que trop, par le tour malin qu'on vous a joué, que vous n'y feriez que perdre du temps, de la peine et de l'argent : encore ne sais-je, continuat-il en branlant la tête, si vous en seriez quitte à si bon marché. Vous êtes étranger; et l'on croit ici que tout est permis contre les personnes d'une autre nation que l'Italienne

Cela n'est pas possible, m'écriai-je d'un ton qui ne

découvroit que trop l'agitation de mon âme. Sommes-nous donc ici chez des barbares? Encore parmi les barbares, me répondit-il, on suit les lois naturelles, au lieu que dans ce pays-ci l'on n'en connoît aucune. Je vous le répète encore, poursuivit-il, mon avis est que vous ne vous arrêtiez pas plus long-temps dans cet endroit du monde où les principaux officiers de justice sont si peu scrupuleux, qu'ils peuvent faire passer un coupable pour un innocent, et traiter un innocent comme un coupable. Je promis à mon avocat que dès le jour suivant je ne manquerois pas de faire ce qu'il me conseilloit. Je le remerciai des peines et des soins qu'il avoit bien voulu prendre pour moi, et je tirai ma bourse pour le payer grassement; mais il me déclara qu'il ne recevroit rien. Vous avez assez perdu, me dit-il. Si j'acceptois quelque argent de vous, je croirois mériter d'être confondu avec ceux dont vous avez sujet de vous plaindre. D'ailleurs, je veux qu'en quittant le séjour de Bologne vous soyez persuadé que si les fripons y fourmillent, il ne laisse pas d'y avoir quelques honnêtes gens.

Je m'en retournai chez moi plein d'estime pour mon avocat. Je trouvai Sayavedra, qui n'étoit pas sans inquiétude; il craignoit qu'à la fin je ne le sacrifiasse pour ravoir mes effets. Véritablement je n'avois qu'à le produire en justice, je faisois cesser les chicanes du vieux Bentivoglio. Je n'étois pas capable d'une pareille trahison; je lui avois pardonné la sienne, et il me servoit avec un zèle qui ne me permettoit plus de me souvenir du passé. Je lui dis que notre procès étoit fini, quoiqu'il n'eût pas encore été jugé, et que nous n'avions qu'à chercher fortune ailleurs; que je voulois partir pour Milan le lendemain dès la pointe du jour; qu'il n'avoit qu'à retenir des chevaux de louage et tout mettre en état pour notre départ. A peine eus-je donné ces ordres à Sayavedra, qu'il entra dans l'hôtellerie une troupe de sergents et de recors, métier que le diable auroit honte de faire. Ils vinrent à moi d'abord qu'ils m'aperçurent, et me saisissant brusquement au collet, ils me conduisirent en prison. J'eus beau leur demander quel crime j'avois commis pour être traité si indignement, ils ne me répondirent autre chose, sinon qu'on me le diroit en temps et lieu. On me le dit en effet : j'appris que c'étoit pour avoir été volé, et que je serois bien heureux si je ne sortois de prison que pour aller aux galères; que monsieur l'avocat Bentivoglio, pour punir l'insolence que j'avois eue de me plaindre de son fils, et de présenter deux requêtes, qu'on devoit regarder comme des libelles diffamatoires contre la noblesse de sa race, et en particulier contre le seigneur Alexandre, dont tout le monde connoissoit les bonnes mœurs, avoit obtenu de la justice de monsieur l'auditeur une permission de me faire arrêter, en attendant qu'on me fît subir un châtiment convenable à ma témérité.

C'est ce que contenoit une longue feuille de papier qu'on me fit lire, et que je ne lus pas sans lever cent fois les yeux et les mains au ciel, au grand plaisir de mes sergents et du geôlier, qui étoient présents, et qui rioient sous cape, Dieu sait de quoi! Je fus là deux ou trois jours sans voir personne que le concierge, ses valets et ses servantes, qui m'insultoient de gaieté de cœur, et se faisoient un jeu de mes souffrances. Ce lieu me parut un vrai tableau de l'enfer; j'y serois mort de faim si je n'eusse pas eu de l'argent. On juge bien que je payois fort cher tout ce que j'étois obligé d'acheter pour vivre; encore falloit-il en rendre grâce au geôlier, qui, par un excès de bonté, venoit me tenir compagnie et manger les deux tiers de ce qu'on m'apportoit; après quoi il me disoit effrontément qu'il ne faisoit pas cet honneur aux autres prisonniers.

Sayavedra qui, pour les raisons que j'ai dites, n'osoit paroître en ville et solliciter pour moi, faisoit agir mon hôte. Celui-ci, touché de compassion de me voir si injustement persécuté, alla trouver mon avocat, pour l'engager à ne me point abandonner à la malice de mes ennemis. L'avocat, homme charitable et généreux, indigné de la tyrannie qu'on exerçoit au mépris des lois sur un étranger sans appui, entreprit de me servir encore, et de me tirer du moins des griffes de ces voleurs. Il faut savoir de quelle façon il en vint à bout. Pour prévenir un jugement ignominieux qu'on étoit sur le point de rendre contre moi, il me conseilla de souscrire à un accommodement qui me fut proposé de la part de mes parties, et que je n'ai garde ici de passer sous silence. Ils me firent signer une déclaration en bonne forme comme je reconnoissois le seigneur Alexandre Bentivoglio pour un gentilhomme plein d'honneur et d'une vie irréprochable; que je lui demandois pardon de l'avoir injustement accusé d'une mauvaise action, ce que je confessois n'avoir fait qu'à la sollicitation de ses ennemis; enfin, que je n'avois aucun sujet de me plaindre de lui, et que je le priois de m'accorder son amitié.

Voilà le beau tempérament qu'on trouva pour accommoder les parties. Je n'eus pas plus tôt signé cette déclaration contre mon honneur et ma conscience, que je fus élargi. Que n'aurois-je pas écrit! que n'aurois-je pas fait pour sortir de prison! Ceux qui savent ce que c'est que d'y être m'excuseront bien d'avoir, pour rattraper ma liberté, reconnu un voleur pour honnête homme. J'aurois, je crois, fait le contraire s'il eût fallu. Je repris le chemin de l'hôtellerie, où Sayavedra étoit dans de mortelles alarmes : il ne savoit si tous les mouvements qu'un homme de bien comme mon avocat pourroit se donner, et le bruit scandaleux que mon emprisonnement faisoit dans la ville, seroient capables de me tirer du labyrinthe où je me trouvois engagé. Ce cher confident fut d'autant plus ravi de me revoir libre, qu'il s'y attendoït moins. Tous les messieurs qui logeoient dans l'hôtellerie étoient prêts à se mettre à table pour dîner; aussitôt qu'ils me virent arriver, ils vinrent m'embrasser, en me félicitant sur ma sortie de prison. Ils me témoignèrent la part qu'ils avoient prise à mon malheur. Pendant tout le repas, on ne s'entretint que de mes juges, et chacun en fit un éloge digne d'eux. Pour moi, je n'en parlai qu'avec beaucoup de retenue, de peur de quelque nouvel accident.

CHAPITRE VIII.

Guzman, se voyant hors de prison, se dispose à partir pour Milan; mais une occasion de gagner de l'argent lui fait différer son départ.

J'ORDONNAI l'après-dînée à Sayavedra d'aller louer des chevaux pour le lendemain. Nous partirons, lui dis-je, pour Milan, c'est une chose résolue : après ce qui vient de m'arriver, la ville de Bologne doit me déplaire encore davantage que celle de Florence. Tandis que mon écuyer alla exécuter mes ordres, je me rendis chez mon avocat pour le remercier de ma délivrance et lui offrir ma bourse; mais poussant la générosité jusqu'au bout, il me dit qu'il ne me demandoit rien autre chose que d'être persuadé qu'il étoit au désespoir de ne m'avoir pu faire tirer raison de mon voleur. Je répondis à mon avocat que je ne lui avois pas moins d'obligation que s'il m'eût fait restituer tout ce qui m'avoit été pris. Je le quittai en lui faisant toutes les protestations imaginables de service et d'amitié.

Étant revenu à l'hôtellerie après cela, et me trouvant fort désœuvré, je m'amusai à voir jouer aux cartes trois de nos messieurs. Je m'assis par hasard auprès de l'un d'entre eux, je m'attachai à voir son jeu; et par un caprice assez ordinaire à l'esprit humain, je sentis qu'insensiblement je m'intéressois plus pour lui que pour les deux autres. Quand il perdoit je m'affligeois, et lorsqu'il gagnoit j'avois une secrète joie, comme

Guzman.   28

si j'eusse été de moitié avec lui. La fortune balança
long-temps entre les trois joueurs : l'argent ne faisoit
qu'aller et venir. Ils avoient devant eux chacun trente
pistoles pour le moins; et je remarquai qu'ils jouoient
rondement. Celui dont je voyois les cartes n'étoit pas
le plus habile; aussi le malheur tomba-t-il sur lui quand
ils vinrent à s'échauffer et qu'il se fit de grands coups.
Je mourois d'envie de le conseiller : je savois parfaitement que cela ne se devoit pas faire, et cependant
j'eus bien de la peine à m'en empêcher, surtout lorsque je m'aperçus qu'il jouoit de son reste. Enfin il
perdit jusqu'au dernier sou; après quoi se levant, il dit
aux deux autres joueurs qu'il alloit sortir pour chercher de l'argent, et qu'il leur demandoit sa revanche
pour l'après-soupée. C'étoit un jeune homme qui venoit
d'arriver à Bologne pour s'y faire passer docteur en
droit; ses parents lui avoient donné, pour cet effet, une
soixantaine de pistoles dont il fut déchargé sans avoir
le bonnet doctoral. L'un des deux cavaliers qui avoient
si bien vidé ses poches étoit un de ses compagnons
d'étude, gentilhomme de Bologne, et l'autre une manière d'officier françois. Ce dernier, qui étoit un peu
plus âgé que ses camarades, en savoit plus long qu'eux.
Les François ne sont pas manchots au jeu; mais ils
rencontrent quelquefois des personnes d'une autre nation
qui les redressent.

Je me retirai dans ma chambre, d'autant plus fâché
d'avoir vu perdre mon docteur *in fieri*, que j'allai
m'imaginer que c'étoit moi qui lui avois porté malheur.
Prévenu de cette ridicule opinion, je me reprochois
de m'être tenu constamment près de lui pendant tout

le jeu, et je me regardois comme la cause de sa ruine;
puis blâmant ma sotte sensibilité : Je suis bien fou,
disois-je, de me tourmenter l'esprit si mal à propos.
Mes propres affaires ne doivent-elles pas assez m'affliger? Faut-il que je m'occupe du chagrin des autres ?
Tandis que je faisois ces réflexions, j'entendis ce jeune
homme entrer dans sa chambre, qui n'étoit séparée de
la mienne que par une cloison de sapin. Il revenoit de
la ville sans avoir pu trouver de l'argent; et plus piqué
contre les gens qui lui en avoient refusé que contre
ceux qui lui en avoient gagné : Quelle misère, s'écrioit-
il! Se peut-il que dans Bologne un honnête homme
cherche en vain trente pistoles à emprunter? Les Bo-
lonois ne sont pas des chrétiens, ce sont des Turcs :
encore je ne sais si les Turcs ne seroient pas assez humains pour me tirer de l'embarras où je suis. En disant
ces paroles il poussoit de gros soupirs, et se promenoit
en long et en large dans sa chambre; ensuite, se mettant en fureur, il mugissoit comme un taureau, donnoit
de grands coups sur sa table, et chargeoit de malédictions tous les habitants de la ville. Enfin, las de jurer
et de tempêter, il se jeta sur son lit, où, le prenant
sur un ton plaintif, il renouvela ses lamentations.

J'avois beau faire des efforts pour m'endurcir le
cœur, je sentois malgré moi que j'étois fort touché de
son infortune. Dans ce temps là mon confident arriva
dans ma chambre, pour me dire qu'après avoir bien
couru il avoit eu le bonheur de trouver des chevaux
de retour pour Milan. Parle bas, mon ami, lui dis-je
à l'oreille; mon voisin est si affligé d'avoir perdu son
argent, qu'il me fait pitié : je t'avouerai même que je

suis furieusement tenté de le venger. Eh! que feriez-
vous pour y réussir, me dit-il? Je prendrois ce soir sa
place, lui répondis-je, et je m'embarquerois au jeu :
c'est le moyen de nous remettre en fonds tout d'un
coup, ou d'aller tout droit à l'hôpital. Au bout du
compte, l'argent qui nous reste ne sauroit nous mener
bien loin. Trente pistoles que nous avons peut-être sont
si peu de chose pour des voyageurs qui ne vont point
à pied, et qui vivent noblement dans les hôtelleries,
qu'il n'y a point, ce me semble, à balancer. Il s'agit
de faire deux repas par jour, ou de n'en faire qu'un et
de nous coucher sans souper. Qu'en penses-tu, Sayavedra? J'attends ton conseil là-dessus. Ne me dis pas
que je vais remplir la place d'un homme qui a joué de
malheur, et que la mauvaise fortune est contagieuse ;
je ne suis point un joueur superstitieux ; et d'ailleurs
je puis t'assurer que j'aurai affaire à des gens qui n'en
savent pas plus que moi.

Mon confident me répondit qu'il approuveroit toujours ce que je jugerois à propos de faire ; mais qu'il
me conseilloit, puisque je voulois bien le consulter sur
cela, de ne me fier que de la bonne sorte au hasard,
dont je connoissois le caprice, et de prendre des mesures pour me le rendre favorable. Eh ! quelles mesures, lui dis-je, en feignant d'être neuf dans ce métier?
Bon, répliquoit-il, ignorez-vous que lorsqu'on joue
pour gagner on se sert sans façon des moyens les plus
sûrs de s'emparer de l'argent du prochain? Les honnêtes gens d'aujourd'hui ne s'en font pas le moindre
scrupule. Si vous m'en croyez, vous ne serez pas plus
sot que les autres ; et je m'offre à vous aider de mes

petites lumières. Sayavedra me ravit par ce discours. J'étois bien aise qu'il me présentât ses services de lui-même; car j'avois jusque-là gardé toujours avec lui le _decorum_ de la maîtrise; ce qu'il faut nécessairement faire avec les valets, si vous voulez qu'ils vous servent bien.

Je dis à mon confident que je n'avois envie de jouer que pour gagner, et que s'il savoit quelque infaillible moyen de jouer toujours heureusement, il me feroit plaisir de me l'apprendre; que s'il y avoit quelque mal à l'employer, on devoit me le pardonner dans le mauvais état où se trouvoient mes affaires. Il fut charmé à son tour de voir que je me prêtois de si bonne grâce au désir qu'il avoit de m'endoctriner. Je ne veux, me dit-il, que vous donner seulement une leçon pour vous mettre en état de rafler ce soir tout l'argent des autres joueurs. Je ferai dans les bonnes occasions une petite ronde, sous prétexte de moucher les chandelles ou de vous donner à boire. Je verrai d'un coup d'œil les cartes de vos joueurs, et je vous ferai connoître tout leur jeu, tantôt avec mes doigts et les boutons de mon habit, et tantôt en tenant sur ma poitrine la main droite ou la gauche. Lorsque Sayavedra m'eut ainsi parlé, je demeurai d'accord avec lui que je serois bien maladroit si je perdois avec un pareil secours. Nous convînmes donc entre nous de ce que signifieroit chaque signe, et il ne tint qu'à mon pédagogue de s'apercevoir qu'il avoit en moi un sujet des plus disciplinables.

A l'heure du souper je me rendis dans la salle, où les deux joueurs qui avoient gagné étoient déjà. Mon voisin le futur avocat y arriva bientôt, et nous nous mîmes tous à table. Pendant tout le repas, l'écolier qui avoit perdu, quoiqu'il eût la mort au cœur, fit tous ses efforts pour paroître gai. Il parla beaucoup, porta des brindes à tous les convives, et affecta de faire l'agréable. Après le souper, les deux messieurs qui avoient joué avec lui se disposèrent à recommencer. On apporta des cartes; et comme on se préparoit à tirer pour les places, mon voisin dit : Messieurs, j'espère que vous ne ferez pas difficulté de jouer trente pistoles sur ma parole; je dois demain sans faute recevoir une somme considérable. A ces mots, le François fit la grimace et ne répondit rien. L'autre joueur, plus hardi, déclara qu'il ne joueroit jamais sur la parole de personne; que c'étoit un serment qu'il avoit fait, ayant remarqué plus d'une fois que cela lui portoit guignon. Hé bien, messieurs, reprit l'apprenti avocat, je vous demande donc un moment de patience; je cours chez un marchand que je n'ai pas trouvé tantôt, et qui certainement me prêtera tout ce que je voudrai. Les joueurs lui répartirent qu'il pouvoit aller faire ses affaires et revenir les joindre dans la salle, où ils l'attendroient jusqu'à minuit.

Je pris alors la parole, et m'adressant aux deux cavaliers qui restoient, je leur demandai s'ils vouloient que je fisse le troisième jusqu'au retour de leur camarade; que je lui céderois volontiers la place, puisque ayant résolu de partir le lendemain de grand matin, je ne pouvois leur tenir compagnie fort long-temps. Ces messieurs, qui sur ma physionomie jugèrent assez mal de mon adresse au jeu, me répondirent avec joie que je leur ferois bien de l'honneur. Pendant qu'on mettoit les cartes en ordre, j'appelai Sayavedra, et lui dis de me donner quelque argent. Il me jeta sur la table d'un air négligé toutes nos espèces, qui faisoient à peu près une trentaine de pistoles, en me disant qu'il en iroit chercher si j'en souhaitois davantage. Je lui fis réponse que cela suffisoit, et que j'irois me reposer lorsque je l'aurois perdu.

Nous fûmes bientôt en train. Sayavedra s'assit sur une chaise auprès de la cheminée, et se tint là par mon ordre pour être à portée de nous servir. On se ménagea d'abord, comme cela se pratique; et néanmoins trouvant occasion deux ou trois fois de faire de bons coups sans tricherie, je ne négligeai point d'en profiter. Je gagnai tout au moins cent écus. C'est toujours quelque chose, dis-je en moi-même. Si malheureusement pour moi le jeune homme qui est sorti revient avec de l'argent frais, du moins je n'aurai pas occupé sa place pour rien. Ces coups de bonheur piquèrent ces deux messieurs, qui, craignant que je ne les quittasse, ainsi que je les en menaçois de temps en temps pour mieux les échauffer, me proposèrent de jouer plus gros jeu. Je leur dis que j'y consentois. Un moment après, comme il s'agissoit d'un grand coup, j'apostrophai Sayavedra: Holà, garçon, lui dis-je, n'es-tu donc ici que pour dormir? donne-moi à boire. Il se leva de l'air du monde le plus innocent, feignit d'être à moitié endormi, et, en versant du vin dans mon verre, les yeux à demi fermés, il me fit par ses signes, enlever quinze pistoles à mes deux joueurs. Voilà mes fonds bien augmentés. Mais, suivant la politique ordinaire des aigrefins, je perdois quelquefois, quand j'aurois fort bien pu gagner.

Pour dire la vérité, avec mes seuls tours de main,

je serois venu à bout de ces messieurs, et je les aurois mis à sec; car ils n'étoient rien moins que de fins joueurs : cependant il faut convenir que les signes de Sayavedra me faisoient brusquer leur argent, surtout quand ce n'étoit point à moi à battre les cartes; cela étoit même moins suspect. Ce garçon me fut d'un grand secours pour vider leur bourse. Quand je me vis en possession de toutes les pistoles qu'ils avoient étalées sur la table au commencement du jeu, je leur dis : Messieurs, il est fort tard, et vous savez qu'il m'est permis de me retirer; néanmoins, pour vous faire voir que je ne veux point emporter votre argent, et que je suis beau joueur, remettons la partie à demain : je ne partirai pas, quoique j'aie fait louer des chevaux pour cet effet. Rien n'étant plus capable de consoler des joueurs qui perdent, que l'espérance d'avoir leur revanche, ceux-ci ne me pressèrent plus de continuer le jeu. Nous nous séparâmes. Chacun prit le chemin de sa chambre, eux dans la crainte que je ne manquasse à ma parole, et moi dans la résolution de la tenir.

La joie d'avoir gagné un peu d'argent, et l'agitation où le jeu avoit mis mes esprits, m'empêchèrent assez long-temps de goûter la douceur du sommeil. Heureusement, dans mon insomnie, je n'avois que d'agréables images. Il n'en étoit pas de même de mon malheureux voisin. Il ne faisoit que de revenir de la ville, et encore sans argent. Il n'avoit osé paroître dans la salle; et plein de honte et de rage, il s'étoit retiré dans sa chambre. Je l'entendois soupirer amèrement et se tourner dans son lit tantôt d'un côté et tantôt de l'autre. J'étois ravi de l'avoir vengé à mon profit; et ce qu'il y a de plaisant, c'est que je ne le plaignois plus : comme s'il eût été moins à plaindre depuis que j'avois son argent ! Nous sommes touchés des malheurs que nous ne causons pas, et insensibles à ceux qui nous sont utiles.

Le jour suivant mes deux joueurs eurent grand soin de s'informer des valets de l'hôtellerie si je n'étois point parti ; et ils furent bien aises quand ils apprirent que j'avois effectivement différé mon départ. Ils avoient peur que je ne leur échappasse, et moi j'aurois été bien fâché de les quitter sans avoir le reste de leur argent. Ils auroient souhaité que nous nous fussions remis au jeu dès le matin ; mais pour irriter leur envie, je ne me montrai dans la salle qu'à l'heure du dîner. Je m'aperçus bien à table de l'impatience qu'ils avoient d'en revenir aux prises avec moi ; ce que je ne faisois pas semblant de remarquer : j'affectois même un air froid et indolent, pour leur persuader que c'étoit par pure complaisance que je voulois leur donner leur revanche.

Sitôt qu'on eut dîné l'on apporta des cartes. Alors mes deux champions, pour faire connoître qu'ils en vouloient découdre, tirèrent de leurs poches de longues bourses pleines de bonnes pistoles et de doublons d'Espagne. Ils en jetèrent des poignées sur la table, en me disant : Tenez, seigneur cavalier, voilà ce que vous emporterez demain avec vous. Ils ne croyoient pas si bien dire. Nous prîmes donc nos places, et nous commençâmes à jouer. J'avois dessein de perdre dans cette séance ; ainsi je n'eus pas besoin de Sayavedra. Je ne prétendois pas non plus qu'ils me gagnassent beaucoup. Je me ménageai de façon que je ne perdis pendant toute l'après-dînée qu'une quarantaine d'écus. L'officier

français me croyant en malheur me proposa de jouer
plus gros jeu. Non, lui dis-je, il y a long-temps que
nous jouons; reposons-nous un peu : nous serons plus
propres à passer une partie de la nuit à ce saint exercice, et nous nous contenterons tous à la reprise de ce
soir.

L'espérance qu'ils avoient de me traiter plus mal,
ou pour mieux dire, de me ruiner, leur fit prendre
patience jusqu'après le souper. De mon côté, je n'avois
pas une intention plus charitable que la leur; ce que je
fis bien voir lorsqu'il fallut recommencer à battre la
carte. La fortune me fut d'abord contraire; mais avec
mon adresse et le secours de mon fidèle écuyer, je
l'obligeai à se déclarer pour moi. Ces messieurs en furent donc pour leurs doublons, qui passèrent de leurs
bourses dans la mienne ; après quoi, quittant le jeu
pour s'en aller dans leurs chambres, ils me dirent que
si j'étois d'humeur à leur donner encore un jour, ils
feroient avec moi le lendemain une nouvelle séance. Je
leur répondis que je ne demandois pas mieux, et qu'ils
me trouveroient toujours disposé à faire ce qu'ils dé-
sireroient.

Je me retirai dans ma chambre avec mon confident,
qui ne se possédait pas de joie. Il voulut me déshabiller ;
je le repoussai. Il n'est pas question de prendre du
repos, lui dis-je, il est trop tard pour me coucher entre
deux draps. Je prétends partir d'ici dès que je le pourrai
faire sans bruit. Sayavedra me répondit que je ne me
souvenois déjà plus que je venois de promettre à ces
messieurs que je jouerois encore avec eux. Je n'ai point
oublié, repris-je, que je leur ai fait cette promesse;

mais je ne suis point assez sot pour m'exposer à quelque nouveau malheur en la tenant. Ne conçois-tu pas le danger qu'il y a pour moi à faire un long séjour dans cette ville.? Si mes voleurs m'y ont fait emprisonner après s'être saisis de mon bien, que ne dois-je pas craindre des honnêtes gens qui sont en droit de m'accuser de les avoir friponnés? Ne soyons pas insatiables; nous avons plus de six cents écus, contentons-nous de cela, et sauvons-nous au plus vite. N'as-tu pas arrêté des chevaux? Sans doute, me répondit-il; j'en ai payé la journée au maître, qui m'a dit qu'ils seroient prêts à la pointe du jour. Tant mieux, lui répliquai-je; nous ne saurions partir assez tôt : je ne croirai pas ma bourse en sûreté, que je ne sois à dix bonnes lieues d'ici. Mon confident me quitta pour aller se reposer quelques moments, fort satisfait de nous voir chargés d'un butin assez considérable, et se flattant de la douce espérance d'y avoir quelque part. Ce n'est pas qu'il fût sans inquiétude sur ce point quand il se rappeloit l'histoire de mes coffres; histoire qu'il jugeoit encore trop récente pour que j'en eusse perdu le souvenir.

Dès qu'il entendit du bruit dans le logis, et qu'il crut les domestiques éveillés, il revint dans ma chambre, où il me trouva en état de partir. Il est vrai que je ne m'étois pas seulement jeté sur mon lit, et que je m'étois agréablement occupé à compter mes espèces, à mettre l'or d'un côté, l'argent de l'autre, et à ranger enfin proprement nos petits effets. Je l'envoyai payer notre hôte; et lorsque cela fut fait, nous sortîmes de l'hôtellerie et gagnâmes promptement l'endroit où nos chevaux nous attendoient. Jamais départ n'a été si pré-

cipité : à peine avoit-on ouvert les portes de la ville,
que nous étions déjà dans la campagne. La belle matinée! Dans un autre temps j'en aurois admiré les
charmes ; mais dans la situation où mon esprit étoit
alors, la beauté du jour m'étoit très indifférente. Je ne
songeois qu'à tirer pays ; je m'imaginois que tous les
lévriers de la justice devoient courir après moi, pour
me ramener dans les prisons de Bologne, et m'obliger
à restituer l'argent que j'avois escamoté à mes deux
joueurs. Je tournois la tête à tout moment pour voir
si quelqu'un ne nous suivoit point; et quand j'apercevois quelque cavalier qui venoit plus vite que nous, le
cœur me battoit, je changeois de couleur , je ne me
rassurois point qu'il ne fût passé. Tant il est vrai que
tout crime porte avec lui son châtiment.

Je devins pourtant peu à peu plus tranquille ; et
lorsque nous eûmes fait quatre lieues je ne sentis plus
aucune crainte. Alors rompant le silence que j'avois
gardé jusque-là, aussi-bien que mon compagnon : Sayavedra, lui dis-je, n'es-tu pas las de voyager en char-
treux ? pour moi je le suis de rêver. Parlons ; conte-
moi quelque histoire qui me réveille et me réjouisse.
Seigneur don Guzman, me répondit-il, vous me per-
mettrez de vous dire qu'il ne convient guère aux gens
qui n'ont pas le sou de tenir de joyeux propos; il n'appartient qu'à ceux qui ont de l'argent à pleines mains
de faire de bons contes. Je t'entends, mon ami, lui
répliquai-je en souriant ; je t'assure qu'à la dînée nous
ferons un compte ensemble , et j'espère que tu seras
content. Comme vous saisissez les choses, répartit-il en
riant! Je vous proteste que ce n'est point là ma pensée.

Je sais bien qu'en vous servant, je n'ai fait que mon devoir, et que le plaisir de vous avoir aidé à tirer les doublons de vos deux joueurs, me doit tenir lieu de récompense. Le désintéressement vrai ou faux que Sayavedra faisoit paroître me plut infiniment; et mon dessein n'étant pas de le frustrer de la petite rétribution qu'il avoit méritée par ses signes qui m'avoient été si utiles, je lui fis présent de vingt pistoles aussitôt que nous fûmes arrivés à une petite hôtellerie où nous nous arrêtâmes pour dîner.

CHAPITRE IX.

Sayavedra, pour désennuyer Guzman sur la route, lui raconte l'histoire de sa vie.

Nous remontâmes à cheval après avoir fait un assez bon repas, quoiqu'en entrant dans cette taverne je me fusse attendu à faire très mauvaise chère. Bien loin de garder le silence, comme nous avions fait toute la matinée, nous commençâmes à nous entretenir de diverses choses. Je ne me souviens point à propos de quoi je demandai à Sayavedra comment il étoit devenu aventurier; je me souviens seulement qu'il me répondit que pour satisfaire ma curiosité il falloit donc qu'il me contât l'histoire de sa vie; sur quoi je lui témoignai qu'il me feroit un fort grand plaisir de m'apprendre ses aventures. Alors sans vouloir s'en défendre, il en fit le récit dans ces termes:

¹ Je ne suis point de Séville, quoique je vous aie dit à Rome que j'en étois. Valence m'a vu naître, ville où il y a peut-être plus de fripons que dans aucun autre endroit d'Espagne, parce que c'est un pays abondant en toutes choses, et qu'ordinairement les bons pays produisent les hommes qui ne valent guère. Mon père n'étoit qu'un bourgeois à la vérité, mais de cette haute bourgeoisie qui se confond avec la noblesse. Ayant perdu sa femme qu'il aimoit tendrement, il en eut tant de douleur qu'il mourut peu de temps après elle. Il laissa deux fils avec peu de bien; et ces deux fils, dont je suis le plus jeune, vendirent tous ses effets, qu'ils partagèrent entre eux également. Après cela mon frère aîné me demanda quel parti je prétendois prendre. Je lui avouai que j'avois envie de voyager, et que c'étoit là ma passion dominante. C'est la mienne aussi, me dit mon frère. J'ai toujours pris plaisir à entendre parler des pays étrangers : je suis curieux de voir de quelle façon vivent les hommes qui ne sont pas nés en Espagne; et je contenterai incessamment ma curiosité. Entraînés tous deux par la force de notre étoile, ou plutôt par nos mauvaises inclinations, nous partîmes un beau matin de Valence, chacun avec un petit paquet sous le bras.

Nous n'eûmes pas fait une lieue, que mon frère me dit : Il me vient une pensée. Nous allons nous abandonner à la fortune; nous ignorons de quelle sorte elle

---

¹ J'ai retranché de l'histoire de Sayavedra les additions de M. Bremont, et entre autres l'épisode du Piémontais qui donne sa femme pour un cheval à un officier napolitain; cette aventure n'étant qu'une mauvaise copie de l'histoire de madame de Fresne et du capitaine Gendron.

nous traitera. Peut-être nous trouverons-nous dans quelque embarras où notre plus grande peine sera d'être connus, et de voir nos véritables noms couverts d'infamie. Pour prévenir ce malheur, changeons-les. J'approuvai son idée, et nous voilà tous deux à rêver aux noms que nous emprunterions. Mon frère prit celui de Mateo Lujan; et moi, comme je me souvins d'avoir ouï dire que la maison des Sayavedra étoit une des plus illustres de Séville, je l'adoptai, et je résolus de me faire partout appeler Sayavedra. J'interrompis en cet endroit mon confident : Est-il possible, lui dis-je, que tu n'aies jamais vu cette ville ? cependant tu m'en as parlé à Rome d'une manière à me persuader qu'il falloit que tu la connusses. Bon, répondit-il, j'ai vu tant de gens qui y ont été, et j'en ai lu tant de descriptions, qu'il n'est pas étonnant que j'en aie dans l'esprit un tableau fidèle.

Nous étant donc tous deux parés de ces beaux noms, poursuivit-il, nous ne songeâmes plus qu'à nous déterminer sur la route que nous prendrions. J'avois déclaré que je voulois passer en Italie, et mon frère m'avoit témoigné le même désir ; mais changeant tout à coup de sentiment, il lui prit fantaisie d'aller en France. La contestation que nous eûmes là-dessus devint si vive, que, nous trouvant entre deux chemins, dont l'un conduisoit à Saragosse, et l'autre à Barcelonne, il enfila le premier, et moi le second, en nous souhaitant l'un à l'autre toutes sortes de prospérités. Après cette séparation fraternelle, je me rendis à Barcelonne pour m'embarquer sur les galères qu'un grand nombre de personnes y attendoient aussi dans le même dessein. Elles

n'y arrivèrent qu'un mois après. Pendant tout ce temps-là
je m'habillai proprement, je cherchai les plus agréables
compagnies; le jeune seigneur Sayavedra étoit fort bien
reçu partout : il jouoit, faisoit bonne chère, et ne refusoit pas quelques-uns de ses moments à l'amour.
Enfin, je me réjouis si bien, que les galères venues,
mon hôte payé, mes provisions faites, je m'embarquai
gaillardement avec six pistoles de reste. Nous arrivâmes
heureusement à Gênes, où trouvant d'abord une felouque qui partoit pour Naples, je n'en voulus pas
perdre la commodité. Nous eûmes toujours le vent si
favorable, que le voyage fut très court.

Si d'un côté j'étois bien aise de me voir dans la
ville du monde où j'avois le plus souhaité d'être, j'avois
de l'autre beaucoup de chagrin quand je considérois
l'état de ma bourse, laquelle étoit aussi plate que celle
d'un hermite. Naples, disois-je, est sans doute le séjour
de tous les plaisirs; mais les plaisirs y coûtent autant
qu'ailleurs. Quiconque est sans argent à · Naples n'y
peut faire qu'une très sotte figure. Je jugeai bien qu'il
falloit user d'industrie : je m'adressai pour cela aux
maîtres du métier; je leur fis connoître l'envie et le besoin que j'avois d'être leur confrère. Mon air de fripon
les prévint d'abord en ma faveur; et, après un petit
examen qu'ils me firent subir, ils me trouvèrent assez
de disposition à mériter l'honneur d'entrer dans leur
corps. Je n'y fus pas si tôt agrégé, qu'ils me firent commencer par servir de second et de croupier au jeu. De
leur propre aveu, je m'en acquittai comme si j'eusse
eu des principes; ce qui fut cause que je ne tardai guère
à être employé à la filouterie commune, c'est-à-dire à

couper des bourses, à crocheter des portes, à voler la
nuit des manteaux; en un mot, à cent pareils exercices,
qui ne sont que l'A, B, C de l'école des filous, et qui
élèvent, d'échelon en échelon, un honnête homme à
la potence.

Mais, sans vanité, j'avois un esprit trop supérieur
pour m'en tenir à ces petits tours, et j'en fis deux ou
trois qui passèrent pour des coups de maître. Il faut que
je vous les rapporte. L'hôtel du connétable est le rendez-vous de toutes les personnes de qualité, qui s'y as-
semblent tous les soirs pour jouer. J'avois déjà été une
fois dans cette maison à l'heure du jeu, et j'avois observé
toutes les choses d'un œil curieux; j'avois surtout pris
garde qu'il y avoit sur chaque table de joueurs deux
gros flambeaux d'argent avec des bougies, et cette remarque me fit imaginer un expédient pour m'emparer
d'une paire de ces flambeaux. J'en achetai deux d'étain
à peu près de la même grandeur, avec deux bougies;
je mis le tout proprement dans mes poches; et un soir,
m'étant habillé de manière que je pouvois passer pour
un garçon qui appartenoit à quelque seigneur de l'assemblée, je me glissai chez le connétable. Je me pos-
tai à la porte d'une petite chambre où il y avoit deux
jeunes cavaliers qui jouoient. Je m'aperçus avec joie
qu'il n'y avoit point là de pages du logis; ils étoient tous
dispersés dans les autres chambres, qui paroissoient
pleines de monde. Il y avoit long-temps que mes deux
joueurs étoient aux prises, et déjà leurs bougies, presque toutes consumées, commençoient à en demander
d'autres. Je saisis ce favorable instant. Je tirai de mes
poches mes flambeaux d'étain; j'y mis mes bougies, que

j'allai allumer aux lampions dont l'escalier étoit éclairé; j'entrai respectueusement dans la chambre des deux cavaliers avec mes flambeaux à la main; je les posai hardiment sur la table, à la place des deux qui y étoient, et que j'emportai promptement sous mon manteau, après les avoir éteints. Je courus aussitôt à toutes jambes au greffe, je veux dire chez notre capitaine, qui étoit notre receleur ordinaire, un personnage grave, et qui passoit pour un fort honnête homme dans la ville. Il nous servoit de protecteur et d'avocat quand il nous arrivoit d'être pris au trébuchet, et, par reconnoissance, nous lui donnions le cinquième de tous les vols que nous faisions.

Une autre fois je fis un tour encore plus effronté. Je passois dans une grande rue devant une maison qui me parut devoir être la demeure de quelque homme opulent; comme en effet, j'appris depuis que c'étoit celle d'un riche notaire et greffier. J'entrai dans cette maison, dont la porte étoit ouverte; j'enfilai deux ou trois pièces de plain-pied sans rencontrer personne, et je vis dans la dernière, sur une table, une robe de femme du plus beau velours de Gênes, et toute neuve. Je la mis sans façon sous mon manteau, et en deux sauts je regagnai le pavé. Malheureusement je trouvai à la porte le maître de la maison, lequel, me voyant sortir de chez lui avec quelque chose de gros sous le bras, m'arrêta brusquement, et me demanda d'un ton de voix terrible ce que je portois sous mon manteau. Plus d'un autre, à ma place, eût été déferré: moi, sans paroître ému du contre-temps, je lui répondis que c'étoit la robe de velours de madame, et que je la remportois pour en raccommoder le collet et démonter une manche. A la bonne heure, reprit-il : rapportez-la bientôt, car ma femme en aura besoin cette après-midi pour aller rendre visite à une dame de condition de ses amies. Je lui repartis que je n'y manquerois pas, et en disant cela je m'éloignai de lui comme un daim.

Cette aventure se répandit dans la ville, et dès le jour suivant j'entendis dire que le notaire, après m'avoir parlé, rentra chez lui; qu'il trouva sa femme et deux ou trois domestiques qui faisoient autant de bruit qu'on en fait dans une taverne; que la maîtresse crioit à pleine tête : Où est ma robe? elle étoit ici tout à l'heure : vous me la payerez; que les domestiques n'ayant vu entrer ni sortir personne de dehors disoient qu'il falloit que le diable lui-même l'eût emportée; et qu'enfin le mari fit cesser ce vacarme en leur apprenant ce que la robe étoit devenue. On ajoutoit à cela qu'il courut sur-le-champ chez tous les huissiers de Naples; qu'il leur dépeignit à peu près ma figure, et qu'ils me cherchoient actuellement avec tous leurs archers. Pendant qu'ils faisoient des perquisitions inutiles, mon butin étoit en sûreté chez notre protecteur, avec qui nous nous moquions du notaire et des sergents. Cependant ce tour, que j'avois fait avec autant de bonheur que de subtilité, eut des suites qui ne sont pas l'endroit de ma vie qui occupe le plus agréablement ma mémoire. Les voici :

Un jour, me promenant hors de la ville, dans un lieu où coule un assez large ruisseau, je vis sur ses bords de très beau linge qu'une blanchisseuse venoit de laver et d'étendre sur l'herbe. Les occasions me tentent, c'est mon foible. Je ne pus résister à l'envie de m'approprier ce linge ; aussi-bien c'étoit une chose dont j'avois alors grand besoin : je n'attendois plus que le moment de pouvoir faire mon coup sans que la lavandière s'en aperçût. Ce moment vint, et je le saisis si prestement, qu'enlever ce qu'il y avoit de meilleur, et reprendre le chemin de la ville, cela fut fait en un clin d'œil. Néanmoins, quoique la femme n'eût pas remarqué mon action, il arriva qu'elle jeta les yeux par hasard du côté de son linge. Étonnée d'y trouver les deux tiers pour le moins à redire, elle regarda de toutes parts, et ne voyant que moi aux environs, elle jugea que je devois être le voleur. Là-dessus elle abandonna tout le reste de son linge, et se mit à courir après moi en criant : *Au voleur! au voleur!* d'une voix qui faisoit retentir toute la campagne. Dans cet embarras, que pouvois-je faire? Je laissai tomber doucement de dessous mon manteau le paquet dont j'étois chargé, en m'imaginant que par là j'apaiserois la blanchisseuse, qui, satisfaite d'avoir rattrapé son linge, retourneroit sur ses pas. Mais, soit qu'elle crût que j'en emportois encore, soit qu'elle eût juré ma perte, elle me poursuivit jusqu'à la porte de la ville, où la sentinelle m'arrêta pour me demander ce que c'étoit. La lavandière arriva aussitôt, et me donna mille gourmades, en disant que j'étois un voleur qui avois pris tout son linge. On me fouilla partout; et comme on trouva mon manteau et le dessous de mon bras mouillés, on n'eut pas de peine à deviner que je m'étois défait du paquet pour pouvoir nier que j'eusse volé mon accusatrice. Il ne m'en fallut pas davantage pour mériter et obtenir un logement dans le palais de la justice.

Je fis savoir mon emprisonnement à notre avocat, qui vint en diligence me trouver. Je le mis au fait. Il se rendit chez le lieutenant criminel. Ils eurent ensemble un entretien qui fut tel, que le protecteur obtint que je serois élargi dès ce jour-là. Il m'apporta cette heureuse nouvelle, et je me disposois à sortir. Déjà l'ordre étoit expédié, le concierge satisfait, et déjà j'avois un pied hors de la prison, lorsque, par une malice du diable, le notaire, qui me faisoit chercher, et avoit affaire en ce lieu-là, se présenta devant moi. Il m'envisage, il me reconnoît, il se met en fureur, il me donne un grand coup de poing dans l'estomac et me fait rentrer dans la prison, en criant au geôlier de fermer la porte, attendu, disoit-il, que j'étois un voleur, et qu'il vouloit m'écrouer. Notre avocat qui étoit présent, n'épargna aucune fleur de rhétorique pour apaiser le notaire; il alla même jusqu'à lui offrir la valeur de la robe; mais ce maudit notaire, aimant mieux se venger de moi que de recouvrer son bien, fut inexorable. Il me fit émoucher les épaules et bannir du royaume.

Après cette petite mortification, que je souffris assez patiemment, mon capitaine, pour m'en consoler, me chargea d'une lettre de recommandation pour un chef de bandits, son ami, qui avoit une retraite dans les montagnes de la Romagne, où je me rendis, ne pouvant faire mieux. Ce chef n'eut pas plus tôt lu ma lettre, qu'il me fit un accueil gracieux. Il me présenta aux cavaliers de sa compagnie. Je n'ai jamais vu des hommes si farouches. Il est vrai que, venant de quitter à Naples des camarades fort civilisés, il étoit impossible que ces montagnards ne me parussent pas grossiers et sauvages :

néanmoins, comme on apprend à hurler avec les loups, malgré la terrible vie que ces bandits menoient, je ne laissai pas de m'accoutumer à vivre avec eux. Nous fîmes quelques bons coups, et je me vis en peu de temps le gousset bien garni. Dès que je fus en fonds, il me prit envie d'abandonner ces honnêtes gens. Pour cet effet, je demandai congé à notre chef pour deux mois, sous le prétexte d'une affaire que je lui dis avoir à Rome. Il me permit de faire ce qu'il me plairoit, après m'avoir obligé de lui jurer que je le rejoindrois au bout de ce temps-là. Je lui fis à la vérité ce serment, mais je l'oubliai si tôt que je fus à Rome.

Je m'étois mis dans l'esprit que dans une si belle ville je trouverois à chaque pas des occasions d'exercer mes talents. Cependant lorsque j'y fus et que j'eus étudié le génie de ses habitants, ils me parurent si déniaisés, que je perdis espérance d'y faire fortune. Je fis quelques coups de si peu d'importance, que vous me dispenserez pour mon honneur de vous les rapporter. Je vous dirai même qu'au dernier de ces misérables tours, je pensai être pris sur le fait; ce qui fut cause que je sortis brusquement de Rome. Je jugeai à propos de parcourir l'Italie pour la bien connoître, et je dépensai tout mon argent en menant cette vie errante. Enfin, étant à Bologne, le hasard me fit faire connoissance avec Alexandre Bentivoglio, qui me reçut dans sa petite troupe. C'est un garçon fort subtil et né pour la profession dont il se mêle. Sa coutume est de sortir de temps en temps de son pays natal, pour aller tantôt dans une ville et tantôt dans une autre chercher des dupes; et quand il a fait quelque bon coup de filet, il retourne à Bologne, comme

si de rien n'étoit, et il est là fort en sûreté. Je l'ai accompagné dans quelques-unes de ses courses ; et je tra-
vaillois à Rome, sous ses ordres, le jour que je rencontrai votre seigneurie persécutée par la canaille. Je
vous allai voir chez votre ambassadeur : vous eûtes l'imprudence d'étaler devant moi toutes vos nippes, et de
me conter toutes vos affaires ; j'en rendis compte au
capitaine Alexandre, qui sur mon rapport, imagina le
tour que nous vous jouâmes. Cette action m'est toujours
présente, poursuivit-il ; et l'extrême regret que j'en ai
sera éternellement nourri par les bontés que vous avez
pour moi.

Sayavedra finit son histoire en cet endroit. Après
quoi ses diverses aventures devinrent le sujet de nos
entretiens sur la route jusqu'à Milan , où nous arrivâmes
tous deux gais et gaillards, avec une disposition prochaine à nous emparer du bien d'autrui.

FIN DU QUATRIÈME LIVRE.

LIVRE CINQUIÈME.

CHAPITRE PREMIER.

*De l'entreprise hardie que formèrent Guzman et Sayavedra
dans la ville de Milan.*

Nous employâmes les trois premiers jours à nous promener dans les rues, en parcourant des yeux les différentes marchandises dont les boutiques étoient parées, sans songer encore à mettre en œuvre notre génie aventurier : c'étoit autant de bon temps pour les bourgeois de la ville.

Comme nous traversions la place un matin, il vint un jeune homme assez bien vêtu aborder Sayavedra, qui marchoit derrière moi. J'allois toujours devant, et j'avois déjà fait plus de cent pas lorsque je m'en aperçus. Je considérai fort attentivement ce jeune drôle' avec qui mon confident s'étoit arrêté, et je lui trouvai un air égrillard qui me donna fort à penser. Ho, ho! dis-je en moi-même, qui peut être ce garçon-là? et que peuvent-ils avoir tous deux à démêler ensemble? C'est ce qu'il m'importe de savoir. Mais comment puis-je en être instruit? Si j'appelle Sayavedra pour lui demander de quoi ils s'entretiennent, il ne manquera pas de composer une fable, et je n'en serai pas plus avancé. Que faut-il donc que je fasse? Me tenir en repos, et leur laisser le champ libre ; ne témoigner aucune défiance à mon écuyer, et avoir toujours l'œil sur lui.

Leur conversation dura plus qu'un quart d'heure, après quoi le jeune homme prit congé de mon confident, qui vint me rejoindre d'un air rêveur qui ne m'ôta point le soupçon que j'avois déjà. Je me préparois à entendre ce qu'il me diroit de cette rencontre qui m'inquiétoit ; et toutefois, quelque envie que j'eusse de le faire parler là-dessus, il ne dit pas un mot, et demeura plongé dans sa rêverie. Je gardai aussi le silence sur cela jusqu'à l'après-dînée. Alors me voyant seul avec lui dans ma chambre, et ne pouvant plus me contraindre : Monsieur Sayavedra, lui dis-je en souriant, peut-on, sans vous paroître indiscret, vous demander quel homme c'est que ce jeune garçon avec qui vous étiez ce matin en si grande conférence ? Il me semble que je l'ai vu à Rome. Ne se nomme-t-il pas Mendoce ? Non, monsieur, me répondit-il ; on l'appelle Aguilera, et je puis vous assurer qu'il justifie bien son nom ; car c'est un aigle dans les occasions où il s'agit de jouer de la griffe. C'est un bon compagnon qui a de l'esprit, qui écrit à merveille, qui possède l'arithmétique, et sait faire en perfection des comptes doubles et triples. Il y a long-temps que nous nous connoissons : nous avons voyagé ensemble et mangé de la vache enragée. Il roule actuellement dans sa tête un dessein qui fera sa fortune s'il réussit. Il m'a proposé d'y entrer, et il m'offre la moitié du profit. Je lui ai répondu que je ne voulois rien entreprendre sans vous en avertir : je lui ai dit même que vous aviez tant de bonté pour moi, que vous ne me refuseriez pas vos conseils dans une affaire de

cette conséquence. Non sans doute, lui dis-je ; au contraire, mon enfant, je suis disposé à vous y rendre
service à l'un et à l'autre. Apprends-moi seulement de
quoi il est question. Monsieur, reprit-il, Aguilera doit
venir ici cette après-midi ; vous lui parlerez. Il vous
découvrira tout son projet ; et s'il y a quelque chose à
corriger dans son plan, vous le perfectionnerez.

Comme il achevoit ces paroles, on lui vint dire qu'un
jeune homme le demandoit. Nous ne doutâmes point
que ce ne fût Aguilera ; car nous ne connoissions personne à Milan. Sayavedra courut au-devant de lui ; et
après l'avoir préparé à l'entretien que nous allions
avoir ensemble, il me l'amena. Nous nous saluâmes de
part et d'autre avec beaucoup de civilité. Cet Aguilera
étoit un garçon d'assez bonne mine, et qui me parut
avoir de l'esprit. Il me confirma tout ce que m'avoit
dit mon confident, et me détailla d'une manière fort
plaisante quelques exploits qu'il avoit faits avec lui. Il
m'apprit ensuite qu'étant venu à Milan dans l'espérance d'y faire quelque grand coup, il avoit trouvé
moyen de se mettre au service d'un riche banquier,
chez léquel il demeuroit depuis six mois en qualité de
commis ; qu'il avoit, par son exactitude et sa fidélité,
gagné la confiance de son patron, en attendant qu'il
trouvât l'occasion de le voler ; qu'il s'en présentoit une
fort belle ; mais qu'il avoit besoin d'un second pour en
pouvoir profiter ; et qu'en rencontrant Sayavedra, il
l'avoit regardé comme un homme tombé du ciel pour
cela, le connoissant pour l'avoir vu dans l'action plus
d'une fois. Je lui demandai si son dessein étoit d'une
exécution bien difficile. Pas trop, me répondit-il ; vous

en allez juger. Le banquier a mis depuis peu dans son coffre-fort une grande bourse de chamois, où il y a mille belles pistoles. Je les enleverai un dimanche au matin pendant que le patron entendra la messe ; j'irai joindre à la poste Sayavedra, qui aura retenu deux chevaux ; nous partirons dans le moment, et nous piquerons si vigoureusement nos mazettes, que nous serons bien loin de la ville avant que le banquier s'aperçoive de la saignée que j'aurai faite à son coffre-fort.

Après avoir écouté fort attentivement Aguilera, je lui dis que son projet étoit diablement délicat ; qu'un garçon connu dans la ville pour le commis de ce banquier pouvoit rencontrer quelqu'un qui, surpris de le voir sur un cheval de poste, et le soupçonnant d'avoir fait quelque mauvais coup, ne manqueroit pas de courir chez son maître pour lui en donner avis ; que le banquier étant revenu de la messe découvriroit peut-être d'abord qu'on l'avoit volé ; que le bruit s'en répandroit à l'instant dans la ville, et qu'on sauroit bientôt qu'Aguilera auroit pris la poste ; que sur cela son patron feroit suivre ses traces par des gens bien montés, et à qui le voleur auroit de la peine à échapper. Je lui représentai encore d'autres inconvénients qui lui firent voir clairement que son dessein étoit fort mal conçu. Il en demeura d'accord enfin, et cependant il me dit qu'il ne laisseroit pas de l'exécuter, puisqu'il ne pouvoit faire autrement. J'ai affaire, continua-t-il, à un homme qui ne sort jamais de chez lui que les fêtes et les dimanches pour aller à la messe, et qui revient une demi-heure après se renfermer. Il couche dans la

chambre où sont ses papiers et son argent, et il n'a
point d'autre cabinet.

Quand il seroit encore plus sédentaire et plus vigilant, lui répliquai-je, on peut lui ravir sa bourse de
chamois sans s'exposer au péril que vous voulez braver
si témérairement. Ma foi, messieurs, si vous n'en savez
pas davantage, vous n'êtes encore que des apprentis
dans votre métier. Je veux vous montrer qu'un génie
supérieur a bien d'autres lumières que les votres. Je
me charge, si vous le souhaitez, de la conduite de cette
entreprise; et, sans vous envelopper dans le malheur
que je puis éprouver si la fortune m'est contraire, je
vous réponds des mille pistoles, pourvu qu'elles soient
dans huit jours dans le coffre-fort. Sayavedra et son
ami se prirent à rire à ce discours, qui leur causa autant de joie que s'ils eussent déjà eu entre les mains la
bourse de chamois. Ils me remercièrent de l'offre que
je leur faisois, et me laissèrent volontiers conduire ce
projet d'importance, bien persuadés, particulièrement
Sayavedra, que je ne leur parlerois pas de cette sorte
si je n'étois pas comme assuré de l'événement. Ne vous
embarrassez de rien, leur dis-je, messieurs; vous verrez
qu'un homme qui a été page cinq ou six ans en sait
plus long qu'un bandit de la Romagne. Ils redoublèrent
leurs ris à ce trait railleur, qui regardoit Sayavedra.
Ensuite je fis quelques questions au fidèle commis du
banquier.

De quel moyen, lui dis-je, prétendiez-vous donc
vous servir pour tirer la bourse du coffre-fort? Vous
n'en avez pas la clef? Non certainement, me répondit-il. Le patron ne la confie à personne. Il me la donne

seulement quelquefois, lorsque je suis avec lui dans
son cabinet, et que, pendant qu'il écrit, quelqu'un
vient demander le payement d'une lettre de change. Il
me jette la clef pour prendre un sac dont il m'indique
le *numéro*, et tandis que je compte l'argent, il a un
œil sur ce qu'il écrit et l'autre sur ce que je fais. Cela
étant, repris-je, il sera bien difficile de prendre l'empreinte de cette clef. Beaucoup moins que vous ne pensez, repartit Aguilera. J'ai, Dieu merci, la main sub-
tile : je promets de vous apporter l'empreinte de la
clef du coffre-fort, et même, si vous le jugez à propos,
celle de la clef d'une petite armoire où mon bourgeois
serre ses livres de compte, et l'argent qu'il emploie à
ses dépenses ordinaires. A ces mots, qui me firent tres-
saillir de joie, je lui dis que s'il pouvoit prendre ces
deux empreintes, nous serions encore plus sûrs de
notre fait.

Je n'oubliai pas de m'informer de la disposition du
cabinet, de la manière dont les sacs étoient faits, des
marques qu'ils avoient, en un mot, de toutes les particularités, tant du dedans que du dehors du coffre-
fort. J'en fis un mémoire circonstancié, que le commis
me dicta, ensuite je renvoyai Aguilera chez son maître,
en lui disant que je l'instruirois, quand il en seroit temps,
du personnage qu'il auroit à jouer. Après son départ,
je dis à mon confident que je venois de mettre son ami
à une grande épreuve; que je doutois fort qu'il m'ap-
portât les empreintes. Mais Sayavedra, qui avoit une
haute opinion de son industrie, m'en fit un nouvel
éloge, qui fut justifié deux jours après. Aguilera me
tint parole, et m'enseigna où je trouverois un serrurier

qui me feroit deux fausses clefs, pourvu qu'il fût payé grassement. Je n'ai plus qu'une question à vous faire, dis-je à notre commis : à quelle heure votre maître est-il dans sa boutique ? car les banquiers ont coutume d'en avoir une en Italie. Aguilera me répondit que son patron s'y tenoit ordinairement le matin, depuis dix heures jusqu'à midi. C'est assez, lui répliquai-je ; retournez chez vous, et retenez bien ce que je vais vous dire : demain je ne manquerai pas d'aller sur les dix heures à la maison du banquier ; faites en sorte que vous y soyez aussi, et ne perdez pas une parole de ce que je lui dirai, afin que vous en puissiez rendre témoignage, s'il le faut.

Tout étant ainsi réglé, je portai sur-le-champ mes empreintes à l'honnête serrurier à qui l'on m'avoit dit de m'adresser ; et il se trouva qu'en effet c'étoit un homme de bonne composition. Il me promit de faire incessamment les deux clefs pour deux pistoles, dont il en toucha une d'avance. Comme je revenois de chez ce bon ouvrier à mon hôtellerie, j'aperçus dans la boutique d'un marchand une espèce de cassette à bijoux fort propre. Il me prit envie de la marchander, et, après l'avoir bien examinée, je l'achetai. Sayavedra, qui m'accompagnoit, me parut un peu surpris de cette emplette. Je ne pus m'empêcher de rire de son étonnement. Ami, lui dis-je, cette jolie cassette de cuivre doré ne sera pas inutile à notre dessein. Je m'en doute bien, me répondit-il en souriant ; vous ne l'avez pas achetée comme un sot ; vous savez l'usage que vous en ferez, et je m'en rapporte fort à votre seigneurie.

Je me rendis le lendemain, sur les dix heures, à la

boutique du banquier. Aguilera y étoit avec deux ou trois messieurs qui, étoient là pour affaire. Je saluai en entrant le maître, et lui dis, à haute et intelligible voix, que je venois d'arriver à Milan dans l'intention de faire des emplettes pour un mariage ; que j'avois une somme assez considérable d'argent, que j'étois bien aise de mettre en sûreté ; qu'au lieu de la laisser dans mon hôtellerie, où il y avoit toutes sortes de gens, j'avois pensé que je ferois beaucoup mieux de la confier à un homme tel que lui, dont j'avois ouï vanter la probité : j'ajoutai que j'avois un petit voyage à faire à Venise, ce qui m'obligeroit à prendre chez lui une lettre de crédit. Le banquier, avide de gain, me fit là-dessus mille offres de service, accompagnées de profondes révérences, et me demanda combien j'avois d'argent à déposer chez lui. Je lui répondis que j'avois douze mille francs en or, et un sac rempli d'espèces d'argent, que dans une heure je viendrois lui mettre tout cela entre les mains. Il me répliqua que ce seroit quand il me plairoit ; puis ayant tiré son journal de l'armoire où étoient ses livres de compte, il me pria de lui dire mon nom. Je lui dis que je m'appelois don Juan Osorio. Il l'écrivit aussitôt sur son journal, avec la date du jour et du mois, de sorte qu'il ne restoit plus qu'à marquer la somme et les espèces, quand il les auroit reçues, comptées et pesées. Il faisoit ce *lazzi* pour mieux m'engager à ne lui pas manquer de parole.

Après cela, n'ayant plus rien qui m'arrêtât dans sa boutique, j'en sortis en lui faisant des civilités qui furent bien réciproques, et en le priant à haute voix de ne point s'éloigner de sa maison, attendu que j'allois revenir. Cette scène finie, je retournai chez moi, très content d'avoir si heureusement commencé cette intrigue. Sayavedra, qui m'attendoit avec d'autant plus d'impatience qu'il y étoit plus intéressé, ne fut pas peu étonné quand je lui appris ce que je venois de faire. Mais, monsieur, me dit-il, où prendrez-vous, s'il vous plaît, ces douze mille francs en or que vous devez dans une heure porter à ce banquier ? Je suis en peine de savoir cela. C'est ce qui ne doit point t'inquiéter, lui répondis-je; il les a déjà. Je sais bien que je te parle hébreu; j'ai mes raisons pour cela. Dispense-moi de t'en dire davantage présentement, et m'apprends si ton Aguilera compte parmi ses talents celui de contrefaire une écriture. Comment, contrefaire ! s'écria-t-il avec transport; il contrefait comme un ange toutes sortes de caractères : c'est son fort. Plût au ciel que j'eusse seulement le tiers de l'argent qu'il a touché sur les fausses lettres de change qu'il a faites. S'il n'excelloit pas dans cet art, il seroit encore à Rome à l'heure qu'il est; mais il a été obligé d'en décamper brusquement, de peur de tomber entre les mains d'un brutal de marchand, lequel ayant eu avis qu'il avoit contrefait sa signature, vouloit le faire arrêter. Puisque cela est ainsi, repris-je, notre entreprise réussira infailliblement.

Le fonds que Sayavedra faisoit sur mon adresse ne lui permettoit pas de douter d'un succès dont je l'assurois, quoiqu'il ne comprît rien encore à mon dessein. Ce qui le fâchoit, c'est que je ne lui donnois aucun rôle à jouer dans cette comédie. Il s'en plaignit à moi, et me demanda s'il n'y feroit qu'un personnage muet. Oh ! que si, lui dis-je, et je t'en destine un dont tu

t'acquitteras à merveille. En même temps je lui ordonnai de mettre sous son bras la cassette que j'avois
achetée et remplie de balles de plomb. Outre cela je
le chargeai d'un sac où il y avoit de l'argent. Ce sac
étoit lié d'un ruban rouge et taché d'encre au milieu,
parce que, suivant mon mémoire, il y en avoit un
semblable dans le coffre-fort. Nous sortîmes ensuite
tous deux de ma chambre, comme pour aller porter
tout cela chez le banquier. Quand nous fûmes dans la
rue, je dis à mon écuyer : Entre un moment dans la
cuisine, sous prétexte de demander à l'hôte à quelle
heure nous dînerons, et ce qu'il nous prépare pour
dîner. En un mot, fais si bien que sa femme et lui re-
marquent et considèrent attentivement cette cassette. Il
nous importe fort qu'ils en soient frappés l'un et l'autre;
ensuite tu reviendras me joindre ici.

L'homme du monde le plus propre à s'acquitter d'une
pareille commission, c'étoit Sayavedra. Il alla dans la
cuisine, où, faisant à l'hôte les questions que je l'avois
chargé de faire, il lui montra sans affectation la cassette
et le sac. L'hôte et l'hôtesse les regardèrent avec de
grands yeux. La cassette surtout parut si jolie à la femme,
qu'elle ne put s'empêcher de la prendre entre ses mains
et de l'examiner. L'hôte fit la même chose à son tour,
et s'écria : Vive Dieu ! qu'elle est pesante ! Elle doit
l'être, dit alors Sayavedra, puisqu'elle est toute pleine
de pièces d'or, tant d'Espagne que d'Italie. Il y en a là-
dedans, ajouta-t-il, pour plus de douze mille francs. Nous
allons les déposer, avec ce sac, chez un banquier. Chez
un banquier ! interrompit l'hôte d'un air brusque; quand
il y en auroit pour cent mille écus, cette cassette et ce

sac seroient aussi sûrement dans ma maison que chez le plus riche marchand de la ville. L'hôtesse, aussi chatouilleuse que son mari sur le point d'honneur, dit: Nous avons eu aussi quelquefois des dépôts, et grâces à Dieu et à la sainte Vierge, nous les avons fort bien gardés. J'en suis persuadé, reprit Sayavedra. Si vous n'étiez pas d'honnêtes gens, mon maître ne seroit pas venu loger chez vous avec tant d'argent; ne croyez donc pas qu'il ait mauvaise opinion de votre maison. Il est sur le point de partir pour Venise; il a besoin d'une lettre de crédit pour cette ville, et nous allons mettre en gage ces douze mille francs chez le banquier qui la lui doit fournir.

Cela change la thèse, répliqua l'hôte apaisé; je n'ai plus rien à dire. Eh! comment nommez-vous ce banquier? Jérôme Plati, repartit mon confident. Peste! reprit l'hôte, c'est un Crésus; c'est dommage qu'il soit juif comme un chien. Il vous fera bien payer ce dépôt, sur ma parole. Si vous m'en eussiez seulement dit un mot, je vous aurois enseigné des gens plus raisonnables. Il n'est plus temps, dit Sayavedra; mon maître est déjà convenu de tout avec ce banquier, il en faut passer par là. Mais je ne songe pas, poursuivit-il, que je m'amuse trop avec vous; mon patron m'attend. Je ne suis venu dans la cuisine que pour m'informer si nous aurions le temps de faire notre affaire avant le dîner. L'hôte lui dit qu'il n'étoit pas nécessaire de nous presser, et que nous trouverions toujours dans sa maison de quoi faire bonne chère.

Mon confident vint me rendre compte de cet entretien; puis nous allâmes tous deux nous promener hors dé la ville. Nous regagnâmes ensuite l'hôtellerie, où Sayavedra, par mon ordre, entra tout doucement, et alla remettre dans ma chambre la cassette et le sac. On n'étoit point encore à table; l'hôte, par considération pour moi, avoit retardé le dîner, et il fit servir dès qu'il sut mon arrivée. Après un long repas je me retirai dans ma chambre, où l'hôte, averti que je souhaitois de lui parler, accourut, et demanda ce qu'il y avoit pour mon service. Je me plains de vous, lui dis-je: avez-vous pu me croire capable de me défier d'un homme d'honneur comme vous? Pour vous faire connoître l'injustice que vous m'avez faite, je vous conjure de me garder cette bourse de cent pistoles jusqu'à mon départ pour Venise. En achevant ces paroles, je tirai de ma poche une bourse musquée, où il y avoit cette somme en doubles pistoles. Il fut si sensible à cette marque de confiance, qu'il en parut tout transporté de joie.

Sur la fin de ce jour-là le commis du banquier se déroba de chez son maître pour nous venir trouver. Hé bien, Aguilera, lui dis-je, votre patron n'a-t-il pas été fort surpris de ne m'avoir point revu depuis ce matin? Vous n'en devez pas douter, répondit-il. Après vous avoir attendu jusqu'à une heure, il a commencé de craindre que vous ne revinssiez pas. Comme il ne peut ignorer la mauvaise réputation qu'il a dans Milan, il s'est imaginé que quelqu'un aura été assez charitable pour vous en avertir, et je me suis aperçu, à son air rêveur et chagrin, qu'il en étoit très mortifié. Apprenezmoi encore, repris-je, si les trois hommes que j'ai vus ce matin dans votre boutique y sont demeurés long-temps après moi. Aguilera me repartit que non, et que du reste de la matinée il n'y étoit venu personne. Je fus ravi de savoir cette circonstance, et j'assurai mes associés que dans trois ou quatre jours, tout au plus tard, on verroit le dénoûment de cette pièce. Le commis, charmé de cette assurance, me donna le bonsoir; mais, avant que de nous séparer, je lui défendis de revenir à l'hôtellerie. Je lui en représentai les conséquences; et il fut arrêté entre nous que tous les jours à certaine heure Aguilera se trouveroit dans certain endroit, où Sayavedra lui donneroit ses instructions de ma part.

J'eus mes fausses clefs deux jours après. Notre commis, qui en fut bientôt informé, dit à son ami qu'il pourroit s'en servir dès le dimanche suivant l'après dînée, tandis que son bourgeois s'amuseróit, selon sa coutume, à jouer aux échecs avec un de ses voisins. J'instruisis alors Sayavedra de tout ce que je prétendois faire, ainsi que de tout ce qu'il avoit à dire au commis; et le samedi au soir je l'envoyai au rendez-vous, chargé des deux fausses clefs avec la cassette, où il y avoit dix quadruples, trente écus romains et trois petits papiers, à la place des balles de plomb qui y étoient auparavant. A l'égard du sac où il y avoit de l'argent, je le gardai : je ne l'avois taché d'encre, et lié d'un ruban rouge, que pour le faire paroître ainsi devant l'hôte et l'hôtesse, afin qu'ils pussent témoigner l'avoir vu, comme je n'avois mis des balles de plomb dans la cassette que pour la rendre pesante, et faire croire à ces bonnes gens qu'elle devoit être pleine d'or.

Dès que mon confident vit Aguilera, il lui dit : Tiens,

mon ami, voici de quoi il s'agit; écoute-moi avec toute
l'attention dont tu es capable, et retiens bien tout ce
que je vais te dire. Demain, lorsque tu auras ouvert
le coffre-fort, tu prendras la bourse de chamois qui est
dedans, et tu la videras dans cette cassette; mais n'oublie pas d'ôter quarante pistoles des mille qui y sont,
et de les remplacer par ces dix quadruples. Tu ne man-
queras pas non plus d'y mettre ce petit papier, qui est
un bordereau de cette somme, et qui déclare qu'elle
appartient à don Juan Osorio, dont mon maître emprunte le nom dans cette affaire. Voilà, continua-t-il,
un second bordereau que tu fourreras dans le sac où
tu dis qu'il y a trois cent trente écus, et qui est taché
d'encre et lié avec un ruban rouge; tu tireras en même
temps de ce sac trente écus de ceux qui y sont, pour
y glisser ces trente écus romains que tu vois. Il ne me
reste plus qu'à te recommander une chose, qui n'est
pas la moins importante; c'est d'ouvrir la petite armoire
où ton patron enferme ses livres de compte, et d'écrire
sur son journal les paroles qui sont tracées sur ce troisième papier, bien entendu que tu les mettras après le
nom de don Juan Osorio, que tu trouveras marqué
dessous, et bien entendu encore que tu emploîras
toute la dextérité de ta main à contrefaire l'écriture
du sieur Jérôme Plati. Le seigneur don Guzman mon
maître, ajouta-t-il, n'exige plus rien de toi qu'une
petite chose très aisée; c'est que lundi, quand il ira
fondre la cloche, tu fasses le serviteur zélé, jusqu'à
l'accabler d'injures, et le frapper même pour rendre la
scène plus naturelle.

Aguilera interrompit en cet endroit son ami. Je com-

prends fort bien tout ce projet, lui dit-il ; et je vois
bien que tu sers un maître juré fripon : tu peux l'assurer que je ferai demain tout ce qu'il me prescrit, et
que je ne gâterai pas son ouvrage. Là-dessus Sayavedra
lui mit entre les mains la cassette, où étoient les trois
papiers, les dix quadruples, et les trente écus romains,
que le commis emporta chez lui pour les y cacher,
jusqu'à ce qu'il fût temps d'en faire l'usage que je
souhaitois.

CHAPITRE II.

Quel fut le succès de cette fourberie.

Je ne passai pas le dimanche sans inquiétude : je
craignois qu'il n'arrivât quelque contre-temps qui fît
échouer notre entreprise ; mais mon confident ayant été
le soir au rendez-vous, revint plein de joie m'annoncer
que tout avoit été fait comme je le désirois, et qu'Aguilera se préparoit à bien jouer son personnage le jour
suivant. Ce rapport rendit mon esprit plus tranquille,
et me fit attendre plus patiemment l'heure de paroître
devant le banquier.

Sitôt qu'elle fut venue, je me rendis chez lui, il
étoit seul dans sa boutique. Après l'avoir salué fort
poliment, je lui dis que je le priois de me rendre ce
que je lui avois apporté quelques jours auparavant. Il
me demanda, d'un air étonné, ce que je lui avois apporté. Eh ! parbleu, lui dis-je, cet or et cet argent que

je vous ai confié. Quel or et quel argent, répondit-il?
Oh! oh! repris-je, vous verrez que j'aurai rêvé cela;
sur mon âme, celui-là n'est pas mauvais. Celui-ci est
encore meilleur, repartit le banquier, de vouloir que
je rende ce qu'on ne m'a point donné. Cessons, lui dis-
je, s'il vous plaît, cessons de badiner; ce badinage n'est
pas de mon goût. C'est vous-même qui vous égayez,
me dit-il. Je me souviens bien que ces jours passés vous
vîntes dans ma boutique, et qu'une heure après vous
deviez mettre en dépôt chez moi douze mille francs;
mais vous m'avez manqué de parole. C'est vous, lui
répliquai-je, qui manquez de mémoire : je vous les ai
mis entre les mains, et je ne sortirai pas d'ici que vous
ne me les ayez rendus dans les mêmes espèces que je
vous les ai livrés. Passez votre chemin, s'écria-t-il, vos
discours commencent à m'impatienter; je ne vous connois point, et je n'ai jamais eu rien qui fût à vous :
allez chercher votre argent où vous l'avez porté.

Comme de moment en moment nous le prenions, le
banquier et moi, sur un ton plus haut, tous les voisins
prêtoient une oreille attentive à notre contestation, et
les passants s'arrêtoient pour nous écouter, se demandant les uns aux autres le sujet de notre dispute. Pour
les en instruire je me mis à crier à pleine tête : O traître!
ô voleur infâme! que la justice de Dieu et celle des
hommes s'unissent pour te punir! Quand je t'ai confié
mes pistoles et mes écus tu m'as reçu bien gracieusement, et aujourd'hui que je viens te prier de me les
rendre, tu feins de ne savoir qui je suis, et tu prends
le parti de nier effrontément le dépôt : fais-le tout à
l'heure apporter sur cette table, ou je te l'arracherai

de l'âme! Le banquier, de son côté, m'apostrophoit dans les termes que je méritois, et des injures, insensiblement nous en vînmes aux voies de fait. Il voulut me chasser de sa boutique en me poussant rudement par les épaules. Je le repoussai d'une si grande force que je le jetai par terre. Alors Aguilera vint fondre sur moi d'un air furieux, et me donna quelques gourmades, que je lui rendis, de façon que plusieurs spectateurs de notre combat furent obligés d'entrer dans la boutique pour nous séparer. Le commis, se voyant retenu par des personnes qui l'empêchoient de me rejoindre, se débattoit entre leurs mains comme un possédé; et moi, les yeux étincelants de rage et la bouche écumante, je le défiois de m'approcher.

Il y avoit déjà près d'une heure que cela duroit, lorsque le *bargello*, par hasard, ou peut-être parce que quelqu'un l'avoit été avertir de ce qui se passoit, parut, et fendant la presse, arriva dans la boutique. Il demanda d'abord le sujet de notre différend. Je voulus aussitôt le lui conter, et le banquier prit en même-temps la parole pour dire aussi ses raisons. Le *bargello* nous fit taire tous deux; puis s'étant informé qui étoit le plaignant, il me dit de parler le premier, et qu'après cela il donneroit audience à mon adversaire. A ces mots, un grand silence succéda au bruit : tous les assistants se préparèrent à m'écouter. Il y a six jours, dis-je au *bargello*, que je vins dans cette boutique sur les dix heures du matin; je priai le seigneur Jérôme Plati de trouver bon que je remisse entre ses mains une somme assez considérable d'argent dont j'étois chargé, et que je ne croyois pas trop en sûreté dans l'hôtellerie où je suis logé. Il me répondit avec beaucoup de politesse que je n'avois qu'à lui faire apporter l'espèce, et qu'il la garderoit aussi long-temps que je le jugerois à propos. Je retournai chez moi sur-le-champ, et je revins ici une heure après avec mon valet, qui portoit dans une cassette de cuivre doré mille pistoles en or, tant d'Espagne que d'Italie, avec un sac taché d'encre et lié d'un ruban rouge, où étoient en argent trois cents trente écus, dont il y en avoit trente de romains. Le banquier compta et pesa les espèces, qu'il remit avec leurs bordereaux dans la cassette et le sac; puis il enferma le tout dans son coffre-fort.

Jusque-là le banquier n'avoit osé m'interrompre, quoique dans la fureur qui le dominoit il eût été tenté vingt fois de le faire; il s'étoit contenté de lever les mains et les yeux au ciel, comme pour le prendre à témoin de mon imposture, et pour obéir au *bargello*, qui lui faisoit signe à tout moment de me laisser achever; mais la patience lui échappa dans cet endroit. Voilà, s'écria-t-il, le plus impudent menteur qu'il y ait jamais eu sur la terre. S'il y a chez moi une cassette pareille à celle dont il vient de parler, je veux perdre la vie avec tout ce que j'ai au monde. Et moi, m'écriai-je à mon tour, si ce que je dis n'est pas véritable, je consens que le banquier jouisse tranquillement de mon bien, et qu'on me coupe les oreilles en présence de toutes les personnes qui nous écoutent, comme à un traître, comme à un voleur audacieux qui ose demander ce qui ne lui appartient pas. Au reste, poursuivis-je, il est bien aisé de découvrir la vérité. Il ne faut qu'ouvrir le coffre-fort, et l'on y trouvera ma cassette et le sac, avec les bordereaux, qui font connoître que c'est mon argent. Ordonnez, seigneur *bargello*, ordonnez tout à à l'heure que ma partie nous montre ses livres de compte; vous verrez ce qu'elle y a écrit elle-même le jour qu'elle a reçu le dépôt. Vous avez raison, dit alors le *bargello*; les discours sont ici superflus. Allons, seigneur Plati, s'il vous a donné des espèces, cela doit être marqué sur vos livres. Sans doute, répondit le banquier : je ne crains pas que vous les voyiez; et s'il est fait mention des douze mille francs en or que cet étranger assure avoir déposés chez moi, je confesserai qu'il dit vrai, et que je suis l'imposteur. En même temps il dit à son commis de tirer de l'armoire son grand livre de compte. Aguilera ne l'eut pas sitôt présenté, que je m'écriai : Ah! fourbe, ce n'est point celui-là qui rendra témoignage de ta mauvaise foi, c'en est un plus petit et plus large. Le commis dit à son maître : Il veut dire apparemment votre journal. Mon journal soit, répondit le banquier, apportez tous les livres qui sont dans ma maison. Enfin Aguilera produisit le journal en me disant : Est-ce celui-ci? Je répondis qu'oui. Le *bargello* le prit aussitôt pour le feuilleter; et y trouvant ce que le commis y avoit écrit par mon ordre, il lut à haute voix les paroles suivantes :

Aujourd'hui, 13 février 1586, don Juan Osorio m'a remis neuf cent soixante pistoles en or, tant d'Espagne que d'Italie, et dix quadruples, qui font ensemble la somme de mille pistoles, lesquelles sont, dans mon coffre-fort, dans une cassette de cuivre doré. Plus, j'ai reçu dudit don Juan, le même jour, un sac lié d'un ruban rouge, où il y a trois cent trente écus, dont trente sont romains.

Les assistants n'eurent pas plus tôt entendu lire ces

mots, qu'ils commencèrent tous à murmurer contre Jérôme Plati, et à me donner gain de cause. Ce qu'il y avoit d'heureux pour moi là-dedans, c'est que ce banquier ne passoit pas dans la ville pour un homme fort scrupuleux ; de sorte que chacun croyoit sans peine qu'il pouvoit m'avoir fait la friponnerie dont je l'accusois. Le *bargello* lui fit lire ces paroles, et lui demanda s'il ne les avoit pas écrites. Le bourgeois, surpris d'une chose qui lui sembloit si extraordinaire, répondit, avec une agitation qui lui ôtoit presque l'usage de la voix, qu'il avoit écrit les premiers mots et non les autres. Cependant, lui répliqua l'officier de justice, tout paroît de la même main. J'en demeure d'accord, repartit le banquier, et toutefois ce n'est point là mon écriture. Il ne suffit pas de la désavouer, dit le *bargello*, il faut en prouver la fausseté.

Une nouvelle scène acheva de persuader au peuple que je n'avois pas tort de me plaindre. Une voix de tonnerre se fit entendre dans la foule, et l'on vit paroître un grand homme en tablier de cuisine, avec un long couteau pendant à sa ceinture. C'étoit mon hôte que Sayavedra avoit été chercher, et qui, ayant appris que le banquier nioit le dépôt, étoit furieusement animé contre lui. Pourquoi, s'écria-t-il en arrivant, ne pend-on point cet archi-juif? Pourquoi ne met-on pas le feu à sa maison et ne le brûle-t-on pas avec sa race? Puis apercevant l'officier de justice : Monsieur le *bargello*, lui dit-il, est-ce que vous souffrirez qu'on pille, qu'on ruine et qu'on assomme impunément un brave cavalier, pour avoir confié son bien à un voleur? Ce bon gentilhomme est logé chez moi, et je puis vous assurer que j'ai vu

et manié la cassette et le sac qu'il a malheureusement
confiés à ce banquier, qui n'est que trop connu dans
Milan pour ce qu'il est.

Le sieur Jérôme Plati, tout consterné qu'il étoit, se
défendoit de son mieux; mais il avoit la voix si foible,
qu'à peine pouvoit-on l'ouïr à deux pas de lui, au lieu
qu'on entendoit distinctement mon hôte d'un bout à
l'autre de la rue. Aussi le peuple, qui donne toujours
raison en pareil cas à ceux qui crient avec le plus de
force, ne doutant plus de la justice de mes plaintes, dit
hautement qu'il falloit obliger le banquier à rendre
gorge sur-le-champ. Le *bargello* se tournant alors vers
l'accusé lui représenta qu'il ne devoit point s'obstiner à
vouloir garder un argent qui n'étoit pas à lui; qu'on le
forceroit bien à me le restituer, et qu'il alloit lui-même
faire dans toute sa maison une exacte recherche de la
cassette et du sac. Donnez-moi, ajouta-t-il, la clef de
votre coffre-fort. Commençons par le visiter; aussi-bien
l'accusateur prétend que c'est là que vous avez mis le
dépôt. Plati, craignant quelque pillage dans ce désordre,
ne pouvoit se résoudre à livrer la clef; ce qui fut cause
que tout le monde cria que s'il la refusoit il n'y avoit
qu'à le mener en prison. Nous allons mieux faire, dit
l'officier; s'il n'obéit pas tout à l'heure, je vais faire
enfoncer son coffre-fort.

Le malheureux banquier, voyant que sa résistance
seroit inutile, tira de sa poche la clef que le *bargello*
lui demandoit, et la lui remit entre les mains. L'officier,
après avoir choisi quatre bourgeois de ceux qui étoient
présents pour être témoins de l'opération qu'il méditoit, alla ouvrir le coffre-fort devant eux et Plati, le-

quel pensa s'évanouir lorsqu'il en vit tirer la cassette de cuivre et le sac. Le *bargello* s'adressant ensuite à ce pauvre diable, lui dit : L'ami, vous vouliez perdre la vie avec tous vos biens, si cette cassette étoit dans votre maison : il n'y a, ma foi, qu'à vous croire sur votre parole. Tudieu! quel dépositaire! En achevant ces mots il referma le coffre, et revint dans la boutique, tenant la cassette d'une main et le sac de l'autre; ce que les assistants n'eurent pas sitôt remarqué, qu'ils commencèrent, et particulièrement mon hôte, à charger le banquier d'injures et de malédictions. L'officier, pour approfondir encore mieux la chose, dit qu'il falloit ouvrir cette cassette : il me demanda si j'en avois la clef; je la tirai de ma poche, et la lui donnai. La première chose qui s'offrit à ses yeux fut le bordereau, conçu dans ces termes : *Il y a dans cette cassette neuf cent soixante pistoles d'or tant d'Espagne que d'Italie, et dix quadruples; le tout faisant mille pistoles, et appartenant à don Juan Osorio.* Il trouva les quadruples dans un papier à part : il les fit voir au banquier; après cela, il ouvrit le sac où étoient les trente écus romains avec les autres, et un bordereau.

Les cris du peuple redoublèrent à la lecture des bordereaux et à la vue des espèces qui étoient spécifiées. Chacun pressoit le *bargello* de me donner à l'instant la cassette et le sac; et cet officier alloit céder à leurs instances, si je n'eusse déclaré que je ne prétendois recevoir mon argent que des mains de la justice, puisque nous étions dans une ville où, grâce à Dieu, il y avoit de bons juges. Le *bargello* somma encore une fois le sieur Jérôme Plati de dire ce qu'il avoit à alléguer contre

de si fortes preuves. Le banquier, plus mort que vif,
et ne sachant ce qu'il devoit penser d'une aventure qui
ne lui paroissoit pas naturelle, répondit qu'il y avoit
là-dedans de la magie, et qu'assurément le diable s'en
mêloit. Si vous n'avez pas de meilleure raison que
celle-là pour confondre votre partie, lui dit l'officier,
vous avez bien la mine de perdre votre cause, et même
d'être puni sévèrement. Après avoir parlé de cette sorte,
il mit la cassette et le sac en dépôt chez un riche marchand du quartier, et alla faire son rapport aux juges,
qui nous citèrent, Plati et moi, pour comparoître devant eux le lendemain. Le banquier se trouva si malade,
qu'il lui fut impossible d'aller à l'audience; il se contenta d'y envoyer sa femme et son commis avec quelques-uns de ses amis : pour moi j'y parus hardiment,
accompagné de Sayavedra, de mon hôte et de mon hôtesse, qui furent interrogés tous trois l'un après l'autre,
et qui en dirent plus, surtout ces deux derniers, qu'ils
n'en avoient vu ni entendu. Les juges ouïrent aussi
Aguilera et sa maîtresse, qui confessèrent que, n'ayant
pas toujours été dans la boutique le jour que je disois
avoir porté mon argent au banquier, c'étoit de quoi ils
ne pouvoient en conscience rendre témoignage.

Sur toutes ces dépositions, les magistrats condamnèrent ma partie à me restituer mon or et mon argent,
aux dépens du procès, avec défense d'ouvrir sa boutique à l'avenir, et d'exercer la profession de banquier
dans tout l'état de Milan. Le *bargello*, pour exécuter
cette sentence, me mena chez le marchand dépositaire
de ma cassette et de mon sac, et, me les ayant remis
lui-même entre les mains, il me renvoya triomphant à

mon hôtellerie. Lorsque j'y fus arrivé, je n'eus pas peu
d'occupation à recevoir les compliments qu'on me fit sur
l'heureux succès de mon affaire. L'hôte et sa femme,
entre autres, en avoient une joie qu'ils ne pouvoient
modérer. Pour leur en marquer ma reconnoissance, je
leur fis de petits présents, et tous leurs domestiques
eurent sujet de se louer de mon humeur généreuse.

CHAPITRE III.

De la part que Guzman fit de ce vol à ses associés, et de
la route qu'il prit en sortant de Milan.

Sitôt que je me vis en possession d'un argent si bien
gagné, j'aurois souhaité d'être bien loin de Milan; mais
comme un départ trop précipité auroit pu devenir
suspect, je résolus de le différer de quelques jours.
Sayavedra ne pouvoit se lasser de toucher nos pistoles; et les prenant quelquefois pour des pièces d'or
qu'on voit en songe, il ne savoit s'il rêvoit ou s'il étoit
éveillé; puis pensant au stratagème que j'avois inventé
pour faire un si beau coup, il m'élevoit au-dessus de
tous les fripons du monde. Je ne vous croyois pas si
grec, me disoit-il, quoique je vous connusse pour un
jeune homme des plus adroits; vous serez long-temps
mon maître. Ami Sayavedra, lui dis-je, c'est trop vanter
un tour assez commun : ce qui mérite seulement d'être
loué, c'est de savoir éviter le péril en volant; car de
s'introduire dans une maison ouverte, y prendre une

robe-de-chambre, et recevoir cent coups de fouet, rien n'est plus aisé.

Nous passâmes, mon écuyer et moi, le reste de la journée à nous entretenir dans l'hôtellerie avec beaucoup de gaieté. Quand la nuit fut venue, nous sortîmes tous deux pour aller trouver Aguilera, qui nous attendoit au rendez-vous. Dès qu'il nous vit arriver il se mit à rire, et nous suivîmes son exemple. Il ne manqua pas ensuite de me complimenter aussi sur mon habileté; après quoi, il fut question de partager notre butin. Je tirai de ma poche une grande bourse où il y avoit trois cents pistoles que je lui donnai, en lui disant que j'en destinois autant à Sayavedra, et que je garderois le reste pour moi, étant bien juste que celui qui avoit le plus travaillé dans cette affaire et joué le plus gros jeu eût la plus grosse part. Mes deux associés en demeurèrent d'accord, et m'assurèrent qu'ils étoient très contents. Le partage fait, n'ayant plus rien qui nous arrêtât au rendez-vous, nous dîmes adieu au commis, et nous retournâmes au logis, où j'employai l'après-soupée à compter toutes mes espèces. Quel sujet de ravissement pour moi de me trouver en fonds de plus de sept mille francs, sans parler de ce que j'avois gagné à Boulogne! Je ne m'étois jamais vu si riche, et je ne me souvenois plus d'avoir été volé à Sienne.

En me promenant le lendemain dans les rues, ayant jeté les yeux par hasard dans la boutique d'un quincaillier, je remarquai une chaîne de cuivre doré fort bien travaillée, et je la pris pour une chaîne d'or pur; je demandai au marchand combien elle pesoit. Il me répondit en riant que tout ce qui reluisoit n'étoit pas

or, et que si j'avois envie d'acheter cette chaîne, il
m'en feroit très bon marché. Je fus tenté de l'avoir; je
lui en donnai ce qu'il voulut, et je l'emportai. Sayavedra, qui étoit avec moi, n'avoit pu s'empêcher de
rire en me voyant faire cette emplette; et quand nous
fûmes sortis de la boutique, il me dit : Seigneur don
Juan Osorio, vous avez bien la mine de faire payer
cette chaîne à quelqu'un plus cher qu'elle ne vous a
coûté. C'est ce qui pourra bien arriver, lui répondis-je;
et dans ce louable dessein, je vais la porter chez un
orfévre, pour qu'il m'en fasse une d'or fin de la même
grandeur et de la même façon. Je m'adressai à un habile ouvrier qu'on m'enseigna; il m'en fit une si semblable à la mienne, qu'on ne pouvoit les distinguer
l'une de l'autre que par le son.

Enfin je partis de Milan avec ces deux bijoux, et
toutes les plumes que j'avois tirées de l'aile du sieur
Jérôme Plati. Je dis dans l'hôtellerie, avant mon départ, que j'allois à Venise; mais au lieu d'en prendre
la route, j'enfilai sans bruit celle de Pavie. Je m'arrêtai
quelque temps dans cette dernière ville, pour y faire
les préparatifs du voyage que j'avois résolu de faire à
Gênes, si jamais je me trouvois dans un état à pouvoir
paroître devant mes parents sans les faire rougir : j'y
voulois jouer le rôle d'un jeune abbé espagnol revenant de Rome. Pour cet effet, j'achetai des étoffes fines,
dont le plus fameux tailleur de Pavie me fit une soutane et un manteau long; je me donnai des souliers de
maroquin noir à talons rouges, avec des bas de soie,
et tout le reste d'un habillement de prélat. J'ordonnai
de plus à Sayavedra de se pourvoir de deux grands

coffres de bagage; et lorsque tout fut prêt, je me mis
en chemin dans une litière conduite par un muletier,
avec mon écuyer à cheval, un nouveau valet à pied,
et un autre muletier qui menoit une mule chargée de
ballots. Ce fut dans ce bel équipage que Gênes revit ce
même Gusman qu'elle avoit vu six ou sept ans auparavant dans une situation bien misérable.

CHAPITRE IV.

*De son arrivée à Gênes, et de la gracieuse réception que
lui firent ses parents lorsqu'ils apprirent qui il étoit.*

Nous allâmes loger à la Croix-Blanche, qui dans ce
temps-là étoit la meilleure hôtellerie de la ville. Il étoit
déjà nuit; et comme mon écuyer avoit pris les devants
pour disposer l'hôte à recevoir chez lui un abbé de la
première qualité, je trouvai tout le monde en mouvement dans la maison : une partie des domestiques étoit
à la porte avec des flambeaux; et leur maître, après
que Sayavedra m'eut aidé à descendre de ma litière,
me conduisit à la chambre d'honneur du logis, de laquelle on fit sortir un cavalier qui méritoit mieux que
moi de l'occuper.

L'hôtellerie étoit alors pleine de personnes de considération, lesquelles ne furent pas peu curieuses de
savoir qui j'étois; et mon nouveau valet, bien instruit
par Sayavedra, disoit à tous les gens qui le question-
noient là-dessus, que je me nommois monseigneur l'abbé

don Juan de Guzman, fils d'un noble Gênois marié à Séville. Je ne sortis point de ma chambre le premier jour : je l'employai à faire l'abbé d'importance, fatigué de son voyage de Rome, et à préparer tout pour me montrer le lendemain dans la ville de Gênes sous la forme d'un prélat. Tandis que je m'occupois de cette décoration, mon fidèle écuyer, ne sachant point encore le motif de ce changement de figure, me dit : Il faut, mon cher maître, que vous commenciez à vous défier de moi, puisque vous me faites un mystère du dessein que vous méditez présentement. Non, lui répondis-je, mon ami, tu as toujours ma confiance : si pendant notre séjour à Pavie j'ai fait faire ce nouvel habillement sans t'en dire la raison, c'est qu'il n'étoit pas encore temps de te l'apprendre ; je puis, à l'heure qu'il est, satisfaire ta curiosité. Bien loin de vouloir te cacher le projet que je roule dans ma tête, je ne saurois l'exécuter sans ton secours ; je vais t'en faire confidence.

Je t'ai raconté à Milan comment mon père, noble Gênois, épousa à Séville une dame de la maison des Guzman, dont j'ai pris le nom ; je t'ai même dit en gros l'histoire de ma vie ; mais je ne t'ai point parlé d'une aventure dont le souvenir m'a fait former l'entreprise que je vais te découvrir. Il y a près de sept ans que je partis de Tolède en bon équipage pour venir en Italie voir mes parents ; je ne ménageois pas mieux que toi mon argent sur la route, de sorte que j'arrivai à Gênes dans un état misérable. Cela ne m'empêcha pas de me présenter devant quelques personnes de la famille, et, entre autres, devant un de mes oncles, qui me reçut fort mal, ou plutôt me traita si cruellement,

que je jurai de m'en venger si jamais la fortune m'en
offroit l'occasion : je prétends garder mon serment,
puisque je le puis aujourd'hui. Je veux voler mes parents ; c'est la seule vengeance que j'ai envie de tirer
d'eux. Voilà dans quelle intention j'emprunte ce déguisement qui te surprend si fort : outre qu'il inspire du
respect, il me semble plus propre qu'un autre à me
rendre méconnoissable à des yeux qui ne m'ont vu
qu'en passant, quand le changement qui s'est fait en
moi depuis ce temps-là ne m'ôteroit pas la crainte d'en
être reconnu. Préparons-nous, cher Sayavedra, à jouer
de bons tours dans ma famille; j'y suis poussé par un
juste ressentiment et par l'intérêt. Mon confident me
répondit que je n'avois qu'à commander, qu'il suivroit
exactement les instructions que je lui donnerois. Nous
concertâmes tous deux ce que nous devions faire, et
voici la conduite que je tins pour parvenir à mon but.

Je me mis le lendemain, second jour de mon arrivée, en soutane et en manteau long; et me regardant
dans le miroir, je me parus à moi-même tout un autre
homme; sans vanité, je n'avois pas mauvaise mine.
Quand je n'aurois pas eu le talent de bien faire toutes
sortes de personnages, j'avois vu à Rome tant de beaux
modèles d'abbés de conséquence, que je n'eusse pu
manquer de les copier. Pour moi, j'attrapois à merveille leurs meilleurs airs : je savois me rengorger,
prendre un maintien grave et fier, trousser ma soutane
et mon manteau de façon que je laissois voir une jambe
qui n'étoit pas mal faite, avec un bas de soie et un
soulier mignon ; porter mon chapeau d'une manière
aussi galante que modeste ; envisager enfin les gens

sans attacher sur eux mes regards, et adoucir ma voix
en leur parlant : je possédois parfaitement tout cela
par théorie, et je sortis pour aller montrer dans la ville
que je le savois aussi bien pratiquer. Sayavedra, mon
majordôme, me suivoit avec mon laquais, tous deux
sur deux lignes, et fort proprement vêtus. On me con-
sidéroit avec de grands yeux, comme on a coutume
de regarder un étranger, et chacun me faisoit de profondes révérences, ou, pour mieux dire, à mon habit
de soie; car on est traité dans le monde suivant ce
qu'on y paroît : que Cicéron se présente mal habillé,
Ciceron passera pour un cuistre.

Je me promenai dans les rues pendant plus d'une
heure, répondant aux politesses respectueuses qu'on
me faisoit en abbé accoutumé à recevoir des honneurs;
après quoi je retournai à l'hôtellerie, où l'hôte me fit
avertir que le dîner étoit prêt, et demander si je trouverois bon que quelques personnes de qualité man-
geassent à ma table. Je répondis que cela me feroit
plaisir. Un moment après, étant entré dans la salle où
je devois dîner, je vis arriver quatre cavaliers qui me
saluèrent avec respect. Je leur rendis le salut fort honnêtement; et remarquant qu'on avoit servi, je m'assis
à bon compte à la place d'honneur; ensuite je priai
ces messieurs de se mettre à table. La conversation fut
d'abord sérieuse à cause de moi : je m'en aperçus; et
l'égayant moi-même tout le premier, pour faire connoître à ces messieurs que je n'étois pas si diable que
j'étois noir, je fis deux ou trois petits contes badins,
qui excitèrent quelques personnes de la compagnie à
suivre mon exemple.

Ces gentilshommes s'amusoient ordinairement à jouer l'après-dînée, et quelquefois encore l'après-soupée ; ils jouoient assez gros jeu, et même en honnêtes gens. Je passois volontiers une heure à les regarder ; après cela je me retirois. Ils auroient bien souhaité qu'il m'eût pris fantaisie de jouer avec eux, me croyant plus riche abbé qu'habile joueur, quoiqu'ils ne dussent point ignorer qu'il y a de grands filous parmi les petits collets. Je n'eus garde de satisfaire sitôt leur envie, quelque penchant que j'y eusse ; au contraire, je témoignai de la répugnance pour le jeu ; et ce ne fut qu'après nous être un peu plus familiarisés ensemble que je me défendis mollement de faire une reprise. Lorsqu'ils me virent à moitié rendu, ils redoublèrent leurs instances, et je fis semblant de leur céder par complaisance pure. Je ne jouois pas long-temps, et je ne jouois que très petit jeu, sans employer Sayavedra, ni même tout mon savoir-faire ; ainsi ce que je perdois étoit peu de chose, et je ne voulois rien embourser de ce que je gagnois : tantôt je le laissois pour les cartes, et tantôt j'en faisois présent aux gens de ces messieurs, où je le donnois aux miens. Je m'acquis par cette conduite la réputation de seigneur généreux ; ce qui faisoit que, lorsqu'il m'arrivoit de me mettre au jeu, les passe-volants, qui s'occupent à voir jouer des après-dînées pour recevoir quelques ducats, venoient tous se placer derrière moi.

Un jour ayant gagné environ quarante pistoles, j'en pris vingt-cinq dans ma main, et j'abandonnai le reste à ceux qui étoient autour de moi ; puis me tournant vers un capitaine de galère, qui étoit du nombre de ces passe-volants, je lui dis tout bas, en lui glissant secrètement dans la main l'argent que j'avois dans la mienne : Vous avez été trop long-temps en Espagne pour ignorer qu'un gentilhomme qui a vu le jeu, et pris part à la fortune d'un joueur, ne refuse point la petite marque de reconnoissance qu'il lui veut donner ; vous en pourrez user de même avec moi en pareil cas. Il parut un peu confus de mon action ; mais il y a dans la vie, comme on dit, des temps où une pistole en vaut mille. Mon officier étoit alors si sec, que le plaisir qu'il eut de se voir tout à coup arrosé d'une pluie d'or l'emporta sur sa honte. Néanmoins, malgré sa misère, je ne sais s'il fut plus sensible au bienfait qu'à la manière dont je le lui fis. Je lui gagnai l'âme. Il voulut me le témoigner par des discours que j'interrompis deux fois pour lui parler de ses courses ; je le priai même de me faire l'honneur de venir tous les jours dîner et souper avec moi ; car il ne mangeoit pas ordinairement dans mon hôtellerie ; et en le quittant, je lui demandai son amitié.

Dans le fond c'étoit un garçon de mérite, fort bien fait de sa personne, et d'un esprit agréable. Comme il étoit connu pour un très honnête homme, il fréquentoit les nobles, et faisoit la meilleure figure que pouvoient le lui permettre les appointements d'un capitaine de galère, qui sont bien modiques à Gênes. Avec cela il aimoit le jeu ; et, quoiqu'il y fût très malheureux, il ne pouvoit se défendre de s'y embarquer quand il se sentoit un écu dans sa poche. Cette passion, qui le dominoit, étoit accompagnée d'un penchant pour les femmes, qui seul auroit suffi pour le ruiner s'il eût été riche. Il se nommoit Favello, nom qu'une dame qu'il

avoit autrefois aimée lui avoit donné, et qu'il conservoit pour se souvenir d'elle. Il me conta lui-même quelques jours après cette histoire, que je ne pus entendre
sans soupirer et m'attendrir, en me rappelant mon intrigue de Florence. Les bonnes qualités de ce capitaine
ne furent pas toutefois la seule cause de la petite galanterie et de toutes les honnêtetés que je lui fis. Il faut
que je te l'avoue, lecteur, quand je devrois gâter dans
ton esprit ce trait généreux. Je savois que les galères
devoient bientôt partir pour Barcelonne; et dans l'intention où j'étois de profiter de cette occasion pour repasser en Espagne, après avoir friponné mes honnêtes
parents, l'amitié du capitaine Favello m'étoit trop utile
pour négliger de l'acquérir; aussi tu vois que je m'y
pris assez bien, puisque dès le premier jour j'en fis
l'acquisition.

Effectivement, le lendemain, à mon lever, il vint
me rendre ses devoirs, et m'inviter à me promener sur
l'eau; ce que j'acceptai volontiers. Je me fis conduire
l'après-dînée à sa galère, où je fus reçu avec tous les
honneurs qu'auroient pu attendre de lui le pape ou le
doge de Gênes. Nous sortîmes du port pour considérer
les belles maisons de plaisance qui sont le long de la
mer, et qui forment le plus charmant spectacle qui
puisse s'offrir à la vue. Notre officier, qui étoit Génois
d'origine, et qui disoit librement ce qu'il pensoit, ne
se contentoit pas de m'en nommer tous les proprié-
taires, il me faisoit d'eux des portraits fort malins.
Parmi les personnes qu'il épargnoit le moins, il s'avisa
de citer un de mes parents. Je me mis à rire. Tout beau,
lui dis-je, monsieur le capitaine, je vous demande

quartier pour celui-là ; savez-vous bien que je suis de sa famille ? De sa famille ! s'écria-t-il avec une surprise mêlée de confusion. Comment donc cela ? Je vais vous l'apprendre, lui répondis-je ; mon père étoit un noble génois. Une grosse banqueroute qu'on lui fit l'obligea de passer en Espagne. Il alla s'établir à Séville, où il raccommoda ses affaires en épousant une dame de la maison des Guzman, dont je porte le nom préférablement au sien, pour deux raisons : la première, pour recueillir une succession qui, sans cela, pourroit m'échapper, et la seconde, parce qu'étant pour le moins autant fils de ma mère que de mon père, j'ai cru pouvoir choisir celui de leurs deux noms qui m'étoit le plus honorable.

Vous vous imaginez, reprit Favello, que vous me parlez là d'une chose dont je n'ai aucune connoissance ; pardonnez-moi, s'il vous plaît. Je connois très particulièrement deux de vos cousins, qui m'ont plus d'une fois entretenu de monsieur votre père. Ils m'ont dit que c'étoit un homme qui avoit beaucoup d'esprit ; qu'il avoit été pris par un corsaire d'Alger, et qu'après avoir recouvré sa liberté par l'amour que conçut pour lui une Algérienne, il étoit allé à Séville trouver son correspondant, et que là il avoit donné dans la vue d'une dame de qualité qu'il avoit épousée. Vous êtes donc fils de cet illustre esclave ? A votre service, lui repartis-je en riant encore. Savez-vous bien, reprit-il, que le seigneur don Bertrand, frère aîné de votre père, est plein de vie ? C'est un bon vieillard qui ne marche aujourd'hui qu'avec un bâton. Il n'a jamais voulu se marier, et c'est un des nobles de Gênes qui a le plus de bien. Vous

m'apprenez ce que j'ignorois, lui dis-je, car je ne l'ai
point vu, et ma mère n'a jamais eu de commerce de
lettres avec lui. Je m'étonne, ajouta-t-il, que vous ne
vous soyez pas déjà fait connoître : vos parents sont
assurément de grands seigneurs dans ce pays-ci, et je
ne sais ce qui peut vous empêcher de les voir. Que
voulez-vous que je fasse, lui répondis-je? Que j'aille
décliner mon nom devant des gens qui ne me connoissent point, et qui se croiront en droit de douter de ce
que leur dira un homme qui n'a que sa parole pour ga-
rant de sa sincérité? Non, non, je n'ai pas besoin d'eux,
et je ne leur demande rien. Demeurons comme nous
sommes. Quand même ils sauroient que je suis dans
cette ville, étant étranger, j'attendrois qu'ils fissent la
première démarche. Vous auriez raison, dit notre officier; mais trouvez bon que dès demain matin je leur
donne avis de votre arrivée. Je suis persuadé que je ne
les en aurai pas plus tôt informés, qu'ils se feront un
plaisir d'aller vous rendre ce qu'ils vous doivent. Je
repartis au capitaine : Vous êtes homme d'esprit, et
vous avez de la prudence. Je veux bien vous laisser
faire ce que vous jugerez à propos; souvenez - vous
seulement qu'il ne faut pas contraindre leurs inclinations : je ne prétends me déclarer de leur famille qu'autant qu'ils me paroîtront en être contents.

Pendant que nous tenions de part et d'autre de pareils
discours, Favello me fit servir une collation composée
des plus beaux fruits et des meilleures confitures. Il
l'avoit fait préparer pour moi, et il y avoit assurément
employé une bonne partie des pistoles dont je lui avois
fait présent. Nous ne laissâmes pas de continuer notre

entretien. L'officier, qui connoissoit parfaitement mon
oncle et mes cousins, me mit si bien au fait, que je
pouvois me vanter, après cette conversation, de savoir
aussi bien les affaires de mes parents que les miennes.
La nuit qui s'approchoit nous obligea de rentrer dans
le port. Nous sortîmes de la galère, et j'emmenai le
capitaine à mon hôtellerie, où nous soupâmes avec les
gentilshommes qui y étoient logés. Après le repas, ces
messieurs me proposèrent de jouer, en me disant qu'ils
avoient sur le cœur les quarante pistoles que je leur
avois gagnées le jour précédent, et qu'il étoit juste que
je leur donnasse leur revanche. J'y consentis, et me
sentant en train de gagner, je dis à Favello : Au moins,
monsieur le capitaine, n'oubliez pas que nous sommes
de moitié. Il me répondit en souriant qu'il me croyoit
si heureux en toutes choses, qu'il s'applaudissoit d'être
associé avec moi. La fortune en effet me favorisa depuis le commencement de la reprise jusqu'à la fin. Je
gagnai cent pistoles, que je partageai avec notre officier
de galère ; ce qui lui fit cette fois-là d'autant plus de
plaisir, qu'il n'en coûtoit rien à sa fierté. C'est ainsi que
je le disposois peu à peu à ne pouvoir refuser de me
rendre le service que j'attendois de lui.

Il ne manqua pas, comme il me l'avoit promis, d'aller
le lendemain chez mes parents pour les informer de
l'arrivée de M. l'abbé don Guzman à Gênes. Tu peux
bien t'imaginer qu'il leur fit un beau portrait de ma personne, et qu'il leur vanta mon mérite et ma générosité,
puisque dès l'après-midi on les vit venir à mon hôtellerie en fraises bien empesées, avec leurs manteaux de
velours noir sur les épaules. Mon majordôme, que j'avois

instruit de tout ce qu'il devoit faire, les reçut à la porte
du logis, et les conduisit dans ma chambre, où je m'a-
vançai gravement jusqu'à l'entrée, en les saluant avec
beaucoup de civilité. Il en parut d'abord deux, l'un et
l'autre enfants d'un sénateur mort depuis cinq à six ans,
et frère de mon père; puis il survint un troisième cousin,
fils d'une sœur encore vivante. Ils m'accablèrent de
compliments, et m'offrirent leurs maisons, leur crédit
et leurs bourses, parce que Favello leur avoit fait entendre que je n'en avois pas besoin. Mais quand il ne
m'auroit pas fait passer dans leur esprit pour un abbé
fort opulent, ce qu'ils remarquèrent dans ma chambre
eût été capable de leur donner de moi cette opinion :
j'avois négligemment étalé sur une table ma chaîne d'or,
plusieurs autres bijoux, et tout ce que je possédois de
plus précieux, avec la cassette de Milan toute ouverte,
et dans laquelle de bons yeux pouvoient apercevoir une
partie des pistoles qu'elle renfermoit.

Mon oncle, garçon et chef de la famille, arriva le
dernier; c'étoit particulièrement à celui-là que j'en
voulois. Il s'appuyoit sur un grand bâton, et marchoit
avec peine. Je ne lui trouvai plus cet air vénérable qui
m'avoit tant plu la première fois; au contraire, tout
mon sang se souleva contre lui. La vue de ce vieux singe
plein de malice me fit frémir, comme la présence d'un
meurtrier rouvre les blessures de l'homme qu'il a tué :
je crus voir avec lui des esprits follets qui s'apprêtoient
à me berner. Je ne laissai pas pourtant, malgré la haine
que je me sentois pour lui, de le recevoir encore mieux
que mes cousins, qui, sortant un moment après qu'il
fut entré, lui abandonnèrent par respect la place. Le

vieillard commença par me témoigner la joie qu'il avoit
de voir le fils d'un frère qui lui avoit toujours été cher ;
puis, me considérant depuis les pieds jusqu'à la tête, il
me dit que je ressemblois beaucoup à mon père, et qu'il
étoit bien glorieux pour la famille d'avoir un rejeton si
propre à lui faire honneur. Il se plaignit ensuite de ce
que je n'avois pas été prendre un logement chez lui,
où il y avoit des appartements plus convenables qu'une
hôtellerie à un homme de mon caractère et de ma qualité. Je lui prodiguai là-dessus des remercîments accompagnés des plus vives démonstrations de sensibilité ;
après cela, je lui dis que mes cousins m'avoient offert
aussi leurs maisons, ce que je n'avois eu garde d'accepter, ne voulant incommoder aucun de mes parents
pour le peu de jours que j'avois à demeurer à Gênes,
où je n'étois venu que pour m'informer de l'état de
notre famille, tant pour ma satisfaction que pour celle
de ma mère, qui m'en avoit chargé.

Ces derniers mots donnèrent occasion au bon homme
don Bertrand de me demander des nouvelles de ma mère
et de ses enfants. Je répondis que j'étois son fils unique, et peu s'en fallut que, par inadvertance, il ne
m'échappât de dire que j'avois deux pères ; mais je retins ma langue, et fis un très bel éloge de ma mère,
composé de contre-vérités. Mon oncle, impatient de
me conter ce que je savois aussi bien que lui, m'interrompit en me disant : Mon neveu, il faut que je vous
détaille une aventure qui nous arriva il y a six ou sept
ans. Il parut dans Gênes un petit fripon presque nu ; il
couroit les rues en disant à tous ceux qui vouloient
l'entendre qu'il étoit fils de votre père ; et ce gueux,

qui avoit bien l'air de ce qu'il étoit, se flattoit que,
quelqu'un de nos parents seroit assez crédule pour le
croire sur sa parole, et assez bon pour avoir pitié de
sa misère. Je le cherchai dans l'intention de nous venger
tous du déshonneur qu'il nous faisoit, et j'eus le bonheur
de le rencontrer. Je l'attirai chez moi par des paroles
douces, et surtout par la promesse que je lui fis de lui
donner dès le lendemain la connoissance d'un homme
qui ne manqueroit pas de lui rendre service. Lorsqu'il
fut dans ma maison, je le questionnai, et je jugeai bien,
par ses réponses, que c'étoit un petit pendard ; aussi
paya-t-il le tout ensemble : je m'aperçus qu'il mouroit
de faim ; je l'envoyai coucher sans souper dans un magnifique appartement, où il fut berné toute la nuit par
de grands diables masqués, qui lui en donnèrent de
toutes les façons.

En parlant de cette sorte, ce méchant vieillard rioit
de toute sa force, tandis qu'au fond de mon âme je sentois que ce récit et le plaisir qu'il prenoit à le faire me
mettoient en fureur. Néanmoins je dissimulai, et riant
du bout des dents, je lui dis que je trouvois cette aventure fort plaisante. Je suis seulement fâché d'une chose,
reprit mon oncle, c'est qu'il disparut le matin et qu'il
court encore. Je voudrois avoir poussé la vengeance
plus loin, pour mieux punir ce misérable d'avoir osé
se dire de nos parents. A ce sentiment génois je changeai
de matière, et un quart d'heure après ce maudit barbon
se leva pour s'en aller : je l'accompagnai jusqu'à la porte
de la rue, en lui faisant tous les honneurs dus au frère
aîné de mon père.

CHAPITRE V.

Guzman donne un grand repas à ses parents, et leur fait payer leur écot.

L'APRÈS-DÎNÉE je chargeai Sayavedra de chercher dans la ville quatre bons coffres de la même grandeur, et de les acheter. Pendant qu'il s'acquittoit de cette commission, Favello vint me voir pour me rendre compte des entretiens qu'il avoit eus avec mes parents sur mon chapitre. Il m'assura que toute la famille étoit charmée de ma personne, surtout le seigneur don Bertrand mon oncle. Ce bon vieillard, poursuivit-il, m'a dit qu'il lui sembloit avoir vu et entendu parler son cher frère, tant il avoit trouvé de ressemblance entre votre père et vous ; qu'il vous voyoit à regret embrasser l'état ecclésiastique, et qu'il vous proposeroit de quitter la soutane pour épouser une de ses nièces du côté de sa mère ; qu'à la vérité cette fille avoit peu de bien, mais qu'il étoit dans la résolution de lui en laisser, parce qu'il avoit pour elle une amitié toute particulière. Enfin, le capitaine me protesta que mon oncle avoit conçu pour moi beaucoup d'estime et de tendresse. Cependant tout cela ne fit que blanchir contre mon ressentiment, et ne me détourna pas de mon dessein.

J'allai rendre visite le lendemain matin, premièrement à don Bertrand, qui, dans l'entretien que nous eûmes ensemble, me dit qu'étant fils unique comme je

l'étois, je devois plutôt songer à soutenir ma maison,
qu'à me consacrer à un état qui lui ôteroit une de ses
plus belles branches. Je pensai lui répondre qu'ayant
toujours gardé le célibat, il avoit fait lui-même autant
de tort à sa famille que s'il eût pris le parti de l'église.
Ensuite il me nomma la personne qu'il avoit envie de
me choisir pour femme. Pour l'amuser, je fis semblant
de n'être pas éloigné de faire ce qu'il désiroit, et je
finis ma visite en le priant de venir le jour suivant dîner
avec moi. Il voulut d'abord s'en défendre et s'excuser
sur son grand âge, qui ne lui permettoit pas d'assister
à des banquets; néanmoins, lorsque je lui eus représenté qu'il n'y auroit à ce repas que des parents et le
capitaine Favello, l'ami commun de toute la famille,
il se laissa débaucher, et promit d'être de la partie pour
me marquer, dit-il, l'extrême considération qu'il avoit
pour un neveu que le ciel lui envoyoit. Je visitai après
cela mes cousins l'un après l'autre, et ils me donnèrent
aussi leur parole de venir chez moi. Il ne fut plus question que de leur faire préparer un dîner magnifique.
Je m'adressai pour cet effet à mon hôte, qui m'assura
que je pouvois me reposer sur lui du soin de régaler
mes convives, et qu'il me répondoit d'un festin où l'on
verroit également régner l'abondance et la délicatesse.

Mon majordôme, qui arriva dans l'hôtellerie pendant que je parlois à l'hôte, me dit qu'il avoit acheté
quatre coffres fort propres. Je les voulus voir. Il me
conduisit où ils étoient, et j'en fus très content. Il me
demanda ce que j'en prétendois faire. Je lui fis réponse
qu'il n'avoit qu'à me suivre, et qu'il en seroit bientôt
instruit. Je lui ordonnai de prendre notre cassette sous

son bras, et je le menai à la boutique d'un des plus riches
orfévres de Gênes. Je proposai à ce marchand de me
prêter pour vingt-quatre heures des plats et des assiettes
d'argent, moyennant un honnête profit, et en consi-
gnant entre ses mains des espèces pour la valeur de
l'argenterie. L'orfévre accepta la proposition. Nous convînmes de la somme qu'il vouloit pour le prêt; et choi-
sissant la vaisselle qu'il me plut d'avoir, j'en pris pour
neuf à dix mille francs, que je comptai en bonnes pistoles à l'orfévre pour nantissement. Après quoi je dis à
Sayavedra d'aller chercher deux des coffres qu'il savoit,
d'y faire mettre lui-même la vaisselle, et de la faire
porter au logis; ce qui fut exécuté avec toute la diligence dont ce fidèle écuyer étoit capable.

Tous mes parents s'assemblèrent donc chez moi le
lendemain sur le midi. Mon hôte, qui se piquoit d'être
un excellent traiteur, me fit connoître qu'effectivement
il étoit consommé dans l'art difficile de faire de bons
ragoûts. Il nous en servit de si délicieux, que mes cousins et mon oncle même avouèrent que de leur vie ils
n'en avoient mangé de meilleurs. S'il ne s'étoient pas
attendus à faire si bonne chère, ils furent encore bien
plus surpris quand ils virent un buffet fort paré d'argenterie, et qu'ils remarquèrent que les plats et les assiettes étoient du même métal. Ils ne purent s'empêcher
de me dire qu'un voyageur jouoit gros jeu en portant
avec lui une pareille vaisselle, et particulièrement en
Italie, où l'on rencontroit des voleurs à chaque pas. Le
bon homme don Bertrand, à qui tout cet étalage d'argenterie avoit fait penser la même chose, appuya leur sentiment. C'est votre faute, mon neveu, s'écria-t-il. Vous

pouviez fort bien vous dispenser de loger à l'hôtellerie dans une ville où vous avez des parents comme les vôtres. Je conviens que c'est la plus fameuse hôtellerie de Gênes ; mais la meilleure du monde ne vaut rien. Vous êtes encore jeune ; et je veux vous avertir, en homme qui a de l'expérience, que vous ne devez vous fier qu'à la bonté des serrures et des cadenas de vos coffres, parce que les hôtes, les hôtesses, leurs enfants ou leurs valets ont toujours deux ou trois clefs de chaque appartement. Si vous m'en croyez, continua-t-il, puisque vous refusez de prendre un logement chez moi, envoyez-y du moins dès aujourd'hui votre argenterie et vos bijoux ; ils seront en sûreté dans mon cabinet jusqu'à votre départ, y en eût-il pour un million d'or.

Je rendis grâce à mon oncle de son obligeante inquiétude ; et, feignant de mépriser la crainte d'être volé, je dis qu'en partant de Rome je m'étois contenté de laisser entre les mains de notre ambassadeur ce que j'avois de plus précieux, et qu'à l'égard de l'argenterie, quoiqu'elle fût embarrassante pour un voyageur, je n'étois pas fâché de l'avoir pour m'en défaire dans un besoin, l'argent étant d'une plus prompte défaite que les pierreries. Toute la famille parut se payer de cette raison ; et comme je venois de nommer notre ambassadeur, mes cousins commencèrent à parler de ce ministre. Ils dirent qu'ils l'avoient vu lorsqu'il avoit passé par Gênes pour se rendre à Rome. Alors, pour leur prouver que j'étois fort bien avec cette excellence, je leur en fis voir le portrait dont elle m'avoit fait présent ; ce qui leur persuada qu'il falloit en effet que l'ambassadeur eût beaucoup d'estime et d'amitié pour moi.

Don Bertrand, toujours occupé du péril que couroit ma vaisselle dans l'hôtellerie, revint encore une fois à la charge, et je fus obligé de lui dire, pour le contenter, que je ferois porter chez lui après le dîner toute mon argenterie dans deux coffres que je lui montrai du doigt, et dans lesquels je lui dis que j'avois coutume de la serrer. On changea de discours, et la conversation tomba sur le mariage. Là-dessus mon oncle m'adressant la parole me dit que c'étoit à mon âge qu'il falloit se marier, et non dans la vieillesse, où l'on ne faisoit que des orphelins; puis, il me représenta tous les désagréments des gens d'église, et s'étendit ensuite sur les louanges de la jeune personne qu'il souhaitoit que j'épousasse. Elle est, ajouta-t-il, ma nièce du côté de ma mère; c'est une fille d'un sang noble, et d'une beauté qui doit lui tenir lieu de bien; de plus, elle a une mère qui vous chérira comme la prunelle de ses yeux, vous et tous vos enfants.

Comme il me parut que le vieillard désiroit ardemment ce mariage, je fis semblant de n'être pas dans une disposition contraire à ses souhaits. Que vous êtes séduisant, lui dis-je, mon cher oncle! Je sens que vous me dégoûtez de la vie ecclésiastique, et je suis assuré qu'en recevant une femme de votre main je serai parfaitement heureux. Cependant souffrez, de grâce, que je vous représente que j'ai déjà un bénéfice de dix mille livres de rente, et que j'en attends un autre de quinze mille, que des parents de ma mère, fort puissants à la cour de Rome, me font espérer. Il me seroit bien doux, en changeant d'état, d'avoir ces deux jolis présents à faire aux enfants de mes cousins. Ils applaudirent tous

à ma pensée, et me firent par avance de grands remercîments. Sur la fin du repas, qui fut assez long, don
Bertrand demanda au capitaine Favello s'il avoit reçu
des ordres pour son départ. Oui, lui répondit l'officier,
et nous devons partir dans trois jours pour Barcelonne;
on commence même dès à présent à embarquer ce qu'on
y veut porter. Je fus ravi d'entendre cette nouvelle, qui
me fit connoître que je n'avois pas de temps à perdre.
Aussitôt qu'on eut dîné, je commandai à mon majordôme, d'enfermer mon argenterie et ma cassette dans
les deux coffres, et de les faire porter lui-même chez
mon oncle. Tout cela fut exécuté en moins d'une heure
et devant mes parents, tandis que je m'entretenois avec
eux. J'accompagnai mon oncle quand il voulut s'en retourner à son hôtel, et en y arrivant nous y trouvâmes,
non les deux coffres où l'on avoit mis l'argenterie, mais
les deux autres que nous avions remplis le soir précédent de sacs de sable à peu près du même poids que
la vaisselle, et que Sayavedra avoit changés fort subtilement.

Je ne pouvois mieux commencer. Voici comme je
continuai : le capitaine Favello revint le soir à l'hôtellerie; il me témoigna le chagrin qu'il avoit par avance
du départ des galères par rapport à moi, dont il étoit
sur le point de se séparer. Il n'est pas certain, lui dis-je,
que nous nous quittions si tôt; peut-être nous verrons-
nous plus long-temps que vous ne pensez. Il rêva un moment à ce que je venois de lui dire, et me demanda si
j'avois envie de repasser en Espagne. C'est ce que je
ne veux pas vous celer, lui répondis-je, à vous dont je
connois la prudence et la discrétion, à vous enfin que

j'aime, et pour qui je n'ai point de secret. Apprenez
que le plaisir de voir mes parents m'attire moins à Gênes,
que le désir de me venger d'une offense que m'a faite à
Rome un Génois que j'avois pour rival. Il n'étoit pas
nécessaire d'en dire davantage à Favello pour l'engager à
m'offrir ses services. Nommez-moi, dit-il, avec agitation,
le téméraire qui vous a outragé, et je ne vous demande
que vingt-quatre heures pour satisfaire votre ressentiment. Seigneur capitaine, lui répliquai-je, je vous suis
redevable d'entrer si vivement dans mes intérêts; et si
je cherchois un vengeur, je suis persuadé que je n'en
pourrois trouver un meilleur que vous; mais vous jugez bien mal de moi, si vous croyez que je manque de
force ou de courage pour me venger moi-même; outre
cela, je vous dirai que je sais où mon ennemi demeure,
et que je suis sûr de mon coup. La grâce que j'attends
de votre seigneurie, c'est de me permettre de faire porter secrètement mon bagage à bord de votre galère,
la veille du jour qu'elle sortira du port; je veux même,
pour plus d'une raison, que mes parents ignorent mon
départ, et je vous demande le secret.

Pour le secret, me repartit l'officier, je vous le promets. Puis revenant encore à mon affaire d'honneur:
Vive Dieu, poursuivit-il, je suis bien mortifié que dans
la seule occasion que j'aurai sans doute de vous marquer
mon zèle, vous refusiez de m'employer! Il me dit ces
paroles d'un air si affligé, que je l'embrassai, et lui répondis, pour le consoler, que dans le cours de notre
voyage il auroit dans sa galère assez d'occasions de faire
éclater son amitié. Nous nous séparâmes sur cela tous
deux pénétrés d'affectueux sentiments l'un pour l'autre.

Le jour suivant, de grand matin, je renvoyai toute
l'argenterie chez l'orfévre par mes gens, qui me rap-
portèrent mes pistoles qui étoient en gage. Je les avois
à peine remises dans ma cassette, qu'un de mes cousins
arriva pour me dire que notre oncle don Bertrand
m'attendoit à dîner chez lui le lendemain. Je ne manquai pas d'y aller; et j'y trouvai toute la famille assemblée. Nous nous mîmes gaiement à table, et nous tînmes
des discours joyeux. Au milieu du repas, mon majordôme, comme nous en étions convenus tous deux, entra
dans la salle, et m'apportant un billet : Le colonel don
Antonio, me dit-il, est venu vous chercher à l'hôtellerie, et ne vous ayant pas rencontré, il m'a chargé de
vous rendre cette lettre. Je l'ouvris sans façon, et la lus
assez haut pour que mon oncle, qui étoit assis près de
moi, m'entendît. Elle contenoit les paroles suivantes :
« Je me marie après demain. Je compte bien que cette
fête ne se fera pas sans vous. Si vous refusez d'en être,
je romps pour jamais avec vous. Ce n'est pas tout; vous
m'avez montré de belles pierreries de madame votre
mère, je vous conjure de me les prêter. Ma maîtresse
n'a osé apporter les siennes dans ce pays-ci. Nous ne
retiendrons vos diamants que deux jours, et nous en
aurons grand soin. Je me flatte que vous ferez ce plaisir à don Antonio de Mendoce votre ami.

Après la lecture de ce billet, je pris un air chagrin
et embarrassé. Je fis le rêveur. Puis me tournant vers
Sayavedra : Tu ne sais pas, lui dis-je, ce que me veut
don Antonio. Il me demande mes pierreries pour en
parer sa femme le jour et le lendemain de ses noces.
Tu n'ignores pas que mes diamants sont à Rome chez

M. l'ambassadeur. Va dire au colonel que je ne puis les lui prêter, et que j'en suis au désespoir. Monsieur, me répondit mon majordôme, il croira que c'est une défaite, et que vous les lui refusez. Il aura tort, repris-je; et cependant, plutôt que de lui donner lieu de s'imaginer cela, j'aimerois mieux louer des pierreries: en donnant à un joaillier quelque profit avec des sûretés, il me semble qu'il prêtera volontiers ce qu'on voudra pour deux ou trois jours. Qui en doute, dit alors mon oncle? Mais pourquoi, continua-t-il, voulez-vous qu'il vous en coûte de l'argent pour emprunter des choses que vous pouvez avoir pour rien? Est-ce que nous n'avons pas d'aussi belles pierreries que les marchands qui en vendent? et ne sommes-nous pas disposés à faire tout ce qui peut vous être agréable? Il suffit que ce cavalier soit votre ami pour que vos parents se fassent un plaisir de l'obliger. Oui, certainement, m'écriai-je, Mendoce est de mes amis. C'est un homme de qualité qui m'a rendu service à Rome, et à qui je dois la connoissance de l'ambassadeur d'Espagne. Ce colonel, dont le régiment est à Milan, s'est fait aimer dans cette ville d'une riche veuve, qui veut l'épouser en dépit de quelques parents qui refusent d'y consentir. Ils sont venus tous deux à Gênes pour y consommer leur mariage avec plus de liberté. C'est un officier plein d'honneur: quand on lui confieroit pour cent mille francs de bijoux, il n'y auroit rien à craindre. Quel qu'il soit, interrompit don Bertrand, puisqu'il veut voir son épouse couverte de pierreries, il aura cette satisfaction.

Charmé de ce qu'il mordoit si bien à l'hameçon, je lui dis avec transport : En vérité, mon cher oncle, vous

êtes trop généreux, et je dois appréhender d'abuser de
vos bontés. Point de compliment, mon neveu, me répondit-il avec précipitation; c'est de bon cœur que je
vous offre mes diamants. Pour vous le prouver, je vais
tout à l'heure vous en chercher de beaux. En achevant
ces paroles, il se leva de table, alla dans son cabinet,
d'où il revint avec un écrin qu'il me mit entre les mains,
et dans lequel il y avoit pour sept à huit mille francs
de pierreries. Mes trois cousins, voyant que le bon
homme en usoit de cette sorte avec moi, ne voulurent
pas se montrer moins généreux que lui. Ils promirent
tous de m'en prêter, et véritablement le lendemain
matin ils m'en apportèrent à mon hôtellerie à peu près
pour la même valeur. Le plus avare des trois ne vint
que le dernier; et comme nous nous entretînmes assez
long-temps, il fit tomber la conversation sur mon bénéfice. Il me dit que si je me trouvois dans le cas de
m'en défaire, et que je fusse d'humeur à le résigner à
quelqu'un de ses enfants, préférablement à ceux de ses
cousins, un présent de mille pistoles accompagneroit
ses remercîments. Je lui répondis que son fils aîné, étant
le plus âgé de mes neveux, me sembloit le plus propre
à posséder mon bénéfice; mais que je n'étois pas homme
à le vendre, et que, l'ayant obtenu pour rien, je prétendois le donner de la même façon. Je m'aperçus que
ma réponse ne déplut pas au cousin.

Mon majordôme arriva dans ce moment. Il avoit sous
le bras une petite cassette où étoit ma chaîne d'or.
Souhaitez-vous, me dit-il, que j'aille où vous m'avez
ordonné d'aller? Tu devrois, lui répondis-je, en être
déjà revenu. Souviens-toi seulement, avant que tu

t'adresses à un orfévre, de t'informer dans son voisinage si c'est un homme à qui l'on puisse se fier : si l'on
t'assure qu'oui, tu lui feras peser ma chaîne, et tu reviendras me dire ce qu'elle pèse. Quoique mon cousin
l'eût déjà vue, il eut envie de la considérer encore, et
il l'admira, tant pour le travail que pour la beauté de
l'or; puis se tournant vers Sayavedra : Mon ami, poursuivit-il, dites à mon valet que vous trouverez là bas,
qu'il vous mène chez mon orfévre qui demeure à deux
pas d'ici, et qui vous dira en conscience ce que cette
chaîne vaut. Mon écuyer ne tarda pas à revenir. Je lui
demandai combien l'orfévre la prisoit. Six cent cinquante
écus, me répondit Sayavedra. Hé bien, lui répliquai-
je, tu n'as qu'à retourner chez lui pour le prier de me
prêter six cents écus sur ce gage, que je retirerai dans
trois jours, en lui payant ce qu'il lui plaira pour l'intérêt. Quoique honnête homme, dit mon cousin, il
n'aura pas honte de prendre trois pour cent pour trois
jours comme pour six mois, disant que c'est la même
chose pour lui. Je suis bien fâché, continua-t-il, de
n'être pas à l'heure qu'il est en argent comptant; mais
je connois un homme de bien qui se contentera de deux
pour cent.

Cet homme de bien étoit lui-même, qui, malgré
l'espérance d'avoir mon bénéfice pour rien, étoit bien
aise de souffler ce petit profit à l'orfévre. Je ne laissai
pas de témoigner à ce bon cousin qu'il me feroit plaisir
de se charger de cette affaire. Ce n'est pas, lui dis-je,
que je manque d'espèces, comme vous le pouvez voir.
En même temps je tirai de mes poches deux grandes
bourses pleines de pistoles, que je lui montrai. C'est

uniquement par précaution que je mets ma chaîne en gage : on jouera gros jeu aux noces de mon ami le colonel, je n'aime point à me trouver court d'argent. Mon cousin m'assura que dans deux heures au plus tard les six cents écus seroient chez moi. Alors prenant la cassette des mains de Sayavedra, je l'ouvris un instant, pour faire remarquer à mon parent que la chaîne y étoit; ensuite l'ayant refermée, je la livrai à son valet, qui m'apporta une heure après les six cents écus. Malheureusement pour le cousin, mon majordôme, en rapportant de chez l'orfévre la cassette sous son manteau, en avoit adroitement tiré la chaîne d'or, et mis l'autre à sa place.

Le soir Favello vint souper avec moi. Il me dit qu'il étoit temps que je fisse le coup que je méditois, et qu'il falloit que le lendemain j'allasse coucher à son bord, attendu que les galères devoient partir le jour d'après au lever de l'aurore. Cela suffit, lui répondis-je; mes affaires seront faites en moins de vingt-quatre heures, et je ne manquerai pas de me rendre à votre galère demain au soir. De votre côté, envoyez, s'il vous plaît, chercher mes coffres vers la nuit par vos gens; mon départ en sera plus secret. Le capitaine me le promit, et prit congé de moi peu de temps après le repas, pour aller donner quelques ordres importants pour lui. Nous passâmes presque toute la journée suivante à tout disposer pour notre embarquement. Nous serrâmes nos meilleures hardes dans nos deux plus grands coffres, et nous remplîmes de guenilles les deux pareils à ceux que mon très honoré oncle conservoit précieusement dans son cabinet. Un quart d'heure avant

la nuit, quatre hommes qui servoient dans la galère
de Favello, vinrent de la part de cet officier enlever
les deux grands coffres. Nous laissâmes les deux autres
dans l'hôtellerie pour le payement de l'hôte, à qui je
fis dire, par mon majordôme, de n'être point en peine
de moi; que j'allois souper ce soir-là chez un colonel
de mes amis, où je pourrois jouer, et passer la nuit tout
entière. Nous gagnâmes enfin le port et la galère de
notre capitaine, lequel m'attendoit avec beaucoup d'inquiétude. Il me demanda d'abord des nouvelles de mon
affaire d'honneur. Je suis content, lui répondis-je d'un
air gai; tout s'est passé comme je le désirois. J'en ai
une extrême joie, me dit-il; car je vous avouerai que
j'étois fort inquiet, l'événement des entreprises étant
toujours incertain.

Cet officier m'avoit fait préparer une petite chambre
dans laquelle il me fit entrer, et où je trouvai mes deux
coffres rangés, avec une table couvérte de mets délicats. Nous nous y assîmes; et, après avoir bien soupé,
nous nous couchâmes pour prendre quelque repos;
mais il nous fut impossible de dormir. Les soins divers
dont Favello étoit chargé agitoient ses esprits, et la
crainte qui troubloit les miens ne me laissoit pas un
moment de tranquillité. Je mourois de peur qu'un maudit
vent contraire ne nous retînt dans le port, et ne donnât
à mes parents tout le loisir d'être informés de ma fuite,
et d'obtenir un ordre du sénat pour me faire arrêter.
Cependant mes alarmes furent vaines. A la pointe du
jour, j'entendis un bruit qui m'annonça le départ des
galères. Je regardai par le trou de ma chambre, et
j'aperçus avec plaisir toutes les chiourmes qui commen-

çèrent à ramer jusqu'à ce que nous fussions hors du port.
Alors, profitant du vent, qui ne pouvoit être plus favorable qu'il l'étoit, nous mîmes à la voile, et fîmes
bien du chemin en peu de temps.

CHAPITRE VI.

Guzman, après avoir volé ses parents, s'étant embarqué
pour repasser en Espagne, court risque de périr, et a le
malheur de perdre Sayavedra.

Nous avions déjà doublé le cap de Noli, quand le
capitaine vint m'apprendre cette nouvelle; et il me dit
que si le vent ne changeoit point de trois jours, nous
ferions un agréable voyage. Nous allâmes mouiller à
Monaco; et le lendemain nous étant remis en mer avec
un vent qui nous flattoit, nous gagnâmes les îles d'Hières,
où nous passâmes la nuit; le troisième jour nous don-
nâmes fond vers le château d'If, à la vue de Marseille,
et le quatrième nous rendîmes le bord à Roses.

Je me réjouissois d'une si heureuse navigation, quand
mon valet troubla ma joie en venant m'apprendre que
Sayavedra avoit le mal de mer, et se sentoit très malade. Je courus à lui sur-le-champ, et je le trouvai en
effet attaqué d'une fièvre assez violente; j'en fus fort
affligé : néanmoins, comme j'espérois que nous serions
bientôt à Barcelonne, et que là il recevroit du soula-
gement, cette espérance me consoloit. Le cinquième
jour se montra bien différent des autres; il nous parut

couvert, et, pour surcroît de malheur, l'air n'étoit agité
que d'un foible vent. Nous comptions toutefois malgré
cela d'aller en ramant coucher à Barcelonne; mais nous
reconnûmes notre erreur deux heures après. Il survint
une bourrasque si furieuse, que nous crûmes tous notre
perte inévitable. On s'efforça vainement de vouloir
prendre terre, la rame devint inutile; il fallut absolument faire canal cette nuit-là. Qu'elle fut terrible
pour nous! Tantôt la mer élevoit ses flots jusqu'aux
nues, et tantôt ouvrant son sein, elle nous faisoit voir
jusqu'au fond de ses abîmes.

Qui pourroit peindre dans ces horreurs la consternation générale qui régnoit dans la galère, et les diverses
marques d'épouvante que l'opinion d'une mort prochaine
faisoit éclater? Les uns invoquoient les saints les plus
honorés dans leur pays, les autres faisoient des vœux;
celui-ci à genoux adressoit au ciel de ferventes prières,
et celui-là, confessant à haute voix ses péchés, en
demandoit pardon à Dieu. Quelques-uns, quoique la
mort s'offrît à leurs yeux, s'informoient du pilote si
notre malheur étoit inévitable; il leur répondoit, pour
les rassurer, qu'il n'y avoit rien à craindre, et ils ajou-
toient foi à ce menteur, comme un père qui, dans l'excès
de son affliction, voit son fils unique mourant, croit un
médecin qui lui dit qu'il n'en mourra pas. Pour moi,
nouveau Jonas, j'étois enseveli dans une profonde rêverie; et me croyant la cause de cette affreuse tempête,
je me disois à moi-même : Misérable, te voilà bien
avancé d'avoir volé tes parents, et d'être chargé d'or;
la mer va t'engloutir avec toutes tes richesses. Tu le
mérites bien; et s'il faut plaindre quelqu'un, ce sont

ceux qui ont eu le malheur de s'embarquer avec un fripon que le ciel veut punir.

Ne pouvant faire autrement, je me résignai aux volontés célestes, et j'attendis patiemment la mort. Néanmoins, le péril qui nous effrayoit tous ne fut qu'une fausse alarme : le temps changea subitement, et fit succéder l'espérance au désespoir, l'allégresse à la désolation. Cette nuit ne devint funeste qu'au malheureux Sayavedra. Ce pauvre garçon, dont le cerveau étoit déjà troublé par une fièvre dont la violence augmentoit de moment en moment, acheva de perdre la raison en entendant les cris et les lamentations que la crainte du naufrage excitoit dans la galère. Il se leva dans un transport qui lui prêta des forces pour se perdre, et, montant du côté de la poupe, il se précipita dans les flots, mon valet qui le gardoit n'ayant pu résister au sommeil. Un soldat qui étoit de garde entendit tomber quelque chose dans la mer; il en avertit aussitôt le pilote. Cela fit du bruit dans la galère; et chacun s'empressant de savoir ce que c'étoit, on le découvrit après un gros quart d'heure de recherche. Lorsque j'appris cet accident, j'en conçus une si vive douleur, qu'il n'est pas possible d'être plus affligé : on n'a jamais pleuré plus amèrement un frère que je pleurai mon cher Sayavedra; j'en étois inconsolable, et véritablement j'avois bien sujet de le regretter. La joie qu'eut tout le monde le lendemain matin, de voir la mer aussi tranquille qu'elle avoit été agitée le jour précédent, ne fit pas sur moi toute l'impression qu'elle auroit faite, si la mort ne m'eût point enlevé mon fidèle écuyer.

Nous entrâmes sur le midi dans le port de Barcelonne.

J'avois déjà préparé Favello à ne s'attendre pas que je
fisse un long séjour dans cette ville, lui ayant dit, après
la tempête, que j'avois fait vœu d'aller à Notre-Dame
de Monserrat, dès le moment que j'aurois mis pied à
terre, et que de là je me rendrois en Andalousie, auprès
de ma mère. Il n'osa s'opposer à un si juste devoir; et
d'ailleurs, ne pouvant abandonner son bord ce jour-là,
il me dit tristement, quand je voulus prendre congé
de lui, que selon toutes les apparences nous ne nous
reverrions plus, à moins que je ne demeurasse le jour
suivant tout entier à Barcelonne. En même temps il me
demanda où je me proposois de loger. Je lui nommai
une hôtellerie que je connoissois; mais j'avois dessein
d'en choisir une autre dans un quartier fort éloigné de
celle-là. Enfin, sensible aux témoignages d'amitié que
j'avois reçus de lui, je l'embrassai tendrement, et lui fis
présent d'une bague de cent pistoles, en le priant de
la porter pour l'amour de moi. Il l'accepta, les larmes
aux yeux, comme une preuve que c'étoit le dernier
adieu que je lui disois; et de mon côté, me sentant trop
attendrir, je me hâtai de le quitter, pour lui épargner
la peine de lire dans mes regards celle que me causoit
notre séparation.

Le premier soin dont je m'embarrassai en arrivant
à l'hôtellerie où je fis porter mes coffres, fut de mettre
des gens en campagne pour me trouver trois bonnes
mules. Je chargeai de cette commission deux hommes
que l'hôte connoissoit pour des personnes capables de
s'en bien acquitter, et qui m'assurèrent que je serois
servi fort promptement : en effet, quatre heures après,
ils m'amenèrent trois mules, qui me parurent telles

que je les pouvois désirer. Tu peux bien penser que je les payai un peu cher; mais c'est de quoi je ne me souciois guère dans la situation où je me voyois. Outre la valeur de vingt-cinq mille francs que je pouvois me vanter de posséder, je venois encore d'hériter de quatre mille par la mort de mon compagnon de fortune. J'arrêtai aussi un muletier qui savoit bien les chemins, et je partis le jour suivant dès que les portes de la ville furent ouvertes. L'impatience que j'avois de m'écarter de Barcelonne me sembloit des mieux fondées: il y pouvoit arriver une felouque envoyée par mes parents, avec ordre de me faire pincer; je n'avois pas tort d'user de diligence. J'ajoutai même à une crainte si prudente la précaution d'éviter les grandes routes, en disant à mes valets que, ne voyageant que pour le plaisir de voyager, j'étois bien aise de gagner au plus tôt l'Èbre, et de parcourir ses bords, pour voir les paysages charmants qui sont le long de cette rivière.

FIN DU CINQUIÈME LIVRE.

LIVRE SIXIÈME.

CHAPITRE PREMIER.

Guzman s'avance vers Saragosse. Il fait connoissance avec une jeune veuve. Il en devient amoureux. Progrès et fin de cette nouvelle passion. [1]

JE m'éloignois donc des grands chemins pour la raison que j'ai dite; et poussant ma mule de sentier en sentier vers l'Èbre, pour le côtoyer jusqu'à Saragosse, j'allois avec autant de vitesse que de peur. Les deux autres mules suivoient de près la mienne, comme pour me faire voir que j'avois acheté trois bonnes bêtes. Je me rendis en trois jours auprès de cette rivière: pour être affranchi de toute inquiétude, mon esprit sembloit avoir attendu que je fusse là. Je commençai à me croire à couvert de toute poursuite, et à compter sur mes richesses, sans faire réflexion que je voyageois dans un pays aussi fertile en voleurs que l'Italie. Il est vrai que mon valet et le muletier étoient armés de deux fusils dont je m'étois avisé de faire emplette à Barcelonne; outre cela je portois sur moi mes pierreries si bien cachées, qu'on ne pouvoit les apercevoir sans me mettre tout nu.

[1] Les aventures qui arrivent à Guzman dans la ville de Saragosse sont si fades dans l'original, que je n'ai pas jugé à propos de les traduire. J'ai mieux aimé suivre celles que M. Bremont a imaginées pour les remplacer.

Guzman.   33

Je passe sous silence, ami lecteur, les aventures qui m'arrivèrent le long de l'Èbre, et que je ne juge pas dignes de t'être racontées; pour en venir à celle que la fortune me préparoit entre Ossera et Saragosse. La nuit me surprit dans un endroit où il y a une belle abbaye, que je pris pour un château, et de laquelle je m'approchai dans l'intention d'y demander un logement; mais trouvant au bas un misérable village, je changeai de pensée. Nous nous arrêtâmes devant une chaumière, où pendoit une enseigne de cabaret; tout étoit déjà fermé dans cette excellente hôtellerie. Nous frappâmes rudement à la porte en criant qu'on nous ouvrît; personne ne répondoit; il parut pourtant à la fin un paysan à une fenêtre. C'étoit l'hôte, qui, m'ayant considéré à la lueur d'une grande lampe qu'il avoit à la main, se mit à rire en me disant : Allez, seigneur cavalier, ma maison ne vous convient guère; allez à l'abbaye, on vous y recevra bien, et vous y serez mieux logé que chez moi. Après avoir répondu au paysan que je suivrois son conseil, je le priai de me conduire au couvent, dont j'ignorois le chemin; et pour rendre ma prière efficace, je lui donnai une poignée de réaux.

Le monastère étoit sur une éminence. Nous fûmes près d'une demi-heure à y monter par une route très rude, ce qui ne laissoit pas d'être pénible pour des gens déjà fatigués. Néanmoins, comme le bien est toujours mêlé de mal, il n'y a pas non plus de mal qui ne soit accompagné de quelque bien. L'hôte m'apprit que cette abbaye étoit un couvent de filles, presque toutes de qualité; que c'étoit un des plus riches d'Espagne, et qu'enfin on y recevoit agréablement toutes les per-

sonnes de distinction qui passoient par là. Je sentis,
sans savoir pourquoi, que ce rapport me faisoit plaisir,
soit qu'il réveillât mon inclination naturelle pour le
beau sexe, soit que j'eusse un pressentiment de ce qui
devoit m'arriver. Quand nous fûmes parvenus à la grande
porte, nous sonnâmes et resonnâmes à plusieurs reprises, avant qu'on nous fit connoître du dedans qu'on
nous entendoit. On vint toutefois nous parler par le
guichet, et nous demander ce que nous voulions. L'hôte,
que le portier connoissoit, lui dit que nous cherchions
un gîte; qu'il n'en avoit point à nous donner, et que
par conséquent il nous amenoit à l'abbaye. Le muletier
ajouta par mon ordre à ces paroles qu'il s'agissoit de
prêter un asile jusqu'au jour à un seigneur étranger qui
s'étoit égaré en allant à Saragosse.

Le portier répondit qu'après huit heures on fermoit
la porte du couvent, et qu'il en étoit plus de neuf; que
néanmoins, quoique ce fût la règle, il alloit, par la
considération qu'il avoit naturellement pour les personnes de qualité, informer madame l'abbesse de mon
embarras, et qu'il feroit ce qu'elle lui ordonneroit. Il
fallut m'armer de patience, et attendre à la porte la
réponse qu'on devoit m'apporter; elle fut bien triste
pour moi. Le portier revint nous dire que madame l'abbesse refusoit de recevoir à cette heure-là des cavaliers
qui lui étoient inconnus. Ce refus m'affligea. Je des-
cendis de ma mule; je m'avançai vers le guichet, et
parlant moi-même au portier, je le conjurai, dans les
termes les plus capables de le toucher, de retourner
vers madame l'abbesse, et de lui dire de ma part que
si elle savoit le plaisir qu'elle me feroit en m'accordant

une retraite pour cette nuit, elle cesseroit d'être inexorable. Le portier, que je croyois avoir attendri, me
répondit qu'il étoit inutile de m'obstiner à vouloir obtenir une chose qu'elle ne permettroit point. Ne pouvant engager ce portier par mes prières à faire ce que
je souhaitois, je lui offris de l'argent, qu'il méprisa
en me fermant le guichet au nez. Tant de dureté m'ôta
l'espérance de pouvoir loger dans ce monastère; et,
cédant à la nécessité, je dis à mes valets de mener les
trois mules chez le paysan; que pour moi, avant que
de m'enfermer dans cette vilaine taverne, j'avois envie
de demeurer quelques heures dans l'endroit où j'étois,
et d'où j'entendois l'Èbre couler avec un murmure qui
suspendroit mes ennuis.

Il faisoit la plus belle nuit du monde. Je me promenai aux environs de la maison, en observant d'un
œil curieux tout ce que je discernois à la faveur des
étoiles, qui brilloient extraordinairement. Je suivis un
sentier en pente, qui me conduisit sous un balcon qui
avoit vue sur la rivière. Je m'assis au bord de l'eau au
pied d'un arbre vis à vis le balcon, que je regardai
attentivement, et que je m'imaginai bien être de l'appartement de l'abbesse. J'aperçus de la lumière en dedans, et bientôt un bruit confus de voix de femmes
frappa mon oreille; puis tout à coup un profond
silence fit taire ce bruit, et ce silence, un moment
après, fut à son tour interrompu par une chanson espagnole qu'une voix très délicate chanta. Si la chanteuse donna du plaisir aux dames qui l'avoient écoutée,
elle fut en récompense fort applaudie. Une autre personne chanta ensuite un air italien que je savois, et

ne reçut pas moins d'applaudissements. Il me prit alors
une si grande démangeaison de faire retentir l'air de
ma voix mélodieuse, que je n'y pus résister; je n'avois
pas même eu peu de peine à gagner sur mon impatience de laisser finir la seconde chanteuse. Je fus tenté
d'abord de chanter ce même air italien que je venois
d'entendre, et qui étoit un de ceux qui m'avoient fait
le plus d'honneur à Florence au concert du grand-duc;
cependant j'eus la politesse de n'en rien faire, pour
épargner à la dame le dépit et la honte de la comparaison. Pour ne rien perdre au change, m'étant souvenu
d'un autre air qui avoit charmé la grande-duchesse, je
le choisis.

Je me disposai donc à surprendre ces bonnes religieuses autant par la beauté de mon chant que par la
singularité de l'aventure. Je chantai; et sitôt que j'eus
achevé, ce furent des cris de surprise mêlés d'admiration. Une porte vitrée qui fermoit le balcon s'ouvrit
à l'instant, et je vis paroître plusieurs dames, qui s'empressèrent à regarder de toutes parts pour découvrir
le personnage qui avoit chanté si agréablement. Je ne
fis pas semblant de les remarquer; et, après m'être arrêté un moment, je recommençai mon air. Dès que je
l'eus fini, me voilà une seconde fois admiré des dames,
qui, dans l'attente d'être régalées d'une nouvelle chanson, suspendirent les louanges pour me prêter silence.
Je m'en aperçus bien; et pour irriter l'envie qu'elles
avoient que je chantasse encore, je fus assez malin pour
me taire, sans bouger de ma place. Une dame, plus
impatiente que les autres, m'adressa la parole, et me
dit qu'un air seul ne suffisoit pas pour une compagnie

qui aimoit passionnément les belles voix. Si c'est peu pour tant de dames, répondis-je en italien, c'est beaucoup pour un pèlerin à qui l'on a cruellement refusé l'hospitalité.

Ma réponse excita de grands éclats de rire, et fit connoître aux religieuses que j'étois l'étranger qui avoit demandé à loger dans l'abbaye. Seigneur cavalier, s'écria l'une d'entre elles, ne trouvez pas, s'il vous plaît, mauvais qu'on en ait usé de cette manière avec votre seigneurie. C'est une loi établie dans ce couvent, de n'y recevoir aucun homme inconnu après huit heures du soir; mais en faveur de votre charmante voix, madame l'abbesse veut bien passer par-dessus la règle. Elle va donner ordre qu'on vous ouvre la porte, si vous n'aimez mieux attendre le jour sur les bords de cette rivière, à la façon des chevaliers errants. Je répondis à la personne qui venoit de parler que j'étois ravi d'apprendre que, pour obtenir le couvert de madame l'abbesse, il falloit le demander en musique. A ce petit trait de raillerie, les religieuses recommencèrent à rire, d'autant plus que leur abbesse étoit présente, ou plutôt que c'étoit à elle-même que je parlois. Elles jugèrent par là que j'étais un gaillard, et cela ne leur déplut point. Comme elles souhaitoient de voir de près ma figure, qu'elles n'apercevoient que fort confusément dans l'endroit où j'étois assis, elles me prièrent d'entrer chez elles, en me disant que madame l'abbesse vouloit se réconcilier avec moi.

A ces mots, pour leur témoigner que je ne demandois pas mieux que de m'introduire dans leur monastère, je me levai, et, après avoir salué respectueusement

la compagnie en passant devant le balcon, je regagnai
la porte à grands pas. Je n'y fus pas sitôt arrivé, que
le portier vint me l'ouvrir. Il me dit de prendre la peine
de le suivre, et il me conduisit à un vaste parloir, fort
propre et bien éclairé. Je trouvai là madame l'abbesse,
qui avoit auprès d'elle une dame séculière, toutes deux
assises sur des carreaux de damas violet, et six à sept
religieuses, qui se tenoient debout derrière elles. Toutes
ces dames gardoient le silence, et avoient un air sérieux
qui auroit déconcerté un autre que moi; mais j'avois
fréquenté la grille à Rome, et mon humeur convenoit
aux religieuses. Aussi je les abordai en plaisantant, et,
par quelques saillies réjouissantes qui m'échappèrent,
je leur fis perdre leur fausse gravité. Je me plaignis
d'une façon si divertissante de la règle qui défendoit
d'ouvrir la nuit la porte du monastère aux pauvres étrangers, que je les mis en train de rire.

Pendant ce temps-là on dressa une petite table, sur
laquelle on servit un gros morceau de pâté de venaison,
avec du vin et force confitures. Elles n'eurent pas besoin de me presser de manger et de boire; je m'en acquittai en voyageur qui mouroit de faim et de soif. Je
ne laissai pas, en me bourrant l'estomac, de dire à l'abbesse des galanteries, aussi-bien qu'à la dame séculière,
qui me paroissoit toute jolie. Elle avoit un air de jeunesse et un enjouement qui la rendoient très piquante.
Quelques religieuses, remarquant que je la trouvois à
mon gré, me demandèrent si leur communauté n'a-
voit pas raison de s'applaudir de l'acquisition qu'elle
alloit faire d'une pareille dame; ce qui m'inspira mille
pensées badines, et toutes très obligeantes pour elle.

Je ne parlois qu'en italien; et comme j'étois vêtu à l'italienne, je passai sans peine dans leur esprit pour un homme de cette nation. Celles de ces dames qui savoient cette langue affectoient, pour s'en faire honneur, de ne pas m'entretenir en espagnol. Quand elles virent que je ne mangeois plus, elles firent rouler l'entretien sur la musique, et toutes ensemble me prièrent de payer mon écot de quelque air nouveau d'Italie. J'y consentis de bonne grâce; et peu à peu animé par les éloges qui m'étoient assurés à la fin de chaque couplet, il me prit une si grande fureur de chanter, qu'une chanson n'attendoit pas l'autre. De leur côté les dames, et particulièrement la séculière, emportées par le plaisir de m'entendre, ne songeoient à rien moins qu'à se retirer, quoiqu'il fût déjà plus de minuit. Je crois que le jour nous auroit surpris dans ce parloir, si l'abbesse, pour garder le *decorum* de la vie monastique, n'eût jugé à propos de mettre fin à un passe-temps si contraire au recueillement intérieur, en reprochant aux religieuses qu'elles abusoient de ma complaisance. Ce cavalier, leur dit-elle, doit être fatigué. D'ailleurs il faut conserver quelque chose pour demain : il ne partira pas, je pense, sans que nous ayons la satisfaction de le revoir. C'étoit honnêtement me faire taire. Au fond de l'âme j'en fus ravi; et donnant le bonsoir à la compagnie, je joignis le portier, qui m'attendoit à la porte du parloir pour me conduire à l'appartement qui m'étoit destiné.

Je ne fus pas peu étonné en y entrant d'y trouver mes valets, qu'on avoit eu soin d'envoyer chercher avec mon bagage, et de régaler comme moi; j'appris

même que mes trois mules n'avoient pas été oubliées,
et que grâce à la belle voix de leur maître, elles avoient,
dans les écuries du couvent, de la litière jusqu'au ventre.
La chambre où je couchai occupa long-temps mes regards; elle me parut riche et modeste tout ensemble.
Il y avoit dans les ameublements, quoiqu'ils fussent
simples, un air de grandeur qui faisoit mépriser le
luxe, et mon lit sembloit avoir été préparé pour l'archevêque de Saragosse. M'étant mis entre deux draps
des plus fins, je dis à mes gens qu'ils pouvoient aller
se reposer où le portier les meneroit; mais j'appelai
auparavant le muletier, comme le moins sot, et je le
chargeai de s'informer adroitement qui étoit cette dame
séculière que j'avois vue avec madame l'abbesse. Il s'acquitta bien de cet emploi. Monsieur, me dit-il le lendemain matin à mon lever, j'ai parlé à un laquais de
la personne que vous avez envie de connoître, et il
m'a conté sans façon toutes les affaires de cette dame.
C'est une veuve, m'a-t-il dit, très riche, et d'une des
plus nobles familles de Saragosse. Elle a plusieurs galants qui la recherchent, et, entre autres, un neveu
de madame l'abbesse, un garçon de vingt-deux ans tout
au plus, fait à peindre, et aussi beau que le jour. C'est
dommage que ce n'est qu'une bête; sans cela il conviendroit fort à ma maîtresse, qui est une femme d'esprit, et qui ne l'aime guère, ou je suis bien trompé.
Cependant madame l'abbesse, qui chérit beaucoup ce
benêt, voudroit que ce mariage se fît. Voilà, monsieur,
poursuivit le muletier, ce que j'ai tiré du laquais; et
le portier de ce monastère vient de me dire tout à
l'heure que cette jeune veuve, qui n'arriva hier dans

cette abbaye qu'une heure ou deux avant vous, doit s'en retourner cette après-midi.

Je poussai un profond soupir en entendant prononcer le mot de veuve : il me rappela le souvenir de celle de Florence. Je crus d'abord que je soupirois encore pour elle ; mais à parler sincèrement, je sentis bientôt que mon cœur, moins occupé du passé que du présent, s'étoit rendu aux charmes de la veuve de Saragosse. Il n'y eut plus moyen d'en douter, lorsque je la revis au parloir, où l'abbesse, après l'office, m'envoya prier de me rendre. J'y parus avec toute ma bonne humeur du soir précédent. Je n'y retrouvai pas toutes les religieuses que j'y avois vues ; il n'y en avoit alors que trois avec l'abbesse, et le bel objet de mon nouvel amour. La conversation ne tarda guère à devenir galante et badine ; elle s'échauffa, et l'arrivée de quelques dames des plus éveillées du couvent ne la refroidit point. Ma veuve, qui étoit très spirituelle, y mettoit beaucoup du sien, et Dieu sait si j'applaudissois à chaque trait d'esprit qui lui échappoit. Elle remarquoit bien que j'étois fort content de ce qu'elle disoit, et que je la distinguois des autres personnes de la compagnie ; comme de mon côté, je m'apercevois que cela lui faisoit quelque plaisir.

Nous étions tous bien en train de rire, quand on vint dire à madame l'abbesse que don Antonio de Miras alloit paroître au parloir ; ce qui combla de joie cette dame ; car c'étoit ce cher neveu qu'elle avoit envie que la belle veuve épousât. Il avoit été averti dès le soir précédent, par sa bonne tante, que dona Lucia (ainsi se nommoit la dame séculière) étoit dans cette abbaye,

et il n'avoit eu garde de négliger une occasion si favorable de faire sa cour à une personne dont il souhaitoit fort d'être l'époux. Le portrait que mon muletier
m'avoit fait de ce jeune gentilhomme n'étoit nullement
flatté. Je n'ai jamais vu de cavalier si beau : la femme
la plus vaine de sa beauté se seroit fait honneur d'avoir
son visage. Ajoutez à cela qu'il étoit parfaitement bien
fait, et qu'il avoit tout l'air d'un enfant de qualité. Son
habillement, dont j'admirai la richesse et le goût, re-
levoit encore sa bonne mine. Je crois que je serois
mort de jalousie en voyant sa figure, si d'ailleurs je
n'eusse pas été prévenu que c'étoit un sot. Mais cette
pensée me soutint contre des avantages si redoutables,
et je fis une remarque qui acheva de me donner le
courage de disputer à ce rival le cœur de dona Lucia : je
m'aperçus que cette dame, bien loin de témoigner
quelque joie quand il arriva, le vit d'un œil assez indifférent, et répondit avec beaucoup de froideur à ses
civilités.

Don Antonio et moi nous nous regardâmes d'abord
comme de jeunes coqs : néanmoins, voulant faire connoissance avec lui, je l'accablai d'honnêtetés ; et je lui
tins des discours si obligeants, que je le contraignis à
s'humaniser avec moi ; en moins d'une heure de temps
nous devînmes fort bons amis. Lorsqu'il fallut dîner,
l'abbesse fit dresser deux tables dans le parloir, l'une
en dehors pour son neveu et pour moi, et l'autre en
dedans pour les dames. Le repas, qui pouvoit entrer
en comparaison avec ceux des plus grands seigneurs,
fut assaisonné de bons mots et de quelques contes qui
égayèrent fort la compagnie. Plus de la moitié de l'après-

dînée se passa encore très agréablement : enfin je parlai, je chantai, je ris, je montrai que j'étois homme à
tout faire ; aussi les religieuses, quoique accoutumées
à recevoir des visites de cavaliers, m'avouèrent qu'elles
n'en avoient jamais vu un qui les eût tant diverties.
Cependant l'heure de nous séparer approchoit : il étoit
temps que la belle veuve partît pour s'en retourner à
Saragosse, si elle y vouloit arriver avant la nuit. Elle
prit congé de madame l'abbesse et de ses religieuses,
et monta dans sa litière, qui l'attendoit à la porte. Mon
dessein étant d'accompagner cette dame, j'avois fait
préparer mon équipage ; je m'élançai promptement sur
ma mule, qui ne faisoit pas une trop bonne figure auprès du coursier de don Antonio. Outre que ce jeune
gentilhomme avoit un des plus beaux chevaux d'Espagne, il savoit bien le manier : il lui faisoit faire cent
passades de la meilleure grâce du monde. J'étois furieusement mortifié de ne pouvoir l'imiter avec ma mule
pacifique et sans école ; je ne laissai pas toutefois d'essayer de la mettre sur les voltes, mais ce fut seulement pour réjouir les dames, qui nous observoient de
leurs fenêtres.

Nous nous emparâmes, mon rival et moi, des deux
côtés de la litière, pour entretenir en chemin dona
Lucia. Nous commençâmes, ou, pour mieux dire, je
commençai à lier conversation avec elle ; car le jeune
Miras y eut si peu de part, que ce n'est pas la peine
d'en parler. Il se contentoit de se tenir droit sur son
cheval en bandant le jarret comme un académiste qu'il
étoit, laissant aux agréments de sa personne le soin de
prévenir en sa faveur. Connoissant don Antonio pour

un petit génie, j'aurois encore été plus sot que lui si
je n'eusse pas profité de cette connoissance. Lucie m'en
offrit une occasion, que je ne manquai pas de saisir;
elle me demanda si je me proposois d'être long-temps
à Saragosse. Cela dépendra du plaisir que j'y aurai,
lui répondis-je : si quelque chose que je désire arrivoit,
j'y ferois un long séjour. J'accompagnai ces paroles d'un
si tendre regard, qu'elle n'eut pas besoin, pour m'entendre, que je m'expliquasse plus clairement. Elle pé-
nétra si bien le sens de ma réponse, qu'elle en rougit
tout à coup; et je crus lire dans ses yeux qu'elle ne s'en
trouvoit point offensée. Je fus fort content de moi d'a-
voir hasardé cette déclaration, puisqu'elle ne lui étoit
point désagréable, et de l'avoir faite impunément devant
Miras, pour qui elle n'avoit été qu'une énigme.

Je m'étonnois, sans en rien témoigner à Lucie, de
voir une jeune et charmante personne comme elle sur
le grand chemin, à plus d'une lieue de Saragosse, et
sans autre suite qu'une duègne, un laquais et un muletier. Je ne savois pas encore les priviléges que les veuves
ont dans ce pays-là, où elles jouissent d'une grande liberté. Cependant, lorsqu'elles voyagent avec une si
foible escorte, elles s'exposent à rencontrer ce qu'elles
ne cherchent pas. Dona Lucia, quoique accompagnée
de deux cavaliers et de ses gens, ne laissa pas d'être
effrayée d'une petite aventure qui nous arriva sur la
route. Nous avions déjà fait la moitié de notre chemin,
que nous aperçûmes devant nous un superbe coursier
dont l'allure étoit semblable à celle de Bayard ou de Bri-
dedor, et qui, s'avançant vers nous au petit galop, élevoit
une si épaisse poussière autour de lui, que nous ne

pûmes d'abord bien discerner le cavalier qui le montoit ; mais sitôt que nous pûmes le remarquer, je m'imaginai voir Roland le furieux, tant il avoit l'air fier et guerrier.

Lorsqu'il fut à dix ou douze pas de nous, il s'arrêta pour me regarder. L'air étrange de mon habit le frappa, et il me sembla plus surpris encore de l'honneur que j'avois de parler à la belle veuve, que de la nouveauté de mon habillement. C'étoit un des soupirants de cette dame, et celui de tous qui se flattoit le plus de l'obtenir : il comptoit que l'opinion qu'il s'imaginoit que tout le monde avoit de sa bravoure le déferoit de ses rivaux. Nous voyant donc, moi d'un côté et don Antonio de l'autre, il donna des éperons à son cheval, et, le poussant avec fureur entre Miras et Lucie, il pensa renverser en même temps ce jeune cavalier et la litière. La dame fut épouvantée de cette brutale action ; puis se mettant en colère contre le matamore, elle lui dit que le chemin étoit assez large pour le dispenser de faire des extravagances pareilles, et d'insulter des personnes qui méritoient qu'il eût des égards pour elles. Il fit des excuses à Lucie de très mauvaise grâce, ou plutôt d'un ton railleur et plus insolent que l'action même.

Miras, piqué de l'affront reçu, mit dans son premier mouvement la main sur un de ses pistolets, et ne le tira pourtant pas du fourreau, soit qu'il craignît de manquer son coup, soit que, par un excès de respect pour sa maîtresse, il n'osât en venir à un combat qui lui auroit fait grand'peur. J'eus pitié de ce cavalier, et je me sentis une tentation violente de prendre

son parti, jugeant que le spadassin auquel il avoit affaire n'étoit qu'un fanfaron; néanmoins je fis réflexion
que je pouvois me tromper : et d'ailleurs, considérant
que la partie intéressée ne se soucioit guère de se venger, je ne fus point assez fou pour épouser sa querelle,
qui par conséquent n'eut aucune suite. Tout ce que je
pus faire pour lui, fut de le prier de passer de mon
côté, et de lui céder ma place, qu'il accepta volontiers,
sans s'embarrasser de paroître lâche aux yeux même
de Lucie, en abandonnant par crainte le côté qu'il
occupoit. Le cavalier qui faisoit tant le rodomont se
nommoit don Luc de Ribera. Il avoit appris que la belle
veuve étoit partie le soir précédent pour aller coucher
au monastère dont j'ai parlé, et qu'elle en devoit revenir ce jour-là. Il étoit sorti de la ville, sachant bien
qu'il la rencontreroit, dans l'intention de la ramener
et de lui servir d'escorte.

Dès que ce fier-à-bras vit que don Antonio quittoit
son poste, au lieu de songer à le conserver, il s'en
saisit brusquement, et se prépara d'un air victorieux à
s'entretenir avec la dame, qui trompa son attente, car
pour le mortifier elle ne répondit pas un mot à tout
ce qu'il lui put dire. Elle ne daigna pas même le regarder une seule fois : elle affecta d'avoir toujours la vue
attachée sur Miras et sur moi, et de ne parler qu'à
nous. C'est ainsi que nous arrivâmes à Saragosse, et
que nous conduisîmes dona Lucia jusque chez elle. Cette
dame me remercia de l'honneur que je lui avois fait,
et me dit qu'elle espéroit que cette ville auroit assez de
charmes pour m'arrêter du moins quelque temps. A
l'égard de ses deux autres conducteurs, elle fit moins

de façons avec eux ; elle ne paya leur peine que de deux révérences fort sèches. Je ne dis rien à l'orgueilleux don Luc en me séparant de lui ; mais pour don Antonio, je lui fis mille honnêtetés, auxquelles il se montra si sensible, qu'il voulut absolument m'accompagner jusqu'à l'*Ange*, fameuse hôtellerie que j'avois remarquée en entrant dans la ville, et où j'avois dit à mes gens d'aller descendre avec mon bagage. Là, Miras prit congé de moi dans des termes qui me persuadèrent que, bien loin de me soupçonner d'être son rival, il me croyoit un de ses meilleurs amis.

Je trouvai dans l'hôtellerie mon valet et mon muletier occupés à me faire préparer un appartement fort propre, où je soupai à mon petit couvert. L'hôte, qui étoit un de ces mauvais plaisants qui sont remplis de jeux de mots et de quolibets, vint me saluer et me tenir compagnie, s'imaginant que je serois enchanté de son entretien. Il commença par me conter tout ce qui se passoit dans la ville, dont il me vanta les priviléges, sans oublier la hauteur avec laquelle les habitants les soutenoient. Je l'écoutai d'autant plus patiemment, qu'en disant mille impertinences, il lui échappoit de temps en temps de bonnes choses, d'excellents traits de satire, ce qui est assez ordinaire aux babillards. Il cessa pourtant, lorsque j'eus soupé, de me fatiguer de ses discours ; il me fit la révérence, et voulut se retirer. Attendez, lui dis-je, mon ami ; je vous prie de me faire venir demain matin un habile tailleur, je veux lui donner de la besogne. En chargeant mon hôte de cette commission, c'étoit lui fournir une nouvelle matière de parler. Aussi prit-il occasion de là de tom-

ber sur les tailleurs, et de m'en dire tout le mal qu'on
en dit ordinairement ; néanmoins, après les avoir déchirés en général, il finit en m'assurant qu'il en connoissoit un qui avoit des mœurs, qui se contentoit de
ses façons, sans escamoter le moindre morceau de
drap, et qui me serviroit bien.

Il me tint parole. Il vint à mon lever se présenter
de sa part un tailleur qui me parut fort raisonnable
et bien entendu. Je lui commandai un habit à l'espagnole de la manière que je le souhaitois. Il approuva
fort mes idées là-dessus, me dit en s'en allant qu'il les
suivroit exactement, et que dans trois jours il m'apporteroit un habit des plus riches, et d'un goût si galant,
que tout le monde l'admireroit. En attendant, je me
servis de mon habit à l'italienne que j'avois acheté à
Florence, et qui me fit assez d'honneur au *Coso*, qui
est le cours où se promènent à Saragosse toutes les
personnes de distinction. Du moins je parus sans honte
parmi les amants de dona Lucia ; mais sitôt que j'eus
mon habit neuf, je les effaçai tous par son éclat et par
le brillant de quelques-unes de mes pierreries, dont je
m'avisai de me parer. On me regarda bientôt comme
un homme amoureux de cette dame, dont véritablement je m'attirai l'attention. Soit que je l'accompagnasse à la promenade, soit que je passasse sous son
balcon, elle me distinguoit de tous mes rivaux. L'orgueilleux don Luc souffroit impatiemment cette préférence, et les regards qu'il me lançoit étoient pleins
de fureur. Je vivois avec les autres en assez bonne intelligence, surtout avec Miras, qui ne me quittoit presque point, et qui me procuroit tous les plaisirs qu'il

pouvoit, en me faisant faire connoissance avec les plus honnêtes gens de la ville.

Je me voyois donc estimé et honoré à Saragosse, et je n'étois guère moins bien avec Lucie que je l'avois été avec ma veuve de Florence, lorsqu'un matin mon valet vint me dire qu'un cavalier étoit à la porte de ma chambre, et demandoit à me parler. J'étois encore au lit, et m'imaginant que c'étoit quelque ami de don Antonio, je répondis qu'il pouvoit entrer. Je ne fus pas peu surpris quand j'aperçus le personnage qui s'étoit fait annoncer : c'étoit un grand homme de fort mauvaise mine, et que je n'avois point encore vu. Il portoit une moustache retroussée, un chapeau dont la forme haute et pointue touchoit presque au plafond, avec une longue rapière, dont il affectoit de baisser la poignée par-devant pour en relever la pointe par derrière, en serrant les épaules, et en marchant si pesamment, que ma chambre trembloit à chaque pas que faisoit cet olibrius.

Tu crois sans doute qu'après une entrée si fanfaronne il m'adressa quelque discours orgueilleux, c'est ce qui te trompe : il se mit à parcourir ma chambre d'un bout à l'autre sans dire mot, se contentant de jeter sur moi des regards menaçants. Je me lassai enfin de souffrir ses bravades muettes; je me levai brusquement, et m'étant saisi de mes deux pistolets, je lui demandai ce qu'il avoit à me dire. Mon action, à ce qu'il me sembla, rabattit sa fierté. Connoissez-vous, s'écria-t-il d'un air troublé, le vaillantissime don Luc de Ribera, la fleur des chevaliers aragonois ? Je répondis que je le connoissois de vue, mais qu'il m'importoit peu de le connoître ou non. Je viens, reprit-il en me présentant un papier plié en forme de lettre, vous trouver de sa part; ce billet vous dira le reste. Je pris le billet d'un air assez tranquille, m'apercevant que le porteur étoit plus effrayé que moi; et l'ayant ouvert, j'y lus ces paroles:

« Qui que vous soyez, Italien ou Espagnol, vous êtes bien audacieux de venir dans ce pays nous disputer le le cœur de nos dames. Cependant, comme nous vous croyons étranger, nous voulons excuser une si grande témérité, à condition que dans vingt-quatre heures vous serez hors de Saragosse. Que si votre mauvais génie vous fait mépriser notre ressentiment, préparez vos armes pour vous défendre contre don Luc de Ribera, que personne jusqu'ici n'a pu vaincre, et dont il faut que vous soyez vainqueur pour parvenir à la possession de dona Lucia. »

Je ne fus point étonné de ce compliment. J'avois pressenti, en ouvrant le billet, qu'étant de don Luc, il ne pouvoit contenir qu'un appel ou quelque chose d'approchant. Monsieur, dis-je au porteur, dites au cavalier qui vous envoie, qu'Italien ou Espagnol, j'ai deux poignards à son service; que je suis prêt à me battre contre lui en chemise, pour éviter toute super-cherie : point de cotte de mailles, les véritables braves ne s'en servent pas en combat singulier. Que don Luc se règle là-dessus, et qu'il sache que, pour mériter le cœur de Lucie, je suis homme à braver toutes sortes de périls; voilà quelle est ma réponse. Donnez-la moi par écrit, répondit le porteur du billet; je suis bien aise que le régulier don Luc soit assuré que j'ai fait mon message en cavalier d'honneur. Pour contenter ce brave messager, je pris la peine d'écrire ce que je venois de lui dire de vive voix. Il emporta donc ma réponse, en me promettant de revenir l'après-midi avec un autre billet qui régleroit l'heure et le lieu du combat. Quand ce drôle m'eut quitté, je m'applaudis de m'être si bien tiré de cette scène : quoique je n'eusse guère d'envie de me battre, j'étois ravi d'avoir payé d'audace; et c'est ainsi qu'il en faut user. Il arrive quelquefois qu'on fait peur aux autres par une fausse fermeté. Au pis aller, mes mules étoient prêtes, et je savois parfaitement faire des retraites. Il est vrai que j'aurois eu bien de la peine à m'éloigner de dona Lucia; mais je ne l'aimois point encore assez, pour balancer entre elle et la conservation de ma petite personne.

Cette affaire ne laissoit pas de me causer quelque inquiétude, et j'en avois l'esprit tout occupé, lorsque l'hôte, sans que je m'en aperçusse, entra dans ma chambre pour me demander si je voulois dîner; et voyant qu'après m'être mouché je regardois dans mon mouchoir, il s'écria d'un ton de voix fort élevé : Ah! monsieur, prenez garde à vous! Je tressaillis à ces paroles, qui dans le trouble où j'étois déjà ne manquèrent pas de m'épouvanter. Je crus que c'étoit l'impétueux don Luc qui venoit m'assassiner; et tout à coup frappé de cette image, je parus si effrayé, que l'hôte ne put s'empêcher de rire de ma terreur panique. Ses ris me remirent un peu; et ne lui sachant pas trop bon gré d'une pareille surprise, je lui en fis des reproches; ce qui fut pour lui un nouveau sujet de se réjouir à mes dépens. Pourquoi, me dit-il, avez-vous regardé dans votre mouchoir après vous être mouché? Cette action

vous rend digne d'entrer dans la confrérie des Innocents,
et vous devez payer l'amende, suivant les lois établies
contre les sottes coutumes du monde. Alors faisant réflexion que l'hôte étoit un original qui ne cherchoit qu'à
se divertir, j'entrai de bonne grâce dans la plaisanterie,
et lui demandai de combien étoit l'amende. Elle est ar-
bitraire, me répondit-il, et, si vous voulez, il ne vous
en coûtera qu'une réale. Je la lui donnai sur-le-champ :
j'en aurois volontiers payé vingt, et n'avoir pas eu la
frayeur que le bourreau m'avoit causée. Oh çà, reprit-
il, je vous reçois dès ce moment au nombre des confrères,
et je promets de vous délivrer une décharge, en vertu
de quoi vous serez à couvert de toute poursuite, quelque sottises pareilles qu'il vous arrive de faire.

Il faut, poursuivit-il, lorsque vous aurez dîné, que,
pour votre récréation, je vous fasse lire mon sottisier ;
puisque pour votre réale vous êtes entré dans la grande
confrérie des Innocents, il est juste que vous en sachiez
les mystères. Je ne faisois que rire de tous ses discours,
dans la pensée que c'étoit son humeur bouffonne qui
les lui inspiroit. Néanmoins je ne fus pas hors de table,
qu'il me fit voir une pancarte scellée d'un sceau de cire
jaune, où étoient écrits, me dit-il, les noms des anciens
et principaux confrères. La première page étoit ornée
d'une estampe, qui représentoit un maître d'école qui
donnoit des leçons à des enfants, et on lisoit ces mots
tout autour : *A l'école des Innocents.* Les pages suivantes contenoient toutes les sottises dont il falloit faire
quelques-unes pour mériter l'honneur d'occuper une
place dans la société. Je ne t'en rapporterai seulement
que cinq ou six, qui suffiront pour te donner une idée

juste de ce bel ouvrage ; et je supprimerai le reste pour t'épargner la lecture d'une infinité de fadaises qu'il renfermoit. Voici donc les articles que tu ne trouveras pas mauvais que je te cite, quoiqu'ils ne valent guère mieux que les autres : « Nous déclarons dignes d'entrer dans la confrérie des Innocents ceux qui ont les mauvaises habitudes suivantes : Celui qui parle seul, soit dans une chambre, soit dans les rues ; celui qui, jouant à la boule, court après la sienne, et fait des contorsions pour l'obliger à rouler à son gré ; ceux qui ne découvrent leurs cartes que lentement l'une après l'autre, comme s'ils croyoient avoir par là celles qu'ils souhaitent ; ceux qui, entendant sonner l'horloge, demandent quelle heure il est ; ceux qui, attendant avec impatience un valet qu'ils ont envoyé faire quelque commission, se mettent aux fenêtres, s'imaginant, par cette action, qu'ils hâteront son retour ; celui qui, s'étant mouché, regarde dans son mouchoir, comme s'il y devoit trouver des perles, etc.

J'employai une partie de l'après-dînée à lire cette pancarte extravagante, en attendant des nouvelles de don Luc, pour prendre là-dessus mes mesures. Je commençois à m'ennuyer au logis, et je me disposois à m'aller promener, lorsque don Antonio et quelques-uns de ses amis arrivèrent. Ils me dirent qu'ils venoient m'offrir leurs services dans l'affaire d'honneur que j'avois sur les bras. Je niai d'abord la chose, et voulus faire le mystérieux ; mais ils m'apprirent que toute la ville savoit que don Luc m'avoit fait un appel, et que, les duels étant défendus, la justice venoit déjà de faire arrêter ce cavalier. Je jugeai par là que Miras et ses amis étoient de ces gens qui s'empressent de courir à votre secours

quand ils vous voient hors de danger. Je cessai de dissimuler, et je leur contai, fort à mon avantage, ce qui
s'étoit passé le matin entre le porteur d'appel et moi.
Sur cela don Antonio me représenta que je pourrois
aussi être arrêté, et il me conseilla de me retirer chez
lui; ce que je ne manquai pas de faire, pour éviter un
emprisonnement, que je craignois pour plus d'une raison. Je passai agréablement la journée dans la maison
de ce cavalier, qui fit tout son possible pour m'y retenir à coucher. Je m'en défendis à cause de mes coffres,
qui m'auroient inquiété toute la nuit, et sur les dix
heures du soir je repris le chemin de l'hôtellerie.

Je rencontrai dans les rues deux femmes, précédées
d'un valet qui portoit une grande lanterne, à la faveur
de laquelle il me fut aisé de remarquer qu'elles étoient
très jolies. Je les abordai poliment en leur disant des
choses fort obligeantes. Elles y répondirent avec beaucoup d'esprit; et ne doutant point, à voir l'éclat dont
brilloit mon habit, que je ne fusse *una buena ropa*,
elles m'agacèrent de façon, qu'elles m'engagèrent à les
accompagner jusqu'au détour d'une rue, où, s'étant tout
à coup arrêtées, celle des deux qui paroissoit la prin-
cipale me dit : Seigneur cavalier, ne venez pas plus loin,
je vous prie; attendez-nous dans cet endroit. Nous allons entrer dans une maison qui est à deux pas d'ici,
pour y voir une dame malade; nous en sortirons tout
au plus tard dans un quart d'heure, nous viendrons
vous rejoindre ici, et peut-être ne serez-vous pas fâché de nous avoir rencontrées cette nuit : vous enten-
drez chanter et jouer du luth à ravir. En achevant ces
mots, elles m'échappèrent toutes deux, et je fus assez

sot pour prendre au pied de la lettre ce qu'elles m'a-
voient dit : j'eus la patience de demeurer dans la rue
jusqu'à minuit. Alors je ne fus que trop persuadé que
j'étois la dupe de cette aventure, tout déniaisé que je me
croyois sur cette matière : j'avouerai même, à ma confusion, que je ne pus sauver ma bourse de la subtilité
de ces donzelles.

Comme j'étois obligé, en retournant au logis, de passer devant la maison de ma belle veuve, je ne pus me
refuser le plaisir de jeter les yeux sur ce cher domicile de ma reine, et il me sembla voir à sa porte une
figure d'homme. Je m'imaginai d'abord que c'étoit don
Luc, parce que ce cavalier avoit coutume de faire la
ronde toutes les nuits dans cet endroit, et je ne fis pas
cette remarque sans sentir une émotion mêlée de
frayeur et de jalousie : néanmoins venant à me souvenir qu'il étoit en prison, je me mis en tête que ce ne
pouvoit être lui. Je me rassurai, et, poussé par un mouvement jaloux, je m'approchai de l'objet qui le causoit, et qui, selon toutes les apparences, ayant encore
plus de peur que moi, disparut à mon approche. Étant
arrivé à la porte, j'entendis un bruit sourd de verrou,
qui me fit juger qu'on alloit l'ouvrir : je ne me trompai pas tout-à-fait dans ma conjecture, puisqu'un instant après on l'entr'ouvrit de manière qu'un homme
y pouvoit passer. La curiosité d'approfondir cette affaire, où je me croyois plus intéressé que je ne l'étois,
m'obligea de me glisser sans bruit en dedans. Je sentis
aussitôt une main qui me saisit pour me conduire; car
nous étions dans une allée où il n'y avoit point de lumière. Je compris bien qu'on se méprenoit, et je n'en

pus douter, lorsque ayant été introduit dans une salle
basse, j'y fus brusquement régalé d'une vive accolade,
assaisonnée d'une odeur de poivre, d'ail et de safran,
qui me fit connoître que l'amante emportée qui me prodiguoit ses faveurs devoit être une cuisinière. Cependant, au milieu de ses transports, en touchant mes
habits et mon visage, elle soupçonna que je n'étois
point l'amant chéri qu'elle attendoit. Pour expier son
erreur, elle lâcha prise subitement, et voulut prendre
la fuite; mais je la retins par sa jupe : elle fit tous ses
efforts pour se débarrasser de moi; je m'obstinai à les
rendre inutiles, et, dans cette espèce de lutte, nous
tombâmes tous deux avec bruit; ce qui réveilla deux laquais qui étoient couchés dans un cabinet assez près
de là. Ils se levèrent à la hâte, s'armèrent chacun d'une
épée, croyant entendre des voleurs, et vinrent tout
doucement avec une lampe dans la salle, où ils nous
trouvèrent étendus sur le plancher.

Ils me reconnurent dans le moment; et, surpris de
voir un cavalier qui aspiroit à la main de leur maîtresse,
poursuivre avec tant de fureur les bonnes grâces d'une
grosse joufflue de cuisinière qui ne les avoit jamais tentés, ils firent des éclats de rire qui me jetèrent dans
une étrange confusion. Admire l'insolence de cette créature : elle osa m'accuser d'avoir eu dessein de lui faire
violence, et dit que je m'étois caché dans la maison
pour cet effet. Au lieu de m'amuser à me justifier, je
ramassai promptement mon chapeau qu'elle avoit fait
sauter d'un coup de poing; et m'adressant au laquais qui
tenoit la lampe, je le priai de m'éclairer jusqu'à la porte
de la rue; ce qu'il fit avec des ris qui achevèrent de

me désespérer. Je regagnai mon hôtellerie à grands pas, cruellement mortifié d'une si honteuse et si misérable aventure, ne doutant pas que le bruit ne s'en répandît dans la ville dès le lendemain, et que je ne devinsse la fable de tous les habitants. Cette idée, qui m'affligeoit plus qu'on ne peut se l'imaginer, me fit prendre la résolution de ne demeurer à Saragosse qu'autant de temps qu'il m'en faudroit pour me disposer à m'en éloigner. Mon équipage fut prêt à la pointe du jour, et mes mules, comme si elles eussent partagé l'impatience que j'avois de quitter un séjour où je ne pouvois plus paroître sans honte, se mirent en chemin avec une ardeur qui me fit un extrême plaisir.

CHAPITRE II.

Guzman part pour Madrid, où il s'engage dans une nou-
velle galanterie, dont la fin ne fut pas si agréable pour
lui que le commencement.

JE pris la route de Madrid, et six jours après mon départ de Saragosse j'arrivai à Alcala de Henarès, ville dont la situation est charmante, et que la beauté de ses bâtiments rend comparable aux plus florissantes capitales du monde. D'ailleurs, ce qui avoit beaucoup de charmes pour moi, c'est que les belles-lettres sembloient y faire leur résidence. Je m'y serois établi certainement, si je n'eusse pas eu la sotte envie de revoir le pré de Saint-Jérôme, et d'aller briller dans un endroit où j'avois fait une figure si misérable.

Je ne m'arrêtai donc que huit jours à Alcala. Je poussai jusqu'à Madrid. Cette célèbre ville vit arriver avec trois mules, dont deux étoient chargés de bons effets, ce même Guzman qui avoit porté le cabas dans son enceinte. Je fus quelques moments en peine de savoir où j'irois loger; mais comme je me souvins d'une hôtéllerie qui de mon temps étoit la plus fameuse de la grande rue de Tolède, j'y allai descendre. J'y trouvai du changement : l'hôte étoit mort, et sa veuve n'avoit pu la soutenir sur le même pied. C'étoit pourtant une habile femme, et qui avoit plus d'une corde à son arc. Je m'aperçus bien de la décadence de cette maison; néanmoins les complaisances et les attentions qu'on y avoit pour moi, qu'on croyoit un riche seigneur, m'empêchèrent de changer de logement.

J'eus soin de m'informer de mon apothicaire aux trois sacs : j'appris qu'il étoit parti pour le pays où ses drogues avoient envoyé bien des malades. J'en eus une secrète joie; car il ne laissoit pas de me causer un peu d'inquiétude, quoique je ne dusse pas craindre qu'on me reconnût. Il y avoit plus de dix ans que j'étois sorti de Madrid; et, outre que ma personne n'étoit plus la même, pour ainsi dire, qui diable eût pu démêler Guzman sous les apparences superbes qui le déguisoient? Je me fis d'abord plaisir d'étaler la magnificence de mes habits, et particulièrement de celui que j'avois fait faire à Saragosse. Je les donnois tour à tour en spectacle, le matin dans les églises, et le soir au Prado.

Une nuit, rentrant au logis pour me coucher, j'entendis en traversant un corridor qui conduisoit à ma chambre, une belle voix qui accompagnoit une harpe touchée délicatement. Je m'arrêtai pour écouter ce petit concert, qui se faisoit dans un appartement fort proche du mien, et je sentis naître en moi un désir violent de voir les personnes qui l'exécutoient. Mon hôtesse, chargée de deux assiettes, l'une de confitures et l'autre de biscuits, qu'elle portoit pour rafraîchir la chanteuse, arriva dans ce temps-là, et satisfit ma curiosité. Elle me dit que c'étoit deux dames de Guadalaxara qui étoient venues loger chez elle ce soir-là même, et qu'un grand procès attiroit à Madrid. Je lui témoignai que je mourois d'envie de les entendre de plus près, et que je lui aurois une obligation dont je me souviendrois toute ma vie, si elle pouvoit obtenir de ces dames que j'eusse l'honneur de les saluer. Elle me répliqua qu'elle leur demanderoit pour moi cette permission, qu'elle n'osoit me promettre, attendu que c'étoit une mère qui menoit une vie retirée avec sa fille, qui étoit très jolie, et qu'elle ne perdoit point de vue. A ces mots, je redoublai mes prières pour engager l'hôtesse à me procurer la faveur que je souhaitois. Elle m'assura qu'elle n'épargneroit rien pour cela. Sur cette assurance je la laissai entrer dans l'appartement de ces dames, et j'attendis à la porte leur réponse, qui fut qu'elles me prioient de les excuser si elles refusoient à cette heure-là de recevoir la visite d'un cavalier qu'elles ne connoissoient point.

Je feignis d'être vivement affligé de ce refus, qui me piqua véritablement. Si bien que ma bonne hôtesse, de son côté paroissant touchée de ma peine, rentra chez les dames pour faire un dernier effort, et revint enfin m'annoncer qu'elles vouloient bien m'accorder cette grâce, pourvu que je ne fusse qu'un quart d'heure dans

leur chambre. Je ne demandois qu'à y être introduit,
persuadé que quand j'y serois une fois entré la condition du temps ne s'observeroit pas. Je me présentai donc
d'un air d'homme d'importance, et d'abord m'adressant
à la mère, je lui fis une révérence très profonde. Je
saluai ensuite la fille, et elles me reçurent toutes deux
d'une manière qui me fit connoître qu'elles savoient
parfaitement bien vivre. Elles étoient l'une et l'autre si
proprement vêtues, pour des dames qui venoient de
faire un voyage, que j'en fus fort étonné. La mère
pouvoit passer pour une belle femme : tout ce que je
trouvois à redire en elle, c'étoit un air fin et hardi.
Pour la fille, elle avoit le visage tendre et piquant tout
ensemble, et c'étoit une personne de dix-sept à dix-
huit ans.

Je remarquai dans leur chambre deux grands flambeaux d'argent sur une table, et deux magnifiques toi-
lettes préparées ; j'y vis aussi trois coffres de bagage,
avec un maître valet qui portoit la livrée, et qui, prêt
à servir ses maîtresses, se tenoit debout dans un coin,
de l'air du monde le plus respectueux. Je ne doutai
point que ces dames ne fussent d'une des premières
maisons de Guadalaxara : aussi je débutai par de très
humbles excuses de la liberté que j'avois prise, et je
leur dis, pour la justifier, que j'avois été si charmé de
leur concert, que je n'avois pu résister à l'envie de leur
en témoigner ma satisfaction. La mère répondit à mon
compliment avec beaucoup d'esprit et de modestie, ce
qui nous donna naturellement occasion de nous entretenir de musique. Je leur fis assez comprendre par mes
discours que j'étois un peu musicien. Je les priai de

recommencer leur concert; et, pour mieux les y engager, je m'offris à y tenir ma partie. Les dames, curieuses de m'entendre, s'y disposèrent. La mère reprit
sa harpe, et la fille se mit à chanter un air que je savois.
Je fis en même temps éclater ma voix, qui produisit le
même effet qu'à Florence, et qu'à l'abbaye près de Saragosse. Les dames en parurent transportées de plaisir.
Elles oublièrent la condition du quart d'heure, et minuit étoit déjà sonné que nous ne songions point encore
à nous séparer. La mère toutefois, pour observer les
règles de la bienséance, me représenta fort poliment
qu'il étoit temps que je me retirasse, en me disant
qu'elles seroient ravies de pouvoir souvent s'amuser
ainsi avec moi pendant le séjour qu'elles feroient à Madrid. Je pris donc congé d'elles en regardant la fille
d'une manière à lui persuader que je n'avois pas vu ses
charmes impunément; ce qui n'étoit dans le fond que
trop véritable, puisque de toute la nuit le sommeil ne
put fermer ma paupière.

Le lendemain, mon hôtesse, que j'avois accoutumée
à venir tous les matins prendre du chocolat avec moi,
entra dans ma chambre d'un air riant, et me dit : Je
sors de l'appartement de vos voisines. Il n'est pas con-
cevable jusqu'à quel point vous leur avez plu. Outre
qu'elles trouvent votre personne tout-à-fait aimable,
elles sont charmées de votre esprit badin et amusant.
Pour peu que de votre côté vous vous sentiez disposé
à pousser votre pointe, je doute fort que vous soyez
maltraité. La mère et la fille sont également contentes
de vous. J'avalai comme beau miel ces douces paroles;
et ravi d'avoir fait en si peu de temps une si vive im-

pression sur ces dames, je répondis que je n'étois pas moins satisfait d'elles, que la mère me paroissoit encore très ragoûtante; mais que je ne voyois rien de comparable à la fille, dont j'entreprendrois volontiers la conquête, si quelque femme d'esprit vouloit bien m'aider à réussir dans cette entreprise. Je vous entends, reprit l'hôtesse, vous souhaitez que je vous y rende service; j'y consens. Par où commencerons-nous cette affaire? Je menerai ce soir les dames à la promenade, lui repartis-je, et je leur ferai préparer quelque part une superbe collation. Mauvais début! s'écria ma confidente; cela révolteroit la mère, qui, pénétrant d'abord votre dessein, romproit brusquement avec vous, et ne vous verroit de sa vie. Faisons mieux, poursuivit-elle, après avoir rêvé quelques moments; il faut que cette fête se donne sous mon nom : je ferai apprêter une collation, suivant vos ordres, dans un jardin que j'ai sur les bords du Mançanarès, et j'y menerai les dames passer la soirée. Vous viendrez nous y surprendre, comme si le hasard vous avoit amené là, et nous serons plus librement dans cet endroit que dans aucun autre. J'applaudis à cette idée, et mon hôtesse se chargea du soin d'engager la mère dans cette partie de plaisir.

Ma confidente fut sur-le-champ la proposer dans la chambre des dames, où elle demeura près d'une heure; ce qui me fit juger qu'elle n'avoit pas peu de peine à les persuader : en effet, m'étant revenue joindre, elle me dit que la mère avoit bien fait la difficultueuse. J'ai long-temps, ajouta-t-elle, désespéré de lui faire accepter la proposition; néanmoins j'en suis venue à bout. Nous avons conclu la partie. Tout ce que je vous demande, c'est de vous conduire de façon qu'il ne paroisse pas qu'elle ait été faite de concert avec vous : quand vous viendrez au jardin, faites semblant d'être étonné de nous y rencontrer ; en un mot, que votre arrivée semble un effet du hasard. Je lui répondis qu'elle pouvoit compter que je ne gâterois rien. Nous prîmes ensuite toutes les mesures nécessaires pour rendre la fête agréable.

Nous y réussîmes : le repas fut d'un amant qui vouloit plaire, et les convives le reçurent sans s'apercevoir du motif qui l'avoit fait donner, ou du moins sans le témoigner. Nous nous divertîmes parfaitement bien. Comme la mère n'avoit point là sa harpe, nous nous contentâmes, sa fille et moi, de chanter tantôt ensemble et tantôt tour à tour, en nous lançant l'un à l'autre, à la dérobée, les plus douces œillades. Les siennes redoubloient mon amour, et les miennes le lui faisoient connoître. La nuit insensiblement nous surprit au jardin, et tandis que l'hôtesse, pour me favoriser, entretenoit la mère, je tenois des discours passionnés à la fille, qui ne les écoutoit pas sans plaisir. Il fallut enfin retourner à la ville. Je conduisis les dames jusque dans leur appartement, où, par grâce spéciale, on m'accorda encore une demi-heure d'entretien ; après quoi je me retirai plus amoureux, à ce qu'il me sembloit, de ma nouvelle maîtresse, que de toutes ses devancières.

Je fis tenir le jour suivant à cette jeune personne, par mon hôtesse, un billet des plus tendres, et des plus galants ; mais on n'y fit point de réponse : on crut que l'avoir reçu à l'insçu d'une mère, c'étoit une grande faveur pour moi. Je lui en écrivis un second, que je lui

glissai dans la main le soir dans l'appartement de ces
dames, qui furent encore régalées à mes dépens par
l'hôtesse, et cette fois-là on me répondit, fort laconi-
quement à la vérité, car il n'y avoit que deux lignes,
qui ne signifioient rien, et que je ne laissai pourtant
pas de trouver très spirituelles. C'est ainsi qu'on me
tenoit la dragée un peu haute pour irriter mes désirs,
ou, pour mieux dire, toute cette manœuvre étoit l'ouvrage de notre bonne hôtesse, qui, travaillant pour et
contre dans cette intrigue, faisoit jouer des deux côtés
à son profit les personnages qu'il lui plaisoit. Je vivois
cependant de jour en jour plus familièrement avec ma
belle voisine, et je ne sortois presque plus, tant j'étois
retenu au logis par l'agrément de la voir presque toute
la journée. La mère alloit souvent le matin solliciter,
à ce qu'elle disoit son procès; et lorsque cela arrivoit,
mon officieuse confidente venoit m'en avertir, m'intro-
duisoit sans façon chez la fille, que j'entretenois à sa
toilette; et de peur que la facilité d'avoir de pareilles
conversations ne m'y rendît moins sensible, elle les
troubloit quelquefois en venant m'annoncer faussement
que la mère revenoit.

Lorsque ma confidente jugea que j'étois fortement
épris, elle me proposa d'épouser doña Helena de Melida; c'est ainsi que se nommoit la jeune personne que
j'aimois. Cette proposition me tint en garde contre l'hôtesse, dont je pénétrai alors le système. Elle m'avoit si
fort vanté les biens et la noblesse de cette dame, que
je ne pouvois raisonnablement espérer qu'on voulût la
sacrifier à un homme que l'on ne connoissoit point. Ma
confidente me devint suspecte, et pour me débarrasser

de ses importunités sur ce point, je lui dis franchement
que j'avois pris ailleurs des engagements qui ne pouvoient être rompus. Sitôt que j'eus déclaré mes sentiments sur cet article, les dames changèrent de conduite à mon égard : elles avoient jusque-là refusé tous
les présents que l'hôtesse leur avoit offerts de ma part;
elles se mirent sur un autre pied : elles résolurent de
plumer l'oiseau, et eurent l'adresse de lui tirer de
bonnes plumes de l'aile. Il est vrai qu'à mesure que
je me montrois plus généreux, ma belle Hélène devenoit
moins réservée; si bien qu'après quelques entretiens
familiers que j'eus avec elle, ma passion se ralentit, et
il n'y eut plus entre nous qu'un commerce de politesse
et d'honnêteté.

Un nouvel incident acheva de me guérir. Un matin
je vis sortir de l'église des dominicains, où j'allois entendre la messe, une dame d'une taille majestueuse et
très richement habillée. Je la pris pour une personne
de qualité; et comme elle passa près de moi, si je
n'osai la saluer, en récompense je la regardai d'un air
si respectueux que je m'attirai son attention. Elle parcourut des yeux toute ma personne, de quoi je me
sentis fort honoré, en Espagne un regard qu'une femme
fait tomber sur un homme étant une faveur. Je fus
curieux d'apprendre qui elle étoit; je la suivis. Elle
s'en aperçut, et continua son chemin d'un air toujours
grave. Il y avoit derrière elle deux suivantes et un
estafier, ce qui me confirmoit dans l'opinion que j'avois
qu'elle ne pouvoit être qu'une dame de condition.
Quand elle fut au milieu de la grande rue, elle s'arrêta
devant une maison parfaitement belle, et y entra. Je

ne doutai point qu'elle n'y fît sa demeure; et, après quelques informations, je découvris que c'étoit la fille du seigneur don Andrea, qui prenoit le don, en qualité de banquier de la cour, et que cette jeune dame avoit la réputation d'être fort vertueuse.

Je fus occupé de cette rencontre tout le reste du jour, et je ne pus m'empêcher vers le soir d'aller passer et repasser devant les fenêtres du banquier. Je ne pris pas une peine inutile : je vis à loisir ce marchand, qui s'entretenoit avec sa fille sur un balcon; il me parut un homme de très bonne mine. Pour la dame, je ne puis te dire, sans surfaire, que c'étoit une beauté achevée; elle avoit seulement un air agréable et des manières aisées, qui me prévenoient en faveur de son esprit. Si j'en avois été touché le matin, ce fut bien autre chose le soir. Je m'en retournai chez moi tout brûlant d'amour pour elle, et résolu de faire connoissance avec son père dès le lendemain; ce qui s'exécuta de la façon que je vais te le conter. Depuis mon arrivée à Madrid, j'avois eu soin de faire démonter et employer mes diamants d'une autre sorte qu'ils n'étoient, de peur que si, par hasard, mes parents s'avisoient d'en envoyer un état à leurs correspondants, je ne fusse arrêté. J'avois même risqué beaucoup en les montrant à l'ouvrier. Je portai pour dix à douze mille francs de pierreries au banquier, à qui je dis que j'en avois encore chez moi pour une somme plus considérable. Il les regarda de tous ses yeux, et les estima douze mille livres, qu'il s'offrit à me payer dans six mois, si je voulois les lui laisser trafiquer.

Comme je n'avois pas d'autre intention que d'entrer

en commerce avec lui, j'acceptai son offre, et je refusai généreusement un billet qu'il se mit en devoir
de me faire de la valeur des pierreries. Je lui dis que
je savois trop bien quelle réputation il avoit dans le
monde, pour lui demander d'autres sûretés que sa parole. Nous demeurâmes donc d'accord qu'il me comp-
teroit dans trois mois six mille francs, et six mille autres
trois mois après. Il fut si charmé de ma franchise et de
ma générosité, qu'il m'accabla de compliments : il ne
se lassoit point de me remercier de la confiance que je
lui témoignois, ni de me faire des protestations de service. Il me fit voir toute sa maison, qui étoit richement meublée; j'y remarquai des équipages pour sa
fille et pour lui, avec un grand nombre de domestiques. Tous ces objets me jetèrent de la poudre aux
yeux, et je ne fis pas difficulté de croire que ce banquier devoit être un des plus opulents de toute l'Espagne. Si tout ce qui frappoit ma vue me confirmoit
dans cette pensée, ses discours étoient encore plus capables de m'éblouir : à l'entendre, il faisoit tous les
jours des affaires de deux ou trois millions; c'étoit
l'homme dont la cour se servoit pour faire des remises
considérables dans les pays étrangers; il avoit son entrée
chez les ministres, auxquels il parloit quand il lui
plaisoit; les plus grands seigneurs étoient de ses amis,
et il n'y en avoit guère qui n'eussent besoin de lui.

Tous ces discours, qu'on appelle en France gascon-
nades, n'étoient pas néanmoins sans fondement. Il avoit
autrefois été sur ce pied là avec les gens de la cour;
mais à force de leur avoir rendu service, il s'étoit si
bien ruiné, qu'il ne se soutenoit plus que par son in-

dustrie, qui étoit telle, qu'il ne laissoit pas d'avoir encore quelque crédit. Mes diamants lui furent d'un grand secours; il s'en servit pour se tirer d'un embarras où il se trouvoit faute d'argent, et il gagna dessus la moitié, ayant saisi l'occasion de s'en défaire avantageusement au mariage d'une fille du duc de Medina Sidonia. Je fis donc un extrême plaisir à ce banquier, sans le savoir. Comme je ne pouvois alors juger de sa fortune que sur les apparences, je m'estimois trop heureux d'avoir lié connoissance avec lui. Je m'accusois même en secret d'avoir une ambition démesurée, et de former un dessein téméraire en élevant ma pensée jusqu'à sa fille unique, qui me paroissoit un parti digne d'un prince.

D'un autre côté, don Andrea ne pouvoit revenir de la surprise que mon procédé lui causoit. Cela fut cause qu'il chargea un homme de confiance de s'informer adroitement de mon hôtesse qui j'étois, et de quelle manière je vivois à Madrid. On ne lui fit de moi que des rapports très avantageux; car quoiqu'on ignorât ma naissance, on ne laissoit pas de me croire un enfant de qualité; et pour ma conduite, je ne donnois aucun sujet de penser que j'eusse de mauvaises mœurs. Sur les bons témoignages qu'on lui rendit de moi, il se mit en tête que j'étois l'homme que le ciel lui destinoit pour gendre. Il en parla à sa fille, qui lui dit que je l'avois suivie dans la rue depuis l'église des dominicains jusqu'au logis; que je passois incessamment devant leurs fenêtres; en un mot, que toutes mes actions faisoient assez connoître que j'avois des vues sur elle. Le père avoit trop d'expérience pour n'en être pas aussi

persuadé; il ne douta plus que la confiance que je lui
avois marquée, en lui abandonnant mes pierreries sans
billet, ne fût un effet de l'amour que j'avois pour sa
fille. Ils s'en réjouirent tous deux, en conférèrent ensemble, et, me croyant plus riche qu'un juif, ils résolurent de me ménager si bien, qu'il ne me fût pas possible de leur échapper.

Conformément à cette délibération, le banquier vint
me rendre visite à l'hôtellerie. Je m'y étois bien attendu,
et j'avois mis en étalage dans ma chambre tous mes
bijoux, qui firent sur lui beaucoup d'impression. Il fut
principalement frappé de ma chaîne d'or; il en admira
le travail, et me dit que si j'étois dans le dessein de la
vendre, il me feroit gagner dessus un tiers de ce qu'elle
m'avoit coûté. Je le pris au mot, et je la lui lâchai
comme j'avois fait de mes pierreries, je veux dire sans
billet; il en fut transporté de joie : il me fit mille caresses, et, me regardant déjà en beau-père, il me donna
des conseils pour tirer un gros intérêt de l'argent comptant que je pouvois avoir. Peu de jours après il m'apporta la somme qu'il m'avoit promise pour ma chaîne,
ce qui augmenta la confiance que j'avois en lui, et
m'obligea de reconnoître ses peines par un présent convenable à une jeune dame, que j'envoyai à sa fille après
qu'il me l'eut permis. Ce présent, n'ayant pas été mal
reçu d'elle, me rendit assez hardi pour oser lui découvrir mes sentiments à l'usage du pays, c'est-à-dire par
des mines, et il me sembla qu'elle ne les désapprouvoit
point. A l'égard du père, avec qui je m'entretenois
tous les jours, je ne lui parlois que de commerce; et
cependant je me proposois de profiter de la première

occasion favorable que j'aurois de lui déclarer ma passion.

Ces nouvelles amours refroidirent fort les domestiques. Mes voisines ne s'en aperçurent que trop tôt
pour elles : les collations et les présents cessèrent. Je
passois les journées hors du logis, et, quand j'y revenois le soir, je rentrois le plus souvent dans ma chambre
pour me coucher, ou bien, lorsque je n'évitois pas la
conversation de ces dames, j'avois avec elles des entretiens si froids, qu'elles comprirent aisément que j'avois
secoué leur joug. Hélène éprouvant que ses bontés, au
lieu d'avoir irrité mon ardeur, n'avoient servi qu'à la
ralentir, en pleura de dépit. Elle tint un grand conseil
avec sa mère et l'hôtesse sur mon changement, qu'elles
ne manquèrent pas d'attribuer à un engagement nouveau, et le résultat fut qu'elles mettroient à l'épreuve
ma générosité, et que, si elles n'avoient pas lieu d'être
contentes de moi, elles auroient recours à quelque artifice pour se venger de mon inconstance. Il se présenta
bientôt une conjoncture propre à l'exécution de leur
projet. Il vint demeurer dans mon hôtellerie deux
jeunes seigneurs qui avoient de l'argent frais. Ils m'engagèrent à jouer avec eux, et je leur gagnai en trois
séances deux cent cinquante pistoles ; ce que les dames
n'eurent pas plus tôt appris, qu'elles m'entraînèrent à
la promenade, sans que je pusse m'en défendre. En
revenant, nous passâmes devant la boutique d'un marchand d'étoffes d'or et de soie. Notre hôtesse, qui étoit
avec nous, m'y voulut faire entrer malgré moi, et
m'obliger à faire l'emplette d'un habit pour dona Helena, en me disant que j'avois assez gagné pour lui faire

ce petit présent. Je laissai parler l'hôtesse tant qu'il lui plut; et, me moquant de ses instances, je trompai l'attente de ces dames, qui avoient compté qu'elles feroient à ma bourse une copieuse saignée, et cette action acheva de leur persuader que je n'étois plus dans leurs filets.

J'avois un meilleur usage à faire de mon argent. On venoit de bâtir dans le quartier une maison que j'avois vue plusieurs fois en passant, et qui m'avoit paru fort jolie; j'étois tenté de l'acheter. Je consultai sur cela don André, qui approuva cette acquisition. Il se mêla même de cette affaire, et fut cause que j'eus cette maison à bon marché. Elle ne me coûta que trois mille ducats, que je payai devant lui en espèces sonnantes, et d'un air aussi froid que si j'eusse eu cent mille écus dans mon coffre-fort. Tu peux bien t'imaginer que cela produisit un effet admirable chez mon futur beau-père, qui étoit un homme fin. l crut, pour le coup, avoir rencontré le gendre qu'il lui falloit, et il ne songea plus qu'à me faire tomber finement dans la nasse. Je fis meubler ma maison assez proprement, et je me disposai à l'aller occuper. Le jour que j'y devois coucher, jugeant que je ne pouvois me dispenser honnêtement de dire adieu à mes voisines, je pris congé d'elles en leur faisant des compliments qu'elles reçurent avec beaucoup de civilité, et d'un air si gai que j'en fus surpris. Je m'adressai ensuite à l'hôtesse pour la remercier de toutes les attentions qu'elle avoit eues pour moi, et l'assurer que je m'en souviendrois jusqu'au dernier moment de ma vie. Elle répondit à mes politesses d'une manière flatteuse, et me pria le plus obligeamment du

monde de lui permettre, en quittant sa maison, de me
donner à dîner. Connoissant l'hôtesse pour une femme
d'un assez mauvais caractère, et voulant me séparer
d'elle à l'amiable, je n'osai lui refuser la satisfaction
qu'elle me demandoit.

Je dînai donc avec mon hôtesse, qui me fit servir
trois plats qu'elle savoit que j'aimois passionnément;
mais elle m'en gardoit un autre qui n'étoit nullement
de mon goût. Il me fut apporté par un alguazil de la
cour et six archers, qui entrèrent dans la salle avec un
décret de prise de corps contre moi. A cette apparition,
qui me troubla extraordinairement, je ne doutai point
que je ne fusse perdu. Tous mes parents s'offrirent à
ma mémoire, et je m'attendois à chaque instant à voir
paroître quelqu'un de leur part; car je ne croyois pas
que d'autres personnes qu'eux pussent avoir à Madrid
action contre moi. Je me levai de table sans savoir ce
que je faisois : je voulus enfiler la porte, que je trouvai
gardée par trois archers : je gagnai ensuite une fenêtre
dans le dessein de me sauver par là; mais les trois autres
archers m'en empêchèrent. L'alguazil, qui étoit un des
plus raisonnables de ses confrères, remarquant le désordre où je me trouvois, s'approcha de moi en souriant, et me dit tout bas : Seigneur cavalier, rassurez-
vous; il ne faut pas tant vous effrayer. L'affaire dont
il s'agit n'est qu'une bagatelle; vous en sortirez avec
honneur pour quelques pistoles. Tenez, ajouta-t-il en
me donnant le décret, lisez; vous verrez que vous vous
alarmez mal à propos. Ces paroles, qui me parurent
d'un railleur qui, bien instruit de mes tours, se divertissoit à me faire prendre le change, ne diminuèrent pas

ma crainte. Je m'assis d'un air tremblant, et parcourant des yeux ce papier, j'y lus le nom de dona Helena de Melida. Je respirai un peu, et m'adressant à l'alguazil : Que signifie ceci? lui dis-je. Quoi! c'est cette dame qui me fait arrêter? que lui ai-je donc fait? Elle prétend, me répondit-il en riant encore, que vous avez obtenu d'elle par la force ce que sa vertu refusoit à vos désirs.

Qu'entends-je, m'écriai-je avec une extrême surprise! Hélène seroit-elle assez effrontée pour soutenir que je suis coupable d'un pareil crime? Pourquoi non? repartit l'alguazil. Elle peut avoir ses raisons pour vous accuser de l'avoir commis : il est vrai qu'il faudra qu'elle le prouve, et qu'il vous sera permis de vous défendre. Ce qu'il y a de fâcheux pour vous, continua-t-il, c'est que le devoir de ma charge m'oblige à vous mener en prison. Alors devenu un peu plus tranquille, je lus le décret d'un bout à l'autre; et après avoir rêvé à ce que je devois faire, je me levai, je tirai à part l'alguazil : Monsieur l'officier, lui dis-je, vous me paroissez un très honnête homme. Considérez, je vous prie, l'injuste persécution qu'on me fait. Je vous proteste que, bien loin d'avoir employé la violence pour parvenir au comble de mes vœux, la belle Hélène a fait plus de la moitié du chemin. Si vous saviez combien d'argent j'ai dépensé.... Je n'en doute pas, interrompit-il; je ne connois que trop cette nymphe et sa friponne de mère : elles demeurent depuis dix ans à Madrid, où elles ne font pas d'autre métier que celui d'attraper les jeunes étrangers. Vous êtes le troisième à qui elles font le tour dont vous vous plaignez; et, entre nous, je ne crois pas que vous puissiez vous tirer de leurs pates qu'aux dépens de votre bourse. Je pense comme vous, repris-je, qu'il n'y a pas d'autre moyen de terminer promptement et sans bruit cette affaire. Je vous conjure, ajoutai-je en lui glissant secrètement dans la main une bague de douze à quinze pistoles, de vous mêler de cet accommodement. Il mit la bague à son doigt, et me répondit d'un ton d'alguazil qu'il alloit trouver ces dames, et que si elles refusoient de se désister de leur poursuite contre moi, il les menaceroit de son attention à leur conduite, ce qui ne manqueroit pas de les rendre raisonnables.

En achevant ces mots, il me laissa dans la salle avec ses archers, qui, faisant briller à mes yeux la pointe de leurs hallebardes, me tinrent en respect jusqu'à son retour. Si l'hôtesse, que je regardois avec raison comme l'auteur de cette fourberie, eût été présente, je me serois un peu soulagé en l'apostrophant dans les termes qui lui convenoient; mais pour éviter mes reproches elle avoit pris la fuite à la vue de ces limiers de justice. Je n'étois pas sans inquiétude en attendant le résultat de la conférence qui se tenoit dans l'appartement de mes parties : je n'étois pas assez assuré de la fidélité de mon procureur, pour le croire plus dans mes intérêts que dans ceux de ces créatures. Néanmoins, il agit rondement dans cette occasion. Il les obligea de se contenter de cent pistoles, dont il y en eut vingt pour lui. Je bénis le ciel d'en être quitte à si bon marché. Je sortis de l'hôtellerie pour n'y jamais rentrer, et je me retirai dans ma maison, fort satisfait de voir que cette aventure n'avoit pas fait le moindre bruit.

CHAPITRE III.

*Guzman recherche la fille du banquier, et l'épouse. Suites
de ce mariage.*

Aussitôt que je fus débarrassé d'Hélène, de sa mère
et de mon hôtesse, je m'abandonnai entièrement à mon
nouvel amour. Je ne songeai plus qu'à devenir gendre
de don André, qui, de son côté, craignant que je ne
m'embarquasse dans quelque commerce de galanterie,
avoit autant d'impatience de me donner sa fille que
j'en avois de l'obtenir. J'allai dès le lendemain chez ce
banquier, qui me retint à dîner. Sur la fin du repas,
ma future parut comme par hasard. Je me levai d'a-
bord pour la saluer et lui témoigner la surprise agréable
que son arrivée me causoit. Elle répondit d'un air modeste à mon compliment, et voulut en même temps se
retirer. Son père l'arrêta : Eugénie, lui dit-il, demeurez avec nous : ce convive est de mes amis, et je suis
bien aise de vous le faire connoître en vous permettant
de vous entretenir avec lui. Je ne manquai pas de le remercier d'une si grande faveur, dont je parus charmé,
et à laquelle dans le fond j'étois encore plus sensible
que je ne le paroissois.

J'entrai donc en conversation avec Eugénie, et pour
comble de joie, don André, sous prétexte d'avoir quelques lettres à lire, se retira dans un coin de la salle où
nous étions, pour nous laisser un peu plus libres. S'il
en usa en cette sorte pour me faciliter un doux entre-

tien, il ne favorisa pas un sot; car je profitai de l'occasion, ne croyant pas en trouver jamais une meilleure
pour me déclarer. Je mis en œuvre tout mon génie, qui
me servit assez bien, et la dame m'enchanta par la délicatesse de son esprit. Pendant ce temps-là, le père,
faisant fort l'occupé, me demandoit quelquefois pardon
de me tenir si mauvaise compagnie. Je lui rendois alors
compliment pour compliment, et, allant toujours mon
train, j'en contois à sa fille d'une voix basse, comme
si j'eusse craint de le distraire de sa lecture. Il y avoit
déjà près de trois heures que cela duroit, quand le banquier, jugeant à propos de finir notre conversation,
vint nous joindre, et Eugénie, après m'avoir fait la révérence, disparut.

J'étois si plein d'estime, ou plutôt si amoureux de
cette dame, que je me répandis en louanges sur son
compte; et, parlant de l'abondance du cœur, je dis à
don André qu'on ne pouvoit être plus touché que je
l'étois du mérite de sa fille. Ce vieux renard m'écouta
fort attentivement; ensuite, pour m'exciter à m'expliquer plus clairement, il me tint de longs discours sur
la nécessité où les gens de mon âge étoient de se marier
pour éviter les écueils qu'ils avoient à craindre, et sur
l'importance de bien choisir une femme, puisque c'é-
toit elle ordinairement qui faisoit le bonheur ou le malheur de son époux. De là passant aux sentiments favorables qu'il avoit conçus pour moi, il me dit que
j'avois gagné son cœur par mes manières honnêtes, et
par la confiance que j'avois eue en lui, et que je pouvois
compter qu'il n'y avoit rien au monde qu'il ne fût capable de faire pour me le persuader. Je ne demeurai

pas court à des paroles si propres à m'obliger de rompre
le silence : je lui découvris le fond de mon âme, et lui
dis qu'il pouvoit me rendre le plus heureux des hommes
en m'accordant Eugénie. Il rêva, ou fit semblant de
rêver pendant quelques moments, pour me faire croire
que je mettois son amitié à une grande épreuve. Nous
ne nous séparâmes pourtant pas sans que je susse à quoi
m'en tenir. Il m'embrassa tendrement quand je le quittai, et me dit qu'il avoit eu certaines vues pour établir
avantageusement sa fille ; mais qu'il me les sacrifioit,
pour me marquer jusqu'à quel point il m'avoit pris en
affection. A ces mots je saisis une de ses mains, et je
la baisai avec un transport qui lui témoigna, mieux que
tout ce que j'aurois pu lui dire, la reconnoissance dont
j'étois pénétré.

Depuis cet entretien le banquier ne m'appela plus
que son fils. Il se mêla de toutes mes affaires, m'avança,
pour achever de meubler ma maison, les premiers six
mille francs qu'il s'étoit engagé à me payer dans trois
mois, et me fit avoir à bon marché quelques meubles
magnifiques, qu'une personne qui avoit besoin d'argent se trouva dans la nécessité de vendre. Enfin je
mangeois tous les jours avec mon beau-père futur ; je
voyois sa fille en toute liberté ; je jouissois de tous les
priviléges de gendre, si vous en exceptez celui que la
seule qualité d'époux me pouvoit donner. Une chose
me surprenoit, c'est que dans les conversations que j'a-
vois eues jusque-là avec don André, il ne m'avoit point
du tout parlé de dot. Je voulus le sonder sur cela, et
voici ce qu'il me dit : Ne vous attendez pas à recevoir
beaucoup d'argent le jour de votre mariage : vous ne

toucherez que dix mille francs; mais vous pouvez faire fond sur cinquante mille après ma mort. Cette dot me sembla bien mince pour la fille d'un homme que je croyois bien riche; néanmoins, faisant réflexion que les marchands n'aimoient point à se dessaisir de leurs espèces, je m'en contentai.

Je pressai don André de ne me pas laisser languir plus long-temps dans l'attente d'être réellement son gendre; il se rendit à mon impatience, et les noces furent célébrées avec éclat. Mon beau-père me compta les dix mille francs qu'il m'avoit promis, et qui furent bientôt employés. Je fis présent à mon épouse des pierreries que j'avois de reste; je lui donnai des habits de la dernière magnificence, et je l'emmenai dans ma maison, où nous fîmes des réjouissances pendant quinze jours. Je pris des femmes et des valets pour la servir; en un mot, je me mis en état de me ruiner en fort peu de temps, si je ne trouvois moyen par mon industrie de gagner autant que je dépenserois. Le banquier, à la vérité, me faisoit espérer des monts d'or, pour peu que la fortune secondât les projets qu'il formoit : c'étoit un homme à grands desseins, et son gendre étoit aussi de ce caractère-là. Nous ne nous proposions pas moins que de mettre en mouvement la cour et la ville, et de faire toutes les affaires du royaume. Malheureusement, pour y réussir, nous comptions, lui sur ma bourse, et moi sur la sienne; ce qui n'étoit que pure illusion, comme nous nous en aperçûmes dès que nous fûmes obligés de nous communiquer l'un à l'autre l'état de nos fonds. Nous nous désabusâmes tous deux sans en venir aux reproches, puisque nous n'avions rien à nous reprocher; au contraire, la mutuelle confidence que nous nous fîmes rendit notre union encore plus étroite, et nous connoissant pour ce que nous étions, nous nous promîmes, à l'exemple des voleurs, de nous être fidèles.

Notre société fit d'abord un très grand bruit, par le soin que don André prenoit de dire, d'un air mystérieux à tout le monde, qu'il avoit choisi pour gendre un homme qui avoit des richesses immenses. Cela se répandit partout, et nous attira de la pratique. On venoit à nous préférablement à tous les autres banquiers; et nous aurions, par notre seul crédit, augmenté de jour en jour la bonne opinion que l'on avoit de nos biens; si nous nous fussions bornés à vivre avec les marchands, nous aurions infailliblement fait une grosse fortune; mais le faible étonnant que mon beau-père avoit pour les personnes de qualité nous empêchoit de nous enrichir : ce qu'il venoit de recevoir d'une main, il le donnoit de l'autre. Il étoit si entêté d'un comte, d'un marquis, d'un chevalier de Saint-Jacques, qu'il ne pouvoit rien leur refuser, lorsqu'ils s'adressoient à lui pour le prier de leur prêter de l'argent, pour peu qu'ils lui fissent d'honnêtetés; ce qu'ils ne manquoient pas alors de lui prodiguer. Qu'un ministre en passant l'eût regardé d'un air gracieux, il lui faisoit dès le lendemain des présents aussi considérables qu'inutiles. Il vouloit toujours suivre les chimères que son esprit enfantoit; et lorsqu'il m'arrivoit de lui en représenter l'extravagance, il se mettoit à rire, se moquoit de moi, comme si je n'eusse pas eu le sens commun, et me traitoit d'homme neuf en matière d'affaires du grand monde.

Cependant avec toute son expérience, il dissipoit tout ce que nous avions de plus liquide, et nous étions réduits à nous servir de toutes sortes de moyens pour nous faire de nouveaux fonds. Que ne mettions-nous point en œuvre pour cela! Nous nous mêlions d'acheter et de vendre ; nous troquions, nous prêtions à gros intérêts : il n'y avoit aucun commerce que nous ne fissions. Outre ce que je savois déjà, mon industrie, que je raffinois tous les jours en l'exerçant, me fournissoit de nouvelles idées pour le bien de la société. J'avouerai pourtant qu'avec tout cela je n'étois qu'un ignorant en comparaison du beau-père. Les profits que nous faisions auroient suffi pour nous entretenir agréablement, pour peu que nous eussions été capables d'user d'économie, et nous n'aurions pas été obligés de faire de méchantes affaires, qu'avec toute notre adresse nous avions quelquefois assez de peine à cacher; mais nos dépenses domestiques étoient excessives. Si don André aimoit le luxe et la bonne chère, sa fille le surpassoit encore en cela : elle ne trouvoit rien de trop riche et de trop beau pour elle. Nous avions une table de seigneur, une fois plus de domestiques qu'il ne nous convenoit d'en avoir, et notre maison ne désemplissoit point de parentes et d'amies qu'il falloit régaler à grands frais.

Ce train de vie ne flattoit pas moins mon humeur que celle de ma femme, et je m'en accommodai à merveille, tant que l'état de nos affaires fut florissant. Je ne m'en lassai que deux ou trois années après notre mariage, et lorsque je m'aperçus que notre fortune commençoit à prendre une nouvelle et vilaine face, tant par notre mauvaise conduite, que par quelques coups de malheur qu'il nous fallut essuyer. Frappé du péril de nous voir bientôt à sec, je voulus, d'un air de douceur, représenter ma crainte à Eugénie. Dieu sait de quelle façon elle me reçut, et comme elle me traita ! Je m'en plaignis à don André, qui lui fit des reproches ; toute sa famille même m'appuya. Cependant mes plus douces paroles, les remontrances de son père, et les prières de ses parents ne servirent qu'à l'aigrir davantage contre moi. En un mot, elle me déclara qu'elle ne prétendoit point que l'on fît la moindre réforme dans notre maison. Après cet arrêt, que le caractère de ma femme rendoit définitif, je pris sagement le parti de ne plus la contredire, et de m'armer d'une nouvelle patience.

Je ne laissois pas pourtant de voir avec une extrême douleur fondre ainsi mon argent d'Italie, et s'en aller au bruit du tambour ce qui m'étoit venu au son de la flûte. Je ne pouvois penser aux suites de mon mariage, sans soupirer amèrement de regret d'avoir été assez insensé pour me marier. Quelquefois, pour m'excuser d'avoir fait cette sottise, je me rappelois la figure brillante que faisoit don André lorsque je devins son gendre, et je me disois à moi-même : Qui se seroit jamais imaginé que tu trouverois ta ruine dans un établissement qui sembloit te répondre de la plus solide fortune ? Quand je remarquai qu'il n'y avoit plus d'espérance de me soutenir encore long-temps sur le même pied où j'étois, je m'adressai au beau-père pour lui demander conseil dans une conjoncture si délicate.

C'est dans cette occasion qu'il me fit voir qu'il étoit

consommé dans toutes sortes de rubriques. Il s'agit ici, me dit-il, de faire ce que j'ai fait moi-même en pareil cas ; il s'agit de sauver le bien qui vous reste aux dépens de celui du prochain. Alors, sans perdre de temps, il composa des contre-lettres, des transports, de faux contrats, et je ne sais combien d'autres actes semblables, tous également dignes d'une récompense publique, si l'on rendoit justice aux honnêtes gens qui en font usage. Il n'en demeura pas à ces prudentes précautions : pour remettre en vigueur mon crédit, qui lui étoit nécessaire, il me fit acheter une rente de cinq cents ducats que son frère possédoit : quand je dis acheter, je veux dire en apparence ; car nous n'avions pas, le beau-père et moi, à nous deux, la somme d'argent que nous devions montrer au notaire, afin qu'il pût témoigner que la rente avoit été payée. Il ne nous en coûta que cinquante écus d'intérêt pour avoir cette somme, que nous empruntâmes pour un jour seulement, et cette vente se fit par ce moyen : bien entendu qu'en même temps je remis au vendeur un écrit, par lequel je déclarois formellement que ladite rente desdits cinq cents ducats ne m'appartenoit point, et qu'elle étoit réellement à lui, à qui j'en abandonnois la jouissance, comme une chose à laquelle je n'avois aucune prétention. J'étois très content de ces tours de passe-passe, parce qu'ils m'étoient avantageux. De plus, je savois qu'on les faisoit sans scrupule dans toutes les villes marchandes, et les contre-lettres surtout me paroissoient une belle invention pour le commerce.

Grâce à mon beau-père, je me vis donc assuré de quelque chose, en cas que la fortune me devînt tout-à-

fait contraire; et pouvant négocier de nouvel argent
sur ces cinq cents ducats de rente, je continuai mon
train ordinaire. Malheureusement il n'étoit pas possible
que ce fût pour long-temps. Les gens qu'on trompe se
désabusent; et d'ailleurs ma femme, dépensant toujours
plus que je ne gagnois, me réduisit enfin à la cruelle
nécessité de succomber sous le poids dont j'étois chargé.
Don André fut encore assez heureux pour se tirer d'intrigue. Pour moi, je ne pus éviter les griffes d'un maudit alguazil, qui m'arrêta de la part de mes créanciers,
et me conduisit en prison; mais ils furent bien sots
lorsque, s'apprêtant à se saisir de mes effets, ils apprirent qu'ils étoient à couvert. J'eus pourtant la conscience assez bonne pour ne vouloir pas qu'ils perdissent
tout; je leur donnai la dixième partie de leur dû, et
je m'engageai à leur payer le reste dans dix ans. C'est
ainsi que je me tirai de leurs mains.

L'orgueilleuse Eugénie conçut un si grand déplaisir
de mon emprisonnement et de ma banqueroute, dont
elle s'imaginoit que toute la honte ne tomboit que sur
elle, qu'il n'y eut pas moyen de la consoler. Elle en
mourut de chagrin; et comme elle ne laissa point d'enfants, je me trouvai dans l'obligation de rendre sa dot;
ce qui, dans l'état où j'étois, ne pouvoit que m'incommoder, ou plutôt achever de m'abîmer. Aussi, pour
dire la vérité, les larmes que sa mort me fit répandre
ne furent pas l'effet du regret d'avoir perdu ma femme;
je ne pleurois que l'argent qu'elle m'avoit dépensé follement, et celui que j'avois à remettre au beau-père.
Je ne manquai pas toutefois de faire le bon mari par
bienséance, et j'ordonnai des funérailles si superbes,

que mes créanciers en murmurèrent. Étant devenu
veuf, je ne cessai pas de vivre en bonne intelligence
avec don André. Véritablement notre société se rompit, et je rendis à ce banquier ses dix mille francs, sans
avoir avec lui la moindre dispute. Outre que je n'aurois
pas gagné à le chicaner, c'étoit un homme qui étoit le
maître de mes affaires, et dont j'avois encore besoin.
Je fis donc fort docilement tout ce qu'il exigea de moi,
et il me sut si bon gré de la conduite que j'avois tenue
avec lui, qu'il en usa de son côté parfaitement bien
avec moi.

CHAPITRE IV.

*Guzman, après la mort de sa femme, veut embrasser
l'état ecclésiastique. Il va pour cet effet étudier à Alcala
de Henarès. Fruit de ses études.*

Après avoir rendu les derniers devoirs à ma femme,
et sa dot à son père, je demeurai dans ma maison,
seul reste de tous mes biens. Encore étoit-elle toute
nue, à la réserve d'une chambre que don André, par
compassion, avoit bien voulu me laisser garnie de
quelques meubles de peu de valeur. Là je m'occupois
à faire des réflexions sur le passé, et à rêver aux
moyens de subsister à l'avenir.

Que faut-il que je fasse? disois-je en moi-même. Il
n'y a plus pour moi d'apothicaires, plus de banquiers
comme celui de Milan, plus de parents qui veuillent

me confier leurs pierreries. Que vais-je devenir ? Où
êtes-vous, Sayavedra, mon cher confident ? Que ne
pouvez-vous être témoin de mes peines ! vos conseils
et votre adresse me seroient ici d'un grand secours. Je
pourrois former avec vous quelque entreprise, qui me
feroit sortir de misère. Mais, hélas ! je vous ai perdu.
Je ne dois plus compter sur votre assistance, et peut-
être en ce moment vous repentez-vous bien de me
l'avoir prêtée.

Je m'attendris en m'occupant de cette dernière pensée. Je rentrai en moi-même, et me sentant dégoûté
du monde, je résolus de le quitter. Il faut, disois-je,
que je me tourne du côté de l'Eglise. Je pourrai trouver dans cet asile le solide bonheur que j'ai jusqu'ici
cherché vainement. Que de fripons ont fait fortune en
prenant ce parti ! Je veux essayer s'il ne me sera pas
aussi favorable qu'à eux. Pourquoi non ? Je puis devenir un bon prédicateur ; et la chaire est le chemin
des évêchés. Au pis aller, avec le peu d'argent que je
retirerai de la vente de ma maison, je pourrai acheter
quelque bénéfice de hasard ; et si je suis assez malheureux pour ne rencontrer aucun bénéficier qui veuille
permuter avec moi, je ferai travailler, comme on dit,
mes espèces ; et si l'intérêt qui m'en reviendra ne me
suffit point pour mener une vie tout agréable, j'y saurai
bien suppléer en me faisant chapelain dans quelque
riche couvent de religieuses. Quoique je sache plus de
latin qu'il n'en faut pour remplir une pareille place,
je ne laisserai pas d'aller à Alcala faire un cours de philosophie et un autre de théologie, pour m'en rendre
plus digne ; et si la condition d'écolier me paroît trop

pénible pour un homme de mon âge, j'aurai recours aux bons pères de Saint-François. Ce sont les meilleures gens du monde. Quand ils m'auront entendu chanter, ils me recevront chez eux, quand je ne saurois pas lire.

Tu vois, lecteur mon ami, que les gens d'esprit ne manquent jamais de ressources. La belle ressource ! me répondras-tu. Embrasser l'état ecclésiastique, dans la seule vue de s'y procurer toutes les délectations terrestres ; c'est n'avoir pas une vocation fort canonique. D'accord. Je ne prétends pas tenir tête aux casuistes sur ce point. J'avoue que je consultois moins les canons que l'usage, et que je ne songeois à me faire prêtre que pour avoir le reste de ma vie toutes mes petites commodités. Je communiquai mon dessein à mon beau-père, en voulant lui persuader que c'étoit l'ouvrage de mille réflexions morales que j'avois faites sur l'instabilité des choses d'ici-bas, ou plutôt que c'étoit le ciel qui me l'avoit inspiré. Comme ce banquier ne valoit guère mieux que moi, il applaudit à ma résolution, qu'il ne pouvoit assez louer, disoit-il, quand je ne l'aurois prise que pour me mettre à l'abri de mes créanciers.

Je ne pensai plus qu'à vendre ma maison ; ce qui fut bientôt fait. Il se présenta un homme qui m'en donna presque autant qu'elle m'avoit coûté, attendu que le quartier étoit devenu plus considérable par la grande quantité de maisons qu'on y avoit bâties depuis la mienne. Nous allâmes chez un notaire qui dressa le contrat, et qui nous dit qu'il falloit, avant que de le signer, nous accommoder avec le seigneur censier pour les lods et ventes. Ce seigneur étoit un vieux conseiller du conseil des Indes, et de plus, grand usurier. Bien loin de rabattre un maravédis seulement de ses droits, il les fit monter trois fois plus haut qu'il ne devoit. Nous eûmes beau lui représenter qu'il avoit affaire à des chrétiens comme lui et non à des Maures, l'acquéreur fut obligé d'en passer par là, parce qu'il vouloit absolument avoir ma maison.

Aussitôt que je la lui eus vendue, je portai l'argent qui m'en revint à la banque. Il ne pouvoit me rapporter que très peu de chose; mais, outre qu'il étoit en sûreté, j'avois le droit de le retirer quand il me plairoit. Après avoir ainsi placé mes deniers, je fis travailler à mon habillement d'écolier aspirant aux ordres sacrés, lequel consistoit en un manteau long et une soutane; ensuite ayant dit adieu à don André et à mes meilleurs amis, je partis pour la ville d'Alcala, où j'arrivai quelques jours avant l'ouverture des écoles. Je fus d'abord irrésolu sur mon logement : je ne savois si je devois me mettre en pension, ou bien louer un appartement où je ferois mon ordinaire. J'étois accoutumé à jouir d'une entière liberté chez moi, à vivre à ma fantaisie, à manger ce qu'il me plaisoit d'avoir, sans m'assujettir à des heures réglées, comme il faudroit que je le fisse chez un maître de pension, où je dînerois et souperois avec des écoliers, dont la plupart pourroient être mes enfants, et où l'on me feroit mourir de faim pour mon argent. D'un autre côté, lorsque je venois à considérer ce que c'étoit qu'un ménage de garçon; que j'y envisageois une servante voleuse ou galante, ou adonnée au vin, et souvent à ces trois choses ensemble, sans parler des autres incommodités qui sont attachées à la vie libre d'un jeune homme qui est son maître, il me sembloit que je ferois mieux de me mettre dans une pension. C'est à quoi je me déterminai ; mais je choisis celle que je jugeai la plus convenable à un garçon de mon âge, et qui vouloit se consacrer à l'église.

Je ne fus pas long-temps sans faire des connoissances. J'eus le bonheur de rencontrer des étudiants aussi vieux que moi. Je me faufilai avec eux ; car j'aurois eu honte de me voir lié avec des écoliers sans barbe. Je commençai par m'appliquer à l'étude de la philosophie, et j'ose dire que j'y fis d'assez grands progrès : il est vrai que je joignis à d'heureuses dispositions un travail opiniâtre. Je passai au bout de deux années pour un des meilleurs sujets de notre université. Après avoir fait mon cours de philosophie, je pris mes licences de maître ès-arts. Quoique j'eusse mérité la première place, je n'obtins que la seconde. On me fit cette injustice en faveur du fils d'un de nos plus respectables professeurs. Je ne m'en plaignis point : au contraire, j'étois plus fier d'entendre dire à tout le monde qu'on m'avoit fait un passe-droit, que je ne l'aurois été si l'on m'eût rendu justice. Je m'attachai ensuite à la théologie ; et continuant d'étudier avec la même ardeur, je parvins à me faire un jeu de mes études. Je sentois que de jour en jour je devenois plus savant, ou du moins je me l'imaginois.

Quoique je me fisse un point d'honneur de ne pas manquer une leçon, et que je fusse fort occupé de mes devoirs scolastiques, je ne laissois pas d'avoir des moments à donner à mes plaisirs. Comme j'étois depuis long-temps accoutumé à la bonne chère, et que j'en faisois une très mauvaise dans ma pension, je me réjouissois deux ou trois fois la semaine avec mon hôte et quelques amis que je régalois; et par tous ces petits repas je m'acquis la réputation d'homme riche et généreux. Ce qui doit te paroître un miracle, c'est que, pendant trois ou quatre années que je vécus de cette sorte, je n'eus aucun commerce avec les femmes, même les plus honnêtes. Je ne m'informois pas s'il y en avoit d'aimables dans la ville : j'évitois toutes les occasions d'en connoître ; je m'interdisois jusqu'à la curiosité de les regarder. Je n'avois pas tort de me tenir ainsi en garde contre mon penchant pour le beau sexe; je savois par expérience combien il étoit redoutable pour moi. J'eus donc la force, pendant presque tout le cours de mes études, de m'éloigner de cet écueil : heureux si je les eusse achevées sans y aller échouer.

J'étois sur le point de me faire passer bachelier en théologie ; et comme il falloit auparavant prendre les ordres sacrés, qui ne se donnoient qu'à des personnes qui possédoient quelques chapelles ou autres titres, cela me jeta dans un grand embarras; car depuis que j'étudiois à l'université d'Alcala, j'avois mangé plus de la moitié de mon fonds; si bien que ne sachant comment faire pour me tirer de là, je fus obligé d'avoir recours au père des expédients, c'est-à-dire à don André. J'avois eu soin d'entretenir toujours avec lui un commerce de lettres. Je lui avois exactement rendu compte de mes succès dans les écoles, et il m'en avoit témoigné beaucoup de joie. Je lui mandai donc quel obstacle s'opposoit à mon dessein, le priant de m'enseigner le moyen de le lever. Il me fit réponse qu'il ne demandoit pas mieux que de m'obliger; qu'il me feroit un don de l'héritage de ma femme en forme de fondation, et que dans l'acte

il seroit stipulé que je dirois chaque jour de l'année une
messe pour le repos de l'âme de la défunte; mais qu'en
même temps je déclarerois par un écrit particulier que
ce bien n'étoit pas à moi, et que je le remettrois à don
André quand il le jugeroit à propos. Une pareille contre-
lettre faite pour une œuvre pie, bien loin de me sem-
bler contrevenir aux décrets des saints conciles, ne
souleva pas un moment contre elle ma conscience. Je
conviens que je n'étois pas un homme à y regarder de
si près, non plus que mon beau-père, qui n'avoit peut-
être fait de sa vie aucune affaire qui blessât moins que
celle-là les canons de l'Église. Quoi qu'il en soit, ne
pouvant faire autrement, voilà par quelle porte je me
disposai tout de bon à entrer dans le sanctuaire des ministres de la religion.

En attendant que je pusse recevoir les ordres, je
commençai à m'écarter de toutes les compagnies, et,
pour vivre plus régulièrement, à fréquenter les lieux
saints. Un jour qu'il faisoit un très beau temps pour la
promenade, je sortis de la ville pour aller en pèlerinage
à Sainte-Marie-du-Val, agréable hermitage qui n'en est
éloigné que d'un quart de lieue. Je rencontrai en chemin
un grand concours de monde, qui avoit entrepris comme
moi ce petit voyage par dévotion, et la chapelle de la
sainte en étoit si remplie, qu'en y arrivant je ne sus
où me placer pour faire ma prière. Une dame, qui
n'étoit qu'à deux ou trois pas de moi, remarquant ma
peine, se retira promptement en arrière, comme pour
m'inviter par cette action à me mettre auprès d'elle. Je
fus surpris et touché de cette honnêteté d'une femme
qui m'étoit inconnue, et à qui je croyois l'être. Malgré

la gravité que j'affectois, je ne pus me défendre d'attacher ma vue sur une personne si polie, et je ne doutai point, à voir la propreté de ses habits, que ce ne fût une dame hors du commun.

Elle me cachoit avec soin son visage, ne me laissant apercevoir qu'un œil, qui me lança une œillade dont je fus percé jusqu'au fond du cœur. Je me glissai tout ému derrière la belle, et, voulant lui témoigner ma reconnoissance par quelques paroles obligeantes, je lui dis tout bas : Que vos politesses sont dangereuses! Je crois que vous ne les craignez guère, me répondit-elle sur le même ton. Je n'osai lui répliquer, de peur d'être entendu de quelques femmes qui étoient autour d'elle, et qui me paroissoient être de sa compagnie. Je les regardai toutes; et m'étant surtout appliqué à en considérer une qui se cachoit moins que les autres, je la reconnus pour la veuve du docteur Gracia, professeur en médecine, femme déjà surannée, et qui tenoit des pensionnaires. Je savois qu'elle avoit trois filles, qu'on appeloit par excellence les trois Grâces, à cause du nom de leur père, et qui véritablement passoient pour des personnes charmantes. Je ne doutai point que la dame à qui je venois de parler ne fût une de ces trois illustres sœurs; et comme la renommée vantoit particulièrement la beauté de l'aînée, aussi-bien que son bon esprit, je souhaitai que ce fût celle-là : souhait que je ne pus former sans craindre en même temps pour mon cœur. Il faut tout dire : avec la réputation d'être fort jolies, elles avoient celle de n'être pas des vestales; ce qui ne me surprenoit point, le docteur Gracia ayant laissé ses affaires dans un état qui avoit obligé sa veuve à prendre des pensionnaires pour soutenir sa maison. Si la médisance ne respecte pas les filles élevées avec sévérité, comment pouvoit-elle épargner les trois Grâces, qui étoient sans cesse environnées de galants? Elles avoient appris la musique, et leur père, homme de plaisir, s'étoit plus attaché à les rendre propres à la société qu'à les former à la vertu.

J'étois parfaitement instruit de tout cela, comme de leur côté elles n'ignoroient pas qui j'étois. On leur avoit dit que je savois la musique à fond; que l'argent ne me manquoit point, et que j'avois un penchant naturel à le dépenser. Ces bonnes qualités, qu'elles aimoient fort dans un homme, leur donnèrent envie de me connoître, et de m'engager à grossir le nombre de leurs pensionnaires. Elles m'en avoient adroitement fait faire la proposition, que j'avois rejetée, de peur de m'embarquer dans une nouvelle galanterie. J'avois même bien fait serment d'éviter tous les piéges que l'amour me tendroit, et je ne croyois pas que, dans le lieu saint où je me trouvois, je violerois mon serment. Néanmoins je sentis certaine agitation, qui ressembloit si fort aux premiers mouvements d'une passion naissante, que j'en fus à larmé. Guzman, me dis-je à moi-même, prends garde de faire ici une folie. Quel Dieu viens-tu adorer dans cette église? Ne laisse pas surprendre ton cœur. Veux-tu perdre le fruit de tant d'années d'étude?

Dans le temps que ma raison se révoltoit ainsi contre ma foiblesse, les dames ayant fini leurs prières se levèrent pour sortir. Elles étoient au nombre de sept à huit personnes, toutes de la même compagnie. Elles passèrent devant moi. Je me levai aussitôt pour les sa-

luer. Celle qui m'occupoit l'esprit, et qui étoit effectivement l'aînée des trois sœurs, sous prétexte de rajus-
ter sa mante, me fit voir adroitement son visage. J'en
fus frappé vivement, et les regards dangereux qu'elle
jeta en même temps sur moi achevèrent de me troubler. Peu s'en fallut, dans le désordre où étoient mes
esprits, que je ne la suivisse, entraîné par je ne sais
quel charme qu'on ne peut concevoir si on ne l'a éprouvé.
Cependant un mouvement, qui ne pouvoit venir que
du ciel, me retint tout à coup, et me donna la force de
résister à un attrait si puissant. Je me représentai dans
le moment le péril que je courois, et considérai l'abîme
où j'allai me précipiter. Je me remis à genoux pour
continuer ma prière, ou plutôt pour la commencer; car
j'avois été jusqu'alors si distrait, si ému, qu'il ne m'a-
voit pas été possible de m'en bien acquitter. Je ne pus
même détourner mon esprit de l'image enchanteresse
qui l'occupoit; et plus agité qu'un vaisseau qui se trouve
sans voiles et sans gouvernail au milieu de la mer, je
cédois aux divers mouvements qui s'élevoient dans mon
cœur.

L'inquiétude qui me travailloit ne me permettant
plus de demeurer dans la chapelle, j'en sortis, non pour
marcher sur les traces de la beauté qui avoit fait tant
d'impression sur moi, au contraire, je voulois la fuir;
et craignant de la rencontrer sur le chemin de la ville,
je pris une autre route. Je tournai mes pas du côté de
la rivière, dans l'espérance qu'en me promenant le
long de ses bords, je perdrois insensiblement le souvenir de cette redoutable personne, dont toute ma philosophie ne pouvoit me détacher. Peut-être serois-je

redevenu tranquille à force de réflexions, si mon étoile ne m'eût conduit à ma perte. Une voix que j'entendis à dix ou douze pas de moi me fit tourner la tête du côté qu'elle partoit, et la première chose qui s'offrit à ma vue fut dona Maria Gracia, cette même dame dont j'évitois les charmes avec tant de soin. C'étoit elle qui chantoit, assise sur l'herbe fleurie, tandis que ses sœurs et les autres dames de sa compagnie étendoient auprès d'elle une magnifique collation.

A ce spectacle, je ne fus plus maître de moi, je m'avançai vers elles en les saluant. Convenez, mesdames, leur dis-je, que le destin m'est bien favorable aujourd'hui, puisqu'il veut que je vous rencontre partout; mais, pour être parfaitement heureux, il faudroit que je fusse de votre écot.

Dona Maria me répondit en souriant qu'il ne tiendroit qu'à moi d'en être; qu'aussi-bien il étoit juste que tant de bergères eussent du moins un berger pour les défendre des loups. Cette réponse me ravit et m'engagea dans la conversation. Je m'approchai des dames, j'ôtai mon manteau pour être plus à mon aise, et m'étant mis de la partie, je m'abandonnai à toute la gaieté de mon humeur. Animé de la présence de la personne qui me charmoit, je brillai dans cet entretien. La mère et les filles me firent, comme à l'envi, des honnêtetés. Il me sembloit n'avoir jamais passé des moments si agréables. Je me repentois de ne m'être pas plus tôt faufilé avec une famille si charmante, et d'en avoir fui les occasions. Les autres dames étoient aussi fort gracieuses, de sorte que ce qu'il y avoit de plus aimable à Alcala se trouvoit là rassemblé; c'est ce que je leur dis plus d'une fois. Elles m'en surent bon gré; et, pour me montrer que je leur rendois justice, elles se disposèrent, après avoir fait collation, à former un concert. Deux dames prirent des guitares qu'elles avoient fait apporter, et dona Maria, avec quelques autres qui avoient de la voix, les accompagna. Une guitare me fut ensuite présentée, et l'on me pria de jouer quelques airs à danser; ce que je fis avec moins de plaisir que je n'en eus à voir les danses légères de ces dames, qui paroissoient à mes yeux dans cette prairie autant de nymphes de Diane.

L'aînée des trois sœurs étoit la danseuse qui avoit le plus de part à mes regards. Elle avoit un air de noblesse et des grâces qui la distinguoient de ses compagnes. Tu ne seras pas étonné qu'un homme, qui prenoit feu aussi facilement que moi, ne pût résister à ces belles qualités. Je devins si amoureux de dona Maria, que je ne voyois plus qu'elle. Lorsqu'elle eut cessé de danser, je m'assis à ses pieds, et, lui présentant la guitare que j'avois entre les mains, je la conjurai d'en jouer elle-même, et de chanter en même temps; ce qu'elle ne refusa point de faire, à condition que je l'accompagnerois aussi. Elle avoit ouï parler de ma voix, et elle mouroit d'envie de l'entendre. Comme je n'en avois pas moins de la satisfaire, je fis aussitôt retentir la prairie de cette voix touchante que je ne faisois jamais éclater sans m'attirer des applaudissements. Toute la compagnie en fut si contente, qu'elle ne pouvoit se lasser de me le témoigner.

Nous continuâmes à nous divertir de cette manière jusqu'à la nuit. Alors la veuve du docteur Gracia fit

sonner la retraite, et nous commençâmes à défiler tous
vers la ville, de façon que dona Maria et moi nous
marchions les derniers, comme si, déjà d'intelligence
tous deux, nous eussions affecté de demeurer derrière
pour nous entretenir en particulier. Il est inutile de dire
que notre conversation roula sur l'amour : nous étions
l'un et l'autre trop en train de nous agacer, pour nous
parler d'autre chose que de tendresse. Nous nous fîmes
une déclaration réciproque de nos sentiments, et dès
ce jour-là nous aperçûmes que nous étions faits l'un
pour l'autre. Comme les autres personnes de la compagnie n'avoient pas ensemble un entretien si amusant
que le nôtre, elles alloient plus vite que nous. Dona
Maria, voulant les suivre, fit par hasard ou autrement
un faux pas, de sorte qu'elle seroit tombée, si je ne
l'eusse soutenue. Je la retins entre mes bras, et je fus
assez hardi en la relevant pour lui dérober un baiser.
Je n'eus pas sitôt pris cette liberté, que la crainte d'a-
voir déplu par cette action m'obligea d'en faire des
excuses à la dame, qui, bien loin de s'offenser de ma hardiesse, me dit fort spirituellement que j'avois bien fait
de me payer par mes propres mains du service que je
lui avois rendu, et qu'elle auroit pu négliger de reconnoître.

Quand nous fûmes arrivés à la porte de la maison des
trois sœurs, leur mère me pria d'entrer; ce que je fis
fort volontiers. On m'y présenta des rafraîchissements,
et je m'y arrêtai jusqu'à ce que je jugeai que la bienséance exigeoit que je prisse congé de la compagnie :
néanmoins, avant que je me retirasse, je demandai à la
veuve la permission de la venir quelquefois assurer de

mes respects. Enfin, je quittai dona Maria. J'étois si transporté d'amour, et j'en avois l'esprit si troublé, qu'au lieu de m'en retourner chez moi, je pris le chemin de l'université : je ne reconnus mon erreur que lorsque étant arrivé à la porte, je me mis en devoir d'y frapper. Tu conçois bien que je ne dormis guère cette nuit, après avoir passé la journée comme je te l'ai raconté.

Je fus le jour suivant aux écoles de l'université, où ma distraction fut telle, qu'en sortant je n'aurois pu dire de quelle matière on y avoit traité. L'après-dînée, sans pouvoir m'en défendre, je me rendis chez dona Maria, que j'écoutai plus attentivement que je n'avois fait mon professeur le matin, et qui me détacha si bien de l'université, que je cessai bientôt d'y aller. Je renonçai aux ordres que j'avois voulu prendre. Je changeai mon habillement ecclésiastique en un habit séculier des plus riches, et, après avoir payé mon hôte, je me mis en pension chez la veuve du docteur Gracia, où, pour parler plus juste, je m'abandonnai au démon qui m'entraînoit. Tous les gens sensés, et qui étoient dans mes intérêts, déplorèrent mon aveuglement. Le recteur même eut la bonté de me faire une charitable remontrance sur le changement de ma conduite ; mais tous ses discours judicieux furent inutiles ; il fallut que je subisse mon sort, qui étoit de m'abîmer ; ou bien le ciel vouloit peut-être par là dérober un mauvais sujet à l'église.

CHAPITRE V.

*Guzman se remarie à Alcala, et revient peu de temps après
demeurer à Madrid, avec sa nouvelle épouse.*

Je vivois délicieusement chez mes nouvelles hôtesses : j'y faisois très bonne chère ; elles prévenoient
mes désirs ; elles ne cherchoient qu'à me plaire en toutes
choses ; en un mot, j'étois le maître du logis. Une vie si
voluptueuse dura trois mois, au bout desquels je parlai
de mariage. Nous fûmes bientôt d'accord sur les articles ; et, pour pousser la folie encore plus loin, je fis
une grande dépense en habits de noces, tant pour la
mariée que pour son prétendu : il sembloit que j'eusse
des écus à compter par boisseaux. Cependant, pour dire
la vérité, je jouois de mon reste.

Ma belle-mère, qui étoit une bonne femme des plus
faciles à éblouir, voyant tout le fracas que je faisois,
s'imagina que j'avois des biens considérables ; que la
fortune de ses autres filles étoit assurée, et qu'un gendre
tel que moi alloit améliorer les affaires de sa maison.
Comme il faut qu'un jeune homme s'occupe, elle me
proposa de m'appliquer à la médecine, en me disant
que c'étoit une profession très lucrative, et que si son
mari eût été plus laborieux, il auroit laissé sa veuve et
ses enfants fort à leur aise. Pour mieux m'engager à
prendre ce parti, elle m'offrit tous les livres et les mé-
moires du docteur Gracia, ne doutant pas, disoit-elle,

qu'avec ce secours, et l'excellent esprit que j'avois, je ne devinsse en peu de temps un habile médecin. Pour la contenter, j'eus la complaisance de m'assujettir pendant six mois à étudier sous de fameux professeurs en médecine. Leurs leçons ne furent guère de mon goût; aussi m'ennuyant d'une étude si désagréable, que je n'aimois point, et qui ne pouvoit me donner de quoi vivre que dans ma vieillesse, je m'en dégoûtai. Je feignis d'avoir reçu des lettres d'un de mes amis, qui me mandoit qu'il avoit occasion de me procurer à Madrid un emploi honorable, et où je ne manquerois pas de m'enrichir en très peu d'années. Je fis part de cette nouvelle à ma belle-mère, qui, la croyant véritable, fut la première à me conseiller d'accepter cet emploi, malgré le regret qu'elle avoit de me perdre.

L'aversion que je me sentois pour la médecine n'étoit pas la seule raison que j'eusse de quitter Alcala ; j'en avois encore d'autres. Je me voyois fort court d'argent, et je n'étois pas bien aise de montrer la corde dans une ville où j'avois jusqu'alors passé pour un homme-aisé. Outre cela, je te dirai que dona Maria, depuis notre mariage, s'étoit avisée de renouer commerce avec certains écoliers dont elle n'avoit pas dédaigné la tendresse auparavant ; ce qui me déplaisoit d'autant plus, qu'elle ne pouvoit attendre de la reconnoissance de ces galans que des sérénades et des boîtes de confitures. Je n'étois nullement satisfait de ces viandes creuses · il me sembloit qu'un mari qui vouloit bien fermer les yeux sur les galanteries de sa femme méritoit du moins que l'abondance régnât dans sa maison. Je me résolus donc à m'éloigner d'un séjour où mon épouse avoit de si mauvaises connoissances, et d'aller nous établir à Madrid, où nous pouvions compter d'en faire de meilleures.

Nous étant préparés à ce voyage, nous dîmes adieu à nos amis et à notre famille, et nous nous rendîmes en bon équipage à Madrid, ville appelée à juste titre la ressource des malheureux. Je m'étois brouillé avec le seigneur don André, mon beau-père, à l'occasion de mon second mariage, que j'avois contracté contre son avis : nous avions rompu tout commerce ensemble; je ne songeois plus à lui. A l'égard de mes créanciers, comme j'avois encore devant moi plus de deux ans, j'étois fort en repos de ce côté-là. J'espérois qu'avant qu'ils fussent en droit de m'inquiéter, je ferois quelque bon coup de ma façon, ou que la beauté de ma femme nous mettroit en état d'aller nous faire loin d'eux un solide établissement.

Un pauvre diable de marchand d'Alicante fut le premier qui donna dans nos filets. Nous l'avions rencontré sur notre route; il s'étoit joint à nous; et, pour ses péchés, en voyant dona Maria, il avoit conçu pour elle un amour violent. Nous nous en aperçûmes bien, lorsqu'étant arrivés à Madrid, il nous entraîna, pour ainsi dire, dans son auberge, où il nous assura que nous serions à merveille. L'hôtesse, nous dit-il, est une des meilleures femmes du monde : elle a des chambres de la dernière propreté, et il demeure à deux pas de chez elle un fameux rôtisseur, qui nous fournira tout ce que nous voudrons avoir. Il n'y eut pas moyen de tenir contre la vivacité de ses instances, qui nous déclaroient assez la bonté de ses intentions : nous nous laissâmes persuader et conduire à son auberge. Nous y fûmes

parfaitement bien reçus par l'hôtesse, qui nous parut
effectivement d'un très bon caractère, et fort amie du
marchand. Elle nous donna la plus belle chambre de
sa maison, et s'offrit civilement à nous rendre service
dans toutes les occasions où nous pourrions avoir besoin
d'elle.

Notre compagnon de voyage nous pria de lui laisser
le soin de nous faire apprêter un bon souper; et il s'en
acquitta en homme riche, et qui avoit envie de plaire.
Il n'épargna rien pendant le repas, pour gagner mes
bonnes grâces. Il me fit plus d'honnêtetés qu'à ma femme,
peut-être parce qu'il me croyoit plus opposé qu'elle à
son dessein. Après le souper je demandai à compter, et
l'on me dit que tout étoit payé. J'en fus ravi; mais
pour lui faire connoître que je savois régaler aussi bien
que lui, je l'invitai à dîner pour le lendemain. J'envoyai chercher le traiteur, ou rôtisseur, car il étoit l'un
et l'autre, et je lui ordonnai de préparer un repas délicat pour trois personnes. Il est vrai que je me promettois bien que le marchand en feroit les frais; et,
pour cet effet, aussitôt que nous eûmes dîné, je sortis
sous prétexte d'avoir une affaire de conséquence qui
m'appeloit dans le quartier de la cour, en le priant de
m'excuser, et de vouloir bien tenir compagnie à mon
épouse. C'étoit là justement ce qu'il souhaitoit, et moi
de même. Dona Maria, quoique assez parée de sa beauté
naturelle, avoit passé toute la matinée à y ajouter tous
les charmes qu'elle avoit pu emprunter de l'art; de
sorte qu'elle avoit un éclat dont il étoit tout ébloui. Elle
lui proposa de jouer pour le désennuyer, et lui gagna
cent beaux ducats, qu'il voulut perdre par galanterie

Ce ne fut là que le commencement du branle; car, devenant plus libéral à mesure qu'il prenoit plus d'amour, il se jeta dans une dépense effroyable. Il fit présent à ma femme de plusieurs habits magnifiques, et de quantité de bijoux. Il la menoit tantôt à la promenade, tantôt aux spectacles, et nous régaloit, elle et moi, tous les jours à grands frais. Je m'imagine, me diras-tu, que toutes ses générosités n'étoient pas en pure perte pour lui. Je le crois comme toi. Donã Maria étoit naturellement trop reconnoissante pour les payer d'une parfaite ingratitude; mais c'est de quoi je ne me souciois guère. L'époux d'une coquette, quand il est dans l'indigence, et qu'il trouve son compte à laisser sa femme coqueter, doit être complaisant : les sots sont les galants qui achètent chèrement de lui une chose dont il est saoul. Pour moi, je me revis en peu de temps, par ma complaisance, dans une gracieuse situation. Tout ce qui nous chagrinoit, mon épouse et moi, c'est que notre hôtesse faisoit semblant de ne souffrir qu'à regret la bonne intelligence qu'elle voyoit entre ma femme et le marchand. On ne lui avoit fait que de petits présents pour la rendre traitable; elle vouloit de plus grands profits; cela fut cause que nous délogeâmes. Nous louâmes une maison toute entière, pour y vivre en pleine liberté, et nous la garnîmes d'assez beaux meubles, dont le señor Diego, c'est ainsi que se nommoit le marchand, eut la bonté de faire la dépense. O la joyeuse vie que nous menions là-dedans! La bonne chère, l'amour et tous les plaisirs sembloient y faire leur séjour.

Le marchand ne pouvoit être plus satisfait qu'il

l'étoit de son sort, et nous n'étions pas moins contents du nôtre. La concorde et la paix régnoient dans notre petit ménage, lorsqu'un jeune seigneur flamand, beau, bien fait et à grand équipage, vit ma femme à la comédie avec le señor Diego, et la trouva si aimable, qu'il eut envie de la connoître. Il ne souhaitoit pas moins de savoir qui étoit l'homme qui l'accompagnoit. La dame lui paroissoit une personne de qualité, tant par ses habits que par son air noble, et le marchand avoit une mine basse, avec un habillement qui ne donnoit pas une idée avantageuse de sa condition. Il ne savoit que penser de ce bizarre assemblage. Il prit d'abord Diego pour un domestique de la dame; mais Diego avoit avec elle un air familier, qui lui fit croire ensuite que c'étoit son mari. Pour être informé de la vérité, il les fit suivre après la comédie par un laquais qui avoit de l'esprit, et ce laquais ayant tout découvert par ses perquisitions, lui en fit un fidèle rapport. Le gentilhomme flamand, ravi d'avoir jeté les yeux sur une personne de bonne composition, se flatta de la souffler au négociant, dont la figure étoit si différente de la sienne.

Pour y parvenir, il eut une secrète conférence avec notre ancienne hôtesse, qu'il mit dans ses intérêts par des présents, et qui, ne demandant pas mieux que d'être employée à de pareilles affaires, promit de le bien servir pour son argent. Cette femme, dont nous nous étions séparés à l'amiable, nous venoit voir quelquefois : elle ménageoit notre connoissance, ou, si vous voulez, celle de mon épouse, pour en profiter dans l'occasion. Un jour, dans un entretien particulier

qu'elle eut avec dona Maria, elle lui fit un portrait
flatteur du Flamand, et lui parla de façon qu'elle l'engagea, sans que Diego en sût rien, à une promenade
où ce jeune gentilhomme se trouva comme par hasard.
Outre qu'il étoit fait à peindre et beau par excellence,
il avoit l'esprit agréable et insinuant. Ma femme se
sentit d'abord du goût pour lui, et ne le laissa pas
long-temps languir. Les marques de reconnoissance de
ce galant ne furent pas, comme celles de Diego, des
montres de dix à douze pistoles, ni des habits de peu
de valeur; ce furent des bourses de cent doublons,
des diamants de prix, de superbes tentures de tapis-
series et de la vaisselle d'argent. Vive la noblesse! Dès
que nous vîmes que ce seigneur répandoit sur nous ses
richesses à pleines mains, nous nous attachâmes à lui,
et nous commençâmes à négliger furieusement notre
bourgeois d'Alicante : plus de complaisance, plus d'attention pour lui; dona Maria, en sa présence même,
favorisoit son rival.

Le señor Diego ne manquoit pas de fierté : c'étoit
un de ces riches marchands qui se regardent comme
des gens de qualité. Ne pouvant souffrir qu'on lui pré-
férât quelqu'un, après tout ce qu'il avoit fait pour nous,
il en murmura; des murmures il passa aux reproches,
et des reproches aux menaces. Ses emportements excitèrent mon courroux : je lui parlai en homme qui vouloit être maître dans sa maison; en un mot, je le mal-
traitai fort, et lui fis même comprendre que s'il
m'échauffoit encore les oreilles, je lui apprendrois à
vivre. Dans le fond, je ne lui devois rien; s'il avoit
dépensé beaucoup chez moi, on lui en avoit donné

quittance. Il ne s'étoit point attendu que je le prendrois sur un ton si haut; et jugeant par là qu'il avoit plutôt été ma dupe que moi la sienne, il prit le parti de se retirer en crevant de rage et de dépit, au lieu de rendre mille grâces au ciel de l'avoir délivré d'une si dangereuse sangsue.

Le gentilhomme flamand, bien loin de diminuer la dépense qu'il faisoit au logis, l'augmentoit de jour en jour; il nous accabloit de présents. Aussi c'étoit une chose à voir que les grands airs que nous nous donnions : j'avois trois laquais, ma femme deux suivantes; nous vivions comme si la prospérité dont nous jouissions eût dû toujours durer. Cependant nous n'étions pas fort éloignés de sa fin. Notre galant s'avisa, pour nos péchés et pour les siens, de vanter sa bonne fortune à un comte de ses amis, jeune seigneur de la cour, et de l'amener chez nous. Celui-ci n'eut pas sitôt vu dona Maria, qu'il devint rival du Flamand. Passe encore pour cela : elle avoit assez d'esprit pour les accorder tous deux. Mais le comte voulant associer à ses plaisirs deux ou trois autres petits-maîtres, les introduisit dans notre maison, où toute cette brillante jeunesse se mit à faire un fracas de tous les diables. On n'entendoit au logis que rire et chanter nuit et jour; on n'y faisoit que jouer et boire; et comme ces jeunes gens n'étoient pas toujours bien en espèces, ils empruntoient, ils pilloient, et tout leur argent venoit fondre chez nous, sans que je m'aperçusse que notre fonds augmentât de beaucoup, quoique nous tirassions journellement un profit certain de leurs débauches : nous dissipions le bien à mesure que nous le gagnions.

Une vie si agitée ne pouvoit manquer de nous attirer quelque malheur. Deux de ces petits-maîtres, déjà désunis par la jalousie, eurent au jeu une dispute, qu'ils poussèrent jusqu'à mettre l'épée à la main. Ils se battirent, et, avant qu'on pût les séparer, il y en eut un qui fut blessé mortellement. Les parents de ces jeunes seigneurs, ayant appris que cet accident étoit arrivé dans ma maison, qui leur parut une source de désordres, m'envoyèrent enlever de mon lit un beau matin par une grosse troupe d'archers, qui me menèrent en prison, après avoir joué de la griffe chez moi et raflé mes meilleurs effets.

Cette subite irruption de la justice réveilla désagréablement ma femme, qui se leva et s'habilla promptement pour aller trouver le principal de mes juges, personnage des plus graves, et aussi respectable par son air prude que par son âge avancé. Elle se jeta les larmes aux yeux à ses pieds, et implora son appui par des paroles très touchantes. Le vieillard, malgré le froid des années, fut moins attendri par les discours de la solliciteuse, qu'échauffé par les charmes de sa personne. Il la releva, et pour lui donner, disoit-il, une audience particulière, il la fit entrer dans son cabinet, où, tandis qu'assise auprès de lui elle racontoit son affaire le plus à son avantage qu'elle pouvoit, le vieux satyre, qui ne l'écoutoit point, lui essuyoit les pleurs avec un mouchoir d'une main, et lui passoit l'autre en tremblant sur la gorge. Enfin il consola mon épouse, en lui faisant espérer que la triste aventure arrivée chez elle n'auroit aucune fâcheuse suite, et sur-le-champ il envoya ordonner de sa part au concierge de la prison de m'y faire un bon traitement. C'étoit un magistrat d'une grande autorité, et qui dès ce moment-là auroit pu m'en faire sortir s'il l'eût voulu; mais il avoit encore des audiences à donner à ma femme; comme en effet il lui dit, en la quittant, qu'elle n'avoit qu'à le revenir voir le lendemain à la même heure; ce qu'elle fit. Il l'attendoit dans son cabinet, où elle le trouva frisé, poudré, musqué, avec une barbe retroussée. Il promit, dans cette seconde visite, que je serois élargi le jour suivant; et il fallut encore que ma femme prît la peine de retourner chez lui, pour recevoir de sa main l'ordre de mon élargissement.

Je m'estimai fort heureux de me voir si promptement hors de cette affaire, quoique ce fût aux dépens de la moitié de mes effets. Je me flattois qu'à l'ombre du puissant protecteur que dona Maria venoit de se faire, nous pourrions impunément aller toujours notre train. Dès l'après-dînée je me rendis à son hôtel, où je le remerciai de ses bontés. Il me reçut d'un air honnête, et me témoigna que je lui ferois plaisir de le voir quelquefois et de dîner avec lui. Je parus infiniment sensible à cet honneur, et je le suppliai, en prenant congé de lui, de nous continuer sa protection. Il me protesta que je pouvois compter là-dessus, et pour m'en donner une forte assurance, il nous honora d'une visite dès le soir même. Nous lui fîmes une réception dont il eut tout lieu d'être content. Quand il auroit été le premier ministre de la monarchie d'Espagne, nous ne lui aurions pas marqué plus de respect. Comme il nous dit qu'il aimoit la musique, nous fîmes, mon épouse et moi, un petit concert qui fut fort de son goût; ensuite nous

le régalâmes de quelques confitures, qui lui donnèrent
occasion de nous en envoyer le lendemain une caisse,
dont on lui avoit fait présent.

Ce galant suranné s'accoutuma peu à peu à venir tous
les soirs dans une maison où il étoit si bien reçu. Ma
présence, pourtant, ne laissoit pas de le gêner; et pour
m'écarter, il me dit un jour qu'il m'avoit invité à dîner
chez lui, qu'il ne pouvoit plus souffrir qu'un homme
qui avoit de l'esprit comme j'en avois, passât sa jeunesse
dans l'oisiveté; qu'il avoit dessein de m'occuper, en me
faisant avoir un emploi; qu'il en savoit un qui me convenoit, et où je serois bien maladroit si je ne m'enri-
chissois pas en peu de temps. Je lui répondis que je
n'étois oisif que malgré moi; qu'il m'obligeroit sensi-
blement s'il me procuroit quelque occupation utile, et
que je m'en acquitterois de façon qu'il n'auroit aucun
reproche à me faire. Deux jours après il vint au logis,
et me mit entre les mains une commission toute prête
d'officier receveur des tailles du roi, en me signifiant
qu'il falloit que dès le lendemain, pour tout délai, je
partisse pour me rendre au quartier de mon département. Quoique je n'aimasse guère cet emploi, je l'acceptai, et j'en fis à mon bienfaiteur les mêmes remercîments que je lui aurois faits s'il m'eût élevé à un des
premiers postes du royaume. Ma femme n'en étoit guère
plus contente que moi; néanmoins nous résolûmes dans
notre conseil secret, d'en tâter un peu, et d'éprouver
si pendant mon absence notre amoureux barbon seroit assez généreux pour réparer la perte du gentilhomme flamand.

Je m'éloignai donc de dona Maria, laissant le champ

libre à son vieil Adonis. J'arrive au lieu de mon département; je suis installé dans mon emploi. Je me prépare à l'exercer; mais, hélas! que nous trouvons de près les choses différentes de ce qu'elles paroissent de loin! Je connus bientôt que mon poste n'étoit pas de ceux où l'argent nous vient en dormant; et que, pour y gagner seulement ma vie, je devois m'attendre à suer sang et eau, outre qu'en tourmentant les misérables, et en faisant mille violences, on ne s'acquiert point l'amitié du public. En un mot, ce métier me déplut. Je ne sais si je n'eusse pas mieux aimé celui de voleur de grands chemins. Aussi me proposois-je, au bout des trois premiers mois, de demander qu'on me rappelât. Ils n'étoient pas encore expirés, que mon patron m'écrivit lui-même de revenir à Madrid. Sa lettre me causa plus de joie que je n'en avois ressenti lorsqu'il m'avoit si charitablement tiré de prison. J'abandonnai de bon cœur mon poste, et m'en retournai vers mon protecteur, fort curieux de savoir pourquoi il s'ennuyoit de mon absence. Je commençai par l'aller voir en arrivant. Il se mit d'abord à se plaindre de l'humeur coquette de dona Maria. Vous avez, me dit-il, une femme qui a un grand défaut; elle n'aime que les jeunes gens. J'ai eu beau lui représenter que les fréquentes visites qu'ils lui font la perdront infailliblement, jusqu'ici je n'ai pu l'engager à leur rompre en visière. C'est une petite incorrigible.

Je ne vous ai rappelé, poursuivit-il, que pour vous informer de son indiscrétion, et vous avertir de prendre garde à sa conduite, de peur qu'il ne se passe encore chez vous une scène pareille à celle que vous savez. On ne trouve pas toujours des protections puissantes et désintéressées. J'entendis bien ce que cela signifioit, et je promis au vieillard d'employer tout le pouvoir que j'avois sur ma femme pour l'obliger de vivre avec plus de retenue. Après avoir fait cette promesse qui réjouit un peu le bon homme, je me rendis chez moi, fort assuré que mon épouse, de son côté, m'en alloit bien conter. Je l'excusois par avance d'avoir fait quelques infidélités au protecteur, qui avoit un vrai visage de vieux, et qui étoit encore plus vieux qu'il ne le paroissoit. Effectivement, à peine eus-je rapporté à ma femme ce qu'il venoit de me dire, qu'elle se déchaîna contre lui, le traitant d'infâme avare, et disant qu'elle n'avoit reçu de lui, depuis mon départ, que des présents frivoles.

J'entrai dans le ressentiment qu'elle avoit de l'avarice de ce vilain jaloux, et je laissai venir dans ma maison plus de jeunes gens qu'il n'en venoit auparavant; ce que notre magistrat ayant remarqué, il me reprocha aigrement que je lui avois manqué de parole; et, comme s'il eût fait ma fortune, il me dit que je reconnoissois bien mal les bienfaits dont il m'avoit comblé. Je feignis de vouloir m'excuser, mais je n'en fis ni plus ni moins. Il me parla une seconde fois, se plaignant que, pour pouvoir entretenir ma femme en particulier, il étoit obligé de venir chez moi à des heures qui le dérangeoient. Je perdis à la fin patience, et pour nous défaire d'un homme si incommode, je lui fis dire deux ou trois fois qu'il n'y avoit personne au logis, quoiqu'il sût bien que nous y étions.

Dès qu'il s'aperçut que nous cherchions à nous affranchir de sa tyrannie, son amour se convertit en

haine, et ce juge passionné, dans sa fureur, nous fit condamner à sortir de Madrid en trois jours, sous peine
d'être enfermés pour le reste de notre vie. Il s'imaginoit qu'il nous réduiroit par là sans doute à implorer
sa miséricorde, et à faire ce qu'il lui plairoit; il se
trompa. Dès que cette injuste sentence nous fut signi-
fiée, nous devinâmes aisément qui l'avoit fait rendre,
et nous prîmes la résolution d'y obéir, ma femme aimant mieux aller jusqu'au bout du monde, que d'avoir
jamais affaire à ce vieux sorcier, et moi voyant approcher le temps que mes créanciers attendoient peut-être
avec impatience pour me faire remettre en prison.

CHAPITRE VI.

*Guzman et sa femme, ayant été chassés de Madrid pour
leurs bonne vie et mœurs, vont à Séville. Guzman retrouve là sa mère. Suites de cette rencontre.*

Nous nous défîmes, dès le premier jour, de nos
meubles et de tout ce qui auroit pu nous embarrasser
dans un voyage. Le second jour nous louâmes quatre
mules dont nous avions besoin pour nous voiturer et
pour porter notre bagage, et le troisième, d'assez bon
matin, nous partîmes sans regret d'une ville où, pour
peu que nous eussions encore demeuré, nous aurions
été obligés de vendre nos marchandises au rabais.

Nous prîmes le chemin de Séville, autant pour satisfaire le désir que j'avois de revoir ma patrie, que

pour contenter dona Maria, qui, sur les merveilles qu'elle m'en avoit ouï raconter, souhaitoit ardemment d'en juger par ses propres yeux. Je lui avois dit, entre autres choses, qu'on voyoit incessamment arriver du Pérou à Séville un grand nombre de marchands chargés d'or, d'argent et de pierreries. Elle brûloit d'impatience d'essayer ses regards sur ces riches mortels, et de remplir ses coffres de leurs dépouilles. Cependant, quelque bon dessein que nous eussions sur eux, nous n'allions qu'à petites journées, de peur de nous fatiguer. J'avois un secret plaisir à considérer les pays par où j'avois passé, quoiqu'ils me rappelassent le souvenir des tristes aventures de ma première jeunesse. Je reconnus le cabaret où j'avois été garçon d'écurie, et à la vue de Cantillana, je m'imaginai sentir encore ces excellents ragoûts de mulet dont on m'y avoit autrefois régalé. Je me souvins aussi, à quelques lieues de là, des coups de bâton que j'avois reçus de deux archers de la Sainte-Hermandad. Je dînai dans cette charmante taverne où l'on mangeait des poulets en omelette, et le récit que je fis de cette histoire à ma femme la divertit infiniment. Enfin je m'arrêtai à cet hermitage qui m'avoit servi de gîte la première nuit de ma sortie de Séville; et, transporté d'une joie si tendre qu'elle m'arrachoit des pleurs, j'apostrophai le saint dans ces termes : « O grand saint Lazare, quand je m'éloignois des degrés de votre chapelle, j'avois la larme à l'œil, j'étois à pied, misérable, et vous me revoyez aujourd'hui content, bien en fonds et bien monté. »

Il étoit nuit quand nous arrivâmes à la ville. Nous descendîmes à la première hôtellerie que nous rencon-

trâmes en entrant. Nous y fûmes fort mal; mais le lendemain m'étant levé pour aller chercher un logement
plus commode, j'en trouvai un dans le quartier de
Saint-Barthélemi, et j'y fis aussitôt porter mes hardes.
Je demandai ensuite dans la ville des nouvelles de ma
mère, et personne ne put m'en dire; ce qui me fit croire
qu'elle n'étoit plus au monde. Prévenu de cette opinion,
qui m'affligeoit, je m'en retournai chez moi bien tristement. Néanmoins j'étois dans l'erreur; la bonne femme
vivoit encore, et demeuroit à Séville même. Ce fut
dona Maria qui fit cette découverte deux mois après,
et voici comment. Elle avoit fait connoissance avec
quelques jolies dames de son humeur; elle leur parla
par hasard de ma mère, et elle fut fort étonnée d'apprendre qu'elle logeoit dans notre voisinage avec une
jeune et belle personne qui passoit pour sa fille. Bon
sang ne peut mentir. Je ne sus pas sitôt le domicile de
ma mère, que j'y volai. Je la vis, je la reconnus, et nous
nous embrassâmes de part et d'autre avec une véritable
affection.

Nous nous contâmes réciproquement, et en peu de
mots, ce qui nous étoit arrivé depuis notre séparation,
chacun pourtant de son côté ne disant que ce qu'il jugeoit à propos de dire. Elle voulut, par exemple, me
faire entendre qu'elle avoit élevé par pure charité la
fille qu'elle avoit auprès d'elle, l'ayant prise en amitié
dès sa plus tendre enfance. Je feignis de la croire
pieusement sur sa parole, quoique je me doutasse bien
qu'en se chargeant d'un si pénible soin, elle avoit eu
des vues qu'elle n'osoit m'avouer. Après un assez long
entretien sur les affaires de la famille, j'allai rejoindre

dona Maria, pour la lui amener : elles s'embrassèrent toutes deux à plusieurs reprises, et avec des témoignages d'amitié que j'admirois dans une belle-mère et dans une bru.

Pour célébrer notre réunion, ma mère nous donna chez elle quelques repas, que nous lui rendîmes chez nous à notre tour. Comme j'avois besoin d'une vieille routière telle qu'elle étoit pour enseigner à ma femme les manières coquettes des dames de Séville, où la galanterie avoit des usages différents de ceux d'Alcala et de Madrid, je lui proposai de venir demeurer avec nous, en lui représentant qu'elle y seroit plus agréablement et plus à son aise qu'elle n'étoit. Elle me fit comprendre par sa réponse qu'elle ne pouvoit se résoudre à quitter sa fille d'adoption, et que d'ailleurs elle appréhendoit de ne pouvoir s'accorder long-temps avec mon épouse. Je levai le premier obstacle en consentant de recevoir aussi chez moi la personne dont elle ne pouvoit se séparer. Vous n'y pensez pas, mon fils, me dit ma mère ; vous connoissez encore bien peu les femmes. Croyez-vous que deux créatures aussi vives que Pétronille et dona Maria puissent vivre seulement un mois ensemble sans se brouiller, et même sans mettre le feu de la discorde dans toute la maison ?

Je ne laissai pas toutefois de vaincre la répugnance que ma mère avoit à m'accorder la satisfaction que je lui demandois. Il est vrai que je ne l'obtins d'elle que sur l'assurance que je lui donnai, qu'elle trouveroit toujours dans ma femme une fille soumise à ses volontés ; encore vint-elle toute seule loger avec nous, aimant mieux que Pétronille demeurât chez elle, que de s'ex-

poser, en l'amenant, à faire naître des divisions dans
la famille. Au commencement, comme on dit, tout
est beau. De l'un et de l'autre côté, c'étoit à qui feroit
paroître plus de complaisance. Si la belle-fille avoit
toutes les attentions du monde pour la belle-mère, la
belle-mère cherchoit à prévenir les désirs de la belle-
fille; elles ne se parloient toutes deux qu'avec douceur;
et si leur bonne intelligence eût duré, il seroit tombé
sur nous une pluie d'or. Mais malheureusement, au
bout de trois mois, tout changea de face au logis. Ces
mêmes dames, qui s'étoient si bien accordées jusque-
là, commencèrent à tenir une autre conduite; ma mère
voulut gouverner despotiquement, ma femme ne le put
souffrir. Elles se brouillèrent, et leur brouillerie alla
si loin, que la paix fut bannie de la maison. Elles dis-
putoient et se querelloient à chaque moment du jour.
Quelquefois, croyant rétablir entre elles l'union, je m'é-
rigeois en arbitre de leurs différends, et prenois le
parti de celle qui avoit raison; alors l'autre, quelque
tort qu'elle eût, me sachant très mauvais gré de la condamner, m'apostrophoit d'une manière qui faisoit peu
d'honneur à l'arbitrage.

Une chose encore contribuoit à entretenir leurs dis-
sensions. Les vaisseaux qu'on attendoit des Indes n'arrivoient point; l'argent devenoit rare, et par conséquent
les profits de galanterie ne pouvoient être que fort mé-
diocres. Il falloit néanmoins qu'on fît toujours la même
dépense dans notre ménage, dona Maria n'étant pas
d'humeur à entendre parler d'économie; j'étois même
obligé, pour la contenter, de lui acheter des habits tous
les jours. Nos fonds diminuoient à vue d'œil, et nos

chagrins augmentoient. Nous avions compté sur les marchands du Pérou, qui ne venoient pas ; et ce n'étoit que dans l'espérance de disposer de leurs piastres que nous avions pris un si haut vol. Ma femme, à qui j'avois donné une grande idée de l'opulence et de la générosité de ces négociants, n'en pouvoit détacher son esprit, et, dans l'impatience qu'elle avoit de les voir arriver, elle me reprochoit leur retardement, comme si j'en eusse été la cause ; tout retomboit sur moi.

Pour comble de bonheur, je fis connoissance avec un Italien, capitaine d'une galère napolitaine. Il avoit eu ordre de la cour de se rendre à Malaga, pour transporter l'évêque de cette ville à Naples ; et n'ayant pas trouvé ce prélat prêt à s'embarquer, il venoit, en attendant, à Séville chercher des marchands qui eussent des marchandises de conséquence à faire passer en Italie, ainsi que cela se pratique. Je le rencontrai par hasard, dès le second jour de son arrivée, chez un négociant ; et comme il ne parloit qu'italien, faute de pouvoir s'expliquer en espagnol, qu'il entendoit pourtant, je leur servis de truchement dans l'entretien qu'ils eurent ensemble. L'officier fut ravi de voir un homme qui parloit sa langue aussi bien que lui, et il se faufila si bien avec moi, qu'il ne voulut plus me quitter. Il avoit de l'esprit, et il étoit très agréable de sa personne. Je le menai chez moi, et le présentai à ma femme, qui ne manqua pas de le charmer. Il nous fit de petits présents, et nous en aurions reçu de lui de plus considérables, s'il eût eu plus de temps à demeurer à Séville ; mais il n'osa y faire un plus long séjour, dans la crainte de faire attendre l'évêque de Malaga, et de se gâter dans l'esprit du premier ministre. Ce n'étoit pas sans peine qu'il se voyoit obligé de s'éloigner de doña Maria ; et je doute qu'il eût pu s'y résoudre, s'il n'eût pas trouvé moyen de concilier son amour avec son devoir, en engageant ma chaste épouse à m'abandonner pour le suivre en Italie ; ce qu'il fit fort bien sans truchement.

Après tout, je crois qu'il ne lui fut pas difficile de la déterminer à faire cette démarche. Outre que ma femme étoit plus que jamais mécontente de ma mère, et qu'elle m'avoit pris en aversion, pour lui avoir le plus souvent donné le tort dans leurs démélés, elle aimoit le changement ; je suis persuadé que le capitaine qui l'enleva ne tarda guère à s'en apercevoir. Quoi qu'il en soit, au lieu de courir après elle, et de songer à la rattraper, ce que j'aurois pu faire en allant à Malaga, où je serois arrivé avant qu'il eût mis à la voile pour retourner en Italie, je fis pont d'or à mon ennemi. Bien fou qui court après sa femme qui l'a quitté. J'aurois plutôt remercié le ciel de m'avoir délivré de la mienne, si, pour me rendre sans doute sensible à son éloignement, elle n'eût pas emporté avec elle tout ce qu'il y avoit de meilleur au logis ; en quoi le capitaine l'avoit honnêtement aidée, sans que j'y eusse pris garde. Je n'en avois pas eu le moindre soupçon.

CHAPITRE VII.

Guzman, après la fuite de sa femme, demeure quelque temps avec sa mère. Par quelle ruse il devient ensuite intendant d'une femme de qualité.

J'eus la prudence de tenir cette affaire secrète, pour éviter la honte d'un éclat, sans parler des lardons que les railleurs m'auroient donnés. Je vendis le reste de mon bien, qui consistoit en quelques meubles et en quelques hardes que ma femme n'avoit pas daigné emporter, et j'employai l'argent qui m'en revint à me divertir avec mes amis. Ma mère s'accommoda le plus long-temps qu'il lui fut possible de la vie que je menois; puis s'en étant enfin lassée, elle se retira dans la maison où elle avoit laissé Pétronille, en me disant qu'elle vivroit là plus en repos; et dans le fond cette fille étoit plus propre que moi à servir d'appui à sa vieillesse. Je ne m'opposai pas au dessein de ma mère, et nous nous séparâmes tous deux sans nous brouiller.

Tu ne seras pas surpris si, en dépensant toujours sans rien gagner, je me trouvai bientôt réduit à mon premier état; mais tu t'étonnerais si je te disois qu'en me revoyant gueux, je sentis un chagrin mortel de n'avoir plus rien. Tu aurois raison. Cela seroit indigne d'un aventurier qui, dans quelque mauvaise situation où le mette la fortune, doit toujours trouver des ressources dans son génie. Aussi le mien ne m'abandonna-t-il pas.

J'appris un jour qu'il y avoit dans Séville une riche
veuve dont le mari étoit mort dans les Indes gouverneur d'une ville, où il avoit amassé de grands biens,
dont elle jouissoit en Andalousie ; que cette dame, qui
vivoit dans une haute dévotion, n'avoit point d'enfants,
et que ses héritiers étoient tous des personnes de considération ; qu'elle avoit besoin d'un intendant ou homme
d'affaires, et qu'elle en faisoit actuellement chercher
un qui eût de la probité, n'ignorant pas que ces sortes
de places n'étoient pas toujours remplies par d'honnêtes
gens.

Ce poste tenta ma cupidité, et je résolus de ne rien
épargner pour l'obtenir, comptant ma fortune faite si
j'avois le bonheur de l'occuper. Après m'être bien tourmenté l'esprit pour inventer quelque ruse qui pût m'y
faire parvenir, je m'arrêtai à celle que je vais te conter.
Je découvris que cette dame avoit pour directeur un
vieux père de l'ordre de Saint-Dominique. On me dit
qu'elle ne faisoit pas la moindre chose sans avoir auparavant consulté ce bon religieux, qui avoit un empire
absolu sur ses volontés. Cela me fit songer aux moyens
de surprendre l'estime de sa révérence, et c'étoit en
effet une voie sûre pour arriver à mon but. Voici donc
comme je m'y pris. Ma mère m'avoit donné une bourse
assez propre ; j'y mis huit pistoles et vingt écus d'or ;
j'y ajoutai une bague de peu de valeur, un cachet d'or
et un dé d'argent, dont ma mère avoit fait présent à
ma femme le jour qu'elles s'étoient vues pour la première fois ; après quoi j'ôtai mon épée, et pris un habit
simple et modeste. J'allai dans cet état au couvent des
Dominicains, où je demandai à parler au révérend père

dont je viens de faire mention. C'étoit un grand prédicateur et un saint homme, qui avoit fait plusieurs conversions. On crut que je venois le trouver, sur sa réputation, pour me mettre au nombre de ses pénitents ; on me conduisit à sa chambre. J'y entrai d'un air hypocrite, et adressant la parole au religieux, sans oser attacher sur lui ma vue, je lui dis, d'une voix foible et douce : Mon très révérend père, je viens de ramasser dans la rue cette bourse, qui paroît pleine de pièces d'or ou d'argent. Quoique je ne sois qu'un pauvre homme, je sais bien qu'il ne m'est pas permis de la retenir ; c'est pourquoi j'ai pris la liberté de vous demander pour la remettre, telle que je l'ai trouvée, entre les mains de votre révérence, pour qu'elle en dispose comme il lui plaira.

Le bon père, à ces mots, ouvrit de grands yeux pour me considérer depuis les pieds jusqu'à la tête ; et aussi charmé de mon action, qu'elle lui auroit paru condamnable s'il en eût pu pénétrer le motif, il loua d'autant plus la délicatesse de ma conscience, qu'elle étoit plus rare dans les hommes indigents. Il ne pouvoit assez m'admirer ; et se sentant en même temps une envie de me rendre service, pour récompenser ma vertu, il me fit des questions sur mon état et sur mes talents, afin qu'il pût savoir de quoi j'étois capable. Mon révérend père, lui dis-je, il y a quelque temps que je suis à Séville, où je ne suis point occupé. J'ai quitté la recette des tailles de Madrid, où j'ai été employé, et où j'ai mieux aimé mettre du mien que de me résoudre à persécuter les pauvres gens. De receveur des tailles je me suis fait intendant d'un grand seigneur, dont les

affaires étoient fort dérangées. Néanmoins, avec l'aide
de Dieu, je serois venu à bout de les rétablir, s'il ne
les eût pas gâtées à mesure que je les raccommodois.
Enfin, après l'avoir servi pendant quatre années avec
tout le zèle et toute la fidélité que je lui devois, je
suis sorti de chez lui plus gueux que je n'y étois entré,
et sans avoir été payé de mes gages.

Le révérend père m'écouta jusqu'au bout avec une
extrême attention; et surpris d'entendre parler en si
bons termes un homme dont l'habillement ne prévenoit
point en faveur de son éducation, il me demanda si
j'avois étudié. Je lui répondis que j'avois fait toutes
mes études, dans l'intention d'être prêtre; mais qu'a-
près avoir bien réfléchi sur un dessein qui demandoit
tant de vertus que je n'avois pas, je m'étois déterminé
à l'abandonner. Il fut curieux de m'interroger sur des
matières théologiques, pour voir jusqu'où pouvoit s'é-
tendre ma capacité; et comme j'avois la mémoire encore toute pleine des leçons de mes professeurs de
théologie, je lui répondis d'une manière qui l'étonna.
J'eus avec lui un entretien de deux heures, et il parut
si content de moi, qu'il me témoigna que j'avois gagné
son amitié. Allez, me dit-il ensuite en me congédiant,
je dois, demain dimanche, prêcher dans notre église;
j'y publierai la bourse que vous avez trouvée. Revenez
ici mardi; j'espère que j'aurai quelque bonne place à
vous offrir.

Après avoir quitté sa révérence, je me rendis chez
ma mère. J'ai perdu, lui dis-je, la bourse que vous
m'aviez donnée, et dans laquelle sont votre bague,
votre cachet et le dé d'argent de dona Maria, avec huit

pistoles et vingt écus d'or qui faisoient tout mon bien.
Heureusement elle est tombée entre les mains d'un père
dominicain, qui doit la publier au sermon qu'il fera
demain dans son église : il faut, s'il vous plaît, que
vous l'alliez réclamer comme une chose qui vous appartient. Je ne veux pas paroître devant ce bon religieux, pour certaines raisons que je vous dirai dans la
suite. J'ajoutai à ce discours quelques instructions,
avec quoi la bonne femme ne manqua pas le jour suivant de se rendre à l'église des pères de Saint-Dominique. Elle entendit le moine prêcher. Il employa la
plus grande partie de son sermon à louer l'action que
j'avois faite. Il ne pouvoit, disoit-il, trouver des termes
assez forts pour faire l'éloge d'un pauvre homme, qui,
sans avoir égard à sa misère, n'avoit pas voulu retenir
un bien qui n'étoit pas à lui. Enfin le prédicateur s'é-
tendit beaucoup là-dessus, et parla d'une façon si pathétique, qu'il fit fondre en pleurs son auditoire. Toute
l'assemblée, touchée de mon indigence, en faveur de
ma vertu, m'auroit volontiers fait part de ses richesses :
il y eut même des personnes qui portèrent au père,
après son sermon, de l'argent pour moi. Ma mère se
fit connoître à lui pour la maîtresse de la bourse, en
spécifiant ce qu'il y avoit dedans ; et lorsque le religieux
la lui eut rendue, elle l'ouvrit devant lui, pour en tirer
deux pistoles qu'elle lui mit dans la main, en le priant
de les donner, comme une marque de sa reconnoissance, à l'honnête homme qui avoit si bien observé
les commandements de Dieu. Ce ne fut pas tout encore :
pour suivre exactement mes instructions, elle remit
une pistole à sa révérence pour faire dire des messes
pour les âmes du purgatoire.

Ma bourse ayant donc ainsi passé sans péril par deux mains étrangères, revint entre les miennes comme elle en étoit sortie, à trois pistoles près. Le mardi ne fut pas sitôt arrivé, que je retournai vers le dominicain, qui me reçut avec toutes les marques d'une véritable affection. Mon fils, me dit-il, une bonne vieille, à qui la bourse que vous savez appartient, est venue ici pour la réclamer, et je la lui ai rendue; voici deux pistoles dont elle m'a chargé de vous faire présent de sa part. Je témoignai au religieux que je me faisois un scrupule de les accepter, attendu que je n'avois fait que mon devoir en ne gardant pas le bien d'autrui, et que je ne méritois aucune récompense pour cela. Alors le père me dit que je poussois trop loin ma morale, et il m'obligea de prendre les deux pistoles; ce que je fis seulement par obéissance.

Ensuite ce bon dominicain m'apprit qu'il avoit une autre nouvelle à m'annoncer. Il se présente, me dit-il, un poste qui me paroît vous convenir. Il s'agit d'occuper une place d'intendant chez une dame des plus considérables de Séville. Vous serez heureux dans cette maison, et vous y gagnerez du pain pour le reste de vos jours, si vous remplissez fidèlement votre emploi, comme je n'en doute pas. J'ai conçu pour vous tant d'estime, que je n'ai pas hésité à vous servir de répondant. A des paroles si flatteuses pour un fripon, je me prosternai aux pieds de sa révérence. J'embrassai ses genoux avec un transport qui lui fit assez connoître qu'il me faisoit un grand plaisir de me procurer une pareille place. Il m'aida aussitôt à me relever, et m'assura qu'il me protégeroit toute sa vie; puis il me chargea d'une lettre pour la veuve en question, en me

disant qu'il s'étoit entretenu de moi avec cette dame,
et l'avoit préparée à me bien recevoir.

J'allai dès ce jour-là lui rendre chez elle mes premiers hommages, et il ne me fut pas difficile de m'apercevoir, par l'accueil qu'elle me fit, que le religieux lui
avoit dit des merveilles de moi. Elle me reçut moins
comme un garçon qui se présentoit pour être son domestique, que comme une personne de mérite, à qui,
par estime, elle auroit donné chez elle un logement.
Le révérend père avoit aussi pris soin de régler mes
gages et mes profits avec elle. Cependant, dans la
crainte que ce règlement ne me satisfît pas, elle eut
la bonté de me demander si j'en étois content. Je répondis d'un air modeste qu'on ne pouvoit l'être davantage, et que je ferois tout mon possible pour qu'elle
le fût autant de mes services. Ma personne et ma conversation lui plurent infiniment, et elle me témoigna
de l'impatience de me voir chargé du soin de ses affaires,
qui avoient, disoit-elle, grand besoin d'être mises en
ordre. Quoique rien ne m'empêchât de demeurer dans
sa maison dès ce moment là, je ne laissai pas, pour me
faire encore plus désirer, de demander deux jours; et
le troisième enfin j'y fis porter un coffre où étoient
toutes mes hardes, qui consistoient en deux habits
assez propres et en quelques nippes.

On me donna un bel appartement, et je remarquai
avec plaisir que tous les autres domestiques me regardoient comme un intendant que madame prétendoit
qu'on respectât. On me confia tous les papiers, et je
m'appliquai avec tant d'ardeur au travail, que je fis
plus de besogne en quinze jours, qu'on n'en attendoit

de moi dans un an. Ma maîtresse, ravie d'avoir fait l'acquisition d'un homme d'affaires si expéditif, ne voyoit pas le dominicain qu'elle ne lui en fît de nouveaux remercîments; ce qui causoit une extrême joie à ce bon religieux, qui se remettoit à me louer, et qui me croyoit effectivement un garçon intègre et vertueux, tant il est vrai qu'un saint homme est facile à tromper.

J'étois souvent obligé d'aller demander à la dame des éclaircissements sur des choses dont je ne pouvois être instruit que par elle-même, et cela nous engageoit tous deux dans de longs entretiens. Il falloit me voir alors et m'entendre parler; j'étois tout sucre et tout miel. Je joignois à l'air du monde le plus respectueux des manières pleines de douceur; et quand son propre intérêt me forçoit à la contredire, ce qui arrivoit quelquefois, je lui rendois mes contradictions agréables par les tours flatteurs et délicats dont je savois les assaisonner. Il me sembloit que de jour en jour elle prénoit plus de goût à ma conversation. D'abord il y avoit des heures réglées pour nous entretenir de ses affaires domestiques, et c'étoit ordinairement le matin, tandis qu'elle étoit à sa toilette, et le soir après son souper. Elle ne s'en tint pas là : elle se mit sur le pied de venir l'après-dînée dans mon cabinet, tantôt sous un prétexte, tantôt sous un autre, et d'y passer des heures entières à me parler de toute autre chose que de ce qui concernoit l'administration de ses revenus. Elle en fit tant, qu'à la fin je connus les bonnes intentions qu'elle avoit pour moi. Je feignis long-temps de ne les pas pénétrer; mais quand ces sortes de veuves s'abaissent jusqu'à jeter les

yeux sur quelqu'un de leurs domestiques, elles en ont
rarement le démenti. Elle fit les trois quarts et demi
du chemin, et me dit, pour excuser sa foiblesse, que
son dessein étoit de m'épouser secrètement. Je m'abandonnai à ma bonne fortune, et certainement j'en aurois
tiré de grands avantages, si j'eusse eu assez de prudence pour la conserver.

CHAPITRE VIII.

Pourquoi Guzman perd tout à coup l'amitié de sa maîtresse,
et pour quelle raison il est condamné aux galères.

QUAND j'ai nagé en grande eau, j'ai toujours eu le
malheur de m'y noyer. Dès que je me vis aimé de ma
maîtresse et considéré des domestiques, comme celui
qui faisoit la pluie et le beau temps, je commençai à
jouer un autre rôle dans la maison. Je tranchai du maître
absolu; j'achetai de riches habits; je prodiguai l'argent,
et, pour comble d'extravagance, je pris un sous-inten-
dant, que je chargeai de tout l'embarras des affaires.
Madame n'étoit pas plus prudente, et consultant moins
sa raison que son amour, elle approuvoit, au lieu de
blâmer, ma conduite indiscrète.

Il n'en étoit pas de même de ses parents : comme
ils la connoissoient pour une veuve fragile, et qu'ils
visoient à sa succession, ils observoient exactement ses
démarches et les miennes. Ils ne m'avoient pas déjà regardé de trop bon œil lorsqu'ils m'avoient vu entrer à

son service; ils s'étoient défiés de mon air dévot, et ils furent fort alarmés, quand ils apprirent des gens du logis que j'y taillois et rognois à ma fantaisie. Cela leur fit penser d'étranges choses. Ils ne savoient qui j'étois, et ne me croyant pas marié, ils mouroient de peur que la tendre veuve ne me fît remplir la place du défunt gouverneur, si ce n'étoit pas une affaire déjà faite. Cette crainte leur paroissoit d'autant mieux fondée, que leur parente avoit, quelques années auparavant, contracté un mariage clandestin avec un de mes prédécesseurs, qui, par bonheur pour les héritiers de la dame, étoit mort peu de temps après. J'inquiétois donc ces messieurs, qui tinrent entre eux plusieurs conseils pour délibérer sur les moyens les plus prompts et les plus efficaces de me faire quitter la partie. Ils y auroient néanmoins perdu leur peine, si je ne me fusse pas détruit moi-même dans l'esprit de ma maîtresse, de la façon que je vais te le dire.

Le commerce que j'avois avec elle devenoit moins vif de jour en jour de mon côté, pour deux raisons; la première, c'est que je possédois sans crainte et sans désir; et la seconde, c'est que la dame n'étoit pas bien ragoûtante. Pour surcroît de malheur pour elle, il arriva que je trouvai une de ses suivantes très jolie: c'étoit une fille de seize à dix-sept ans, faite à peindre, vive et coquette. Je ne sais qui de nous deux fit les avances, car nous nous sentîmes tout à coup de l'inclination l'un pour l'autre, et nous nous le témoignâmes en même temps. Un homme à qui l'argent ne coûtoit rien à répandre, et qui dominoit dans la maison, n'étoit pas, pour une soubrette, une conquête à mépriser. Elle m'écouta, et nous prîmes si bien nos mesures, que nous trompâmes tous les yeux : il y avoit pourtant d'autres femmes au logis. Mais il n'est pas possible que la plus secrète intelligence ne se découvre tôt ou tard. Célie, c'étoit le nom de la suivante, commença à se parer de bijoux, et à montrer de l'argent; ses compagnes, par jalousie, en avertirent leur maîtresse, qui leur ordonna de veiller sur cette fille, et de ne rien négliger pour apprendre la cause d'une nouveauté qui lui étoit suspecte. La veuve fut bien servie : on m'épia, on m'éclaira de si près, qu'on s'aperçut que j'avois avec Célie des entretiens nocturnes. Quel coup de poignard pour la patronne! Elle fut d'autant plus sensible à cette nouvelle, qu'elle étoit plus prévenue en faveur de ma fidélité. Elle ne pouvoit me croire capable de cette perfidie, et elle voulut savoir la vérité avant que de faire éclater sa vengeance.

Je couchois dans une chambre qui communiquoit à la sienne par un cabinet où il y avoit une petite porte couverte d'une tapisserie. Ce que j'ignorois, c'est qu'il y avoit aussi une ouverture pratiquée dans le mur de ce cabinet, laquelle répondoit au chevet de mon lit, de sorte qu'il étoit aisé d'entendre par là tous les discours que je pouvois tenir dans ma chambre, et particulièrement quand j'étois couché. Cette fatale ouverture fut cause de ma perte. La veuve vint une nuit à cet endroit, d'où prêtant une oreille attentive à la conversation que j'avois alors avec Célie, elle entendit distinctement que nous faisions son éloge dans des termes bien mortifiants pour elle. Quoique nous en dissions ordinairement beaucoup de mal, il ne nous étoit encore jamais arrivé d'en dire autant que ce soir là. Il sembloit que le diable s'en mêlât pour nos péchés. Nous fîmes un sévère examen des défauts que chacun de nous avoit remarqués en elle; en un mot, nous la tournâmes en ridicule depuis la tête jusqu'aux pieds. Tu t'imagines bien la rage dont elle fut saisie, lorsqu'elle ouït que l'on faisoit de si beaux portraits de sa personne. J'ai su depuis que, dans son premier mouvement, elle avoit été tentée d'entrer dans ma chambre pour venir décharger sur nous sa fureur; mais qu'après y avoir fait réflexion, elle avoit mieux aimé se retirer, pour se consulter sur le parti qu'elle devoit prendre, que de faire rire à ses dépens tous ses autres domestiques, en leur donnant une semblable scène.

Elle employa le reste de cette triste nuit à méditer sa vengeance. Il ne fut pas sitôt jour, qu'elle envoya chercher son plus proche parent, pour lui dire que j'étois un parfait fripon; que je n'étois pas content de la voler, de la piller, et de mettre ses affaires en désordre; que j'ajoutois à l'infidèle régie de ses biens l'audacieuse insolence de déshonorer sa maison; enfin, qu'elle me livroit au juste ressentiment qu'il devoit avoir de mes friponneries, et qu'il n'avoit qu'à me faire subir la rigueur des lois. Elle ne pouvoit charger de cette commission un homme plus propre à l'exécuter que ce parent, qui, devant être un jour son légataire universel, avoit plus d'intérêt que personne à m'écarter de la testatrice. Aussi fut-il charmé d'en trouver une si belle occasion, et il se hâta d'en profiter, de peur que la dame ne vînt à changer de sentiment. Il la connoissoit, et voyoit clairement qu'elle n'agissoit ainsi que par un dépit jaloux. Il usa d'une si grande diligence, qu'il obtint en moins de deux heures un décret de prise de corps contre moi ; de manière que je n'étois pas encore levé, qu'un alguazil et six archers vinrent me pincer dans ma chambre, et me traînèrent en prison.

Je crus pour le coup que c'étoit une marque de souvenir que me donnoient mes parents de Gênes ou mes créanciers de Madrid. Je n'appris que deux heures après le sujet de mon emprisonnement. Je n'en fus d'abord guère affligé. Je me mis dans l'esprit que ma maîtresse m'aimoit trop pour vouloir m'abandonner à la sévérité des lois ; et j'attendois à tout moment que l'on m'annonçât de sa part que, n'étant plus irritée contre moi, elle venoit d'obtenir des juges mon élargissement. Ainsi je portois, sans impatience et sans chagrin, des fers que l'amour, à ce qu'il me sembloit, se préparoit à briser ; et je me regardois moins comme un intendant emprisonné pour ses mauvaises œuvres, que comme un amant dont on punissoit l'infidélité. Cependant je me flattois d'une fausse espérance. On me fit rendre compte de mon administration, qui avoit duré deux ans. Ce fut alors que les douleurs commencèrent à me prendre. La dissipation que j'avois faite des biens de la veuve, desquels j'avois disposé comme s'ils eussent été à moi, laissoit un si grand vide entre la recette et la dépense, que j'aurois défié tous les intendants des grandes maisons de le remplir. J'eus beau travailler d'esprit, inventer des emplois de deniers, faire des parties d'apothicaire ; tout compté, tout rabattu, je me trouvai court de quatre mille écus. Pour

achever de m'abîmer, l'honnête homme sur qui je me
reposois du soin des affaires de la dame, pendant que
je ne songeois qu'à mes plaisirs, ne me vit pas plus tôt
entre les mains de la justice, que pour se dérober au
même sort, qu'il ne méritoit pas moins que moi, il disparut avec tout l'argent comptant qu'il put emporter.
Me voilà responsable de sa conduite, et chargé de toute
l'iniquité. Comment pouvois-je impunément me tirer
de là? Je n'avois ni bien ni caution; et la partie à qui
j'avois affaire étoit si puissante, que je ne devois me
flatter de sortir de prison, que pour aller servir le roi
sur mer.

J'étois si persuadé de cela ou de quelque chose d'approchant, que je fis une tentative pour me sauver de
prison sous un habillement de femme. J'avois déjà
passé deux portes, et j'étois sur le point d'enfiler la
dernière, lorsqu'un maudit guichetier borgne, qui y
étoit, me reconnut. Je portois sous ma robe un poignard,
que je tirai pour lui faire peur; mais il cria. On accourut à son secours, et l'on m'enferma dans un ca-
chot noir, d'où je ne sortis que pour être conduit aux
galères, à quoi je fus condamné seulement pour toute
ma vie.

CHAPITRE IX.

Guzman est mené au port Sainte-Marie avec d'autres hon-
nêtes gens comme lui. Ses aventures en chemin et sur les
galères.

La chaîne, composée de vingt-six jeunes forçats,
tous revêtus du collier de l'ordre, étant prête à marcher, nous partîmes de Séville pour nous rendre au
port Sainte-Marie, où étoient alors les galères. Nous
étions divisés en quatre bandes, tous enchaînés les uns
aux autres; et notre conducteur, escorté de vingt gardes,
nous menoit à petites journées.

La première, nous allâmes coucher à *Cabeças*,
village éloigné de Séville de trois lieues. Le lendemain,
dès la pointe du jour, nous étant remis en marche,
nous rencontrâmes un jeune garçon qui chassoit des
petits cochons devant lui. Ce pauvre malheureux, au
lieu de faire prendre à ses bêtes une autre route pour
nous éviter, eut l'imprudence de les faire passer entre
nos bandes, de sorte que nous en enlevâmes la moitié.
Il eut beau s'en plaindre à notre conducteur, et le prier
d'interposer son autorité pour nous obliger à les rendre,
le conducteur, qui se promettoit bien d'en manger sa
part, fit la sourde oreille à ses prières. Nous continuâmes notre chemin en nous applaudissant du beau
coup que nous venions de faire : nous en eûmes autant
de joie que si notre liberté y eût été attachée.

Lorsque nous fûmes arrivés à une hôtellerie où nous nous arrêtâmes pour dîner, je fis présent de mon cochon au conducteur, qui l'accepta volontiers, en me témoignant qu'il m'en savoit bon gré. Il demanda aussitôt à l'hôte et à l'hôtesse s'ils accommoderoient bien ce gibier; ces bonnes gens lui firent connoître par leur réponse qu'il ne pouvoit s'adresser à de plus mauvais traiteurs. Sur quoi prenant la parole, je lui dis que s'il vouloit me faire détacher de la chaîne pour une heure de temps seulement, je lui servirois de cuisinier, et que j'étois persuadé qu'il seroit content de mon savoir-faire. Il ne balança point à me mettre en état de le lui montrer, et je lui préparai un repas dont il fut très satisfait; ce qui l'engagea, pendant le voyage à me traiter plus doucement que les autres.

Je fis un autre tour de mon métier dans cette hôtellerie, où il y avoit deux marchands qui dînoient. Nous voyant là tous pêle-mêle avec eux, ils avoient une furieuse inquiétude pour leurs hardes. Un des deux surtout ne perdoit point de vue les siennes, et avoit mis sous la table sa valise, sur laquelle il appuyoit ses pieds. Je me sentis tenté de friponner celui-là. Je me glissai subtilement sous sa chaise, et fendant avec un couteau bien tranchant sa valise, j'en tirai deux paquets, que je fourrai dans mon haut-de-chausse; et dont je chargeai adroitement un de mes camarades, nommé Soto, avec lequel j'avois fait connoissance dans la prison. Lorsque la chaîne fut hors de l'hôtellerie, et qu'elle eut fait un quart de lieue, je dis à Soto de me donner les paquets, pour voir de quelle espèce étoit notre butin, et pour le partager entre nous fraternellement. Soto me répondit qu'il ne savoit de quoi je lui parlois. Je crus d'abord qu'il vouloit rire; mais c'est à quoi il ne pensoit nullement. Il persista constamment à nier qu'il eût reçu quelque chose de moi. Je pris mon sérieux. Je lui reprochai son ingratitude et sa mauvaise foi. Il se moqua de mes reproches et de mes menaces, et demeura toujours à bon compte saisi des paquets. Son procédé me piqua. Je résolus de m'en venger, de déclarer la chose au conducteur, aimant mieux qu'il profitât du larcin que Soto, et je ne manquai pas, en arrivant à la couchée, d'exécuter ma résolution.

Je n'eus pas sitôt conté le fait au conducteur, qu'il fit appeler Soto, pour lui demander les deux paquets. Le forçat lui répondit effrontément qu'il ne les avoit pas, et qu'il falloit que je fusse un grand fourbe pour l'accuser de les avoir. Ah! vous ne voulez donc pas les rendre de bonne grâce, s'écria le conducteur? Hé bien, mon ami, nous allons en user avec vous comme vous le méritez. En même temps il ordonna aux gardes de lui donner la question avec des cordes. Soto pâlit de frayeur à cet ordre cruel, et craignant pour sa peau, il avoua lâchement que les paquets étoient cachés dans le ventre de son cochon, car il en avoit aussi attrapé un. Véritablement on les y trouva, et quand on les eut défaits, on vit plusieurs chapelets et bracelets de corail garnis d'or, et bien travaillés. Notre conducteur, en homme qui entendoit parfaitement son métier, les serra sans façon dans ses poches, en me promettant une récompense, que j'attends encore aujourd'hui; ce qui prouve bien que ces sortes de gens profitent des mauvaises actions des voleurs, sans avoir part à leur châtiment. Depuis ce jour-là, Soto et moi nous nous jurâmes une haine immortelle.

Nous poursuivîmes notre route, et à notre arrivée au port Sainte-Marie, nous trouvâmes qu'on y espalmoit six galères pour les envoyer en course. On nous laissa reposer pendant quelques jours dans la prison, après quoi nous fûmes partagés en six bandes. Je fus assez malheureux pour être de celle dont étoit Soto, et par conséquent condamné à vivre avec lui dans la même galère. On nous y fit entrer. On me plaça au milieu, vis à vis le grand mât; et ce qui me causa un véritable chagrin, c'est que Soto fut mis au banc du patron, de manière qu'il étoit fort près de moi. On nous donna deux chemises avec l'habit du roi, deux caleçons de toile, une camisole rouge, un bonnet de la même couleur, et un capot. Après cela, le barbier vint nous raser le menton et la tête. Je ne perdis pas mes cheveux sans regret : quoiqu'ils fussent d'un blond qui tiroit sur le roux, ils ne laissoient pas d'être assez beaux. Me voilà donc forçat dans les formes, et il y avoit assurément long-temps que je méritois bien de l'être.

Comme le comite est un officier qui a un grand pouvoir sur les galériens, et qu'il l'exerce ordinairement avec beaucoup de brutalité, je crus que je ferois une bonne affaire si je pouvois gagner son amitié. Il couchoit et mangeoit auprès de moi; j'étois à portée de lui rendre de petits services, et je ne manquois pas une occasion. J'allois le servir à table, faire son lit, nettoyer ses habits. J'étois toujours le premier à courir au-devant de ses besoins, et à lui marquer mon zèle. Tant de peines et tant de soins ne demeurèrent pas sans récompense. Je m'aperçus bientôt qu'il me regardoit d'un œil désarmé de cet air terrible qui fait trembler une chiourme; ce qui me parut une grâce toute particulière. Aussi, pour m'en rendre encore plus digne, je redoublai mon attention à lui plaire, et j'y réussis si bien, qu'il ne voulut plus employer d'autres que moi à son service. Pour m'y attacher encore davantage, il me fit ôter de mon banc pour me charger de faire son petit ménage, et surtout de lui apprêter à manger, étant très content de quelques ragoûts que je lui avois déjà faits. Je fus un peu fier de cet honneur, et j'avois sujet d'en être bien aise, attendu que, par cet heureux changement, je devenois exempt de toute fonction de forçat.

Notre galère eut ordre d'aller à Cadix prendre des mâts, des antennes, du goudron et autres choses semblables. Quoique je ne fusse pas obligé de me mettre à la rame, cependant je fis comme les autres, pour ne pas augmenter leur jalousie, qui n'étoit déjà que trop grande de me voir aimé du comite. D'ailleurs, puisque j'étois condamné à cet exercice, il me sembloit que je devois m'y accoutumer. Je ramai donc toute la journée; mais le soir, en arrivant, je me sentis si fatigué d'un travail si pénible et si nouveau pour moi, qu'après avoir couché mon maître, je m'étendis sur mon capot, où je m'endormis. Mon sommeil fut si profond, que deux de mes camarades me volèrent sans que je me réveillasse. Ils me prirent quelques écus que j'avois cousus à ma camisole. Je m'en aperçus à mon réveil. J'en portai d'abord ma plainte au comite, qui me les fit restituer à bons coups de cerceau; ensuite il me conseilla, pour m'affranchir de l'inquiétude que la garde de mon trésor

me causeroit de l'employer en marchandises, sur lesquelles je pourrois gagner en les revendant. Je suivis
son conseil, et continuant à faire tous mes efforts pour
contenter un maître qui avoit tant de bontés pour moi,
je puis dire que je menois une vie heureuse, quoique
je fusse aux galères.

Sur ces entrefaites, un jeune seigneur, parent de
notre capitaine et chevalier de l'ordre de Saint-Jacques,
ayant dessein de commencer ses caravanes, vint avec
son bagage occuper une place dans notre galère. Il
avoit, suivant la coutume de ce temps là, une chaîne
d'or au cou. On lui en vola un beau jour dix-huit chaînons. On soupçonna de ce larcin premièrement ses
valets, qu'on voulut adroitement engager à le confesser, et lorsqu'on vit que par douceur on n'y pouvoit
réussir, on fit jouer le cerceau. Le capitaine, qui connoissoit ses propres valets pour des fripons capables
d'avoir fait le coup, les fit traiter comme ceux de son
parent. Tout cela fut inutile ; les chaînons ne se retrou-
vèrent point. Sur quoi le capitaine lui dit : Mon neveu,
il faut que vous vous fassiez servir par un forçat qui ait
soin de faire votre chambre, et qui soit responsable de
vos hardes. S'il vient à perdre la moindre chose, il sera
roué de coups. Le chevalier témoigna qu'il seroit bien
aise d'en avoir un qui fût propre à le servir. Il ne s'a-
gissoit plus que de savoir lequel des forçats auroit cet
honneur. Plusieurs personnes de la galère lui vantèrent
mon adresse et mon esprit, de sorte qu'il souhaita que
je fusse auprès de lui. Là-dessus le capitaine fit venir
le comite, et lui demanda s'il étoit content de moi. Le
comite, ne sachant pourquoi on lui faisoit cette ques-

tion, s'étendit sur mon mérite, et me loua tant, que
le chevalier, dès ce moment-là, se résolut à me choisir.
On me fit appeler. Je plus à ce seigneur, qui, m'arrê-
tant pour son service, m'enleva au comite, dont je fus
bien regretté.

Me voici donc devenu valet de chambre d'un chevalier de Saint-Jacques. Pour me rendre plus libre et
mettre plus en état de le servir commodément, il obtint du capitaine que je n'aurois que l'anneau au pied.
On me donna par compte ses hardes, ses bijoux et sa
vaisselle d'argent; on m'en chargea, en me recommandant, pour mon propre intérêt, d'être fidèle et vigilant. Je rangeai aussitôt les effets de mon nouveau
maître, de façon que d'un coup d'œil je les voyois tous.
Il fut fait très expresses défenses à ses valets d'entrer
sans ma permission dans sa chambre lorsqu'il n'y seroit
pas; ce qui me dispensoit d'avoir toute l'attention dont
j'aurois eu besoin pour veiller sur ces gaillards, qui va-
loient bien des forçats pour faire des tours de main.

Je m'attachai à étudier l'humeur et le génie du chevalier, et ne tardai guère à m'en faire aimer, et même
estimer, tout galérien que j'étois. Il se plaisoit à m'entretenir, et je lui paroissois homme de bon conseil. Il
me consultoit quelquefois sur ses affaires les plus im-
portantes. Comme il arriva un jour qu'il avoit l'air
sombre et rêveur : Mon ami, me dit-il, un de mes oncles m'a écrit une lettre qui me chagrine et m'embarrasse. Il souhaite que je me marie; il m'en presse, si je
veux hériter de tous ses biens. C'est un garçon qui a
vieilli dans l'oisiveté de la cour, sans avoir jamais pu
se résoudre à subir le joug auquel il veut me lier. Je

ne sais quelle réponse faire pour m'excuser honnêtement; je ne me sens aucun penchant pour le mariage.
Monsieur, lui dis-je en plaisantant, si j'étois à votre
place, je lui manderois que je ne demande pas mieux
que de me marier, pourvu que ce soit avec une de ses
filles. Mon maître fit un éclat de rire à ce trait plaisant,
et me dit qu'il s'en serviroit pour se débarrasser des
importunités de son oncle.

CHAPITRE X.

Guzman se trouve dans la plus cruelle situation où il se soit
jamais trouvé; mais le ciel finit tout à coup ses peines, et
lui fait recouvrer la liberté.

J'ÉTOIS très content de mon sort auprès de ce jeune
chevalier, qui faisoit si bonne chère, que des restes de
sa table j'avois de quoi bien régaler une partie de mes
camarades. J'en aurois surtout fait part à Soto, malgré
ce qui s'étoit passé entre nous, si ce mauvais homme,
que l'envie tenoit toujours armé contre moi, n'eût pris
soin de nourrir ma haine par les discours médisants
qu'il tenoit de moi, tant aux valets de mon maître qu'à
ceux du capitaine. Ces domestiques, qui ne m'aimoient
guère ni les uns ni les autres, l'écoutoient avec plaisir,
et ne manquoient pas d'aller rapporter à leurs patrons
tout le mal qu'ils lui entendoient dire de moi; et entre
autres choses, que je guettois l'occasion de faire un bon
coup, et que tôt ou tard le chevalier me connoîtroit
pour un fripon.

Quoique tous ces rapports dussent être suspects dans de pareilles bouches, ils ne laissèrent pas de faire quelque impression sur l'esprit de mon maître. Je m'en aperçus bien. Ce seigneur feignoit en vain d'avoir toujours une entière confiance en moi; je remarquois qu'il prenoit garde, contre sa coutume, à mes actions, et n'étoit pas éloigné de me croire capable de justifier les médisances de Soto. De mon côté, sans faire semblant de pénétrer les soupçons injustes que ce malheureux avoit inspirés, je continuois à servir avec beaucoup de fidélité, ayant sans cesse les yeux ouverts, pour éviter les piéges que mes ennemis me pourroient tendre. Cependant, avec toute ma vigilance, je fus la dupe de la malice de Soto. A l'instigation de ce scélerat, un valet du chevalier se saisit subtilement d'une assiette d'argent, et la cacha sous mon lit entre deux ais, de façon qu'on ne la voyoit point. Je m'aperçus d'abord qu'elle me manquoit; je le dis à mon maître d'un air qui devoit bien lui persuader qu'elle m'avoit été prise. Néanmoins on ne me crut pas; on fouilla partout; et on découvrit enfin où elle étoit. Alors le capitaine, jugeant que j'étois le voleur, malgré ce que je pouvois alléguer pour ma défense, me condamna à cinquante coups de latte. Mon maître fût touché de la douleur que je fis paroître quand j'entendis prononcer cet arrêt; et s'opposant à l'exécution, il obtint ma grâce, à condition que s'il m'arrivoit une seconde fois de perdre quelque chose, je payerois le tout ensemble.

Comme je vis par cette aventure que j'avois des ennemis secrets qui travailloient sourdement à ma perte, et que j'aurois bien de la peine à me garantir d'une nouvelle surprise, je suppliai très humblement le capitaine et mon maître de donner mon emploi à un autre. Le chevalier expliqua mal ma prière; il s'imagina que je ne voulois quitter son service que pour me remettre à celui du comite; il m'en sut mauvais gré, et refusa pour me mortifier ce que je demandois. Il fallut donc me déterminer à continuer de le servir, et à me tenir nuit et jour sur mes gardes; ce que je fis pendant quelque temps avec tant de bonheur, que je mis en défaut l'adresse des traîtres conjurés contre moi. Mais il n'étoit pas possible que je fusse toujours assez heureux pour parer leurs coups fourrés. Un soir mon maître, étant revenu de la ville, voulut se déshabiller; je lui donnai son bonnet et sa robe de chambre; et tandis que je portois d'une chambre à une autre son épée, ses gants et son chapeau, on m'escamota le cordon. Je ne sais comment se fit un tour si subtil, et je n'ai jamais pu le concevoir; cependant c'est un fait. Le lendemain, lorsque je pris le chapeau pour le nettoyer, je le trouvai sans cordon. A cette vue, je devins plus pâle que la mort; je cherchai partout. Peine inutile; je reconnus qu'il y avoit dans la galère des filous plus fins que moi.

Que faire à cela? et comment sauver ma peau des coups qui la menaçoient? Je crus qu'il n'y avoit point pour moi d'autre parti à prendre que celui d'implorer la miséricorde du chevalier. Je m'imaginai qu'au lieu de me faire éprouver le rude châtiment qui m'avoit été promis, il entreroit dans ma peine, et auroit encore la bonté de demander grâce pour moi. C'étoit une fausse espérance dont je me flattois. Quand je contai à mon maître le nouveau malheur qui m'étoit arrivé, j'eus

beau lui parler d'une manière pathétique, et lui représenter la malignité de mes ennemis, dont j'assurois que
la perte du cordon étoit l'ouvrage, il ne fit que me
rire au nez. Monsieur Guzman, me dit-il d'un air mo-
queur, je suis persuadé que vous êtes un garçon plein
d'intégrité, quoique vous n'ayez pas tout-à-fait cette
réputation-là dans la galère, et qu'on m'ait dit que j'é-
tois bien hardi d'avoir tant de confiance en vous. Encore
une fois, je vous crois un très honnête homme, et
je suis fâché de vous dire que, si vous ne retrouvez
pas mon cordon, vous serez livré au sous-comite, qui
vous traitera en enfant de bonne maison; c'est sur quoi
vous pouvez compter, malgré les assurances que vous
me donnez de votre fidélité.

Telle fut la réponse du chevalier. Le capitaine,
homme des plus violents, arriva dans ce moment-là.
Dès qu'il sut de quoi il s'agissoit, et qu'il vit que je
m'obstinois à nier que j'eusse pris le cordon, il se mit
en fureur, et me fit battre si cruellement, que je demeurai sur la place à demi-mort. Le barbare m'auroit
sans doute fait ôter la vie, s'il n'eût pas craint d'être
obligé, comme c'est la coutume en pareil cas, de me
remplacer à ses dépens par un autre homme, ou de
payer la taxe ordinaire d'un forçat. Pour comble de
misère, je fus chassé de la poupe, et envoyé au dernier
banc de la proue; c'est l'endroit de la galère le plus incommode, et où il y a le plus à travailler. Ajoutez à
cela que le comite eut ordre de ne me point ménager,
sous peine de déplaire à la cour. Je crois bien qu'au
fond de son âme, ce bon officier me plaignoit; et, quoiqu'on lui eût fort recommandé de me traiter avec une

extrême rigueur, il me laissa en repos pendant plus d'un mois, me voyant hors d'état de rendre le moindre service.

Je repris enfin peu à peu mes forces. Déjà même je commençois à faire sur la mer où nous étions alors la rude fonction de rameur, lorsque le ciel, satisfait des peines que j'avois injustement souffertes, eut pitié de moi, et voulut me tirer de l'affreuse situation où je me trouvois; c'est ce que je vais te raconter en peu de mots. Soto, qui méditoit un grand dessein, qu'il ne pouvoit exécuter sans le secours d'un homme qui fût dans le poste où j'étois, c'est-à-dire auprès de la poudre, eut envie de se réconcilier avec moi. Il se servit, pour cet effet, de l'entremise d'un Turc, qui avoit la liberté d'aller d'un bout à l'autre de la galère. Soto me croyoit avec raison fort irrité contre le capitaine, et ne doutoit point que je n'aimasse autant qu'un autre à me voir libre. Il me fit prier par le Turc d'oublier le passé, et de lui rendre mon amitié, qu'il confessoit avoir justement perdue. Je témoignai ne demander pas mieux que de renouer avec lui; sur quoi le Turc me parla dans ces termes :

« Soto m'a chargé de vous communiquer le projet qu'il a courageusement formé pour nous délivrer tous. Quand nous serons auprès de la côte de Barbarie, où nous allons, et dont nous ne sommes pas fort éloignés, nous devons égorger premièrement le capitaine, ensuite les autres officiers et les soldats, en criant : *Liberté! liberté !* Les forçats se souleveront aussitôt; nous nous rendrons maîtres de la galère, et nous trouverons un asile chez les Turcs. Il y a plus de deux mois poursuivit - il, que nous nous préparons à exécuter notre entreprise. Nous avons des armes cachées; toutes nos mesures sont prises, et nous sommes un grand nombre de gens, tant Turcs que chrétiens, qui avons résolu de nous sauver ou de périr tous ensemble. On n'exige de vous qu'une chose; c'est de mettre le feu aux poudres, si par malheur vous remarquez que nous ne soyons pas les plus forts. Tel est notre complot. Après le châtiment inhumain que le capitaine vous a fait souffrir, nous avons cru que vous ne refuseriez pas de vous joindre à nous. »

Je répondis au Turc qu'on avoit eu raison de présumer qu'il n'y avoit rien que je ne fusse capable de faire pour me venger du capitaine, et qu'il pouvoit assurer de ma part tous les conjurés que je ferois ce qu'ils attendoient de moi. J'avois cependant une autre pensée. Lorsque je vis approcher la journée de l'exétion du projet, je dis un matin à un soldat, qui vint par hasard auprès de moi, d'aller dire au capitaine que j'avois un secret de la dernière conséquence à lui révéler. Mais, ajoutai-je, dites-lui qu'il m'envoie chercher tout à l'heure; que la chose presse, et qu'il y va même de sa vie. Le capitaine reçut l'avis que je lui faisois donner comme un artifice dont je me servois pour regagner ses bonnes grâces, et tâcher de rentrer au service de son neveu; et s'il voulût bien m'entendre, ce ne fut que pour me faire encore maltraiter, si ce que j'avois à lui dire ne méritoit point qu'il m'écoutât. Il me fit donc appeler, et je lui découvris tout. Je lui indiquai l'endroit où étoient les armes, et lui nommai les principaux auteurs du complot, à la tête desquels

Guzman.   40

je n'oubliai pas de placer mon bon ami Soto, à qui je me croyois redevable des coups de latte qui m'avoient été donnés avec si peu de justice.

Le capitaine, après avoir ouï mon rapport, qu'il ne jugea pas indigne de son attention, fit mettre sous les armes fort prudemment tous les soldats le long de la galère. S'étant par ce moyen, rendu maître des conjurés, il commença par faire visiter les endroits où je lui avois dit que leurs armes étoient cachées. Il les y trouva; et ne pouvant plus douter de la vérité de la conjuration, il ordonna qu'on se saisît des chefs, à qui les tourments firent tout avouer. Soto fut mis en quatre quartiers par quatre galères, aussi-bien qu'un de ses camarades. On décima les autres, dont deux furent pendus, et on coupa le nez à tout le reste. Soto, avant sa mort, confessa que c'étoit lui qui avoit conseillé de cacher l'assiette et volé le cordon du chevalier.

Lorsque les conjurés eurent été punis, le capitaine fit l'éloge de mon zèle et de ma fidélité. Il ne pouvoit assez admirer le généreux sentiment qui m'avoit fait sacrifier le plaisir de la vengeance au service du roi. Ensuite il me demanda publiquement pardon de son injustice; et m'ayant lui-même ôté mes fers, il me dit que j'étois libre, et que je sortirois de la galère aussitôt qu'il auroit reçu de la cour une réponse à la lettre qu'il y alloit écrire pour en obtenir ma liberté. Il écrivit effectivement en ma faveur, et fit signer sa lettre par tous les officiers, qui furent bien aises de me marquer par là qu'il sentoient vivement l'obligation qu'ils m'avoient. Je rendis mille et mille grâces au ciel de l'occasion qu'il m'avoit donnée de me tirer de l'état déplorable où je m'étois réduit par ma mauvaise conduite, et je lui promis qu'à l'avenir je menerois une vie plus raisonnable.

Telles sont, lecteur mon cher ami, les aventures qui me sont arrivées jusqu'à présent. S'il m'en arrive d'autres dans la suite, tu peux compter que je ne manquerai pas de t'en faire part.

FIN.

TABLE DES CHAPITRES

LIVRE TROISIÈME.

LIVRE QUATRIÈME.

FIN DE LA TABLE DES CHAPITRES DE GUZMAN D'ALFARACHE.